HR

新文科·普通高等教育人力资源管理专业系列教材

薪酬设计与管理

主　编　李育英　钟定国

副主编　行金玲　杨　倩　李　明

西安交通大学出版社
XI'AN JIAOTONG UNIVERSITY PRESS

国家一级出版社
全国百佳图书出版单位

内容简介

本书以工作过程为导向,以项目和工作任务为载体,进行工作过程系统化课程设计。本书将各个学习情境所涉及的内容细分成若干个具体的技能和任务,各个学习情境按照工作过程组成了完整的薪酬设计与管理体系。在设计工作任务及其理论知识时,既贯彻了人力资源管理特色专业建设提出的要求,又注重教材的理论性和完整性,以使学生在薪酬设计与管理方面具有一定的可持续发展能力,较好地体现了"任务驱动式"教学模式的特点,并且引用了大量的企业薪酬管理案例来解析薪酬管理的基本理论和方法。

本书按照薪酬设计与管理的工作任务及工作过程分为十个学习情境:确定薪酬理论及影响因素,了解薪酬法规及薪酬制度,企业薪酬战略与经营战略的匹配,组织结构设计与职位评价,进行薪酬调查,设计薪酬体系,制定薪酬等级结构,设计薪酬激励计划,制定员工福利与职业健康安全管理制度,薪酬支付与特殊群体薪酬确定。

本书可作为高等院校人力资源管理专业、劳动与社会保障专业的教材,也可作为高等院校工科类专业和企业在职人员的培训教材。

图书在版编目(CIP)数据

薪酬设计与管理 /李育英,钟定国主编. —西安:西安交通大学出版社,2022.11
ISBN 978-7-5693-2638-3

Ⅰ.①薪… Ⅱ.①李… ②钟… Ⅲ.①企业管理-工资管理
Ⅳ.①F272.923

中国版本图书馆 CIP 数据核字(2022)第 102860 号

书　　　名	薪酬设计与管理 XINCHOU SHEJI YU GUANLI	
主　　　编	李育英　钟定国	
责任编辑	史菲菲	
责任校对	柳　晨	
封面设计	任加盟	
出版发行	西安交通大学出版社 (西安市兴庆南路 1 号　邮政编码 710048)	
网　　　址	http://www.xjtupress.com	
电　　　话	(029)82668357　82667874(市场营销中心) (029)82668315(总编办)	
传　　　真	(029)82668280	
印　　　刷	西安日报社印务中心	
开　　　本	787mm×1092mm　1/16　印张 21.75　字数 557 千字	
版次印次	2022 年 11 月第 1 版　　2022 年 11 月第 1 次印刷	
书　　　号	ISBN 978-7-5693-2638-3	
定　　　价	63.80 元	

如发现印装质量问题,请与本社市场营销中心联系。
订购热线:(029)82665248　(029)82667874
投稿热线:(029)82665379
读者信箱:xj_rwjg@126.com

薪酬设计与管理面向的领域是企业的中高级薪酬管理岗位,如企业的人力资源总监、人力资源经理、薪酬福利经理、薪酬福利专员以及其他薪酬福利管理人员等。其工作任务及工作过程如图0-1所示。

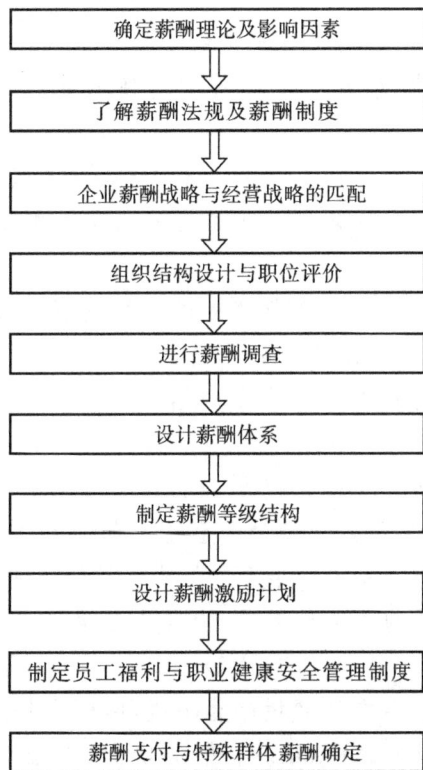

```
┌─────────────────────────┐
│   确定薪酬理论及影响因素    │
└─────────────────────────┘
            ↓
┌─────────────────────────┐
│   了解薪酬法规及薪酬制度    │
└─────────────────────────┘
            ↓
┌─────────────────────────┐
│  企业薪酬战略与经营战略的匹配 │
└─────────────────────────┘
            ↓
┌─────────────────────────┐
│   组织结构设计与职位评价    │
└─────────────────────────┘
            ↓
┌─────────────────────────┐
│       进行薪酬调查         │
└─────────────────────────┘
            ↓
┌─────────────────────────┐
│       设计薪酬体系         │
└─────────────────────────┘
            ↓
┌─────────────────────────┐
│      制定薪酬等级结构       │
└─────────────────────────┘
            ↓
┌─────────────────────────┐
│      设计薪酬激励计划       │
└─────────────────────────┘
            ↓
┌─────────────────────────┐
│ 制定员工福利与职业健康安全管理制度 │
└─────────────────────────┘
            ↓
┌─────────────────────────┐
│  薪酬支付与特殊群体薪酬确定   │
└─────────────────────────┘
```

图0-1　薪酬设计与管理的工作任务及工作过程

上述工作任务及其理论与方法就是本书的主要内容。

本书的总体设计思路和做法是以工作过程为导向,以项目和工作任务为载体,进行工作过程系统化课程设计。本书将各个学习情境所涉及的内容细分成若干个具体的技能和任务对学生进行训练,各个学习情境按照工作过程组成了完整的企业薪酬设计与管理体系。同时,在设计工作任务及其理论知识时,坚持"贴近实践、反映趋势"的原则,把握学科前沿,密切结合国际国内企业发展趋势,增加具有时代性的案例,使教材内容更接地气。本书既贯彻了西安工业大学人力资源管理一流专业建设提出的要求,又注重教材的理论性和完整性,以使学生在薪酬设计与管理方面具有一定的可持续发展能力,较好地体现了"任务驱动式"教学模式的特点,并且引用了大量的企业薪酬管理案例来解析薪酬管理的基本理论和方法。将事实证明教学效果良好的案例教学法与"工作过程导向-工作过程系统化课程""任务驱动""项目教学"等模式方法综合应用,是本书的一大特点。本书的主要特点如下:

(1)体现了新的高等教育理念。本书注重学生动手操作和创新的要求,按照"工学结合"人才培养模式的要求,采用"基于工作过程导向-工作过程系统化课程"设计方法,以工作过程为导向,以项目和工作任务为载体,进行工作过程系统化课程设计,真正体现了"工学结合""融教、学、做为一体""以学生为主体"的高等教育理念。

(2)以薪酬设计与管理的工作过程为导向。本书不是按照学科体系的逻辑关系和先后顺序编写的,而是以实际的薪酬设计与管理工作过程为导向进行学习领域的整体设计和学习情境设计的。学生完成了本学习领域的学习和训练,就学会了企业薪酬设计与管理工作过程中所要求的主要能力与技术,每个学习情境也是按照一项具体的薪酬设计与管理工作设计的。

(3)以薪酬设计与管理工作项目为载体。本书以具体的薪酬设计与管理工作项目为载体设计工作任务,项目和任务包含和反映了要完成项目和任务所需要的技能及相关的薪酬设计与管理理论和方法。

(4)任务驱动式学习模式。根据企业实际的工作情况与要求,将薪酬设计与管理工作内容设计成工作任务。学生在任务驱动下进行学习,教师的主要任务是指导学生完成具体任务,讲解与任务有关的薪酬设计与管理理论和方法,而不是"教书",即强调学生学,而不是教师教。

(5)学校与企业共同开发。采用学校与企业共同开发教材的模式,使教材内容及所设计的项目和任务更加贴近企业薪酬设计与管理工作实际。

(6)编者具有丰富的实践经验。在我国,大学教材的编者普遍具有较为深厚的理论知识,但缺乏实践经验。本书的主编都具有 20 年以上教学工作经验,而且定期到企业进行企业薪酬管理工作实践。

与本书配套的在线课程已经在智慧树平台上线,网址为 https://coursehome.zhihuishu.com/courseHome/1000050267#teachTeam。扫描本书中的二维码,也可以直接观看视频。

本书由西安工业大学李育英、钟定国担任主编,由行金玲、杨倩、李明担任副主编。参编的人员还有陕西新才控股股份有限公司董事长孙鹏先生、西安中兴精诚通讯有限公司总经理助理胡燕军先生。

由于我们在高等教育课程改革方面的经验不足,加之市面上采用本书类似编写方法的薪酬设计与管理方面的教材较少,可参考的资料缺乏,因此,书中存在缺点和不足之处在所难免,敬请广大读者批评指正。

编　者
2022 年 6 月

目录 Contents

学习情境一 | 确定薪酬理论及影响因素

腾讯的薪酬管理

马化腾曾经说过：我们根据员工岗位性质为员工提供业内富有竞争力的固定工资,并且每年我们均会对绩效表现优秀的员工进行薪酬调整。那么腾讯在整体的薪酬哲学、支付理念、福利设计上具体是怎么做的呢?

薪酬哲学

腾讯试图通过薪酬管理在企业内部建立起一套有效促进公司战略和目标实现的激励体系,通过该体系能明确反映出个人贡献和公司战略目标之间的紧密联系。在分配哲学上,腾讯打造以绩效为导向的分配理念,让员工逐步接受并且产生认同感。同时,腾讯在管理效率优先的基础上,在统一的平台上体现业务族群特点和绩效差异。这样的薪酬哲学有利于团队和个人的发展与激励,在确保外部竞争力的前提下体现内部公平,有利于优秀人才的招聘、吸引和保留,回报高绩效员工。

薪酬体系设计原则

腾讯在薪酬体系设计时考虑了四个维度。

(1)市场:公司选取了外部标杆公司作为公司现金薪酬外部比对市场,以保证公司薪酬水平的外部竞争性。

(2)岗位:薪酬体系同员工职业发展通道体系相结合,体现不同职位价值和级别对应的薪酬水平。

(3)任职资格:员工固定工资体现员工职位性质与任职能力,同一职位的员工因为能力和经验的不同在固定工资上有一定的差异。

(4)绩效:绩效奖金体现员工绩效和贡献,体现薪酬激励的绩效导向。

薪酬构成

为了吸引、激励和保留优秀人才以帮助公司达成战略目标,腾讯在兼顾市场竞争力和内部公平性的基础上,为员工提供全面的、富有竞争力的报酬体系,包括固定工资、年终服务奖金、绩效奖金、专项奖励、股票期权、全薪病假、年休假、社会保险、商业保险、免费夜宵/班车、婚育礼金、年度健康体检、员工救助计划等。

(1)固定工资:腾讯根据员工岗位性质以及所负责任为员工提供业内富有竞争力的固定工资,并且每年均会对绩效表现优秀的员工进行薪酬审阅。员工工资包括职位工资和固定津贴两部分。职位工资主要指公司每月根据员工的职位性质和职位职责提供的保障性现金报酬。固定津贴主要指公司对全体员工每月提供的固定津贴,包括住房补贴、保密津贴、竞业限制津贴、知识产权转让费等专项津贴。

(2)绩效奖金:年度结束后,腾讯会根据员工绩效表现为员工提供年度绩效奖金。绩效奖金直接体现员工绩效和贡献,体现薪酬激励的绩效导向。(不适用于拿提成的销售人员)

（3）年终服务奖金。年终服务奖金指公司在年末向当年在职员工提供的特别奖金。年度服务奖金一般标准为员工一个月工资。

（4）股票期权：腾讯为有志于在公司长期发展且绩效表现持续优秀的骨干员工提供公司股票期权，旨在让员工能分享公司业绩增长，使员工个人利益与公司发展的长远利益紧密结合在一起。

（5）福利：除了法定、必备的福利项目，作为腾讯员工中的一分子，感到最为舒心的就是腾讯名目繁多、花样迭出的各式福利计划了。

职级体系

职级是薪酬体系的基础。介绍腾讯的职级体系，并非它的职级体系有什么独创特色，事实上，职级体系、职业通道的设计在人力资源领域有相对成熟的方法论，但腾讯可以算是宽带薪酬体系方面的典型代表。

2019年前，腾讯的职级体系分6级，最低1级，最高6级，每一级之间又分为3个子等。同时按照岗位又划分为四大通道，内部也叫"族"，比如：产品/项目通道，简称P族；技术通道，简称T族；市场通道，简称M族；职能通道，简称S族。以T族为例，分别为

T1：助理工程师（一般为校招新人）；

T2：工程师；

T3：高级工程师；

T4：专家工程师；

T5：科学家；

T6：首席科学家。

2019年，腾讯进行了一次职级改革，将原先的1.1～6.3级改为4～17级，取消了原先"大级子等"的设定。

根据职级标准，级别越高基本的薪酬也越高。为什么说腾讯是宽带薪酬的典范？其职级体系设计，既考虑了员工的职业发展通道，又用宽带薪酬适应激烈的人才市场竞争。与高振幅的宽带薪酬相比，腾讯的年终奖金相对显得刚性一些，它的年终奖金根据个人绩效发放，一般为个人工资的数倍，相对于腾讯比较高的基薪，个体奖金之间的差距并不大。但是除了年终奖金，腾讯内部还有大大小小的项目型奖金，不同业务间的差异就比较大了。

所以总体而言，腾讯更主张将蛋糕做大的群体奋斗，同一群体内个体的奖金相对差距不大，这有点像早期多数外企的做法，绩效会更偏晋升方面的应用，在短期激励上更偏精神层面上的。但不同业务群之间的中短期激励差距明显，鼓励各业务创新、超越。

福利项目

腾讯的薪酬在业内颇具竞争力，福利也相当丰厚，用产品的思维做福利创新在人力资源界更是几乎人尽皆知。它的福利项目层出不穷，下面仅仅罗列出有限的项目。

（1）员工保障计划：腾讯为员工提供完善的保障计划，包括国家规定的养老保险、医疗保险、工伤保险、失业保险、生育保险及根据政府政策缴纳住房公积金等。

（2）员工假期：法定假期方面，公司提供年休假、带薪病假、双休日/法定公众假期、婚假、丧假、产假、陪产假、哺乳假等相关假期。

（3）员工关怀与救助计划：腾讯为员工提供多种福利计划，旨在为员工创建舒适的工作环境，并实现员工工作生活的平衡。

（4）暑期实习：对于暑期实习生，若实习期间工作所在地与其家庭或学校所在地非同一城市，将享有公司提供的交通补贴和住宿补贴。

（5）健康福利：健康加油站项目包括健康咨询、健康体检、健康热线服务，心理专家一对一心理辅导，重大疾病保险、补充医疗保险、重疾救助贷款、重疾就医协助。

（6）财富福利：①为员工涨薪；②股权激励、住房补贴；③最高 30 万元安居借款，免息。

（7）生活乐趣：方便快捷的班车服务、全天候的食堂美食、丰富多彩的节日礼包、一年一度的公司旅游等。腾讯员工的孩子一生下来，就获赠生日 QQ 号，附带 18 年的会员服务。

资料来源：HR 案例网.HR 案例网国内外名企人力资源管理案例精选集（2017—2020）[R].2021.

任务一　　确定薪酬概念和理论基础

知识目标

★掌握薪酬的概念及形式
★熟悉薪酬体系类型
★掌握薪酬管理的内容
★理解薪酬的理论基础

技能目标

★能根据不同企业类型描述企业薪酬管理状况

任务导入

A 公司是一家制造业企业，公司的一线员工采用纯计件制，员工每月的收入基本为 1500～1900 元。由于受管理流程及工资现有模式的影响，A 公司虽然付出了工资，但成品率却不高，员工流动性较大，存在员工磨洋工的情况，计件工资的单价还不一致，班长和操作工的计件工资系数也不一样。公司高层意识到了这个问题，决定提出薪酬改革。人力资源部根据公司现有情况分析，制订了底薪 1000 元＋超产工资＋绩效考核工资＋工龄工资的方案。基本工资由标准额定产量构成，没有达到标准额定产量则要扣除。针对班长和操作工计件系数不一样的问题，统一计件系数。但这一方案推出后，遭到公司高层质疑："如果员工没有完成标准额定产量，是不是要扣除，那和以前的纯计件有什么分别？"公司高层提议：不要设基本工资，还是以"计件形式＋超产＋绩效＋工龄"计算。

资料来源：孙剑平.薪酬体系与机制设计[M].上海：上海交通大学出版社，2006.

任务 1：A 公司的薪酬管理出现了什么问题？如何解决？

任务 2：A 公司在设计薪酬方案时应该注意什么问题？

任务分析

A 公司出现的问题是管理流程不规范，所以薪酬改革前，需要分析公司的现有状况，如岗位职责分工、权限和汇报链，再根据现有的架构，明确各人的分工及职责，来确定现有的工资水平等。如果现有工资模式不具有激励作用，要分析不合理的原因来源于哪里，有没有合理可延续的部分。在薪酬制度设计的过程中，需要注意的因素有：①竞争对手和行业的薪酬水平，可以拿来参考;②员工的绩效状况;③企业本年度的薪酬水平与上年度的同比比率,也就是人工成本;④员工在工作中体现出的岗位价值,可以通过岗位评估来确定;⑤企业的承受能力。如果薪酬改革后,超出以往的薪酬水平太多,则企业承受不起;如果低于原来的水平,则员工也不会接受。具体涨幅可依据企业的实际情况来定。

知识链接

一、薪酬的概念、形式及功能

薪酬的概念及其功能

(一)薪酬的概念

薪酬是一个内涵深厚和外延广泛的概念。薪酬一般是指雇员作为雇佣关系的一方所得到的各种货币收入、实物报酬、服务及福利的总和。薪酬是雇员的劳动所得。无论雇主是公共部门还是企业,也无论是何种所有制形式,对雇员来讲,其薪酬的性质是相同的。而雇员的范围十分广泛,除了雇主和自雇佣者之外,绝大部分工作者都是雇员。一些大企业的高级经理人员,他们虽然在管理职能上主要代表雇主,但是从取得报酬的角度看,他们也是雇员,是企业所有者的雇员,他们在企业得到的也是薪酬。薪酬是个人收入的组成部分,是与雇员就业相联系的报酬。那些与雇员就业无关的报酬,不包括在薪酬之内。

西方学者认为薪酬除了直接货币的给付外,还包括了间接的、无形的非货币性的报酬。其中罗宾斯(Robbins)对薪酬涵盖的范围及探讨最为完整。罗宾斯将报酬分为内在报酬与外在报酬两部分。内在报酬是指工作者由工作本身而获得的成就感或满足,包括参与决策、较大的工作自由及裁量权、较大的职权、较有趣味的工作、个人成长的机会和活动的多元化,此部分着重在心理层面,属于无形的给予。外在报酬则又因性质分为直接、间接、非财务型三类。直接报酬包括工资、津贴、奖金、红利以及股票等;间接薪酬则是指各种福利项目,诸如各种保险、旅游补助、医疗补助等;非财务型报酬则包含工作安全的保障、动听的职业称谓、良好的工作环境等,属于较为实体性的外在报酬。

(二)薪酬的内容和支付形式

薪酬的内容可划分为货币的(核心薪酬)和非货币的、直接的和间接的、内在的和外在的。表1-1是对薪酬内容的两种归类。

表 1-1 薪酬内容归类表

企业薪酬			
内在薪酬	外在薪酬		
	直接	间接	非财务型
参与决策 较大的工作自由及裁量权 较大的职权 较有趣味的工作 个人成长的机会 活动的多元化	工资 津贴 奖金 红利 股票	各种保险 旅游补助 医疗补助 免费工作餐 娱乐设施 带薪休假	工作安全的保障 动听的头衔职业称谓 良好的工作环境 团队氛围 领导的个人品质和风格

资料来源:李中斌,曹大友,章守明.薪酬管理理论与实务[M].长沙:湖南师范大学出版社,2007.

所有的薪酬形式自 20 世纪 80 年代以来被囊括在"整体薪酬"或"总薪酬"的范畴内,如表 1-2 所示。

表 1-2　薪酬形式归类表

形式	直接薪酬	间接薪酬
内在薪酬	直接内在薪酬 　挑战性 　趣味性的工作 　个人成长与发展机会 　个人成就感 　工作责任感和使命感	间接内在薪酬 　良好的工作环境 　社会地位 　和谐的人际关系 　弹性工作时间
外在薪酬	直接外在薪酬 　基本薪酬 　业绩薪酬 　激励薪酬 　特别绩效薪酬 　津贴和补贴	间接外在薪酬 　社会福利 　企业福利 　个人福利

资料来源:李中斌,曹大友,章守明.薪酬管理理论与实务[M].长沙:湖南师范大学出版社,2007.

(三)核心薪酬的基本构成

1.基本薪酬

基本薪酬也叫作基本工资,是指一个组织根据员工所承担或完成的工作本身或者员工具备的完成工作的技能或能力向员工支付的稳定性报酬。大多数情况下,企业是根据员工所承担的工作本身的重要性、难度或者对企业的价值来确定员工的基本薪酬的,即采取职位薪资制。另外,企业还会根据员工所拥有的完成工作的技能或能力的高低来作为确定基本薪酬的基础,即所谓的技能薪资制或者能力薪资制。此外,员工的资历也会影响其基本薪酬的水平。基本薪酬往往有时薪、月薪和年薪等形式。大多数企业提供给员工的基本薪酬往往以月薪为主,即每月按时向员工发放固定的基本工资。

基本薪酬有以下特点:①常规性。基本薪酬是劳动者在法定工作时间内和正常条件下所完成的定额劳动报酬。②固定性。员工的基本薪酬数额以企业所确定的基本薪酬等级标准为依据,等级标准在一定时期内相对稳定,员工的基本薪酬数额也相对固定。③基准性。基准性包括两层含义:第一,基本薪酬是其他薪酬形式的计算基准,其他薪酬形式的数额、比例及其变动均以基本薪酬为基准。第二,为保证员工的基本生活需要,政府对员工基本薪酬的下限做强制性规定,推行最低工资保障制度。对于不能保证获得其他薪酬的员工,其基本薪酬的数额不能低于法定的最低工资标准。基本薪酬通常由基础工资、工龄工资、职位工资、职能工资中的一种或几种构成。一般情况下,企业使用较多的是职位工资制、技能工资制以及薪点工资制,或者将上述几种基本工资的组成部分加以组合,即为复合工资制。

基本薪酬的变动很小,是企业最主要的固定成本之一。基本工资的变动主要取决于三个方面:①总体生活费用的变化或者通货膨胀的程度;②其他雇主支付给同类劳动者的基本薪酬的变化,也就是劳动力市场的供求关系的变化;③员工本人所拥有的知识、经验、技能的变化以及由此而导致的员工绩效的变化。

2.可变薪酬

可变薪酬是薪酬体系中与绩效直接挂钩的部分,有时也被称为浮动薪酬或奖金。可变薪酬的目的是在薪酬和绩效之间建立起一种直接的联系,而这种业绩既可以是员工个人的业绩,也可以是企业中某一业务单位、员工群体、团队甚至整个公司的业绩。基于企业管理层假设,薪酬对员工的效用是正向的,也就是说,薪酬的增长对员工具有巨大的吸引力,员工对其具有期望,而可变薪酬在薪酬和绩效之间建立起了这种直接的联系。因此,可变薪酬对员工具有很强的激励性,对企业绩效目标的实现起着非常积极的作用。它有助于企业强化员工个人、员工群体乃至公司全体员工的优秀绩效,从而达到节约成本、提高产量、改善质量以及增加收益等多种目的。

通常情况下可变薪酬可分为长期和短期两种。短期可变薪酬或短期奖金一般都是建立在非常具体的绩效目标基础之上的,而长期可变薪酬或长期奖金的目的则在于鼓励员工努力实现跨年度的绩效目标。许多企业的高层管理人员和一些核心的专业技术人员所获得的企业股权以及与企业长期目标(如投资收益、市场份额、净资产收益等)的实现挂钩的红利等,都属于长期可变薪酬的范畴。与短期奖励相比,长期奖励能够将员工的薪酬与企业的长期目标实现联系在一起,并能够对一个企业的组织文化起到更为强大的支持作用。

3.间接薪酬:员工福利与服务

国内外的薪酬管理专家对福利的定义多种多样,但对其特征和内容类型的认识基本上是一致的。福利有别于根据员工的工作时间计算的薪酬形式。与基本薪酬和可变薪酬相比,福利往往具有两大特征:一是支付方式的不同,福利往往采取实物或者延期支付的形式;二是福利因为与劳动能力、绩效和工作时间的变动没有什么直接关系,所以有固定成本的特征。福利可分为法定福利、企业/集体福利和个人福利。法定福利是根据国家政策而支付的福利,这种福利具有强制性和保障性的特点,例如,基本养老保险、失业保险、基本医疗保险等。而企业福利是企业根据自身情况而支付的福利项目,也称非法定福利,这种福利具有个性化和激励性的特点。个人福利主要指对特殊岗位和特殊身份的员工所提供的某些福利,不具有全员性。

间接薪酬具有多种作用:第一,它是货币工资的替代形式,具有劳动报酬的性质和功能,又以多种灵活的形式支付,所以有"柔性薪酬"之称;第二,它可降低企业人工成本,使企业享受国家税收方面的优惠等;第三,它可以满足员工工作和生活的多种需要,具有货币薪酬所不能比拟的提供服务、增强企业凝聚力等功能。

(四)薪酬的目标与薪酬管理定位

美国斯坦福大学的教授菲佛(J. Pfeffer)在其著作《经理人员获得的竞争优势》中,较系统地描述了提高公司竞争优势的 16 种人力资源管理实践,其中有 7 种就是有关薪酬管理实践的,而有效的薪酬管理实践源于与企业经营战略目标密切相关的薪酬战略。他认为薪酬战略对提升企业竞争优势的作用,主要表现在以下几方面。

1.增值功能

虽然薪酬本身不能直接带来效益,但可以通过有效的薪酬战略及其实践,通过薪酬来交换劳动者的活劳动,劳动力和生产资料的结合能创造出企业的财富和经济效益。这样,薪酬不但关系到企业的成本控制,还与企业的产出或效益密切相关,对企业具有增值功能。

2.激励功能

管理者可以通过有效的薪酬战略及其实践,反映和评估员工的工作绩效,即对员工表现出来的不同工作绩效报以不同的薪酬,从而促进员工工作数量和质量的提高,保护和激励员工的工作积极性,以提高企业的生产效率。

3.配置和协调功能

企业可以发挥薪酬战略的导向功能,通过薪酬水平的变动,结合其他的管理手段,合理配置和协调企业内部的人力资源和其他资源,并将企业目标传递给员工,促使员工个人行为与组织行为相融合。

4.帮助员工实现自我价值的功能

薪酬可用于获得"实物、保障、社会关系以及尊重的需求,对这些需求的满足,在某种程度上也能满足自我实现需求"。因此,通过有效的薪酬战略及其实践,薪酬的体现不再仅仅是一定数目的金钱,它还反映员工在企业中的能力、品行和发展前景等,从而充分发挥员工的潜能和能力,实现其自身价值。

薪酬是企业调动员工积极性的最基本的手段,也是一个涉及多方利益关系的管理范畴。不同主体对薪酬职能的认知不同,从而构成了薪酬管理目标的多元性。薪酬管理目标可以理解为企业薪酬管理行为的意义、宗旨及使命。如图1-1所示,薪酬目标可分解为效率、公平与合法三个方面;其也可以分为外部目标和内部目标两个层次;三个方面与两个层次需要有机结合,并在管理目标的实现过程中协调政府、雇员和雇主等利益群体之间的关系。

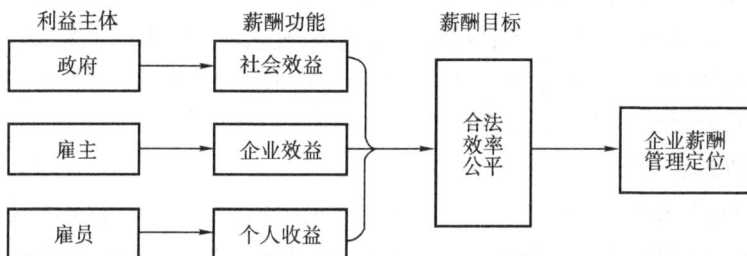

图1-1　薪酬目标与薪酬管理定位

企业薪酬管理的定位主要集中在两个方面:第一,贯彻企业的管理目标,具体为综合管理者的意图、组织战略、企业文化等因素对薪酬体系进行设计和管理实施;第二,提高员工的薪酬满意度,避免因薪酬管理而产生冲突与争议。两个目标在短期内可能有矛盾,但它们的长期利益是一致的。因此,有效的薪酬管理需要做到以下几点:①确定科学的薪酬政策和薪酬制度;②执行国家的相关法律,接受政府的宏观政策调控;③了解雇员的多方需求,协调利益相关者在报酬方面的各种利益关系;④以提高企业综合和长期效益为宗旨进行薪酬体系的设计、管理和实施。

二、薪酬体系的类型

薪酬体系是指薪酬中相互联系、相互制约、相互补充的各个构成要素形成的有机统一体。薪酬体系要能体现公平性和激励性,要能够激发员工的积极性和创造性。目前主流的薪酬体系类型主要有以下五种。

薪酬体系设计总论

1.基于职位的薪酬体系

基于职位的薪酬体系是应用最为广泛同时也是最为稳定的薪酬体系类型。不同的职位承担着不同的职责,要求不同的知识、技能和能力特征,拥有不同的工作量和不同的工作环境,因而其

对企业的价值和贡献也差异悬殊。所谓职位薪酬体系,就是根据员工在组织中的不同职位、岗位特征来确定其薪酬等级与薪酬水平的制度。职位薪酬体系以职位为核心要素,建立在对职位的客观评价基础之上,对事不对人,能充分体现公平性,操作相对简单。一家企业如果职位明晰,职责清楚,工作的程序性较强,那么就比较适宜采用职位薪酬体系。

2.基于技能/能力的薪酬体系

随着人力资源被提升到战略地位,人才的市场竞争日趋激烈,企业的生存越来越取决于员工的质量和聪明才智的发挥。为了增强对人才的吸引力,充分发挥各类人才的工作积极性和潜力,一些企业转而把与企业发展息息相关的员工技能、能力状况作为薪酬等级和水平决定的基本依据,新型的基于技能/能力的薪酬制度便应运而生。

技能薪酬体系是指组织根据员工所掌握的与工作有关的技能或知识的广度和深度来确定员工薪酬等级和水平的薪酬制度。由于这种薪酬体系根据员工的技能状况来决定个人的薪酬等级与水平,因而能够吸引和留住高技能水平的员工,也有利于激发这些员工的工作积极性和潜力。对于科技型企业或专业技术要求较高的部门和岗位,这种薪酬制度具有较强的适用性。

能力薪酬体系也是一种以员工个人的能力状况为依据来确定薪酬等级与薪酬水平的制度。这种制度适用于企业中的中高层管理者和某些专家,他们所从事的工作往往难以用职位说明书进行清晰描述,工作具有很强的创造性、不可预测性和非常规性,工作目标的实现更多地依赖于个人的综合能力。这里的能力是一个抽象的、综合性的概念,在不同组织会具体体现为领导力、组织协调能力、控制能力、决策能力等各种具体能力特征的组合。因而,在实际工作中,要设计和建立比较完整的能力薪酬体系是比较困难的。

3.基于绩效的薪酬体系

基于绩效的薪酬体系是一种将员工个人或者团体的工作绩效与薪酬联系起来,根据绩效水平的高低确定薪酬结构和薪酬水平的制度。员工工作绩效主要体现为完成工作的数量、质量、所产生的收益以及对企业的其他可以测评的贡献。在绩效薪酬体系下,企业需要建立一套客观、公正的绩效考核体系,因此,这种薪酬体系主要适用于工作程序性、规则性较强,绩效容易量化的职位或团队,以便能够清楚地将绩效与薪酬挂钩。目前,绩效薪酬体系多以个人绩效为基础,这种模式操作简便,有利于促进个人工作积极性的提高。近年来,一些企业开始探索以团队为基础的绩效薪酬模式。这种做法一方面体现了组织发展的趋势和要求,另一方面也有利于强化组织内部的沟通与合作。

4.基于市场的薪酬体系

基于市场的薪酬体系是根据市场价格确定企业薪酬水平,根据地区及行业人才市场的薪酬调查结果来确定岗位的具体薪酬水平。企业可以通过薪酬策略吸引和留住关键人才。参照市场定工资,容易让员工接受,降低员工在企业内部的矛盾。市场导向的工资制度要求企业具有良好的发展能力和盈利水平,否则难以支付和市场接轨的工资水平。完全按市场付酬,企业内部薪酬差距会很大,会影响组织内部的公平性。

5.基于年功的薪酬体系

基于年功的薪酬体系是一种简单而传统的薪酬制度,它是按照员工为企业服务期的长短而支付或增加薪酬的一种管理制度,往往与终生雇佣制相关联。其基本特点是员工的企业工龄越长,工资越高。这种薪酬体系可以培养员工的忠诚度,给员工带来很强的安全感,但是工资刚性太强、弹性太弱,不容易调整,容易形成论资排辈的氛围,不利于有才能的人才成长,不利于吸引年轻人,即使年轻人进入企业也会因漫长的等待而失去信心。

上述五种类型的薪酬体系,各有利弊。在进行薪酬体系的选择与设计时,主要看这种薪酬体系能否与企业的内外环境相适应,能否有利于激发员工的工作热情,能否提高企业的竞争力,能否有助于企业战略目标的实现。一些企业由于自身规模庞大、构成复杂,在薪酬体系设计时,同时采用多种薪酬体系。例如,对一般管理岗位和操作岗位,采用职位薪酬体系;对中高层管理者和研究开发人员,采用能力薪酬体系;对销售人员,采用绩效薪酬体系。基于市场的薪酬体系一般适用于企业的核心人员。这种做法在实践中收到了良好的效果。

三、薪酬管理

(一)薪酬管理含义

薪酬对员工和企业的重要性决定了薪酬管理的重要性。所谓薪酬管理,就是企业针对企业和员工的实际情况对员工薪酬的支付标准、薪酬发放水平、薪酬结构与形式进行确定、分配和调整的过程。

薪酬管理相关概念

薪酬管理是一种持续的组织过程,企业应当持续不断地制订薪酬计划,拟定薪酬预算,就薪酬管理问题与员工进行沟通,同时对薪酬系统本身的有效性做出评价而后不断予以完善。

薪酬管理对吸引和留住人才、提升员工士气、提高企业的竞争力等,都有着不可忽视的作用。一个好的薪酬管理制度不仅能够提高员工的工作积极性,而且能够提高员工的忠诚度,减少企业的人员流动成本。

(二)薪酬管理的主要内容

企业的薪酬管理主要包括以下几个方面的内容。

1.确定薪酬管理目标

薪酬管理目标必须与企业经营目标相一致。企业要根据企业的经营战略及人力资源战略确定薪酬管理目标。具体地讲,薪酬管理目标包括四个方面:①建立稳定的员工队伍,吸引和留住有助于实现企业组织目标的高素质人才;②激发员工的工作热情,创造高绩效;③协调组织目标与员工个人发展目标;④合理控制人工成本,保证企业产品竞争力。

所以,薪酬管理并不是简单地去分经济利益这块"蛋糕",而是要通过"分蛋糕"对员工的行为产生积极的导向和影响,从而使企业今后的"蛋糕"做得更大。

2.确定薪酬体系

薪酬体系决策的主要任务是要明确决定员工薪酬水平的基础是什么,主要依据的要素是什么。目前,通行的薪酬体系有职位薪酬体系、技能/能力薪酬体系和绩效薪酬体系,其中以职位薪酬体系的运用最为广泛。职位薪酬体系是以工作为基础的薪酬体系,而技能/能力薪酬体系则是以人为基础的薪酬体系。二者主要是从劳动的"质量"上来度量的,但并不能完全反映员工的实际工作情况和劳动成果,必须辅之以绩效薪酬,从而对劳动的"数量"加以反映。因此,实际上,绝大多数薪酬体系都是复合型的薪酬体系,由此形成高弹性、高稳定或折中的薪酬结构模式。

3.薪酬水平的确定及调整

薪酬水平是指企业中各职位、各部门以及整个企业的平均薪酬水平。薪酬水平的确立主要是一个横向比较的过程,是组织相对于其他企业或竞争对手的薪酬水平高低,它决定了企业薪酬的外部竞争性。例如,根据企业发展的需要,采取扩张劳动力成本或紧缩劳动力成本的政策。前者需要增加雇员人数,提高工资水平;后者需要减少雇员人数,降低工资水平。

4.确定与调整薪酬结构

在结合市场薪酬水平的基础上,还要确定内部的薪酬结构,它主要解决内部公平的问题,包括纵向及横向比较两个方面。薪酬结构是指企业各职位之间的各种薪酬构成及其比例关系,主要包括:企业薪酬成本在不同员工之间的配置,职务和职位薪酬的确定,员工基本薪酬和浮动薪酬的比例,以及绩效薪酬的分配等。

四、薪酬的理论基础

(一)经济学视角中的薪酬理论

1.生存工资理论

薪酬的理论基础

生存工资理论是最早出现的薪酬理论,有人称之为工资铁律。

这种理论认为,从较长的时期来看,工人的工资等于其最低的生活费用。法国古典经济学家弗朗斯瓦·魁奈、安·罗伯特·雅克·杜尔哥,英国古典经济学家亚当·斯密、大卫·李嘉图、托马斯·罗伯特·马尔萨斯等对此都有一定的论述。其中,亚当·斯密和托马斯·罗伯特·马尔萨斯的论述较为引人注目。

亚当·斯密发现,随着经济的波动,工人的工资大多维系在维持生计的水平上。当然,亚当·斯密也发现,有时由于国民财富的增长,劳动的报酬比较优厚,劳动者的报酬显然超出了维持一家人生活所需的数额。

托马斯·罗伯特·马尔萨斯从其人口理论出发,对生存工资的变动规律进行了描述。他认为,如果由于某种原因,工资提升到维系生存的水平之上,亦即劳动工资高于自然价格,工人获得的生活资料增加,会刺激工人人口的增长。在下一个发展周期,劳动的供给就会增加,从而使劳动的供给超出劳动的需求,从而导致工资的下降。如果由于某种原因,工资下降到维系生存的水平之下,亦即劳动工资低于自然工资,工人获得的必要生活资料就会减少,其直接后果是工人生存环境的恶化、人口的减少,使劳动供给在新的发展周期中短缺,这又会使劳动工资提高。我们可以用图1-2来描述工资的这一规律性的变化。

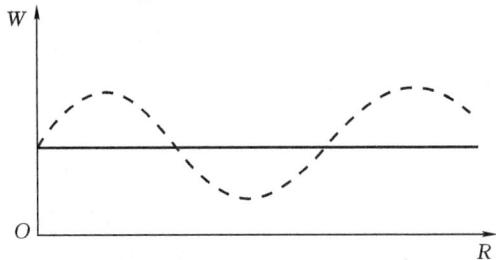

图1-2 生存工资的变动规律

(资料来源:孙剑平.薪酬管理:经济学与管理学视觉的耦合分析[M].长春:吉林人民出版社,1999.)

在图1-2中,横轴表示的是劳动人口的变动,纵轴表示的是实际的工资率,坐标中的实线表示的是不随人口、经济社会发展而变动的生存工资率,虚线表示的是伴随着人口、经济社会发展而在一定范围内波动的实际工资率。

现在看来,生存工资理论只在一定程度上反映经济社会发展特定阶段的薪酬变动情况。例如,在市场经济这种生产方式产生的初始阶段,由于传统的农业生产部门存在着大量的剩余劳动力,经济社会的发展在薪酬方面的表现主要不是劳动者薪酬的提高,而是越来越多的农业生产部门的剩余劳动力被吸纳到新的生产方式中来,从而使越来越多的劳动者成为薪酬劳动者。市场经济初始阶段劳动者的薪酬维系在满足生存需要的水平,不仅因为在传统农业生产部门中存在着大量的剩余劳动力,还因为此时生产力的水平较低,管理者对薪酬的激励作用缺乏必要的了解等。

2.工资基金理论

这一理论的主要倡导者是约翰·穆勒,其基本观点如下。

第一,资本是工资的决定性因素。这是因为工资也是资本的一个组成部分。工资和补偿机器设备消耗、购买原材料等方面耗费的资本一起组成资本总额。工资作为资本总额的一部分,一般情况下是相对固定的。这一相对固定的部分即为工资基金或劳动基金。在其他条件一定的情况下,工资的高低首先取决于工资基金总额的大小。

第二,在工资基金一定的情况下,工人的工资水平取决于工人人数的多少。工人人数多,工资就低;工人人数少,工资就高。

相对于生存工资理论,工资基金理论应该说具有较多的合理成分。它能够解释随着经济社会的发展、资本的增长,薪酬具有的增长趋势。但是该理论明显的不足是把薪酬的增长看作是被动地适应资本的增长,没有看到人力资源的特殊性:不仅为薪酬的不断增长提供了源泉,还为资本的增长提供了重要的源泉。

3.边际生产力工资理论

这一理论要与美国著名经济学家约翰·贝茨·克拉克相联系。他运用产生于19世纪70年代的边际分析方法,创立了边际生产力理论。该理论认为,在充分竞争的静态环境里,生产中的两个决定性因素——劳动和资本,将依据自己对生产的实际贡献来公正地获得自己的收入。不过,每一生产要素对生产的实际贡献将按其投入量的多少而不断地变化。这一变化的基本趋势符合边际收益递减规律。我们可以用劳动这一生产要素来分析边际收益递减规律(见表1-3)。

表1-3　劳动投入的边际收益递减规律

工人序号	边际收益	总收益
……	…	100
第11人	9	109
第12人	8	117
第13人	7	124
第14人	6	130

资料来源:孙剑平.薪酬管理:经济学与管理学视觉的耦合分析[M].长春:吉林人民出版社,1999.

从表1-3中可以看到,随着工人的增加,增加工人的边际贡献或从组织来看的增加工人的边际收益是递减的。不过,企业的总收益还是在增加的。

根据边际生产力理论,可以逻辑地推演出边际生产力工资理论。边际生产力工资理论的基本观点是,企业将依据劳动的边际生产率确定工资量的大小。

企业在具体确定员工的薪酬时,边际生产力工资理论无疑提供了重要的分析思路。这既可以为企业确定薪酬量提供一个理论上的标准,又可以在考虑各种生产要素之间的替代关系时,为企业寻找较少投入的生产要素组合。

边际生产力工资理论显而易见的不足是,它只是从人力资源的需求方这一角度分析了薪酬量的界定问题。正如我们稍后分析均衡价格工资理论时将要指出的,在实际生活中影响薪酬的因素较多。边际生产力工资理论的分析较均衡价格工资理论显然是片面的,但绝不能因此而否定边际生产力工资理论在工资理论和实践分析中的作用。

4.均衡价格工资理论

供求均衡薪酬论的创始人是阿尔弗雷德·马歇尔,他在《经济学原理》一书中以均衡价格理论为基础,从生产要素的需求与供给两方面来说明薪酬水平的决定。事实上,马歇尔的均衡价格理论与均衡价格工资理论是同时产生的。马歇尔指出,工资是劳动的供给和需求达到均衡时的价格,如图1-3所示。

在图1-3中,横轴表示劳动的数量,纵轴表示工资水平,劳动的供给曲线(S)和需求曲线(D)相交,形成了劳动的均衡价格——工资(P_0)。

从对劳动的需求方面来看,需求者是从事商品或劳务生产活动的企业。由于与其他生产要素类似的边际生产力递减规律的作用,劳动的需求曲线与劳动的边际生产力曲线一样,都是自左向右逐渐下降的。这表明,随着企业雇佣员工的增加,劳动的边际生产力不断下降,由此决定了企业愿意付出的报酬水平也逐渐下降。

以上分析是极为初步甚至是带有较大片面性的,若要对劳动需求做较为深层次的分析,则首先需要将其分为短期的劳动需求和长期的劳动需求。

在短期,企业将根据员工薪酬的升降确定其对员工的需求量,基本的取舍准则是员工的边际生产力与薪酬的比较。由于对劳动的需求是派生性需求,当企业生产的产品的需求量上升,从而产品的价格上升时,企业对劳动的需求量增大,从而使边际收益产量曲线及由此决定的劳动需求曲线将有相应的变化——这里是劳动需求曲线向右侧推移(见1-4)。市场劳动需求曲线不是企业劳动需求曲线的简单相加,由于各个企业劳动需求的变动会影响到市场上产品供给的变化,从而影响到产品价格的变化,影响到边际产量收益曲线的变化,因而较之单个企业,整个市场薪酬水平的变化对劳动需求的影响要小。

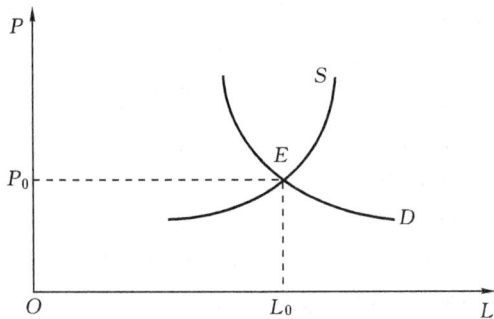

图1-3 劳动的均衡价格——工资的形成
(资料来源:孙剑平.薪酬管理:经济学与管理学视觉的耦合分析[M].长春:吉林人民出版社,1999.)

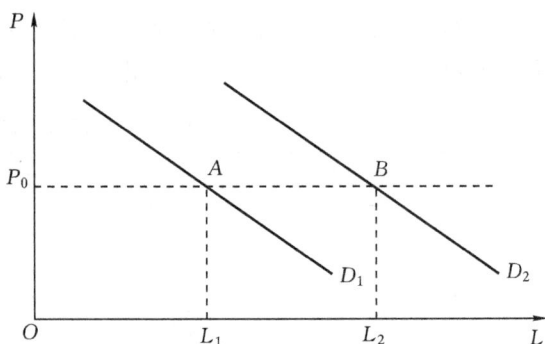

图1-4 产品需求上升对劳动需求的影响
(资料来源:孙剑平.薪酬管理:经济学与管理学视觉的耦合分析[M].长春:吉林人民出版社,1999.)

图1-4中的横轴表示对劳动的需求量,纵轴表示劳动的价格——薪酬,D_1和D_2代表企业对劳动的需求曲线。

在图1-4中,由于市场上对产品的需求上升,企业短期劳动需求曲线由原来的D_1向右侧移动至D_2;在既定的薪酬水平P_0上,企业的用工水平由L_1移动到L_2,因为当产品市场需求上升,单位产品的价格上升后,在L_1和L_2区间上增加用工数量,其边际收益产量大于边际成本。

在长期,薪酬提高对企业的劳动需求将有更大的影响,从社会角度来看也是这样。这是因为在员工的薪酬提高后,对劳动需求的减少将在两个方面同时表现出来。

其一,由于产出效应对劳动的需求减少。当员工的薪酬提高后,劳动成本会相应提高,从而企业的生产成本会相应提高。如果产品的市场价格不变,企业的产出水平会相应下降,企业对劳动的需求也会因此而下降。

其二,由于替代效应对劳动的需求减少。在短期,当薪酬提高时,企业还难以对资本的数量进行调整;在长期,当薪酬提高时,企业将易于以资本来替代劳动,从而使对劳动的需求减少。

从劳动的供给方面来看,劳动的供方提供的劳动的供给价格,包括劳动者养活自己和家庭、接受教育和训练、医疗保健等方面的费用,以及劳动对劳动者来说的负效用。随着薪酬水平的提高,劳动者愿意提供的劳动也在不断增加。劳动均衡价格沿供给曲线自左向右上升。

在前面分析的各种薪酬理论当中,均衡价格工资理论应该说是较为贴近实际生活、较为周全的薪酬理论。

5. 集体谈判薪酬理论

集体谈判也称集体交涉,是指以工会为代表的工人集团为一方,与以雇主或雇主集团为代表的另一方所进行的劳资谈判。整个古典经济学关于薪酬决定的分析都认为薪酬水平是由劳动力市场供求决定的。19世纪中叶以后,边际主义学派和新古典主义学派与古典经济学一样,研究的重点仍然停留在自由竞争决定薪酬水平的分析思路上。但是,随着工会组织的成长和壮大,工会作为一个重要的市场主体参与薪酬的决定,使得作为分析工具的竞争模型所起的作用越来越小,这一事实引发一批学者进行开创性的研究。集体谈判薪酬理论的产生与发展是工会发展的产物。在工业化发展的初期,薪酬谈判是在企业主和劳动者个人之间个别进行的。随着工业社会的发展,由于工人无法遏制互相之间的竞争,也无法抵抗薪酬下降的趋势,因此,只能组织起来,通过工会代表自己为了更高利益与雇主或雇主集团做斗争,于是工会组织在许多行业中出现;与此同时,雇主方面通过资本积聚和集中,不断形成了大型企业和企业集团,从而遏制了雇主之间的竞争。最后,自由竞争的劳动力市场让位于有组织的劳动力市场。庇古、多布、邓洛普、张伯伦等众多经济学家对该理论做出了重要贡献。

集体谈判的主要特点是工会通过有效地遏制工人之间的竞争使自己成为市场劳动力供给的垄断者,并力图使劳动力市场成为卖方垄断的市场。工会提高薪酬的途径通常有限制劳动力供给、提高标准薪酬率、改善劳动力需求和消除买方垄断。

6. 效率薪酬理论

效率薪酬理论是20世纪70年代后期产生的一种薪酬理论。这种研究不是将薪酬视为生产率的结果,而是倾向于将薪酬视为促进生产率提高的手段。

效率薪酬理论认为,薪酬与生产率之间是互相依赖的。传统的薪酬决定模型是建立在劳动同质并隐含薪酬水平不改变劳动的边际产出和劳动力需求曲线位置基础上的,因此,任何薪酬水平的变化只会导致劳动力需求量的变化,而不会导致需求曲线本身位置的移动。然而在劳动异质和薪酬与生产率之间相互依赖的情况下,厂商降低薪酬不一定会增加利润,提高薪酬也不一定会减少利润。进一步讲,厂商可以通过支付较高的薪酬水平来降低每单位有效劳动的费用,薪酬可作为增加利润的有效手段。

7. 人力资本理论

人力资本理论不是薪酬决定理论,但它影响对薪酬的决定。人力资本理论可以追溯到古典经济学家亚当·斯密和近代经济学家阿尔弗雷德·马歇尔等人,但真正提出人力资本理论的是美国经济学家西奥多·舒尔茨,后来加以发展的是加里·贝克尔。

经济学家认为资本有两种形式,即体现在物质形式方面的实物资本和体现在劳动者身上的人力资本。劳动者的知识、技能、体力(健康状况)等构成了人力资本,人力资本能够促进国民收入明显增加,对经济增长起着重要作用。

人力资本是通过人力资本投资形成的,其投资包括医疗保健、在职培训、正规学校教育、社会教育以及劳动力流动投资等五个方面,最主要的是在职培训投资和正规学校教育投资。人力资本投资还包括为了补偿劳动力消耗,在衣、食、住等生理需要方面所必需的经常性支出。

人力资本投资的目的,从国家及企业等单位来说是促进经济的增长,对劳动者来说是获得效用。否则,不论国家、企业、个人都不会进行投资。一般情况下,只有当预期收益的现值不少于现在支出的现值时,或者从薪酬角度来说,未来得到的薪酬现值等于或大于现在的教育投资等支出的现值,人们才愿意进行投资,亦即人力资本投资必须得到补偿。

人力资本理论可以用来解释企业内员工之间的收入差距,也可以解释职位工资差异。同时,人力资本理论不仅关系到员工的收入差异,还关系到企业人力资源的开发和利用,因此,在企业管理中日益受到重视。

8.利润分享薪酬理论

该理论由美国经济学马丁·魏茨曼提出。他认为政府应当在整个国民经济中推行利润分享制度,传统的固定薪酬制度应当废除。

他将工人的报酬制度分为传统薪酬制度和分享利润制度,认为西方经济运行中的滞胀现象的根本原因在于传统的薪酬制度。利润分享制度是将工人的工资与能够反映雇主经营状况的指数联系起来,雇主与工人商定工人应该在雇主收入中占据多大比例的分享利润额。利润分享制度具有自动抵制失业和通货膨胀的作用,因而它能够解决困扰西方国家经济发展的滞胀问题。

利润分享薪酬理论的着眼点是稳定经济发展和社会生活,它扩大了传统薪酬理论的视野,虽然其本身具有一定的局限性,但仍对西方国家的薪酬管理产生了深刻的影响。

9.家庭经济理论

美国经济学家加里·贝克尔提出了家庭经济理论。他认为家庭是社会的细胞,家庭的经济决策关系到全社会的经济运行,当然也关系到企业的生产和工资水平。

个人有限的时间大体上可分为工作、家务劳动和闲暇娱乐三部分。作为家庭的成员,个体活动的目的是实现家庭利益的最大化。个体花费在工作上的时间必然是经过理性分析的,在平衡三个时间后可以得出最佳的劳动供给水平,雇主在此基础上确定相应的工资率。

10.知识资本理论

知识经济的到来导致企业所依赖的资源结构的变迁,企业的成长和发展不再依赖稀缺的物质资源,其持续的发展和竞争力的维持更多依靠其拥有的知识,因而知识拥有者因为其对知识的拥有获得了历史上前所未有的地位。

知识存在于员工头脑中,是企业最为宝贵的资源,也是企业保持竞争优势的源泉。因此,越来越多的企业依据员工拥有的知识付酬。知识对企业而言重要性越强,员工的薪酬水平也就越高。

(二)管理学视角中的薪酬理论

1.薪酬的科学管理理论

美国管理学家泰勒(科学管理之父)于1911年对薪酬的研究,是薪酬理论的发展进入一个新阶段的重要标志。从薪酬理论与实务发展的角度来看,泰勒最重要的贡献在于:①他令人信服地证明了,企业的薪酬实务可以也应该成为科学研究的对象;②他注意到了薪酬的激励作用,尽管他注意的薪酬就是金钱;③他实践了企业的薪酬实务如何成为科学研究的对象,实际地分析了怎样发挥金钱的激励作用——他主要运用职位分类和工作评价的方法,探讨理性薪酬制度的建立。在泰勒之前,薪酬问题研究主要是在一般意义上或较为抽象地讨论企业薪酬——工资的决定,从泰勒开始,薪酬问题研究才进入一个新的境界——从企业中每一个具体员工具体的薪酬确定入手,讨论企业薪酬设计的具体操作问题。这里所讨论的每一员工的薪酬,更主要的还不是人力资源的供求双方在劳动者进入企业的那一瞬间确定的某一劳动者个体的一般意义上的薪酬。这里更关注的是,特定劳动者退出劳动力市场而进入企业后,随着时间的推移,由企业外部环境、企业条件和特定劳动者个体条件这三方面情况决定的动态的薪酬确定,并由此构成特定企业随时间推移的动态的薪酬体系。因此,可以这样说,泰勒是薪酬管理尤其是具体的薪酬设计这门科学的真正先驱者。从此,薪酬管理尤其是薪酬设计成为管理学家一个重要的研究领域。

2.薪酬的激励理论

初看起来,管理学家对薪酬的基本功用有大体相同的观点,这主要表现在一个广泛接受的观念上:薪酬的基本功用是为激励提供杠杆。而在激励的基本目标、薪酬的基本构成要素等问题上,不同的管理学家的看法并不一定相同。

激励的基本目标关系到人们需要的内容,因为激励要通过人们需要的满足达到自己的基本目标。被人们广泛提及的对人的需要的分类,是心理学家马斯洛的需要层次理论。赫茨伯格等管理学家根据马斯洛的分析思路,对人的需要分类进行了研究,最后发现可以把诸多管理措施分成两类因素:保健因素和激励因素。保健因素的不足会引起员工的不满意,激励因素会让人感到真正满意。除此之外,还有期望理论、公平理论、强化理论等。

管理学家对人的需要所做的分类,也许并不完全符合每一位员工的实际,但它可以为管理者如何利用薪酬来激励员工提供一个基本思路。

3.薪酬的权变理论

权变理论认为,组织处在环境之中,而环境又是变化的,不同的环境需要有不同的管理或领导方式与之相对应。因此,没有唯一和最好的薪酬管理,只有最适合的薪酬管理方式。权变理论给薪酬管理带来了以下变化:第一,薪酬体系的设计应与企业战略、企业文化相关联;第二,薪酬系统是企业管理的组成部分,它不仅可以有效控制成本、激励员工,还可以塑造、强化企业文化,并支持企业的变革;第三,引导管理者树立整体和系统的管理理念,并依据企业的发展调整薪酬政策。

(三)管理学与经济学在薪酬研究上的差异

薪酬理论的演变与经济理论、管理理论的演变紧密相关。在薪酬理论的发展早期,薪酬理论与经济理论联系密切,而在现代社会,薪酬理论与管理理论的关系越来越密切。管理学和经济学在薪酬研究上各有特点,其差异如表1-4所示。

表 1-4 管理学与经济学在薪酬研究上的差异

研究特点	管理学	经济学
研究目标	解决微观层次如企业内部具体的员工薪酬管理问题	研究宏观的人力资本的配置效应,以及收入分配与社会公平问题
研究范畴	主要以微观组织为主	主要以宏观与中观为主,以政府和市场为主
研究对象	侧重具体的管理模式,以微观的动态的管理过程为主	侧重宏观和微观层面,侧重短期和静态比较分析
研究重点	组织不同阶段的薪酬体系设计,以及薪酬管理与组织、员工的绩效关系	工资变动的社会效应、劳动力市场的有效配置
研究方法	以管理系统设计和实证研究为主	早期主要采用规范分析,后期多采用实证分析

思考与讨论

1.什么是薪酬?薪酬包含哪些内容?薪酬管理如何定位?
2.薪酬体系包含哪几种类型?
3.什么是薪酬管理?主要内容是什么?
4.试简述薪酬的相关理论。

实训题

选取一个组织为对象,分析其薪酬构成。

任务二   比较薪酬设计的传统原则和现代原则

知识目标

★掌握薪酬设计的传统原则
★理解薪酬设计的现代原则

技能目标

★能根据薪酬设计原则分析企业薪酬制度是否合理

任务导入

A公司的薪酬设计

A公司是国有企业甲集团下属的一个分公司,主要从事高科技电子产品的研发与生产。A公司由甲集团原来的B子公司与C子公司组建而成,组建时员工主要来自B公司和C公司。同时,为了发展需要,公司还从人才市场招聘了一部分员工。

公司运营后,来自B公司的员工的工资依然按照B公司原来的薪酬标准发放,来自C公司的员工的工资仍然按照C公司原来的薪酬标准发放,而从外部人才市场招聘来的员工的工资则按市场标准发放。A公司的薪酬均以月固定工资的形式发放,实行薪酬保密制度。来自B、C公司和外部招聘的员工担任的工作任务都是电路设计与研发,然而外部招聘员工的工资却远多于C公司员工,而C公司员工又略多于B公司员工。

由于A公司生产的产品处于国内领先水平,甲集团对其非常重视。在A公司成立之初,A公司总经理(兼任甲集团副总裁)就曾向员工许诺,公司赢利后将逐步提高员工的薪酬待遇。A公司员工的积极性因此非常高涨,在较短的时间内,完成了多个研发项目,并顺利通过评审。产品投放到市场后,A公司逐渐开始赢利,而薪酬制度却仍然没有变动,A公司的总经理只是在年末以非公开的形式发放了年终奖。

此后,公司里关于薪酬收入的小道消息满天飞,不同来源的员工通过一些非正式的渠道也都知道了各自工资和年终奖的数额。在A公司开始赢利后的第一年(公司成立后第三年),公司员工针对薪酬待遇的抱怨之声四起,积极性开始下降,不时有人跳槽,迟到早退现象也不断增加,使企业生产率大幅下降。与此同时,竞争对手向市场推出了同类型的竞争性产品,已极大地威胁到A公司的市场地位。

任务1:A公司的薪酬管理出现了什么问题？如何解决？

任务2:A公司在薪酬设计过程中忽视了什么问题？

任务分析

A公司组建以后,公司内部始终没有一个统一的薪酬标准,且三个标准存在相当大的差异。其薪酬体系既没有与岗位特点、员工素质能力相结合;又以固定薪酬发放,没有与员工的工作业绩相关联;同时在A公司的薪酬制度设计过程中,没有给予员工参与其中的权利和机会,对薪酬的结果也没有做必要的说明,而只是简单地实行了薪酬保密制度。A公司薪酬显然有失公平性,对员工缺乏激励性。在薪酬设计中,应主要考虑公平性问题,因为公平感是影响员工态度和行为的重要因素。公平感能使员工对组织产生信赖,更为自觉、更为有效地做好自己的工作,更为积极地面对组织的变革;而不公平感会导致员工消极的态度与行为,如A公司员工的抱怨、迟到早退、离开企业等行为,进而会导致组织效率的大幅下降。

知识链接

一、薪酬设计的传统原则

企业进行薪酬设计时必须遵循一定的原则,要考虑的主要目标有内部的协调性或一致性、市场的竞争性、对员工的激励性和薪酬成本的经济性等目标。相应地,薪酬管理应具备以下原则。

(一)公平性原则

"在公平的企业人人都想多干,在不公平的企业人人都想少干。"事实上,薪酬问题在很大程度上就是一个公平性的问题,对工作积极性也会产生重大的影响,可以说,没有公平的激励比没有激励还要糟糕。因此,企业在薪酬制度的设计和实施中,建立内部公平的薪酬结构,就成了企业薪酬管理工作的核心和重点。美国心理学家亚当斯(J. S. Adams)的公平理论就十分强调报酬分配的合理性、公平性对员工积极性的激励作用。一般而言,企业薪酬设计的公平性反映在以下方面。

1.薪酬的外部公平性或者外部一致性

外部公平性涉及企业外部劳动力市场的薪酬状况,尤其体现为员工将本人的薪酬与在其他企业中从事同样工作的员工所获得的薪酬之间的比较。由于这种比较的结果常常会影响到求职者是否选择到某家企业去工作或者影响企业中现有的员工是否会做出跳槽的决策,所以,外部公平性是企业在人才市场提升竞争力的需要。企业所提供的薪酬具有竞争力,才能保证在人才市场上招聘到优秀的人才,也才能留住现有的优秀员工。

2.薪酬的职位公平性或者内部一致性

它强调企业内部不同职位或工作之间的薪酬对比问题。在企业采用职位薪酬体系(即主要以职位本身的价值来确定员工基本薪酬的薪酬体系)的情况下,员工常常把自己的薪酬与比自己等级低的职位、等级相同的职位(可能属于不同的技能类别或不同的部门)以及等级更高的职位上的人所获得的薪酬加以对比,从而通过这种对比来判断企业对本人所从事的工作所支付的薪酬是否公平合理。职位间的薪酬水平既有差距过大的情况,也有差距过小的情况。员工经过这种比较所得出的结论不仅会影响到他们的总体工作态度,是否愿意被调换到企业内部的其他职位上去,是否愿意接受晋升,同时还会影响到在不同的工作、不同的职能领域和不同的生产班组中工作的员工之间的合作倾向以及他们对企业的组织承诺度。从激励作用来看,薪酬内部公平性还属于保健因素,也就是说,内部公平性可以使员工达到或保持正常的工作效率;而内部公平性不足时,则会降低员工的工作效率。

3.薪酬的个人公平性

这主要是指员工薪酬的一部分应该与公司、部门或个人绩效结合起来,体现绩效文化。在同一企业中从事相同工作的员工进行薪酬公平性的相互比较时,还会与绩效、技能、资历等个人特征联系起来,考察它们之间的相对差异大小是否合理。如果贡献大者与贡献小者得到的报酬一样或相差不大,似乎是平等的,但实质上却是不公平的。因此,要解决内在公平问题,还必须根据员工的贡献和能力大小适当拉开收入差距。

这种比较也来自个人自身的绝对薪酬比较,即将自己的贡献或各种投入等与其收入情况做比较,如果员工感到自己对企业的贡献大于自己的收入,就会引发不满。

所以,一个内部公平的薪酬制度必须高度关注员工是否真正创造了价值,创造了多少价值。有多少有效付出就会获得多少回报,这样的薪酬制度才是公平的。

4.薪酬管理的程序公平性

薪酬公平除了结果公平(即收入数量的公平),还有程序公平。程序公平是指确定每位员工收入数量的过程和程序公平,包括薪酬制度、考核制度及程序、实施与发放方式等。有研究表明,薪酬数量上的分配公平比程序公平对员工的工作满意度和个体绩效影响更大,而程序公平更容易影响员工的组织承诺、对上司的信任和流动意图。

因此,在薪酬管理中也要注意引入民主机制、沟通机制和有效的监督制度。职位评价、薪酬制度的制定、绩效薪酬的评定与发放等都应做到民主参与、公开透明,这样有助于增强员工对企业薪酬公平性的理解、认同和接受,有利于减少以个人好恶代替客观标准的弊端。同时,制度的执行与制度的建设同等重要。在执行中引入监督机制,如通过上级、同级实施监督,可以保障公正的薪酬制度的有效执行和真正实现。比如,核定员工绩效薪酬时,可以采取直接上级建议、间接上级核定的方法,以避免因人际关系好坏而引起的主观偏差。当然,最好的监督是员工监督。管理者要建立沟通机制,搭建高效的沟通平台,通过访谈、调查等方式与员工进行积极的沟通,充分发挥员工的监督作用,保障公正的薪酬制度得以公正施行。

(二)竞争性原则

竞争性原则类似于但又不同于薪酬的外部公平性问题,它强调的是高于竞争对手的薪酬水平。根据调查,高薪对优秀人才具有不可替代的吸引力,因此企业在市场上提供较高的薪酬水平,无疑会增加企业对人才的吸引力。但是,竞争性原则对于企业而言,并非是企业的薪酬水平要绝对地高于市场平均水平,而应该根据企业的财力、所需人才的可获得性、所需要的人才类型等具体情况而定。企业需要吸引留住最合适的人才,并非不顾条件地去追求高素质、高学历,也不是不顾劳动力市场的供求状况,而一味地提高薪酬标准。同时,竞争力是一个综合指标,有的企业凭借良好的声誉和社会形象,在薪酬方面只仅仅满足外部公平性的要求也能吸引一部分优秀人才。

(三)激励性原则

激励性原则是指薪酬管理应在最大限度上激励员工,并帮助企业实现预定的经营目标。有效的薪酬制度仅仅让员工满意和认可是远远不够的,只有激励性的薪酬制度才能强化员工的劳动行为,并引导和推动他们的行为不断达到更高的目标。薪酬管理的激励作用就是通过影响员工物质需求的实现,促使其提高工作积极性,引导他们在企业经营中的行为。

在这里,"影响"是有两个方向的,一个方向是让员工得到更多的报酬,一个方向是减少员工的报酬,也就是奖惩两个方面。所以,对薪酬管理激励功能的理解不能片面认为激励就是提高所有员工的满意度,进而提高所有员工的工作积极性。实际上,激励是通过提高部分员工(通常是行为与组织目标一致的特定员工群体)的满意度,来达到"提高所有员工工作积极性"这个最终目标的。在激励的过程中,始终是部分员工的满意度得到增强,部分员工的满意度会减弱。而提高所有员工的满意度只是个理想的状态,在现实中很难实现。因为不可能所有员工的行为都与组织目标一致,从而都得到"正强化"。受到"负强化"的员工在当时满意度肯定是不高的。

激励的要点就是把最符合员工需要的东西作为激励的诱因,并将它们与员工的绩效相联系,制定出有激励性的薪酬制度。它一方面要求企业在薪酬结构上要尽可能地满足员工的实际需要,也就是要增加薪酬的主观"效价"。由于不同(年龄、性别、偏好等)员工的需求不同,相同的激励措施起到的激励效果也不尽相同。即便是同一位员工,在不同的时间或环境下,也会有不同的需求。所以,激励要因人而异,因时而异。在制定和实施薪酬体系时,要尽可能针对员工最迫切需要的因素,并在薪酬结构上体现出来。相比而言,"雪中送炭"比"锦上添花"更能满足员工的需要。尤其对于一些非货币性薪酬而言,员工需要的个性化差异更大,弹性福利制度就是针对这种个性化要求而采取的员工自主选择福利项目的方法。

(四)效益原则

企业进行薪酬设计时必须充分考虑企业自身发展的特点和支付能力。在大多数情况下,提供过高报酬的企业将很难与付酬相对较低但却更有效的企业进行竞争。

效益原则有时也称为经济性原则,但效益原则强调薪酬的有效性,更能反映薪酬的人力资本属性。效益原则就是指在薪酬水平的安排上,要做到薪酬总额合理的控制、利润合理积累以及与劳动力价值的平衡,力求以较少的薪酬投入获得最大的产出,从而把人工成本控制在一个合理的范围内。但是对人工成本的控制,不能简单理解为减少人工费用,而是通过人工费用的合理使用,以把"经济大饼"做大的方式,提高企业经济效益,使企业和员工共同受益,达到双赢。

还要注意的是,人工成本还与企业的成本构成以及所处的行业性质有关。在人工成本占企业总成本比例较高的劳动密集型企业中,效益原则对企业薪酬标准的制约力量较强,以控制企业产品的成本处于一个较低的水平;而在人工成本占企业总成本比例较低的资金密集型、技术密集型企业中,适当提高员工的薪酬水平对企业总体经营压力的影响并不大,而且,这些企业的生存和发展也通常比劳动密集型企业更依赖于核心人才的作用,适当提高薪酬可增强对员工的激励性。

(五)战略原则

战略原则强调企业进行薪酬设计时必须从企业战略的角度进行分析,制定的薪酬政策和制度必须体现企业发展战略的要求。例如,企业目前要求大力提高市场占有率,销售业绩就应当在可变薪酬中起更大的作用;强调提高服务质量,就应当将其与薪酬挂钩;如果企业需要加大科技创新力度,就应当把创新能力与创新成果作为重要的奖励成分;企业需要紧缩成本,那就要平衡薪酬市场竞争力与薪酬预算。

此外,要把实现企业战略转化为对员工的期望和要求,并把对员工的期望和要求体现在企业的薪酬激励中。例如,对企业战略发展有重要影响作用的员工,可以对他们实行倾斜政策,为他们设计相对较高的薪酬水平,或增加特殊的薪酬组成部分如特殊津贴、长期激励等,也可以明确地将其与其他员工区别开来,实行特殊的薪酬政策。这主要是指在企业发展的特定阶段对企业后续发展有重要影响的"核心人力资源"或"战略性人力资源",如那些掌握企业核心资源(重要客户、关键技术等),或拥有对企业发展有重要影响的社会关系的员工。当某产品处于进入阶段,企业可能更强调产品的研发,但在成熟期时,企业就要对产品销售人员进行重点激励。对一些暂时派不上用场的战略性人才,也可用保护性的优厚待遇把他们储备起来,以待条件成熟后加以重用。例如,为鼓励青年科技人才尽快承担起企业技术转型的重任,可对其科技创新活动给予重奖。

二、薪酬设计的现代原则

传统薪酬原则总体来说更关注员工个人对薪酬的要求以及可见薪酬的激励作用,但是随着时代的发展,现代企业实践以及管理原则中更需要的是团队合作。事业的成功更多依赖团队的合作,而不仅仅是个人十分有限的作用,所以有必要建立基于团队而非个人的奖励机制。同时需要指出,当物质刺激达到一定程度的时候,人的满足感是会逐渐递减的,企业激励的作用也逐渐减弱,所以现代管理心理学要求企业更多从内在的心理上去激励员工。因此,现代企业更应该重视附加报酬和隐性报酬等员工内在的心理需求。

1.薪酬设计的团队原则

在协作性的企业中,基于团队的奖励对组织的绩效具有十分重要的作用,使人们意识到只有团队协作,自己也才能获益。尽管从激励效果来看,奖励团队比奖励个人的效果要弱,但为了促使团队成员之间相互合作,同时防止上下级之间由于工资差距过大导致低层人员心态不平衡的现象,有必要建立团队奖励计划。有些成功企业,用在奖励团队方面的资金往往占到员工收入的很大比重。对优秀团队的考核标准和奖励标准,要事先定义清楚并保证团队成员都能理解。具体的奖励分配形式可归纳为三类:第一类是以节约成本为基础的奖励,比如斯坎伦计划将员工节约的成本乘以一定的百分比奖励给员工所在的团队;第二类是以分享利润为基础的奖励,也可以看成是一种分红的方式;第三类是在工资总额中拿出一部分设定为奖励基金,根据团队目标的完成情况、企业文化的倡导方向设定考核和评选标准进行奖励。

2.薪酬设计的隐性报酬原则

薪酬由两种不同性质的内容构成:货币报酬和非货币奖励(直接报酬和间接报酬、外在报酬和内在报酬）。货币报酬属于有形的外在报酬，主要包括直接报酬（工资和奖金等）和福利。非货币奖励属于内在的附加报酬，它是基于工作任务本身但不能直接获得的报酬，属于隐性酬劳，分为职业性奖励和社会性奖励。职业性奖励又可以细分为职业安全、自我发展、和谐工作环境和人际关系、晋升机会等；社会性奖励由地位象征、表扬肯定、荣誉、成就感等因素构成，这是一种内在的激励方式。外在的货币激励方式虽然能显著提高效果，但是持续的时间不长久，处理得不好，会产生适得其反的作用；而内在的心理激励，虽然激励过程需要较长的时间，但一经激励，不仅可以提高效果，更主要的是具有持久性。对于高层次的人才和知识型的员工，内在的心理报酬很大程度上左右着工作满意度和工作成绩。因此，企业组织可以通过工作制度、员工影响力、人力资本流动政策来执行内在报酬，让员工从工作本身中得到最大的满足。这样，企业减少了对好的薪资制度的依赖，转而满足和推动员工，使员工更多地依靠内在激励，也使企业从仅靠金钱激励员工的加薪再加薪的循环中摆脱出来。

3. 薪酬设计的双赢原则

个人与组织都有其特定的目标指向。就薪酬而言，个人和企业都有各自的薪酬目标。员工为了实现自己的价值就希望通过获取高的报酬来加以体现，而企业为了有效利用资源和降低运转成本则希望以较小的投入换取较大的回报。结果，两个薪酬目标之间没有合适的接口，企业付出的薪酬不能激励员工更不能换回高的回报，而员工的愿望和目标同样被压制，产生怠工心理，从而形成企业对员工不满、员工对企业抱怨的局面。

所以，管理层在制定薪酬制度时，有必要上下相互沟通和协调，让员工参与薪酬制度的制定，找到劳资双方都满意的结合点，达到双赢。与没有员工参加的绩效薪酬制度相比，让员工参与设计和管理的薪酬制度非常令人满意且具有长期激励的效果，同时，企业的投入也能达到最有效和最优化。

思考与讨论

1. 什么是公平性原则？它包括哪些方面？
2. 企业进行薪酬设计应该遵循哪些原则？
3. 薪酬设计的传统原则和现代原则有何差异？

实训题

结合某一企业薪酬管理实际，分析其薪酬制度符合或违背了薪酬设计的哪些原则。

任务三　确定影响薪酬的因素

知识目标

★了解影响企业薪酬的内部因素
★掌握影响企业薪酬的外部因素
★掌握影响企业薪酬的个人因素

技能目标

★能分析企业薪酬确定的各种影响因素

任务导入

某民营集团公司的薪酬水平

某民营集团公司有 A、B、C 三项主营业务,分别成立了三家子公司。其中 A 业务是公司赖以起家的传统业务,B 和 C 两类业务是后来公司收购的业务。自从有了 B 和 C 两家子公司之后,集团总裁就经常听 A 公司的人员抱怨 B 和 C 公司支付的薪酬水平太高。总裁请集团的人力资源总监,也就是原先 A 业务的人力资源经理对三家公司中各级别员工的平均月工资水平做了大致的分析,得到表 1-5 的数据。

表 1-5　某民营集团三家子公司各级别员工的平均月工资水平　　　　　　单位:元

公司名称	初级员工	骨干员工	主管	经理	总经理
A 公司	1500	2500	3500	5000	15000
B 公司	1600	3000	4500	9000	25000
C 公司	1400	2500	4000	7000	20000

人力资源总监很希望总裁能够决定为 A 公司的员工加薪,因为他现在虽然从 A 公司的人力资源经理升任为集团的人力资源总监,月薪也只在原先的基础上增加了 500 元,如果 A 公司的经理人员能够加薪,他本人的加薪也就顺理成章了。但是因为公司毕竟是民营企业,他也不敢直接提议提高 A 公司的薪酬水平。

总裁在收到报告之后,虽然没有感到意外,却也觉得非常难以处理。如果把 B 和 C 两家公司的薪酬水平降下来,必将导致这两家公司的员工尤其是优秀员工大量离开,对于留下的员工的士气也将产生负面影响,最终影响到业务和利润;而如果把 A 公司的薪酬水平提上去,正如人力资源总监所料,也不是总裁心甘情愿的。

在人力资源总监的建议下,公司聘请了一家咨询公司来解决这个难题。咨询公司尽职尽责地开展调查研究。除了岗位分析、岗位评估以及其他一些常规调研之外,咨询公司还对 A、B、C 三个子公司的总体人员资质水平和总体薪酬水平分别与各自所处行业的市场水平做了对比。通过对比可以看出:A 公司员工的薪酬水平和资质水平都明显低于市场基准;B 公司员工的薪酬水平与市场基准没有明显差异,但是资质水平明显高于市场基准;而 C 公司员工的薪酬水平明显高于市场基准,但是资质水平与市场基准没有明显差异。

由此可以得出的结论是:考虑到 A 公司员工的资质水平,他们的薪酬水平其实并不低,要想提高薪酬水平,首先应当提升员工的资质水平和公司的业绩;考虑到 B 公司员工的资质水平,虽然他们的薪酬水平在集团中相对最高,但他们的薪酬水平相对市场来说其实是太低了;而考虑到 C 公司员工的资质水平,他们的薪酬水平相对市场来说其实是太高了。

对于这样一个出人意料的结论,集团总裁一开始难以接受,但是细想一下,他平时一直对 A 公司员工的水平非常不满,竞争对手的员工以专科和本科为主,而 A 公司的员工则以中专为主,A 公司的管理水平和盈利水平也一直低于竞争对手;至于 B 公司,他当初决定收购的一个因素就是看中了他们的人员和公司在业界的影响,对于这样的员工和公司基本面,目前的工资的确算不上高;C 公司的员工虽然也不差,但是最近有不少来自其直接竞争对手的人员前来应聘,看来公司的吸引力还是很大的。最终,总裁接受了咨询公司的建议。

任务1：该民营集团公司在为 A、B、C 三个公司确定薪酬水平时应该考虑哪些因素？

任务2：该民营集团公司在确定薪酬水平时如何能做到既控制劳动力成本，又使其具有市场竞争性？

任务分析

公司在确定薪酬水平时，既要考虑产品市场因素，也要考虑劳动力市场供求状况和公司的经济实力，还要考虑公司所在地的经济发展状况以及公司所在的行业，尤其要考虑公司人员自身的条件和在公司所处的岗位。要注意不能随意地给员工加薪或者降薪。但如果企业的薪酬处于行业领先水平，其薪酬的外部竞争力就依然存在，没有很大的必要加以调整，以免造成浪费；如果企业的薪酬处于行业的低水平位置，则有必要采取措施，保持企业的人才吸引力和凝聚力。

知识链接

一、影响企业薪酬的外部因素

1.民族文化和风俗习惯

民族文化和风俗习惯在变迁中不断接受新的文化因素，对自身不合理的因素进行调整。文化的变化会影响人们对薪酬的认识，进而影响实际的薪酬确定。

2.国家政策和法律法规

在经济发展的不同时期，出于刺激消费、拉动内需或抑制通货膨胀的需要，国家会对薪资政策有所规定和调整，政策的调整必然影响企业薪酬的确定。

政府对企业员工的薪酬调节包括直接调节和间接调节两种。前者指通过制定法律法规直接调节企业薪酬水平及其变动，如最低工资法；后者指政府通过调节其他经济行为和社会行为的政策，对企业的薪酬水平产生影响，例如出台一些财政政策、价格政策以及产业政策等。

3.社会劳动生产率

企业的薪酬确定总体上属于国民收入分配的范畴，分配取决于收入，国民收入受到社会劳动生产率的影响。因此，社会劳动生产率的总体水平和变动都会制约企业的薪酬水平。

社会劳动生产率的变化主要是工业和农业两大物质生产部门为社会提供的产品数量的变化。由于工业劳动生产率一般高于农业劳动生产率，而企业职工的薪酬主要用于购买农副产品或其加工产品，这时会出现两种情况：一是当农业劳动生产率增长高于工业劳动生产率的增长时，可供应的农产品量增加，职工实际薪酬水平可有保证地提高；二是当农业劳动生产率增长慢于工业劳动生产率增长时，职工薪酬水平的增长要受到一定程度的制约。

4.劳动力市场供求状况

劳动力供求对薪资水平的影响，表现在当社会上可供本企业使用的劳动力总量大于企业需求的总量，则薪资水平降低；反之，则提高。

5.物价水平

物价水平，尤其是职工生活费水平的变动，对职工薪酬水平具有重大影响。当货币工资水平不变，或其上涨幅度小于物价上涨幅度时，物价上涨将导致职工实际薪酬水平的下降。

6.地区及行业薪酬水平

企业所在行业的薪酬水平指引企业薪酬水平与整个行业的平均水平趋于一致。"人怕入错行"，折射出的道理就是个体选择的行业对自身收入有较大的影响。不同地区的生活指数不同，企业在确定员工的基本薪酬时应该参照当地的居民生活指数。

二、影响企业薪酬的内部因素

1.企业的支付能力

员工薪酬水平与企业支付能力的大小存在着非常直接的关系。如果企业的支付能力较强，则员工的薪酬水平高且稳定；如果企业薪酬负担超过了企业的支付能力，那么企业就会严重亏损，甚至停业。一般来说，劳动力市场因素决定了企业薪酬水平的底线，而企业的支付能力则决定了企业可能支付的薪酬水平的高限。

影响企业支付能力的因素主要有企业的劳动生产率、企业拥有的人员数量与质量、原材料价格的变化、企业人力资源管理水平等。另外，产品市场上的因素也会影响企业的实际支付能力。

（1）产品市场上的竞争程度。产品市场上的竞争程度对薪酬水平的影响是很重要的，如果企业在产品市场上处于垄断地位，在一定范围内就可以自主确定产品价格，也就能够获得超出市场平均利润水平的垄断利润，利润的增加为企业在劳动力市场的薪酬决策提供了强有力的保障，足以保证企业向员工提供高出市场水平的薪酬。而一旦垄断地位丧失，提高产品价格将会导致销售量的减少，企业无法将因高水平薪酬所产生的成本负担通过较高的价格转嫁给消费者，只能从总收入中分出更多的份额给员工，也就失去了支付高薪的基础。而当企业处在完全竞争或类似完全竞争的环境中，企业所支付的薪酬水平往往和市场平均水平相近。当然，如果企业能很好地控制各种成本，而且产品又有很强的市场竞争力，也可以获得高于其他企业的利润水平。

（2）产品或服务的需求弹性。这个因素与产品市场的竞争性相联系，一般而言，企业在产品市场上的竞争者少，消费者对其产品和服务的需求弹性也小。但消费者对某种产品或服务本身也存在需求弹性问题，如奢侈性消费品并不是多数老百姓所必需的。产品或服务的需求弹性反映了消费者对产品需求的伸缩性与转换性。当消费者对企业产品或服务的需求弹性较大时，由于销售量对价格变动比较敏感，企业不可能通过提高价格将加薪所带来的成本转嫁给消费者，企业的薪酬水平就不能定得太高。如果企业产品或服务的需求弹性较小，即使企业提高产品或服务的价格，也不会导致消费者的消费量以及企业产品销售量的明显减少，企业完全可以通过提高产品或服务的价格将加薪成本转嫁给消费者，企业的薪酬水平就会高一些。

（3）企业产品或服务的市场需求水平。如果市场对企业的产品或服务需求旺盛，必然导致企业扩大再生产，进一步提高企业利润总量，从而带来企业支付能力增强和员工薪酬水平的提高。

2.企业薪酬策略

薪酬策略是企业分配机制的直接表现，薪酬策略直接影响企业利润积累和薪酬分配的关系。一部分企业注重高利润积累，一部分企业注重二者之间的平衡，所有这些差别会直接导致企业薪酬水平的不同。企业薪酬策略往往受到以下因素的影响。

（1）企业对价值创造者的分配比例。企业应当解决好收益在出资者、经营者和员工之间的分配比例，如果企业在股东回报、员工回报或增加企业扩大再生产的经济积累方面有不同的侧重，势必会对员工薪酬水平产生重要影响。

（2）企业的发展阶段。企业发展的不同阶段，企业的战略会不同，企业的盈利能力也不同。因此，企业的薪酬系统也会受到影响。例如，企业在启动阶段，往往采用低工资、高奖金、低福利的薪酬系统；在稳定阶段，往往采用高工资、低奖金、高福利的薪酬系统；在衰退阶段，企业最恰当的战略是获得利润并向别处投资,这时应当将标准福利与低水平工资相结合,并使用适当的奖励直接与成本控制联系在一起。

(3)企业经营战略。企业经营战略对薪酬水平的影响无疑是非常直接的。如果企业选择实施低成本战略,那么必然会尽一切可能去降低成本,其中也包括薪酬成本,这样的企业大多身处劳动密集行业,边际利润偏低,盈利能力和支付能力都比较差,因而,它们的总体薪酬水平不会太高;实施创新战略的企业为了吸引有创造力、敢于冒险的员工,必然不会太在意薪酬水平的高低,它们更为关注薪酬成本可能会给自己带来的收益,只要较高的薪酬能够吸引优秀的员工,从而创造高的收益就行。从企业的薪酬战略来看,采用高工资战略的企业无疑会比采用广泛搜寻战略和培训战略的企业有支付更高工资的倾向。

(4)企业文化与价值观因素。企业文化与企业的价值观紧密相连,影响企业的薪酬系统。如果企业崇拜个人英雄主义,那么它的薪酬差别就会比较大;如果企业提倡集体主义,那么它的薪酬差别就会较小。如果企业鼓吹冒险,那么它就会采取高工资、低福利的薪酬策略;如果企业提倡安全性,那么它就会采取低工资、高福利的策略。

(5)分配方式和结构。在薪酬总额一定的情况下,不同的分配方式和结构会直接影响企业薪酬水平的高低。例如,计件薪酬比计时薪酬更能促进人们提高工作效率,增加劳动成果,从而导致薪酬水平的上升,而无限计件改为有限计件时,又会导致薪酬水平在一定程度上的下降。

3.员工的数量和结构

企业薪酬水平和员工人数之间的关系可以用下面的公式表示:

$$平均薪酬水平＝薪酬总额/员工人数$$

可见,企业的薪酬水平与薪酬总额成正比,与企业员工人数成反比。要想提高薪酬水平,就要加大薪酬总额,或者减少企业的员工人数。这就涉及了合理的薪酬总额和合理的定员问题。

企业定员是否合理,会在很大程度上影响员工的劳动生产率。根据边际生产力理论,当活劳动即劳动力的投入与其他生产要素投入(假定为定值)达到合理的配置时,企业的劳动生产率、人均产值均可达到最高水平,获得最佳收益。此后,如果劳动力的投入不断增加,劳动生产率、人均产值增长幅度将逐渐减少,直至出现负增长,发生劳动生产率和人均产值的绝对量开始下降的情况,这时,必然影响到企业的经济效益和员工的薪酬水平。另外,生产技术的发展、生产工艺的改善带来企业生产自动化和高效率,会导致劳动生产率的提高,从而促使企业减少员工数量,并相应地提高员工的平均薪酬。因此,合理的定员也是影响薪酬水平的主要因素。

员工人数的增加和流动的加剧会降低企业的平均薪酬水平。由于资历的缘故,新员工大多处于薪酬等级的低层,而资深员工则会位于薪酬等级的上层。当以新员工来代替已有员工或增加新员工时,就有可能使整体的薪酬水平下降;而当员工人数减少或流动速度缓慢时,则会产生相反的效应。如某公司每年都大量招聘工资相对较低的应届大学毕业生,而解雇相应数量的老员工,就会降低企业的平均薪酬水平。

4.工会的力量

工会也是影响企业分配政策的一个重要因素,在没有工会组织的企业中,企业在决定员工薪酬水平时,一般拥有较大的灵活性。而在集体劳动合同谈判中,作为员工代表的工会一方,可以在劳资谈判中提出薪酬水平来影响实际薪酬水平的确定,因此,工会的强弱也会影响薪酬水平的决策。

在我国,工会的作用主要表现在工资集体协商制度中,工会代表职工与企业就薪酬水平、薪酬决定、薪酬差异及分配、支付形式等进行集体协商,签订工资合同。

三、影响企业薪酬的员工个人因素

企业进行薪酬设计时除了考虑企业外部和内部因素之外,还必须考虑企业雇员自身的因素。雇员的差异直接决定了薪酬的差别。

1.岗职差异

岗职差异主要表现为各岗位、职务在工作繁简和难易、责任轻重、危险与否以及劳动环境艰苦还是轻松等方面的差异。

2.工作绩效

员工的薪酬是由工作表现决定的。工作质量高、成果多或劳动时间长,其薪酬水平就高;反之,薪酬水平则低。

员工的薪酬水平受到自己提供的劳动量的影响。这包含两方面的含义:一是员工只有为企业劳动才能得到工资性的收入;二是员工劳动能力大小有别,在同等条件下,所能提供的实际劳动量的大小不同。这种实际劳动量的差别是导致薪酬水平不同的基本原因。

最常见的绩效薪酬形式是年度奖金,它可能与企业的整个业绩、各个经营单位的业绩、个人业绩或者三者的有机结合相关联。此外,企业还可以提供比基本薪酬增长更多的奖金。奖金不是加在底薪中,而是像挂在树上的苹果,需要员工努力才可以得到。因此,利用奖金不仅可以激发员工提高绩效,还可以限制固定费用的增长,从而使企业的业绩获得改善。

根据绩效决定员工薪酬需要企业有合理的工作绩效评价程序和合理确定不同绩效水平的方法。

3.工作年限

工龄是指员工在本企业的工作年限(国有企业工龄的计算方法往往包括员工参加工作以来的时间)。一般来讲,工龄长的员工薪酬通常高一些,主要是为了补偿员工过去投资并减少人员流动。工龄工资的优点在于:可以增强员工的安全感,标准比较客观,符合东方人论资排辈的心理。日本的"年功序列工资制"就是典型的根据员工年龄、企业工龄、学历等因素来决定员工薪酬水平的薪酬制度。

工龄工资本身与职位职责和绩效没有绝对联系,是一种典型的保健因素,所以工龄工资在薪酬构成中的比例不宜太大,否则,员工将会产生强烈的论资排辈的依赖心理,这样不利于发挥薪酬的激励作用,尤其不适合企业竞争战略的要求。

4.工作技能

在科技进步、资讯发达的今天,企业越来越重视那些具有高技术和能力水平的员工。因为具有高技术与能力的员工是企业竞争力的重要组成因素,人才对企业的生存与发展已起着越来越重要的作用,对这些员工显然应当给予更高的薪酬。从另一方面来看,技术与能力水平越高、学历越高,员工自身的投资也越大。较高的薪酬不仅可以补偿劳动者在学习技术时所耗费的金钱、时间、体能、智慧、心理上的压力和不愉快等直接成本以及因学习而减少收入所造成的机会成本,而且还带有激励作用,可以促使员工不断学习新技术,提高组织所需要的技能,提高劳动生产率。

5.工作条件

有些工作具有危险性,有损人体健康,甚至危及人的生命。还有些工作具有令人难以忍受的气味、温度、光线和气压、水压,因而从事这类工作的人员需要很强的胆识、体力和耐力,这样他们拿的薪酬应高于在相对舒适安全的工作环境中工作的员工。这既是补偿其体能消耗,也是一种鼓励和安慰。在企业中,主要通过津贴的形式来对员工工作条件进行补偿。

另外,影响企业薪酬的员工个人因素还有员工受教育水平、员工性别差异、工作经验以及员工身体健康状况差异等。

思考与讨论

影响企业薪酬水平的因素有哪些?

实训题

从影响薪酬的各因素入手,分析某一制造行业薪酬水平发展情况。

学习情境二 | 了解薪酬法规及薪酬制度

开篇案例

新冠疫情期间的工资发放

新冠肺炎疫情导致 2020 年的春节假期和企业复工复产均偏离了正常节奏。春节期间、2月的工资究竟要咋发？要是接下来的 3 月还是没能复工，3 月的工资又咋发？

1. 2020 年春节假期工资怎么发

延长后的 2020 年春节假期指大年三十到正月初九，即 1 月 24 日至 2 月 2 日。

当然，企业如果在春节假期依法安排员工休息的，正常支付工资。但如果春节假期安排员工加班的，加班费该怎么算呢？

大家知道，2020 年春节假期既有法定节假日，又有休息日，加班费到底该怎么算呢？

首先，如果在 1 月 25 日至 27 日（农历正月初一至初三）法定节假日加班，企业要给员工支付 300％的加班费。

其次，1 月 24 日、1 月 28 日至 2 月 2 日（其中 1 月 31 日、2 月 1 日属于因新冠疫情而延长的假期，2 月 2 日为周日休息日），这些时间的加班都属于休息日加班，企业得安排员工补休或者给员工支付 200％的加班费。

当然，这两项适用于标准工时制度的人员，如果是经过劳动行政部门审批执行特殊工时制度的员工，尤其是不定时工时制员工，不适用加班费的规定。

2. 春节假期过后，职工工资怎么发放

不同情形下有不同的发放标准，这里为大家汇总了六种情况。

（1）对于新冠肺炎患者、疑似病人、密切接触者：

①在隔离治疗期间、医学观察期间的职工，正常支付工资；

②病假期间：对于解除隔离后仍需遵医嘱病休的职工，企业按照医疗期的相关规定，支付病假工资。

（2）政府实施隔离措施或者采取其他紧急措施导致不能提供正常劳动的职工，正常支付工资。

注意！这里指的是政府实施或者采取措施导致的情形，如果仅仅是员工自己要求居家隔离，或者觉得老家更安全不想回来，不属于此种情形。

另外，处于看护假期间的职工亦归于此种情形。但看护假可是要还的，企业可以综合调剂使用 2020 年的休息日，即休了看护假，2020 年以后的休息日企业可以安排上班。

（3）对于复工人员，包括在家办公的职工的工资正常支付。

企业要主动与职工沟通，有条件的企业可安排职工通过电话、网络等灵活工作方式在家上班完成工作任务；对不具备远程办公条件的企业，可与职工协商优先使用带薪年休假、企业自设福利假等各类假。

例如：北京人社局明确，疫情期间，对企业要求职工通过网络、电话等灵活方式在家上班的，按照正常工作期间的工资收入支付工资。

（4）关于自行居家隔离或者申请延期返岗员工的工资支付。

①企业可以安排员工在家办公，正常发放工资。

②企业没有条件安排员工在家办公的，优先安排年休假，年休假期间正常发放工资；年休假安排完了，想要继续延期返岗的，可采取的措施有：

A.协商一致待岗，并明确待岗期间的工资；

B.员工申请事假，事假期间无薪；

C.单位综合调剂使用 2020 年度内休息日，正常发放工资，在以后的休息日安排员工上班。

（5）如果企业停工停产、安排员工待岗的，工资支付可以根据企业具体情况和员工协商解决。在一个工资支付周期内正常发薪，超出一个工资支付周期的，发放基本生活费（北京的标准是不得低于最低工资标准的70％）。也就是说，单位安排员工停工待岗的，第一个月的工资仍然需要保障，正常支付；从第二个月开始，按照不低于最低工资标准的70％支付。

（6）企业没有停工，但生产经营困难的可与职工协商一致后降低薪酬。

对受疫情影响导致企业生产经营困难的，鼓励企业通过协商民主程序与职工协商采取调整薪酬、轮岗轮休、缩短工时等方式稳定工作岗位。

当然，对于"正常支付工资"怎么理解呢，可能在实践中很多企业容易产生疑问。

我们一般认为，计时工资等固定工资部分，均需全额支付；对于与单位经营状况、员工业绩相挂钩的绩效工资、提成工资等浮动工资部分，根据单位的工资、绩效管理办法等规章制度予以核算发放即可。

当然，对于新冠疫情期间工资支付办法我们主要依据《中华人民共和国传染病防治法》第四十一条之规定：对已经发生甲类传染病病例的场所或者该场所内的特定区域的人员，所在地的县级以上地方人民政府可以实施隔离措施……在隔离期间，实施隔离措施的人民政府应当对被隔离人员提供生活保障；被隔离人员有工作单位的，所在单位不得停止支付其隔离期间的工作报酬。

具体如何发放工资，人力资源社会保障部、全国总工会以及各地的人力资源和社会保障厅都根据具体情况补充颁布了相应的法律保障和具体执行措施。

任务一　了解薪酬立法的历史沿革

📖 **知识目标**

★了解西方国家劳动工资立法的发展历程

★了解西方主要国家的薪酬法规

★了解我国劳动工资立法的发展历程

★了解我国薪酬法规的主要内容

薪酬立法的历史沿革

⊇ 任务导入

美国《劳动法》的诞生

两次巨大的灾难改变了美国的历史。其中一次是 2001 年的"9·11",美国世贸中心双子塔被恐怖分子袭击起火倒塌;一次是 1911 年 3 月 25 日的华盛顿广场大楼起火。1911 年 3 月 26 日的《纽约时报》头版头条的标题特别长:"141 名男女工人死于内衣厂大火;被困华盛顿广场大楼高层;街上尸横遍野;楼内堆尸如山。"

那一天正好是星期六,是发薪水的日子,姑娘们已经换下工装,穿上了自己的漂亮衣服,排队领工资,接下来是劳累一周盼来的一个难得的周末,惨剧就在这个时候发生了。

就在一年前,在纽约的几百家血汗工厂工作的工人们曾经举行过声势浩大的罢工,要求提高工资、减少工时、改善工作条件。三角工厂的女工们也是其中的积极参与者,她们特别要求改善工厂的防火设施,但罢工以失败告终。由于生活所迫,姑娘们不得不回到她们已经意识到随时会发生火灾的工厂。

4 月 5 日,一个阴沉的下午,12 万工人组成了一条长长的、沉默的河流。那是一场沉默的游行,除了哭泣,没有口号。在此之前,纽约人并不关心这些近在咫尺的血汗工厂里工人们的境遇,但这次灾难唤醒了纽约人的良知。"我低下自己的头,对自己说,我是有责任的。是的,这个城市的每一个男人和女人都是有责任的。"一位学者在他的文章中这样写道。人们的负罪感最终落实为一步步的具体措施。

美国的《劳动法》在这一时期通过。三角公司火灾惨案成为立法的依据。到 1914 年,纽约州共通过了 34 项改善工人工作条件和劳动安全的法律。这些法律的通过,被看作是"进步时代"最重要的成果。三角工厂的事件后来被写进美国高中历史教材中,成为美国现代主流价值观的一部分:生命的价值重于财富。

资料来源:刘戈.改变美国的时刻[M].杭州:浙江大学出版社,2013.

任务 1:美国《劳动法》是在什么背景下诞生的? 能给我们什么启示?

任务 2:劳动法的发展和一个国家的经济发展有什么必然联系?

任务分析

"二战"以来,随着世界形势的发展,制定全国统一的劳动法已在许多国家形成共识。此间,许多国家相继颁布了自己的劳动法。但是,每次劳动法的变革都会带来工人权利保障的转折点,我们可以看到,三角工厂的事件让人们认识到"生命的价值重于财富",让人们看到了社会的进步。当然有关员工工资福利和保护的立法,也是随着社会经济的发展而演变并与其相适应的。

知识链接

一、劳动法的诞生

薪酬对员工及其家庭至关重要,与员工的家庭生活息息相关,也关系到社会的稳定,乃至国家的发展。因此,从立法上来保障员工的正常薪酬是各国政府都十分重视的问题。

薪酬立法是劳动法的重要内容之一,它直接关系到劳动者的劳动报酬权益的保护和实现。薪酬的有关法律、法规和政策为薪酬管理提供了依据,对企业的薪酬管理行为起着规范和指导作用。因此,了解关于薪酬的法律、法规和政策对薪酬管理实践来说意义重大。

从世界范围来看,薪酬立法是伴随着劳动法的产生而产生的,并逐步成为劳动法的重要组成部分。因此,薪酬立法的发展历程渗透于劳动法的发展历程之中。

在人类历史上,长期以来未曾出现过专门的劳动法规。奴隶社会由于奴隶在身份上绝对依赖于奴隶主,根本不存在劳动法规。到了资本主义前期,很多国家把调整劳动关系的法律规范列入民法的范围之中。直到 19 世纪初,劳动法才作为一部独立的法律逐步从民法中脱离出来。

1802 年,英国通过了《学徒健康与道德法》,这一法案在改善童工工作时间方面迈出了新的一步。《学徒健康与道德法》是为保护劳工的利益而制定的,因而在立法史上具有里程碑式的重要意义,标志着劳动法的诞生。

二、西方国家劳动法及薪酬立法的发展

1. 19 世纪初至“二战”期间的劳动法及薪酬法规的发展

17 世纪中叶,英国资产阶级革命取得了胜利,资本主义雇佣劳动关系得以确立。

1802 年皮尔勋爵首先向议会提出了《学徒健康与道德法》,要求限定学徒的工作时间。该法案随后获得国会通过。这是历史上第一部保护童工的法律,也是第一部限制企业主剥削劳动者的法律,被认为是“工厂立法”的开端,是劳动法诞生的标志。1871 年英国通过了世界上第一部工会法,承认工会有代表员工与雇主谈判并签订集体合同的权利。1901 年英国制定了《工场及作业场法》,详细规定了劳动时间、工资支付的时间及地点以及工资制度。1909 年英国颁布了有关最低工资的法律,最低工资的标准由行业委员会制定。

西方国家纷纷效仿英国的做法,制定相应的有关工厂的法律。西方的劳动立法从关注某一方面(如劳动时间)或某一部分劳动者(如童工、未成年人等)逐步发展到制定全面的面向所有劳动者的劳动法,劳动法终于从民法中独立出来。进入 20 世纪,西方国家的劳动立法获得了很大的发展,各国相继制定了许多新的劳动法。

“二战”期间,德、意、日法西斯国家的劳动立法受到摧残,劳动者的利益失去了法律的保护。而同一时期的英国、美国等资本主义国家,为了摆脱经济困境,缓和国内矛盾,进一步对劳工阶层采取了让步的政策。劳动法在这些国家获得了实质性的发展。

1932—1938 年,英国连续颁布了好几部法律,规定缩短女工和青年的劳动时间,实行年休假制度及改善安全卫生条件等。美国 1935 年相继颁布了《社会保障法》《国家劳动关系法》,至 1936 年美国已有 40 个州及哥伦比亚特区都制定了最低工资法。1938 年,美国国会又制定了《公平劳动标准法案》,又称《联邦最低工资工时法》。这一系列的法案从总体上对企业主做出了适当的限制,使劳动者的正当权益进一步得到法律的保护。

2. “二战”后西方国家薪酬立法的发展

“二战”结束以后,由于资本主义世界经济状况的变化,劳动立法在西方国家遭遇了挫折,甚至出现倒退迹象,劳动者的正当权益再次受到挑战。一些国家相继通过了一系列旨在限制工会及劳动者权利的法案。但总体上讲,资本主义世界的劳动法及薪酬立法仍处于发展之中。特别是 20 世纪 70 年代以后,由于失业等一系列社会、经济问题日益严重,西方国家纷纷加快了薪酬及就业保障立法的进程。有关员工工资福利和保护的立法,是随着社会经济的发展而演变并与其相适应的,如图 2-1 所示。

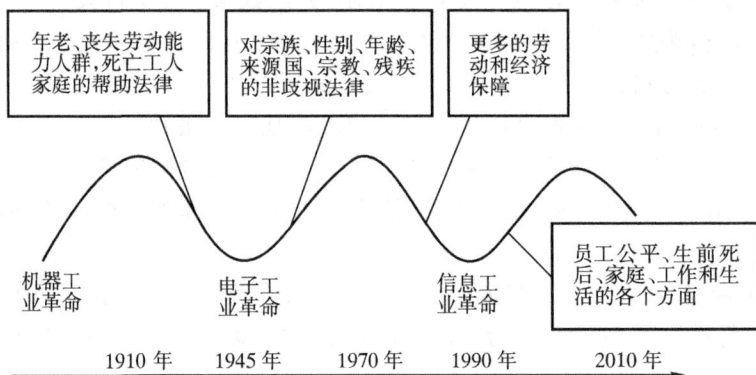

图 2-1　西方国家的劳动立法与经济发展的关系

三、西方主要国家的薪酬法规

西方各国的薪酬立法虽然相互影响,但并不完全相同。英国属于普通法系的代表国家,其劳动法的渊源主要来自普通法。普通法又称判例法,即以法院的判例作为来源。20 世纪 70 年代以后受欧盟的影响,英国加快了成文法的制定步伐,现已形成规范的成文法体系。法国属于大陆法系国家,其劳动立法较为完备,具有一定的典型性。美国的劳动法律、法规不仅受英国的影响,也受法国等国的影响。理解这三个代表性国家的薪酬法规的主要内容有助于全面把握西方国家薪酬立法的发展历程及其特点。

(一)英国工资立法的主要内容

在英国,工资主要由工会与雇主或雇主团体签订的团体协议来规定,法律的规定并不太多,其相关规定主要有最低工资规定、工资支付规定及同工同酬规定。

1.最低工资规定

英国于 1909 年成立了行业委员会,委员会由该行业劳资双方派出的代表和与行业无利害关系的人组成。同年,国会通过了《行业委员会法》,规定纸盒制造业等四个若干行业的工人实行最低工资标准,以维持这些行业的最低生活水平,并由劳工部派出专员监督最低工资标准的实施,对不执行标准的雇主给予处罚。其后,英国还陆续颁布了相关的法律。

2.工资支付规定

19 世纪初,许多雇主以实物替代现金来支付工人的工资,这样一方面推销了其产品,降低了产品的成本,另一方面也大大降低了工人的实际工资水平,使工人生活更为困难。鉴于此,英国国会开始制定有关工资支付的法律。主要规定有:雇主不得以实物替代现金支付工资;雇主不得在特定的公共场所如舞厅、酒吧等支付工资;除法定事由外,严禁雇主克扣工人的工资。

3.同工同酬规定

英国从 20 世纪 70 年代开始相继颁布了一系列反歧视法律,如 1970 年颁布的《同工同酬法》。根据该法的规定,女员工如果和男同事从事同类工作,且工作等级相同、价值相等,那么雇主就必须向她们支付相同的薪酬,否则即违反了《同工同酬法》。概括地说,《同工同酬法》调整的是合同条款中的歧视,是所有合同性利益的问题,不仅仅是关于工资的问题。

(二)法国劳动法中有关劳动报酬的规定

法国劳动立法比较完备,关于薪酬的法律、法规主要包括以下内容。

1. 劳动报酬的组成部分

法国规定劳动报酬由基本工资、奖金和实物性工资构成。基本工资由企业在遵守法律和集体合同规定的最低工资的基础上自主决定。奖金的种类较多。实物性工资是指企业为员工提供的住房、食品、供暖、服装等实物性的好处,其中有些如住房在合同终止以后必须交还。

2. 最低工资

法国于 1950 年 2 月建立了最低职业保证工资(SMIG),1970 年 1 月以最低职业增长工资(SMIC)取代了 SMIG。SMIC 以每小时工资为确定单位,随价格指数而增长,每年由政府在听取国家集体谈判委员会的意见后,以法令的形式于 7 月 1 日公开发布。

3. 工资的计算及支付方式

法国劳动法规定,工资的计算有三种方式:①以时间为标准,可以以小时计算,也可以以月计算;②以产出为计算单位;③根据完成的业务量提成。

关于工资的支付方式,法律规定,实行月薪制的员工,其工资必须每月至少支付一次。不受月薪制管辖的员工,其工资每月至少支付两次,每次支付间隔最多为 16 天;工资应在工作地点和工作时间内支付。企业在支付员工工资时,应提供详细的工资清单。

4. 红利和分享

(1)红利。红利制度根据集体合同或企业与工会之间的协议而建立,或在企业委员会内部建立,或由企业提出、3/4 以上员工同意而建立。红利制度是企业内部建立的,适用于企业内的全体员工,但可以 6 个月为最低工龄条件。

(2)分享。法国劳动法规定,50 人以上的企业应建立员工分享企业发展成果的制度。50 人以下的企业,可以自愿建立。企业根据法律规定将每年盈利的一部分用于员工的分享。该项分享应在全体员工之间分配,可以 6 个月为最低工龄条件,依据工龄、职务的不同而有所区别。

5. 工资的法律保障

(1)工资的优先债权。法国劳动法规定,工资享有优先权。员工和学徒的工资债权,对于雇主的动产和不动产享有优先权。工资优先债权的范围是员工和学徒的最后 6 个月工资、带薪休假补偿金、劳动合同解除补偿金。即使不是在企业法定整顿和破产清算期间,员工和学徒的工资也享有优先权。

(2)工资的预先性保障。1973 年 12 月法国建立了工资的预先性保障制度,目的在于保证员工和学徒在企业无偿还能力时仍能得到其应得的工资。该法律规定,企业和员工应向工商就业协会缴纳工资总额的 0.25% 作为企业无偿还能力时对员工工资的保障。

(三)美国有关薪酬的主要法律规定

1. 美国最低工资法及其演变

早在 20 世纪初,美国有些州议会就开始制定州最低工资法规,当时只适用于妇女和儿童的工资标准。1912 年,马萨诸塞州首先制定最低工资法。至 1936 年 5 月已有 40 个州制定了最低工资法。

除了各州政府的最低工资立法外,1931 年联邦政府通过的《戴维斯-培根法案》、1936 年国会制定的《沃尔什-希利法案》、1938年国会制定的《公平劳动标准法案》,构成了联邦政府主要的工资立法。

《公平劳动标准法案》又称《联邦最低工资工时法》,曾做多次重大修改。现以1990年修正案为例,主要内容如下:①最低工资标准。从1991年1月1日开始,凡不属于例外的工人,其小时工资标准提高到4.25美元。同时为参加工作的新手提供6个月的"培训工资"。每工作周工作超过40小时以上的部分,每小时按基本工资的1.5倍发放。②实施范围。凡跨州经商或为跨州的商品、原料进行处理、加工、销售、搬运等项活动的企业或任何人,其所雇佣的全体员工均包括在实施范围内。③雇主可以把小费计算在工资内,但不得超过最低工资的40%。④雇主为员工提供的食宿等福利设施,在征得员工同意的前提下,可以将其视为工资的一部分。⑤学习人员、学徒在一般情况下,可以按低于最低工资的标准支付。⑥加班工资的计算,按有关规定执行。

2.美国最低工资立法原则

美国最低工资立法原则主要有:①生活工资原则。美国初期制定的最低工资法主要采用生活工资原则,即依当地生活水平来决定最低工资标准。②公平工资原则。为了避免出现工资支付的不合理、不公平现象,美国法律规定:凡熟练程度相同、所发挥经济效益相同及所受繁重程度相同的劳动,其报酬应该一致。

3.工资支付方法的法律规定

美国联邦政府和州政府均制定颁布了有关工资支付的法律,以保证劳动者及时获得应有的工资。图2-2是美国劳动立法的系统与劳动纠纷上诉程序。

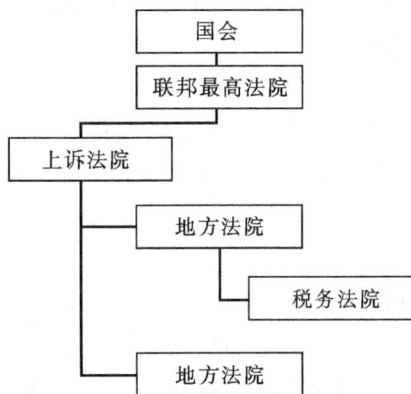

图2-2 美国劳动立法的系统与劳动纠纷上诉程序图

(1)联邦法规。《公平劳动标准法案》明确规定:临时凭证、代价券、存款卡、"内部支票"、债息票以及类似的媒介物,都是非法的工资支付手段,禁止使用。该法还禁止员工从获得的劳动报酬中给雇主支付"回佣"。

(2)州法规。州法规最普通的条款是要求有固定的工资支付日期。各州最通常的支付日期间隔为2个星期,有2/3的州法规要求用合法的货币支付工资,并且坚持要求对被解雇工人到时付给工资。大约有一半的州法规要求对提出辞职的工人也到时付给工资。

四、我国劳动工资立法的发展历程

市场经济本质上要求企业享有更多的工资分配自主权,政府可以通过制定法律和规章制度来影响和调节劳动力市场和工资分配。工资立法就是通过法律形式对企业工资分配的权利及劳动力权益进行维护的一种重要途径,也是我国社会主义市场经济条件下工资宏观管理的重要内容。

我国劳动工资立法的发展历程

从世界范围来看,各国劳动法是薪酬或工资立法的基础和依据,薪酬立法必然渗透于劳动法的发展过程之中。新中国成立70多年来,我国的工资立法伴随着劳动法经历了一个曲折的发展过程。

(一)第一阶段:国民经济恢复时期

这一时期的主要任务目标是恢复国民经济,根据这一任务目标和《中国人民政治协商会议共同纲领》的规定,国家进行了一系列的劳动立法。

1.劳动关系方面

这方面的立法主要涉及的内容有企业管理制度、工会法、就业、劳动保护和保险、劳动争议。一系列劳动法规的颁布,有效保障了广大劳动者的合法权益,充分调动了劳动者生产的积极性,极大地解放了生产力,推动了国民经济的发展。

2.工资方面

伴随着劳动立法的进行,工资领域的立法工作也在迅速有序地进行。改革旧的工资制度,建立一个适应新社会国民经济建设需要的工资制度,已成为各方的共识。在此背景下,政务院决定进行全国第一次工资制度改革,在各大行政区先后展开。改革的主要内容有以下几个方面:①统一以"工资分"为工资的计算单位,并规定了工资分所含实物的种类和数量;②按照技术等级标准建立八级工资制;③推行计件工资制和奖励工资制。

为顺利推进全国第一次工资制度改革,1950年劳动部和全国总工会先后联合制定了《工资条例(草案)》《工资条例说明书》《全国各主要地区"工资分"所含物品牌号及数量表(草案)》《各产业工人职工工资等级表(草案)》等文件。1952年,《国营企业提用企业奖励基金暂行办法》《关于奖励工资制中若干问题的指示(草案)》发布。这一系列法规的颁布和实施,废除了旧社会遗留下来的不合理的工资制度,为建立以按劳分配为原则的新的工资制度奠定了基础。

(二)第二阶段:从"一五"到"文革"

从1953年起,随着大规模的经济建设,劳动法规已成为确保国家经济计划的贯彻实施、维护劳动者正当劳动权益、改善劳动者生活状况的根本保障手段。

1954年9月20日,第一届全国人民代表大会第一次会议通过了《中华人民共和国宪法》,明确规定了公民的劳动权、职工工资待遇、公民的休息权、物质的帮助权以及改善劳动条件的原则和遵守劳动纪律的义务等。这些有关劳动调整及公民基本权利和义务的规定是我国劳动立法的基本原则。根据宪法的有关规定和当时的中心任务,国家进行了一系列的劳动立法,主要涉及以下两个方面。

1.劳动关系方面

劳动关系方面的立法主要涉及以下内容:①劳动制度。如1954年劳动部发布的《建筑工人调配暂行办法》,1954年国务院发布的《复员建设军人安置暂行办法》,1957年国务院发布的《关于劳动力调剂工作中的几个问题的通知》等。②劳动保护与保险。如1956年国务院发布的《工厂安全卫生规程》《关于防止厂、矿企业中矽尘危害的决定》等,1953年政务院修正发布的《中华

— 35 —

人民共和国劳动保险条例》,1955年国务院发布的《国家机关工作人员退休处理暂行办法》等。③劳动纪律。如1954年政务院发布的《国营企业内部劳动规则纲要》等。

2.工资方面

当时正在进行全国第二次工资改革。这次全国性的工资改革的主要内容是:①取消了"工资分"制度和物价津贴制度,实行以货币规定工资标准的货币工资制,并建立了工资区类别制度;②按产业统一规定了工人的工资标准,同时根据不同产业工人生产技术的特点,建立不同的工资等级制度;③调整了产业之间、地区之间、人员之间的工资关系。

为了全国第二次工资改革的顺利进行,1956年国务院发布了《关于工资改革的决定》《关于工资改革中若干具体问题的规定》《关于工资改革方案实施程序的通知》《关于新公私合营企业工资改革中若干问题的规定》等。根据这些规定,国家决定对干部实行职务等级工资制,对工人实行八级工资制。同时,工资形式也采取计时工资、计件工资以及奖励、津贴等多种形式。

这次全国性的工资改革及相关法律规定彻底摆脱了旧中国遗留下来的工资制度的弊端。至此,基本建立了以按劳分配为原则的全国统一的社会主义工资制度。

1958年,我国开始实施"二五"计划,年初国务院根据中共八届三中全会的精神,在总结前几年劳动工资工作经验的基础上制定并发布了几个重要的劳动法规,体现了妥善处理城乡关系和工农关系的统筹兼顾精神,照顾到了职工个人利益和国家利益、眼前利益和长远利益之间的关系,使得劳动工资的安排趋于合理化。这些法规的颁布与实施适应了当时经济建设和社会主义发展的需要,得到了广大职工的拥护和支持。全国统一的工资制度进一步得到巩固。

但是,随后的"大跃进"给国民经济带来了严重后果。为纠正极"左"错误,克服劳动工资管理中的混乱现象,从1961年起,中央再次强调经济管理上的集中统一原则,将许多劳动工资大权收归中央。同时对于招收、使用和管理临时工以及计件工资和计时奖励工资制度等方面,国家也做出了几项规定。

1966年"文革"开始,"文革"十年中在劳动关系和工资领域,国家只颁布了为数极少的几项规定。

总体上讲,从"大跃进"到"文革"结束的近20年的时间里,我国的劳动与工资立法受到了严重破坏,基本上处于停滞甚至倒退状态。

(三)第三阶段:从改革开放至《中华人民共和国劳动法》颁布前

党的十一届三中全会以后,我国的劳动法制建设进入了全面发展时期,中国开始了法律现代化的进程,众多领域的立法活动得以恢复和进行。

1.劳动立法方面

劳动立法方面主要涉及的内容有劳动就业、用工制度、劳动保护与社会保险、职业技能、劳动争议、职工民主管理。

2.工资方面

"文革"结束后,国家对职工工资不断进行调整,颁布了一系列法规。

1985年,经济体制改革不断深化发展,为了处理好国家与企业的分配关系,调动企业和职工的积极性,我国进行了第三次工资制度改革。其基本指导思想是,在企业全面推行"工效挂钩"办法,企业职工工资的增长依靠本企业经济效益的提高,企业有权在国家规定的工资总额和政策范围内,自主确定企业内部职工工资、奖金分配的具体形式和办法以及调资升级的时间、对象等。

为配合和推进这次改革,国家就具体问题分别在1984年、1985年、1986年、1991年和1993年发布了许多有关工资政策的规范性文件。

此外,在一些综合法规文件中,有的也涉及了工资分配方面的内容,如 1979 年国务院发布的《关于国营企业实行利润留成的规定》,其中规定了企业利润留成中职工奖励基金的提取比例。1980 年国务院发布的《中外合资经营企业劳动管理规定》中规定了中外合资经营企业中方职工的工资水平和工资制度。1992 年国务院发布的《全民所有制工业企业转换经营机制条例》中规定了企业享有在国家规定的工资总额内自主分配工资奖金权以及享有自主选择基本工资制度,自主决定职工调级、调薪权等。这些法规的制定加强了工资的法律调整,推进了我国的工资制度改革不断向纵深发展。

(四)第四阶段:《中华人民共和国劳动法》颁布以后

1994 年 7 月 5 日,第八届全国人民代表大会常务委员会第八次会议通过了《中华人民共和国劳动法》。《中华人民共和国劳动法》的颁布是我国法制建设的重大突破。这是我国第一次以法律的形式,对劳动关系的调整做出的综合性的规定,它对维护劳动者的合法权益,确立用人单位与劳动者之间的和谐的劳动关系具有重要意义。它标志着我国的劳动法进入成熟时期。在此之后,我国的劳动立法又有了很大发展。2007 年 6 月 29 日第十届全国人民代表大会常务委员会第二十八次会议通过了《中华人民共和国劳动合同法》。这部法律自 2008 年 1 月 1 日起施行,它对调整劳动关系和完善劳动法体系具有重要作用,它的颁布标志着我国的劳动合同制度纳入了依法规范、依法调整的轨道。《中华人民共和国劳动法》及《中华人民共和国劳动合同法》的颁布和实施是劳动关系调整迈入法治轨道的一个里程碑,也为我国的工资立法奠定了基础。

为了配合《中华人民共和国劳动法》的贯彻和实施,我国又相继制定了数十个相关的配套规定。一系列的工资法规的颁布和实施,确保了市场经济条件下用人单位应当享有的工资分配自主权。广大劳动者的合法权益也得到了有效的保障。它标志着我国的工资立法从此进入了一个崭新的阶段。

思考与讨论

1. 为什么在社会的发展过程中需要劳动法?
2. 劳动法在制定过程中需要注意哪些问题?
3. 西方劳动工资立法与经济发展有什么关系?
3. 我国在劳动工资立法四个阶段的各自特点是什么?

实训题

比较《中华人民共和国劳动法》与《中华人民共和国劳动合同法》的区别和联系。

任务二 了解我国薪酬法规的主要内容

知识目标

★掌握工资的概念和基本工资制度
★了解最低工资保障制度
★了解工资指导线制度
★熟悉工资支付制度
★熟悉特殊情况下的工资支付制度

我国薪酬法规的主要内容

技能目标

★能灵活运用法律规定来解决实际工资支付中存在的问题

任务导入

"值班"不同于"加班"

江菲与一家公司签订了一份为期六个月的劳动合同。合同约定由江菲负责公司的业务接待工作。其间适逢国庆长假及元旦,江菲被安排了 6 天值班。双方的劳动合同到期后,江菲以那 6 天所从事的是其工作之外的额外劳动为由,要求公司支付加班工资。公司则以值班不同于加班,且其已经支付值班津贴为由拒绝。双方因协调未果而成讼,法院判决驳回了江菲的诉讼请求。

任务 1:分析值班与加班的异同。

任务 2:掌握加班工资的支付方法。

任务分析

加班是指劳动者根据用人单位的要求,在八小时之外、休息日、法定节日等时间从事生产或工作。而值班是指劳动者根据用人单位的要求,在正常工作日之外担负一定的非生产性的责任,主要是因单位安全、消防、假日等需要担任单位临时安排或制度安排的与劳动者本职工作无关的值班。认定加班还是值班,主要看劳动者是否继续在原来的岗位上工作,或者是否有具体的生产或经营任务。值班只需支付"值班津贴",具体标准由用人单位按其规章制度确定。用人单位安排劳动者从事与本职工作无关的值班任务的,劳动者无权要求用人单位支付加班工资。即使用人单位安排劳动者从事与其本职工作有关的值班任务,劳动者也只能要求用人单位按照劳动合同或惯例等支付相应待遇,此待遇不等于必须按国家规定的日工资的倍数来处理。

知识链接

市场经济是法治经济。企业是市场经济的主体,其日常经营及内部管理必须在法律的框架范围内进行。薪酬管理是人力资源管理的重要环节。对管理者而言,企业薪酬制度的设计必须在不违反法律的前提下才能得以实施。对普通员工而言,了解薪酬法律、法规有利于自身合法权益的保护。因此,了解与薪酬有关的法律无论是对企业的经营管理者还是对普通的员工都是十分必要的。

我国政府制定的影响薪酬管理的主要法律、法规和政策有《中华人民共和国宪法》《中华人民共和国劳动法》《中华人民共和国个人所得税法》、薪酬制度、社会保险制度以及住房公积金制度等。

这些法律、法规和政策的主体一般包括如下几个方面的内容:①工资的一般性规定;②最低工资保障制度;③工资支付制度;④特殊情况下的工资支付制度。

一、工资的一般性规定

(一)工资的概念

我国劳动法中的工资,是指用人单位依据国家有关规定或劳动合同的约定,以货币形式直接支付给本单位劳动者的劳动报酬,一般包括计时工资、计件工资、奖金、津贴和补贴、延长工作时间的工资报酬以及特殊情况下支付的工资等。

工资和劳动收入是两个不同的概念。工资是劳动者劳动收入的主要组成部分,但劳动收入却并不仅仅包含工资。以下形式的劳动收入就不属于工资范围:

(1)根据国务院发布的有关规定颁发的创造发明奖、自然科学奖、科学技术进步奖、支付的合理化建议奖和技术改进奖以及支付给运动员、教练员的奖金;

(2)有关劳动保险和职工福利方面的各项费用;

(3)有关离休、退休、退职人员待遇的各项支出;

(4)劳动保护的各项支出;

(5)稿费、讲课费及其他专门工作报酬;

(6)出差伙食补助费、误餐补助、调动工作的旅费和安家费;

(7)对自带工具、牲畜来企业工作职工所支付的工具、牲畜等补偿费用;

(8)实行租赁经营单位的承租人的风险性补偿收入;

(9)对购买本企业股票和债券的职工所支付的股息(包括股金分红)和利息;

(10)劳动合同制职工解除劳动合同时由企业支付的医疗补助费、生活补助费等;

(11)因录用临时工而在工资以外向提供劳动力单位支付的手续费或管理费;

(12)支付给家庭工人的加工费和按加工订货办法支付给承包单位的发包费用;

(13)支付给参加企业劳动的在校学生的补贴;

(14)计划生育独生子女补贴。

(二)工资立法的基本原则

工资立法的基本原则是贯穿整个工资立法的指导思想和基本准则。作为我国工资立法基本原则确立的主要依据——《中华人民共和国劳动法》,其第四十六条明确规定:"工资分配应当遵循按劳分配原则,实行同工同酬。工资水平在经济发展的基础上逐步提高。国家对工资总量实行宏观调控。"

我国薪酬立法的原则和特殊情况下的工资支付规定

1.按劳分配原则

这是我国社会主义制度下工资分配的基本原则。劳动者通过自己的劳动,有权获得相应的劳动报酬。用人单位根据劳动者提供的劳动数量和质量进行分配,多劳多得,少劳少得,不劳不得。

按劳分配原则体现了劳动者履行劳动义务与享受劳动报酬权利的一致性,有利于打破分配上的平均主义,能够充分调动劳动者的工作积极性,不断提高劳动技能和生产效率,创造更多的社会财富。在社会主义市场经济条件下,由于多种经济成分并存的所有制结构,形成了以按劳分配为主体、多种分配方式并存的收入分配制度。按劳分配原则本身并不排斥利息、红利、风险补偿等其他分配形式的存在,这些分配形式同样受到法律的保护。

2.同工同酬原则

同工同酬原则要求在同一分配单位中,从事同种类工作,同样熟练程度的劳动者,不论性别、年龄、民族、种族等非劳动能力因素的差别,一律按其等量劳动获得等量劳动报酬。我国一直坚持同工同酬原则。

《中华人民共和国宪法》第四十八条规定:"中华人民共和国妇女在政治的、经济的、文化的、社会的和家庭的生活等各方面享有同男子平等的权利。国家保护妇女的权利和利益,实行男女同工同酬,培养和选拔妇女干部。"《中华人民共和国劳动法》第四十六条也对该原则做出了明确规定。

同工同酬,充分体现了公民在法律面前一律平等,是按劳分配原则的体现。但同工同酬并不等于平均主义,它是根据劳动贡献决定劳动报酬,"同酬"的前提是"同工"。

我们要正确区别脑力劳动和体力劳动、简单劳动和复杂劳动、熟练劳动和非熟练劳动等。以此为基础形成的报酬差异是合理的,因为它们之间并不同工,当然也不应该同酬。这种差异没有违背同工同酬原则,相反它能鼓励劳动者努力学习、刻苦工作以不断提高劳动技能。

3.在经济发展的基础上逐步提高工资水平的原则

工资水平,是指一定区域一定时期内职工平均工资的高低程度。一个地区工资水平的高低反映该地区经济发展水平的高低,是衡量该地区劳动者文化生活水平的一个重要指标。工资水平最终取决于生产发展水平和劳动生产率。工资水平在经济发展的基础上逐步提高有两方面的含义:首先,工资水平提高应当建立在地区经济发展水平的基础上,必须以经济增长和劳动生产率提高为前提。因此,在生产发展、经济效益提高、财政收入稳定增长的前提下,应当使劳动者的收入有相应的提高,并实现消费水平的增长。其次,工资水平的提高应与地区经济发展水平和劳动生产率的增长幅度相一致。通常,工资水平的提高幅度应等于或低于地区经济发展水平、企业经济效益和劳动生产率的增长幅度,否则就会影响扩大再生产,并可能进一步导致经济发展速度放慢或负增长,造成劳动者工资水平降低、消费水平下降。

(三)工资总额

由于我国目前市场发展、企业自我约束机制尚未健全,因此国家必须通过工资立法使企业工资增长幅度保持在适度范围内,以确保企业工资总额增长与国民经济发展和劳动生产率的增长保持合理、协调的比例关系。

工资总额是指各用人单位在一定时期内直接支付给职工的劳动报酬的总量。按照国家统计局公布的《关于工资总额组成的规定》,工资总额由以下部分组成。①计时工资:按计时工资标准和工作时间支付给个人的劳动报酬;②计件工资:对已做工作按计件单价支付的劳动报酬;③奖金:支付给职工的超额劳动报酬和增收节支的劳动报酬;④津贴和补贴:为了补偿职工特殊或额外的劳动消耗和因其他特殊原因支付给职工的津贴,以及为了保证职工工资水平不受物价影响而支付给职工的物价补贴;⑤加班加点工资:按规定支付的加班工资和加点工资;⑥特殊情况下支付的工资:包括因病、工伤、产假、计划生育假、婚丧假、事假、探亲假、定期休假、停工学习、执行国家或社会义务等原因按计时工资标准或计时工资标准的一定比例支付的工资,以及附加工资和保留工资。

1993年,劳动部等三部委联合发布的《全民所有制企业工资总额管理暂行规定》规定了企业工资总额管理必须遵循以下原则:①坚持企业工资总额与企业经济效益相联系的原则,正确处理国家、企业和职工的分配关系,在国民经济发展、企业经济效益提高的基础上保证三者利益的共同增进,兼顾效率与公平。②坚持企业工资总额的增长幅度低于经济效益(依据实现税利计算)增长幅度、职工实际平均工资增长幅度低于劳动生产率(依据不变价的人均净产值计算)增长幅度的原则。③贯彻按劳分配原则,把职工个人的劳动所得与其劳动成果联系起来,克服平均主义。④坚持工资宏观管好,微观搞活。在保障国家所有权的前提下,落实企业工资分配自主权。

所有企业都要实行《工资总额使用手册》管理制度。国家统一制定企业劳动工资统计报表,并根据实际情况进行调整和补充,各级劳动工资统计部门都要按规定及时、准确地填报。各级劳动、财政、税务、审计、银行等部门,要运用经济、法律及必要的行政手段对企业工资总额的确定和使用情况进行检查和监督。

(四)企业基本工资制度

1.基本工资制度的概念

基本工资制度是指用人单位依法确定的工资总额、工资标准、工资水平、工资形式和工资增长办法等一系列规则的总称。

基本工资是劳动者工资总收入中的基本组成部分,目的是保障员工及其家属基本生活的需要。与工资其他组成部分相比,基本工资具有相对的稳定性。通常基本工资是确定工资额中其他组成部分的基础,也是职工工资调整的基础。由于企业、机关、事业单位实行的基本工资制度并不完全相同,这里主要介绍企业的基本工资制度。

2.企业基本工资制度的类型

目前,企业的工资制度多种多样,主要有以下几种。

(1)等级工资制。等级工资制是指根据劳动者的技术等级或职务等级划分工资级别的一种工资分配制度。它主要包括技术等级工资制和职务等级工资制。技术等级工资制一般是适用于企业普通工人的一种工资制度,而职务等级工资制则多适用于企业的管理人员。

实行技术等级工资制的企业是将劳动者的劳动技术和劳动复杂程度划分为不同等级,每一等级规定相对应的一个或几个工资等级,然后对员工的技术水平、熟练程度等进行评定,确定其工资水平。如果职工技能有所提高,经考核后可获得工资等级的提升。技术等级制有利于员工不断提高自身素质和劳动技能,因此,比较适合于对工作技能和熟练程度要求比较高的行业。

实行职务等级工资制的企业将每一职务划分成若干工资等级,每个企业管理人员都在本职务规定的工资等级范围内根据实际情况确定工资。职务等级工资制通常与绩效挂钩,许多企业将年度考核的结果作为调整管理人员职务等级的依据。

优点:等级工资制有利于发挥工资的激励作用,提高管理人员的工作效率;有利于员工提高技术水平和管理业务水平。

缺点:要求较高,技术也比较复杂,实施的企业范围有限。

(2)效益工资制。效益工资制又称工效挂钩制度,即企业的工资总额同企业的经济效益挂钩的制度。我国自1985年企业工资改革以来在大中型企业开始实行效益工资制。1993年,劳动部等五部委联合发布的《国有企业工资总额同经济效益挂钩的规定》,对工资总额同经济效益挂钩的原则、经济效益指标及其基数、工资总额基数、浮动比例及工效挂钩的管理等内容做了规定。

企业实行效益工资制必须坚持两个原则:首先,"两低于"原则,即坚持工资总额增长幅度低于本企业经济效益增长幅度、职工平均工资增长幅度低于本企业劳动生产率增长幅度。其次,效益与公平原则。职工个人的工资随企业的经济效益状况而波动。企业经济效益好,工资总额增加,职工工资增加;企业经济效益差,工资总额降低,职工工资随之降低。此外,职工工资同其对企业的贡献也是相联系的,职工对企业的贡献大,其效益工资就高;反之,工资就低。

(3)岗位技能工资制。岗位技能工资制是在综合传统的技术等级工资制与职务等级工资制的基础上发展起来的,主要由职位工资制和技能工资制两大单元组成。职位工资确定,主要是依据所在岗位的工作责任、复杂程度、劳动强度、工作环境优劣等因素将岗位排序,并将岗位划分为不同等级,确立相应的工资标准,实行薪岗对应、薪随岗变。技能工资的确立,是在全面测评员工技术业务能力的基础上,主要依据员工的综合劳动技能来确定工资。设置的目的主要是弥补职位工资的不足(如存在低职高聘或高职低聘现象),使工资分配更加公平,同时也有利于激励员工努力提高业务技能。

岗位技能工资制较好地体现了按劳分配原则,克服了等级工资制的缺陷,使劳动者的工资收入与其劳动技能、劳动强度及贡献、工作环境等密切相关,从而使企业工资的激励作用得到极大的发挥。

二、最低工资保障制度

(一)国家实行最低工资保障制度

从世界范围来看,最低工资制度是市场经济国家普遍实行的一种对低收入群体的基本生活进行保障的制度。为了适应社会主义市场经济发展的需要,推动劳动力市场建设与工资分配法制化,充分保障劳动者合法权益以及劳动者本人及其家庭成员的基本生活需要,促进劳动者素质的进一步提高及企业公平竞争环境的形成,我国从 20 世纪 90 年代初开始实行最低工资保障制度,有力地维护了劳动者取得劳动报酬的合法权益,使劳动者及其家庭成员的基本生活得到保障。

(二)最低工资的概念

《中华人民共和国劳动法》第四十八条规定:"国家实行最低工资保障制度。最低工资的具体标准由省、自治区、直辖市人民政府规定,报国务院备案。用人单位支付劳动者的工资不得低于当地最低工资标准。"

所谓最低工资标准,是指劳动者在法定工作时间或依法签订的劳动合同约定的工作时间内提供了正常劳动的前提下,用人单位依法应支付的最低劳动报酬。

正常劳动是指劳动者按依法签订的劳动合同约定,在法定工作时间或劳动合同约定的工作时间内从事的劳动。劳动者依法享受带薪年休假、探亲假、婚丧假、生育(产)假、节育手术假等国家规定的假期间,以及法定工作时间内依法参与社会活动期间,视为提供了正常劳动。"法定工作时间"就是法定工时。我国把每天工作 8 小时、每周工作 40 小时作为法定工时。

最低工资的主要特征如下:①由国家有关部门依法制定;②它是用人单位支付给劳动者报酬的最低限额,集体合同和劳动合同均不得约定低于此标准的工资标准;③对其适用范围内的全体劳动者都有保障力,并且不因劳动者工种、岗位的不同而有任何变化;④最低工资的前提条件是劳动者在法定工作时间或依法签订的劳动合同约定的工作时间内提供了正常劳动。

(三)最低工资的组成

劳动者在法定工作时间或劳动合同约定的工作时间内从事劳动得到的实际报酬都应当作为最低工资的组成部分等。超过法定工作时间所得的超额劳动报酬,不得计算在工资内,而奖金因为已固定地作为报酬的组成部分,因此包括在最低工资内。

在劳动者提供正常劳动的情况下,用人单位应支付给劳动者的工资在剔除下列各项以后,不得低于当地最低工资标准:①延长工作时间工资;②中班、夜班、高温、低温、井下、有毒有害等特殊工作环境、条件下的津贴;③法律、法规和国家规定的劳动者福利待遇等。

最低工资标准一般采用两种形式,即月最低工资标准和小时最低工资标准。月最低工资标准适用于全日制就业劳动者,小时最低工资标准适用于非全日制就业劳动者。

(四)最低工资标准的确定和调整

1.最低工资的确定和调整

由于各地经济发展水平不同,劳动者的工资水平及生活水平差别也较大,因此我国不宜在全国范围内实行统一的最低工资标准,应当把确定最低工资标准的权力赋予各省、自治区、直辖市人民政府,允许各地根据其具体情况来确定不同的最低工资标准。

确定和调整月最低工资标准,应参考当地就业者及其赡养人口的最低生活费用、城镇居民消费价格指数、职工个人缴纳的社会保险费和住房公积金、职工平均工资、经济发展水平、就业状况等因素。

小时最低工资标准的确定和调整应在颁布的月最低工资标准的基础上,考虑单位应缴纳的基本养老保险费和基本医疗保险费因素,同时还应适当考虑非全日制劳动者在工作稳定性、劳动条件和劳动强度、福利等方面与全日制就业人员之间的差异。

由于各地区经济、社会发展水平不平衡现象比较突出,因此各省、自治区、直辖市及其范围内的不同行政区域可以有不同的最低工资标准。最低工资标准的确定和调整方案,由省、自治区、直辖市人民政府劳动保障行政部门会同同级工会、企业联合会/企业家协会研究拟订,并将拟订的方案报送人力资源和社会保障部。方案内容包括最低工资确定和调整的依据、适用范围、拟订标准和说明。人力资源和社会保障部在收到拟订方案后,应征求全国总工会、中国企业联合会/企业家协会的意见。人力资源和社会保障部对方案可以提出修订意见,若在方案收到后14日未提出修订意见的,视为同意。

省、自治区、直辖市劳动行政保障部门应将本地区最低工资标准方案报省、自治区、直辖市人民政府批准,并在批准后7日内在当地政府公报上和至少一种全地区性报纸上发布。省、自治区、直辖市劳动保障行政部门应在发布后10日内将最低工资标准报人力资源和社会保障部。

相关因素发生变化,最低工资标准应当适时调整。最低工资标准每两年至少调整一次。

2.确定和调整最低工资标准的参考因素

最低工资保障制度能够顺利实施的关键在于最低工资标准的确定和调整要恰当并符合实际情况。为此,在确定和调整最低工资标准时要考虑一系列的相关因素,尤其是那些最重要、最关键的因素更值得关注。

确定和调整最低工资标准应当综合参考下列因素:①劳动者本人及平均赡养人口的最低生活费用;②社会平均工资水平;③劳动生产率;④就业状况;⑤地区之间经济发展水平的差异。

(五)最低工资的保障与监督

最低工资的保障与监督是最低工资制度得以实施的根本保证。《中华人民共和国劳动法》和《最低工资规定》等法律法规都对最低工资的保障和监督措施做出了具体的规定。

1.关于最低工资的保障

劳动法规定,国家实行最低工资保障制度。用人单位支付劳动者的工资不得低于当地最低工资标准。

在劳动合同中,双方当事人约定的劳动者在未完成劳动定额或承包任务的情况下,用人单位可低于最低工资标准支付劳动者工资的条款不具有法律效力。

劳动者与用人单位形成或建立劳动关系后,试用、熟练、见习期间,在法定工作时间内提供了正常劳动,其所在的用人单位应当支付其不低于最低工资标准的工资。

用人单位在最低工资标准发布后10日内将该标准向本单位全体劳动者公示。用人单位若违反此规定,由劳动保障行政部门责令其限期改正。

在劳动者提供正常劳动的情况下,用人单位支付给劳动者的工资不得低于当地最低工资标准。实行计件工资或提成工资等工资形式的用人单位,在科学合理的劳动定额基础上,其支付劳动者的工资不得低于相应的最低工资标准。用人单位若违反此规定,由劳动保障行政部门责令其限期补发所欠劳动者工资,并可责令其按所欠工资的 1 至 5 倍支付劳动者赔偿金。

劳动者与用人单位之间就执行最低工资标准发生争议,按劳动争议处理有关规定处理。

2.关于对最低工资标准执行情况的监督

县级以上地方人民政府劳动保障行政部门负责对本行政区域内用人单位执行《最低工资规定》情况进行监督检查。各级工会组织依法对《最低工资规定》执行情况进行监督,发现用人单位支付劳动者工资违反《最低工资规定》的,有权要求当地劳动保障行政部门处理。

三、工资指导线制度

劳动力市场工资指导线是在市场经济体制下,政府依据经济发展水平和城镇居民消费者物价指数以及其他社会经济指标确定工资增长水平,指导企业工资分配的一种宏观调控形式。工资指导线的内容包括基准线、增长上线(预警线)和增长下线。根据《试点地区工资指导线制度试行办法》规定,工资指导线应在每年 3 月底以前颁布,执行时间为一个日历年度(1 月 1 日至 12 月 31 日)。

例如,给定工资指导线计算数据:本年度城镇居民消费价格指数 $102\%(P)$,劳动生产率增长率 $7.6\%(L)$,非农国内生产总值增长率 $8.8\%(G)$,上年度职工工资总额 825326 万元(T),职工平均人数 418910 人(R),职工货币平均工资 19702 元(A)。

按年度劳动生产率增长率测算职工货币平均工资指导线。

(1)年度职工货币平均工资最低增长率(W_1):

$$W_1 = P - 1 = 102\% - 1 = 2\%$$

(2)年度职工货币平均工资最高增长率(W_3):

$$W_3 = (1+L) \times P - 1 = (1+7.6\%) \times 102\% - 1 = 9.8\%$$

要按年度劳动生产率增长率测算职工货币平均工资指导线。

$$W_中(基准线) = (W_3 - W_1) \times 0.5 + W_1 = (9.8\% - 2\%) \times 0.5 + 2\% = 5.9\%$$

$$W_下(下线) = (W_3 - W_1) \times 0.25 + W_1 = (9.8\% - 2\%) \times 0.25 + 2\% = 3.95\%$$

$$W_上(上线) = (W_3 - W_1) \times 0.75 + W_1 = (9.8\% - 2\%) \times 0.75 + 2\% = 7.85\%$$

按年度非农国内生产总值增长率测算职工货币平均工资指导线。

(1)年度职工货币平均工资最低增长率(W_1):

$$W_1 = P - 1 = 102\% - 1 = 2\%$$

(2)年度职工工资总额最高增长率(W_5):

$$W_5 = (1+G) \times P - 1 = (1+8.8\%) \times 102\% - 1 = 10.98\%$$

(3)年度职工货币平均工资最高增长率(W_6):

$$W_6 = T \times (1+W_5)/(R \times A) - 1 = 8253260000 \times (1+10.98\%)/(418910 \times 19702) - 1 = 11\%$$

四、工资支付制度

我国的工资支付制度主要是指用人单位必须按《中华人民共和国劳动法》《工资支付暂行规定》及有关规定支付劳动者工资,禁止任意克扣和无故拖欠工资,国家对用人单位工资制度实行监督的制度。

(一)关于工资支付的保障

由于工资收入在很大程度上决定着绝大多数职工及其家庭的生活状况,同时,工资水平对社会积累与消费的比例关系往往会产生直接的影响,因此,国家对工资的支付从法律上予以保障。

1.关于工资支付的基本规定

(1)工资应当以法定货币支付。用人单位一般情况下应当用人民币支付劳动者工资,不得以实物及有价证券替代货币,特定单位(如外资企业)可以用外币支付。

(2)工资支付的内容主要涉及工资支付项目、工资支付水平、工资支付形式、工资支付对象、工资支付时间以及特殊情况下的工资支付。

(3)工资支付对象。用人单位应将工资支付给劳动者本人。劳动者本人因故不能领取工资时,可由其亲属或委托他人代领。用人单位可委托银行代发工资。

用人单位必须书面记录支付劳动者工资的数额、时间、领取者的姓名以及签字,并保存两年以上备查;在支付工资时应向劳动者提供工资清单。

(4)工资支付的时间。工资必须在用人单位与劳动者约定的日期支付。如遇节假日或休息日,则应提前在最近的工作日支付。工资至少每月支付一次,实行周、日、小时工资制的可按周、日、小时支付工资。

对完成一次性临时劳动或某项具体工作的劳动者,用人单位应按有关协议或合同规定在其完成劳动任务后即支付工资。

劳动关系双方依法解除或终止劳动合同时,用人单位应在解除或终止劳动合同时一次付清劳动者工资。

用人单位依法破产时,劳动者有权获得其工资。在破产清偿中用人单位应按《中华人民共和国企业破产法》规定的清偿顺序,首先支付欠付本单位劳动者的工资。

2.禁止任意克扣和无故拖欠工资

"克扣"系指用人单位无正当理由扣减劳动者应得工资。克扣不包括以下减发工资的情况:①国家的法律、法规中有明确规定的;②依法签订的劳动合同中有明确规定的;③用人单位依法制定并经职代会批准的厂规、厂纪中有明确规定的;④企业工资总额与经济效益相联系,经济效益下浮时,工资必须下浮的(但支付给劳动者工资不得低于当地的最低工资标准);⑤因劳动者请事假等相应减发工资等。

"无故拖欠"系指用人单位无正当理由超过规定付薪时间未支付劳动者工资。其不包括:①用人单位遇到非人力所能抗拒的自然灾害、战争等原因,无法按时支付工资;②用人单位确因生产经营困难、资金周转受到影响,在征得本单位工会同意后,可暂时延期支付劳动者工资。

我国劳动法及其相关法规均规定:用人单位不得克扣或无故拖欠劳动者工资。但有下列情况之一的,用人单位可以代扣劳动者工资:①用人单位代扣代缴的个人所得税;②用人单位代扣代缴的应由劳动者个人负担的各项社会保险费用;③法院判决、裁定中要求代扣的抚养费、赡养费;④法律、法规规定可以从劳动者工资中扣除的其他费用。

因劳动者本人原因给用人单位造成经济损失的,用人单位可按照劳动合同的约定要求其赔偿经济损失,可从劳动者本人的工资中扣除,但每月扣除的部分不得超过劳动者当月工资的20%。若扣除后的剩余工资低于当地月最低工资标准,则按最低工资标准支付。

(二)对工资支付的监督

工资支付制度的实施离不开监督。用人单位应根据《工资支付暂行规定》,通过与职工大会、职工代表大会或者其他形式协商制定内部的工资支付制度,并告知本单位全体劳动者,同时抄报当地劳动行政部门备案。

各级劳动行政部门有权监察用人单位工资支付的情况。用人单位有下列侵害劳动者合法权益行为的,由劳动行政部门责令其支付劳动者工资和经济补偿,并可责令其支付赔偿金:①克扣或者无故拖欠劳动者工资的;②拒不支付劳动者延长工作时间工资的;③低于当地最低工资标准支付劳动者工资的。

此外,《关于贯彻执行〈中华人民共和国劳动法〉若干问题的意见》规定:企业克扣或无故拖欠劳动者工资的,劳动监察部门应根据《中华人民共和国劳动法》第九十一条、《违反和解除劳动合同的经济补偿办法》第三条、《违反〈中华人民共和国劳动法〉行政处罚办法》第六条予以处理。

经济困难的企业执行《工资支付暂行规定》确有困难,应"发给职工基本生活费,具体标准由各地区、各部门根据实际情况确定";同时,"地方政府通过财政补贴,企业主管部门有可能也要拿出一部分资金,银行要拿出一部分贷款,共同保证职工基本生活和社会的稳定";此外,"企业可以对职工实行有限期的放假。职工放假期间,由企业发给生活费"。

五、特殊情况下的工资支付制度

特殊情况下的工资,是指用人单位依照法律、法规或按当事人的协议在非正常情况下,支付给劳动者的工资。如劳动者在法定劳动时间外提供了劳动,用人单位依法或依协议的规定支付工资。

(一)特殊情况下的工资支付

特殊情况下的工资支付是我国工资支付制度不可分割的一部分,也是劳动者合法权益受到保护的重要体现。《中华人民共和国劳动法》及《工资支付暂行规定》等法律法规对特殊情况下的工资种类及支付办法做出了详细的解释和规定。

1.依法参加社会活动期间的工资支付

劳动者在法定工作时间内依法参加社会活动期间,用人单位应视同其提供了正常劳动而支付工资。依法参加社会活动主要包括:依法行使选举权或被选举权,当选代表出席乡(镇)、区以上政府、党派、工会、青年团、妇女联合会等组织召开的会议,出任人民法庭证明人,出席劳动模范、先进工作者大会,《中华人民共和国工会法》规定的不脱产工会基层委员会委员因工会活动占用的生产或工作时间,其他依法参加的社会活动。

2.法定节假日及婚丧假期间的工资支付

法定节假日是由国家法律、法规统一规定的用以开展纪念、庆祝活动的休息时间。在法定节假日期间,用人单位应当依法安排劳动者休假,并按劳动者正常工作,依法向劳动者支付工资。

婚丧假指劳动者本人结婚以及其直系亲属死亡时依法享有的假期。用人单位在劳动者婚丧假期间,应给予劳动者往返所需的路程假。在婚丧假及相关路程假期间,单位应按劳动者提供了正常工作而向劳动者支付工资。

3.单位停工、停产期间的工资支付

非因劳动者原因造成单位停工、停产在一个工资支付周期内的,用人单位应按劳动合同规定的标准支付劳动者工资。超过一个工资支付周期的,若劳动者提供了正常劳动,则支付给劳动者的劳动报酬不得低于当地的最低工资标准;若劳动者没有提供正常劳动,应按国家有关规定办理。

4.劳动者在法定标准时间外工作的工资支付

用人单位在劳动者完成劳动定额或规定的工作任务后,安排其在法定标准工作时间以外工作的,应按以下标准支付工资:①在法定标准工作时间以外延长工作时间的,按照不低于劳动合同规定的劳动者本人小时工资标准的150%支付;②在休息日工作又不能安排补休的,按照不低于劳动合同规定的劳动者本人日或小时工资标准的200%支付;③在法定休假节日工作的,按照不低于劳动合同规定的劳动者本人日或小时工资标准的300%支付。

实行计件工资的劳动者,在完成计件定额任务后,由用人单位安排延长工作时间的,应根据上述规定的原则,分别按照不低于其本人法定工作时间计件单价的150%、200%、300%支付其工资。经劳动行政部门批准实行综合计算工时工作制的,其综合计算工作时间超过法定标准工作时间的部分,应视为延长工作时间,并支付劳动者相应的工资。

5.单位破产时的工资支付

用人单位依法破产时,劳动者有权获得其工资。在破产清偿中用人单位应按《中华人民共和国企业破产法》规定的清偿顺序,首先支付欠付本单位劳动者的工资。

(二)特殊人员的工资支付问题

特殊情况下的工资支付问题如下。

(1)劳动者受处分后的工资支付:①劳动者受行政处分后仍在原单位工作(如留用察看、降级等)或受刑事处分后重新就业的,应主要由用人单位根据具体情况确定其工资报酬;②劳动者受刑事处分(如收容审查、拘留(羁押)、缓刑、监外执行)期间,其待遇按国家有关规定执行。

(2)学徒工、熟练工、大中专毕业生在学习期、熟练期、见习期、试用期及转正定级后的工资待遇由用人单位自主确定。

(3)新就业复员军人的工资待遇由用人单位自主确定;分配到企业的军队转业干部的工资待遇,按国家有关规定执行。

思考与讨论

1.如何理解工资和劳动收入的含义?

2.关于最低工资标准的确定和调整,我国有哪些相关的法律规定?

3.关于特殊情况下的工资支付,我国有哪些相关的法律规定?

实训题

调研大学生课外兼职待遇情况,分析大学生兼职如何保护自己的合法权益。

任务三　了解薪酬制度

知识目标

★掌握薪酬制度的概念、类型及内容

★掌握薪酬制度诊断的方法

★了解国外相关的薪酬制度

技能目标

★能用所学的薪酬制度的基础理论对某一具体组织的薪酬制度进行诊断并提出改进建议

任务导入

M公司薪酬管理现状

M公司原是一家老牌的国有商店,后来经过改制成为一家拥有两个子公司,业务涉及百货零售、批发、代理、广告等领域,总资产为1.2亿元的大型现代百货零售企业。改制后,公司明确将以公司治理、企业文化和人力资源为核心的战略发展规划作为重要依托,以资产为纽带,以市场为导向,通过商品结构、产业结构、组织机构和业务流程的连接与再造,迅速壮大企业规模,提高企业的核心竞争力。

然而,企业的薪酬问题一直是困扰企业领导的难题。通过访谈,我们发现,M公司依据职务等级将员工的工资划分为十个等级,一级一薪,基本上是固定不变的;固定的部分占全部工资总额的比重很大(84%),而浮动的比例则很小(16%)。公司很多员工对现行的薪酬制度表示不满,普遍认为工资水平较低。企业改制前,由于国有企业薪酬制度的制约,工资水平长期得不到增长。企业改制后,这种情况也没有得到改观。职能部门员工和业务部门员工工资水平相差无几,可是承担的责任和风险却不同,很多员工对此抱怨颇多。与此同时,由于缺少科学的业绩评价体系,不同的付出却得到近乎相同的回报,极大地降低了员工工作的积极性。薪酬制度的不合理造成了人才的大量流失。为此,公司决定聘请专业的咨询公司对现有的薪酬制度进行变革,以提高员工的满意度,促进公司长远的发展。

资料来源:王全蓉,王从新.M公司薪酬管理诊断与制度变革[J].企业改革与管理,2007(9):60-61.

任务1:M公司的薪酬管理出现了什么问题?你如何帮助M公司解决这个问题?

任务2:M公司的薪酬制度改革能给我们提供什么好的借鉴思路?

任务分析

M公司整体的薪酬水平较低,缺乏外部竞争性和内部公平性。员工薪酬水平取决于职务等级的划分,没有体现员工个人的工作技能和能力,工资增长的空间有限。工资结构中,固定部分比重较大,浮动部分较少,激励性不足。与薪酬制度配套的相关制度体系不健全。以上这几方面原因导致员工满意度下降,人才流失。该公司应在完善的工作分析和岗位评价基础上,针对不同层次员工实行不同的薪酬制度,并且严格执行科学的考核制度,保障薪酬制度的顺利实施。

知识链接

一、薪酬制度概述

(一)薪酬制度的概念和分类

在现代企业制度中,薪酬制度是企业人力资源管理系统不可缺少的重要组成部分。从企业的生存、发展到战略的实施、目标的实现,再具体到企业内部保持稳定和拥有一支优秀团队,无不体现着薪酬制度的存在价值。企业的薪酬制度就像是国家的一部法律,国家的法律要

薪酬制度

切实有效,最基本的一条是要符合法理。薪酬制度也是如此,作为企业的基本制度,薪酬制度也必须有自己的"法理",即薪酬制度必须有自己的依据。薪酬制度是指依据国家法律、法规和政策的规定以及市场经济的客观规律,为规范薪酬分配行为所制定的系统性准则、标准、规章、实施措施和具体分配形式的总称。

薪酬制度按内容不同,有广义与狭义之分。广义的薪酬制度包括等级薪酬制度、薪酬调整制度、薪酬发放制度、各种薪酬形式、薪酬激励方案和薪酬基金管理等内容。狭义的薪酬制度主要指企业的基本薪酬制度和辅助薪酬制度或两者的综合。

薪酬制度按作用层次和范围不同有宏观、中观、微观之分。宏观层次的薪酬制度指国家对薪酬分配进行调节、监控的法律、法规、政策和措施的总和;中观层次的薪酬制度指地区或行业对薪酬分配进行约束、管理、调节的各种准则、标准、规定和方法措施;微观层次的薪酬制度指企业对其内部薪酬结构和薪酬形式、薪酬分配水平和标准、薪酬管理方式所做的规定与具体方法措施。

本章中所提到的薪酬制度,特指微观层次上狭义的薪酬制度,即薪酬制度是以雇员劳动的熟练程度、复杂程度、劳动强度及责任大小为基准,在充分考虑雇员工龄、职务、技能、学历和基本生活费用的基础上,按照雇员实际完成的劳动定额、工作时间或劳动消耗而计付劳动报酬的制度。

根据薪酬制度的功能不同,从目前来看,企业的薪酬制度可以分为基本薪酬制度和激励薪酬制度,激励薪酬制度也就是相对于基本薪酬而言的辅助薪酬制度。

基本薪酬制度是为劳动者在法定工作时间和正常条件下一般都能完成的工作任务或劳动定额而设置的,从而在不同的情况下都可保证劳动力的恢复、发展和延续,这也是基本薪酬制度设置的首要出发点。基本薪酬制度设置的另一个出发点主要是迎合雇员对规避未来风险的偏好,维持企业人心的稳定。

激励薪酬制度是为奖励员工超额劳动部分或劳动绩效突出部分而设置的,旨在鼓励员工提高劳动效率和工作质量,以及为补偿员工在恶劣工作环境下的劳动而设置的,它有利于吸引员工到工作环境脏、苦、险、累的岗位上去工作。

(二)薪酬制度的内容

1.基本薪酬制度

(1)计时工资制度。计时工资是指根据单位时间的薪酬标准和实际工作时间的长短计付薪酬的方式。按照计算时间的不同,计时工资可以分为月工资、日工资、小时工资、周工资四种形式。计时工资常用的计算公式为

$$计时工资＝特定岗位单位时间工资标准×实际有效劳动时间$$

计时工资适用于那些岗位职责明确、等级和工资标准规范的工作以及劳动成果不便于直接通过个人技能和努力程度反映的工作,如脑力劳动员工。

(2)计件工资制度。计件工资是按照员工生产合格产品的数量(或作业量)和预先规定的计件单价来计算工资的一种工资制度。计件工资的计算公式为

$$计件工资＝合格产品数量×计件单价$$

计件工资主要适用的范围是生产任务饱满、原材料和劳动力供应正常、成批生产、计件单位的产品数量能够单独计算、产品质量容易检查,并且能够准确制定先进合理的劳动定额的工作。

(3)岗位工资制度。岗位工资制是在岗位分析和时间研究的基础上,按照员工在生产中工作岗位的劳动责任、劳动强度、劳动条件等评价要素,确定工资等级和工资标准的一种薪酬制度。其主要特点是"对岗不对人"。在实践中,岗位工资制演变出许多形式,主要有岗位等级工资制、

岗位薪点工资制和岗位技能工资制。

（4）技能工资制度。技能工资制是按照员工所达到的技术等级标准确定工资等级，并按照确定的等级工资标准计付劳动报酬的一种制度，通常被称作技术等级工资制。这种工资制度适用于技术复杂程度比较高、员工劳动差别较大、分工较粗以及工作物不固定的工种。

技能工资是一种能力工资制度，它的优点是能够引导企业员工钻研技术，提高个人的技能水平，缺点是不能把员工的工资与其劳动绩效直接联系在一起。

（5）宽带薪酬。宽带薪酬实际上是一种伴随着企业组织扁平化、流程再造、团队导向、能力导向等新的管理模式而产生的一种新型薪酬管理模式。它是对传统的带有大量等级层次的垂直型薪酬结构的一种改进或替代，严格地讲，是职位（岗位）薪酬与技能薪酬的组合形式，或者说是一种创新的职位（岗位）薪酬。根据美国薪酬管理学会的定义，宽带型薪酬结构就是指对多个薪酬等级以及薪酬变动范围进行重新组合，从而变成只有相对较少的薪酬等级以及相应的较宽薪酬变动范围。

一般而言，技术性、创新性、服务性的企业比较适合实施宽带薪酬，而劳动密集型企业不适合采用这种薪酬结构。

2. 激励薪酬制度

（1）奖金。奖金是企业对员工超额劳动部分或劳动绩效突出部分所支付的奖励性报酬，是企业为了鼓励员工提高劳动效率和工作质量付给员工的货币奖励。奖金有绩效加薪、一次性奖金、个人特别绩效奖等类型。

（2）利润分享计划。利润分享计划是指员工根据其工作绩效而获得一部分公司利润的集体激励计划。在这种计划下，报酬的支付是建立在对利润这一集体绩效指标评价的基础上的。利润分享计划是一次性支付的奖励，它不会进入雇员的基本薪酬中，因而不会增加企业的固定工资成本。

利润分享计划的基本思想是按照一定比例将企业利润分配给雇员。具体做法有多种，有些企业按照雇员绩效评价的结果来分配年度总利润，有些企业则每隔一定时期向雇员发放固定数额的反映企业利润的奖金，还有些企业在监督委托代理的情况下按预先规定的比例把一部分利润存入雇员账户，雇员退休后可以领取这部分收入，并可享受较低的税率。

（3）收益分享计划。收益分享计划是企业提供的一种与员工分享因生产率提高、成本节约和质量提高而带来的收益的奖励计划。它不是要分享利润的一个固定百分比，而常常是与生产率提高、质量改善、成本节约等方面的既定目标的实现联系在一起的。如果这些目标实现，则员工集体分享实现货币收益的一部分。

（4）股权激励计划。股权激励是指企业以本公司股票为标的或媒介，对其董事、监事、高级管理人员及员工进行的长期性激励。广义的股权包括现股、期股和期权等形式，股权激励模式包括股票期权、虚拟股票、股票增值权、限制性股票等。

股权激励在一些国家应用相当普遍，运用范围也不局限于新型的高科技企业，其中美国的股权激励模式最丰富，制度环境也最完善。有一些模式主要应用于公司的高层管理人员，如股票期权、管理层收购等；也有一些应用于公司的中高层管理人员，如业绩股票等；还有一些应用于企业的全体员工，如员工持股计划等。

（三）传统薪酬制度和现代薪酬制度的比较

对于传统环境下的薪酬管理者而言，制定薪酬制度的第一步就是确定每个工作职位的具体内容，因此职位分析就成为薪酬体系中的一个重要环节。它反映了公司管理者和员工对某一职位的期望,并且这一期望随员工技能、企业的发展以及科学技术的进步而不断变化。

随着经济环境的变化和市场竞争的加剧以及企业自身发展需求的增加,企业的管理者意识到想要提高组织的运行效率,必须鼓励员工尝试更多的工作、钻研更新的工作方法,鼓励员工不断学习和进步,给予他们参与公司活动甚至参与决策的机会。基于以上认识的变化,许多企业改变了原来仅凭职位决定员工薪酬的制度,引入"以个人为基础"的薪酬制度,作为对原有薪酬制度的补充。"以个人为基础"的薪酬制度是一种以技术、知识和能力为基础的薪酬方式,与传统"以职位为基础"的薪酬方式不同,强调以员工的个人能力为基础提供相应薪酬,它更加注重员工的潜力。只有当员工达到能力标准时,才能对其提供薪酬。相反,"以职位为基础"的薪酬制度规定,只要职位的职能或者作用发生了变化就可以得到薪酬,而不管员工是否能够很好地履行该职能。表2-1列出了传统薪酬制度和现代薪酬制度之间的联系与区别。

表 2-1　传统薪酬和现代薪酬制度之间的联系和区别

步骤	"以职位为基础"的薪酬制度	"以个人为基础"的薪酬制度	
		以技术为基础	以能力为基础
分析对象的选定与进行	职位分析和职位描述	技术分析	能力分析
评估对象的选定	"薪酬要素"等职位评定因素	员工技术	员工能力
相对价值的确定	等级排列	确定技术水平的等级	确定能力等级
评定结果与薪酬的确定	按职位排列确定其薪酬水平的排列	按技术证书或市场水平确定薪酬	按技术证书或市场水平确定薪酬

资料来源:陈清泰,吴敬琏.公司薪酬制度概论[M].北京:中国财政经济出版社,2001.

二、薪酬制度的诊断

薪酬制度的合理性对企业实现其战略目标非常重要,因此需要对企业的薪酬制度进行诊断,审视薪酬制度是否合理,改进不足,保证企业的薪酬制度适合企业的战略需要。

(一)对企业薪酬体系整体的诊断

1.企业的薪酬制度是否符合企业的战略需要

企业的人力资源制度及薪酬制度都是为企业战略的实现而服务的,企业战略决定企业的人力资源结构与规模从而决定了企业薪酬制度的结构。为了实现企业的战略目标,企业的薪酬制度必须与企业的战略发展相协调、匹配。

企业的薪酬制度与战略是否匹配,主要从以下方面进行检验:①支付对象是否与战略要求一致;②支付规模是否与战略要求一致;③对战略层级的支付是否与战略要求一致;④薪酬战略是否与公司战略匹配。

2.企业的薪酬制度是否具有内部公平性

对企业薪酬制度内部公平性进行诊断,就是要检查企业对员工价值的评估是否准确、公正,从而判别企业的薪酬制度是否具有内部公平性。

评估时要注意以下方面:是否采用了正确的评估方法,是否采用了合理的评估要素,所设立的评估要素的权重是否准确,评估要素的等级是否无误,评估者是否公正无私。

3.企业的薪酬制度是否具有外部公平性

通过薪酬调查,对比企业和市场的工资率来判断企业的薪酬制度是否具有外部公平性。为了能够真实地反映两者之间的距离,企业在做薪酬调查的时候,要注意是否调查了所有应调查的地方并都得到了正确的信息,以及企业的薪酬政策是否建立在市场供求率的基础上。

4.工资差别是否合理

看一个企业的工资差别是否合理,也就是看企业的工资主要有哪些差别,工资等级的重叠是否合理等。具体来说主要衡量企业的收入等级(pay grade)的数量是否恰当,企业的收入级差(pay range)是否合理,相邻的收入等级之间重叠的部分是否合理。

(二)对企业奖励制度的诊断

对企业所实行的奖励员工的制度的诊断,主要看其是否符合以下这些要点:

(1)员工的努力程度是否与奖励制度直接相关。

(2)奖励制度对员工是否具有吸引力。

(3)奖励制度对员工是否是明了的。

(4)奖励制度在一定时期内是否为固定的。

(三)对企业福利制度的诊断

企业中的福利制度一般包括法定福利和企业补充福利两部分。对企业福利是否健康的判断也分为两部分:

(1)企业现有的福利制度是否符合国家法定福利的要求;

(2)企业的补充福利部分是否切实有效,成本是否是可控制的。

三、国内外薪酬制度简介

由于历史、文化、经济制度和经济发展水平等方面的差异,不同国家之间的薪酬制度和薪酬水平差别很大。了解薪酬制度的国际比较,是为了更好地理解影响薪酬制度的关键因素,并借鉴其他国家的先进经验。

(一)美国的薪酬制度

美国的劳动力市场十分发达,组织内部的人力资源管理也颇具特色。

1.美国薪酬制度的基本特点

美国没有全国统一的薪酬制度和标准,薪酬主要通过雇主和工会组织集体议价商定,员工福利也因企业的不同而不同,但国家规定了最低薪酬水平。其主要特点有:实行弹性的激励性薪酬制度;薪酬级别多,级差小;升级频繁,有的企业每年进行升级,升级后进行严格考核;最高薪酬与最低薪酬的差别较大,前者是后者的十几倍乃至几十倍,且薪酬受种族、性别等影响。

2.薪酬收入的构成

(1)基本薪酬。基本薪酬是对一定工作职位所规定的薪酬等级和标准。美国大多数劳动者以小时、周或月支付薪酬,即"计时薪酬"。在美国企业中,行政人员一般实行年薪制,如公司董事会主席、各级总裁和副总裁、各级经理以及技术人员和管理人员实行年薪制。员工一般实行小时薪酬制,即按其工作的每小时付给薪酬。也有些企业实行计件薪酬制。

(2)激励性薪酬。激励性薪酬是以高于规定水平的生产率作为基础的各种薪酬形式。

激励性薪酬既有按计件或按单位工作量支付的报酬,也有按超过定额的产量支付的奖金,也就是把报酬与产量挂钩,使薪酬随产量浮动,以刺激员工努力提高产量。一般说来,那些人工成本占总成本较大、竞争激烈、员工个人产量容易分清的行业,激励性薪酬的作用较大。这种薪酬形式在服装、纺织、制鞋和一些金属制造行业中很普遍。

(3)福利津贴。福利津贴实质上是一种补充性的报酬,它的确定不取决于员工的成绩,其对象是员工集体。福利津贴的标准也是通过劳资谈判在合同中规定的。

美国的津贴福利约占基本薪酬的 20%,主要有三类:①劳动时间内的额外报酬,如加班费、假日的劳动津贴、年终或半年的分红;②劳动时间外的报酬,如病假和事假补贴、圣诞节红利、教育和训练补贴等;③保健费和保险费,如抚恤金、团体人寿保险、住院费、团体工伤事故和保健费、医疗保险等。

3.美国薪酬制度发展的趋势

20 世纪 90 年代以来,传统的企业管理不断受到冲击,组织扁平化、柔性管理、团队管理、跨文化管理等成为企业关注的焦点。与此相适应,薪酬制度也产生了新的发展趋势,大致说来,主要有以下几个方面的内容:

(1)宽波段薪酬体系。其主要特征是加大专业人员、管理人员和领导者的薪酬线差距;薪酬标准在某一薪酬类别的不同等级中差距比较大;职务和薪酬等级主要取决于本人的专业水平,随着技能水平上升,薪酬随之上升,实际上是加大薪酬中知识技能的含量。

(2)可变薪酬体系。对于可变薪酬的界定,目前仍有不同的说法。比较有影响的若干定义有:①可变薪酬指的是企业支付给员工的任何直接货币薪酬的形式,但这部分的薪酬并不转化为固定薪金部分,而是随业绩变化而变化;②它是一种替代性薪酬体系,该体系与企业经营业绩紧密结合,并支持员工参与管理,其现金的支付是以预先确定的个人衡量标准或者所在的团队和组织的业绩来决定的;③可变薪酬是固定薪金之外的报酬部分,它随个人、团队、组织的业绩变化而变化。

总而言之,可变薪酬是在原来相对固定的基本薪酬基础上,根据个人或团队业绩来确定的有条件的收入部分,是薪酬的补充形式。

(3)非货币性薪酬体系。在整体型薪酬计划中,实际上已经把"薪酬"的概念扩展到"所有的奖励机会"。

(二)日本的薪酬制度

1.传统的年功序列薪酬制

年功序列薪酬制是日本企业的传统薪酬制度。年功序列制的特点在于根据职工的年龄、学历和在一个企业内连续工作的年限来确定薪酬级别,实行定期增薪,随企业工龄的增长每年增薪一次。

职工的基本薪酬由资历薪酬(年龄+工龄+学历)和能力薪酬(职务+职能)构成。在年功序列制下,决定职工基本薪酬的主要因素不是职务和贡献,而是企业工龄,资历薪酬是基本薪酬的主体,能力薪酬只占次要地位。职工为避免在经济收入和社会地位上蒙受损失,一般不会轻易离开企业,这就在客观上提高了企业内部职工的稳定性。

年功序列薪酬制的特点主要有:一是基本薪酬按年龄、企业工龄和学历等因素决定,薪酬标准由各企业自定,并随员工生活费用、物价、企业的经济效益等因素而每年变动;二是多等级、小级差,每年定期增加薪酬,也就是随着员工年龄增长、家庭负担的增加而增加薪酬;三是年功序列薪酬制考虑到员工衣、食、住、行等方面的需要,除基本薪酬外,还有优厚的奖金和各种各样的津贴和补助,非但考虑员工本人的生活需要,还适当考虑员工家庭的生活需要,以尽可能解除员工的后顾之忧;四是员工的退休金和奖金的计算,也与员工的年龄、企业工龄有一定的关系。

2.奖金制度

为了调动全体员工的积极性,日本企业也采取了一些有效的辅助措施,比如独立于薪酬制度的奖金制度、重视逐步提高职工的福利待遇等。日本企业为了充分发挥企业全体职工的积极性和创造性,增强企业的活力,还设立了多种类型的奖项,如合理化建议奖、新技术新产品开发奖、质量奖、发明奖、技术革新奖等。

3.日本薪酬制度的改革——能力薪酬制

年功序列制本身具有一定的缺陷,如容易形成对企业的依赖,在一定程度上抑制了个人尤其是年轻人才智的充分发挥等。在经济高速增长和稳定增长时期,由于劳动力需求旺盛,这些缺陷相对于其优点来说显得微不足道,因而被掩饰了。

但是,"泡沫经济"崩溃后,日本产业界进入了"平成萧条"时期,企业为了生存和发展,不得不在人事管理制度方面进行大幅度的改革与调整。

在薪酬制度方面,早在 20 世纪 80 年代中期,一些企业就开始有意识地减少年功序列薪酬制的成分。90 年代后,以年薪制为主体的欧美国家的能力主义薪酬制度被更多、更广泛地运用到日本的各行各业。

汽车制造业是日本的主导产业,也是较早实行薪酬制度改革的产业之一。从 1990 年 4 月开始到 1995 年 7 月,日本前五大汽车制造厂家丰田、日产、三菱、本田、马自达均相继放弃了年功序列薪酬制,而采用了注重个人能力的薪酬制度。

住友不动产株式会社是不动产业最先全面实行能力主义薪酬制度改革的企业。改革前,职工的月薪酬由资历薪酬、资历津贴、职务津贴构成,其比例为 2:4:4,改革后的月薪酬由资历薪酬、职务津贴、业绩津贴构成,其比例为 3:1:6。在奖金发放上,也更注重个人能力和业绩,即使是同期进入公司的职员,由于业绩不同,最高与最低之间要相差 1 倍以上。

(三)欧洲的薪酬制度

欧洲各国的薪酬模式各有不同,但同其他地区相比,其薪酬模式有共同的特点,主要表现如下:①劳资双方的薪酬谈判更为规范化和制度化,并由此确定薪酬制度;②灵活性薪酬比重上升;③实施利润分享制度;④建立不同的奖金激励机制;⑤推行绩效薪酬制度。

(四)新加坡的薪酬制度

1.中央级劳资谈判与薪酬决定

国际上通行的劳资谈判和协商制度大体上可分为三类:第一类以微观层次为主,即企业内部的资方代表与员工代表组成的委员会进行谈判;第二类以中观层次为主,即产业(行业)工会与产业(行业)雇主联合会进行谈判;第三类以宏观层次为主,即全国工会与全国雇主联合会进行谈判。

新加坡的劳资谈判的特点是政府作为谈判的一方,直接参与谈判。全国薪酬理事会每年都要制定一般薪酬调整的指标,经由总理而提交内阁。薪酬调整指标被政府(内阁)接受后,提供给各个雇主和受雇人员工会作为当年薪酬调整的协商基础。全国薪酬理事会提供的薪酬指标都是非强制性的,容许雇主和工会在实行时保持相当弹性。工会和雇主们可以同意也可以自由修改这种一般性指标,以便适合他们各自的需要。只要双方都同意,有些雇主和工会甚至完全不采用这种指标也不会违反任何法规。

2. 较高的薪酬水平

新加坡绝对单位劳工成本虽然比日本、美国、德国等发达国家低,但要远远高于发展中国家。服务业的薪酬和制造业的差不多。

相对单位劳工成本是就生产力增长与薪酬增长的快慢而言的。1993—1998 年,新加坡的薪酬增长速度介于 4% 和 5% 之间,超过了生产力 1%～2% 的增长速度。而在发达国家和一些新兴工业国家和地区,劳工实际收入的增长都低于生产力的增长。

3. 完善的间接薪酬制度

新加坡的社会福利制度非常完善。根据各种福利设施的资金来源情况,新加坡的社会保障制度可分为三个部分。

(1)主要由政府出资设立的社会福利措施:老人和残疾人保障计划、儿童津贴、医疗保健基金、教育储蓄基金、公共援助津贴。

(2)由政府立法和管理、带有强制储蓄性质的社会福利措施:工业灾害保障计划、医疗储蓄、中央公积金。

(3)由社会团体和民间组织设立的各种社会福利设施。新加坡的社会团体和民间组织比较多,开展的各种慈善活动也比较频繁。按照这些机构的组织性质,可将其分为六类:一是各种宗教团体;二是各类宗乡会馆;三是各种经济团体;四是各种社区组织;五是各种志愿组织;六是各种基金会。

(五)中国的薪酬制度

随着计划经济向市场经济改革的推进和全球化经济发展趋势的演进,我国企业的薪酬体系也发生了一系列变化。1949 年新中国成立以后,我国开始建立货币工资制度,1956 年基本完成。

1949—1952 年,供给制与旧工资制度并存。即国家派到企业的接管干部实行供给制,留用人员与工人沿袭旧工资制度,按新中国成立前三个月平均工资额确定工资标准。

1952—1956 年,根据当时全国各地物价和消费水平差距悬殊的国情,以工资分制作为供给制向货币工资制的过渡形式。即统一以工资分而非货币额,作为供给制人员的津贴标准和工资制人员的工资标准。工资分是工资计算单位,每一分值均以统一规定的实物(粮食、油、布)而非货币来计算。

1956 年,全国开始工资改革,实行货币工资并建立等级工资制,取消工资分制,实行统一按货币规定工资标准的工资制度。1956 年的这次工资改革,标志着我国确立了以等级工资制为主要内容的货币工资制。

1958—1978 年间,按劳分配原则经历多次确认、取消的过程,1978 年重新恢复计件工资、奖金等过去行之有效的工资形式。截至 1984 年,国家几次调整增加企业和机关事业单位职工的工资。

1983—1985 年,实行奖金随企业生产经营成果浮动的办法,即"浮动工资制"。

1985—1992 年,开始结构性工资改革,目的是初步理顺工资关系,建立正常的工资升级制度和适应经济体制改革需要、消除"大锅饭"的企业工资制度,主要内容包括推行工效挂钩工资制度和企业内部分配制度改革。工效挂钩使收入分配与企业效益相联系,有利于消除"大锅饭",促进企业效益提高,但仍未彻底摆脱政府行政干预(工资总额基数和挂钩比例由政府主管部门决定),也仍未真正纳入市场化轨道。企业内部分配制度改革,是在国家控制企业工资总额前提下,由企业根据自身的特点,自主决定内部雇员的工资制度和分配方式,自主确定其工资的水平、形式、标准、晋升方法。从此,浮动工资、计件工资、承包工资、结构工资、定额工资、含量工资、等级工资、分成工资等各种工资分配方式在企业内得到普遍的采用。

党的十四大做出了建立社会主义市场经济体制的重大决策。党的十四届三中全会提出了社会主义市场经济中的个人收入分配制度和分配原则,并第一次明确允许生产要素参与分配,突破了传统单一按劳分配方式的束缚。党的十五大进一步把多种分配方式概括为按要素分配,允许和鼓励资本技术等生产要素参与收益分配。

党的十六大全面贯彻"三个代表"的指导思想,第一次提出保护一切合法的劳动收入和合法的非劳动收入,第一次确立了劳动、资本、技术和管理等生产要素按贡献参与分配的原则,使社会主义分配理论出现历史性的突破,为我国薪酬分配制度的改革指明了方向。

2016 年 3 月 5 日,国务院总理李克强在做政府工作报告时提出"大力推进国有企业改革"。李克强指出:"推进股权多元化改革,开展落实企业董事会职权、市场化选聘经营者、职业经理人制度、混合所有制、员工持股等试点。深化企业用人制度改革,探索建立与市场化选任方式相适应的高层次人才和企业经营管理者薪酬制度。"

党的十九大报告和 2018 年"两会"政府工作报告展示了十八大以来党和政府在民生建设和社会发展领域取得的巨大成就。同时,中国特色社会主义进入了新时代,社会主要矛盾发生了变化,以习近平同志为核心的党中央,坚持"以人民为中心的发展思想"这个新时代收入分配改革的主基调,从提高劳动者收入水平、共享发展成果、保障和改善民生、基本公共服务均等、缩小收入分配差距、促进社会公平正义等视角,为收入分配改革赋予了新的时代内涵,提出了新的目标要求。

党的二十大提出要完善分配制度。坚持按劳分配为主体、多种分配方式并存,构建初次分配、再分配、第三次分配协调配套的制度体系。

随着经济全球化的趋势,中国企业在保留了一些传统的薪酬管理做法的同时,也在学习、模仿和尝试新的薪酬管理体系,如可变工资、持股制、宽带工资等。虽然企业薪酬体系原来的条条框框还存在,但薪酬体系变革的帷幕已经拉开:①薪酬体系不再一成不变,而是处在不断的变化之中,企业需要根据变化的情况建立适当的薪酬体系;②"宽带薪酬设计"开始在国内一些企业实行;③薪酬设计开始出现能力模型;④薪酬的构成和实施呈现个性化,根据企业和员工的不同需求来设计和发放。

从我国薪酬体系的演变过程来看,我国企业工资分配自主权逐步得到落实,分配主体日趋明确。但是,企业薪酬管理还未能扭转受政府工资政策制约的被动局面:①无法真正落实我国政府工资调控政策的精神;②缺乏指导企业薪酬管理的基本思路;③无法发挥薪酬管理在企业发展中的作用。

为实现工资改革目标的任务,必须创造有利条件,加快薪酬分配制度的改革创新:①加快现代企业制度建设,塑造企业自主分配的主体地位;②加快劳动力市场(包括企业家等专业人才市场)的培育完善,形成市场决定工资的机制;③改善国家宏观调控机制,加强政府对收入分配的间接调控和直接监督;④完善社会保障制度和工资分配法律的建设,为薪酬分配制度改革提供必要的配套措施;⑤树立现代薪酬分配的理念,把按劳分配与按要素贡献分配相结合,深化企业薪酬制度改革;⑥与时俱进,大胆创新,探索多样化的薪酬分配形式。

思考与讨论

1. 薪酬制度的概念和内容是什么？传统薪酬制度和现代薪酬制度有什么区别？
2. 简述我国薪酬制度的发展历程。

实训题

描述你熟悉的不同组织的薪酬制度,分析这些薪酬制度是否合理,并提出相关建议。

开篇案例

华为薪酬体系的发展变迁

在很多人眼中,高薪几乎成了华为的代名词,但实际上,华为的薪酬体系不是一朝一夕就建成的,也是几经变迁才发展到如今的模样。

第一个阶段:1988—1994年

这个阶段,华为正处于创业期,内部资源匮乏。按照理论学者的说法,华为正处于组织生命周期中的导入期。这个时期对于企业来讲,急需大批优秀的生产技术人员和销售人员,但企业又没有资金实力来支付高额的工资,因此只能用股权、未来收益或未来职务等长期激励形式来代替高薪。

华为也正是这样做的。比如华为会让一个19岁的"小孩"晋升为高级工程师;会让一个只毕业两年的大学生"菜鸟"管理一个五六十人的部门;年终的时候发的不是现金而是股权(后来改为虚拟股票)。在这个阶段,华为的薪酬和福利都低于市场平均水平,采取滞后性薪酬策略,也许华为就是靠创业的豪情和对成功的憧憬,以及支付员工非经济性薪酬来吸引优秀人才的。

值得一提的是,在创业初期,华为员工收入的主要来源是基本工资,在发展的低潮期,一度连工资都难以按时发放。

第二个阶段:1995—2005年

这个阶段,华为处于高速发展阶段,属于组织生命周期中的成长期。华为此时的薪酬结构已经变成了"基本工资+股票+福利",由于对优秀人才有着巨大的需求,华为开始实施领先型薪酬策略,平均工资水平已经比深圳一般公司高出15%~20%。2000年时,华为应届本科起薪是税前每月4000元,硕士生税前5000元,要知道深圳2000年职工平均月工资是1920元,并且华为每3个月左右都要对员工进行一次加薪,加薪幅度200~3000元不等。

除了工资,华为员工的收入主要来自所持股票分红及年终奖金。1997年及以前进入华为的老员工,基本上是华为高速发展的最大受益群体。有一名1997年初到华为的员工,工作满6年的时候拿到了40万股内部股票,2001年税后分红在20万元左右。

华为的高收入无疑对国内的人才极具诱惑力,高薪酬作为企业第一推动力开始将华为推上高速发展的轨道。

也就是在这个阶段,华为推出了任职资格管理体系。几乎所有岗位都有自己的任职资格标准,并且与员工的切身利益挂钩,如果员工绩效考核不达标,就会实行"易岗易薪",以杜绝管理人员躺在功劳簿上养老的行为,同时也给认同企业文化的奋斗者带来了机会,进而推动了整个企业的发展。

第三个阶段:2006年至今

这个阶段华为已经处于发展的成熟期,战略的重点在培养和开发内部人才,强调组织效率和团队协作,因此薪酬体系的重点要考虑内部公平和团队薪酬。于是,在任职资格管理体系的基础之上,华为进一步推行了薪酬改革,开始实行按责任、绩效、贡献付酬,而不是按资历付酬。

岗位级别对应基本工资。2015 年,华为应届本科硕士入职 13 级,博士 14 级,内部公开查阅只显示至 22 级,超过 22 级总裁级别不公开显示级别。据多位华为员工透露,在 2014—2015 年大幅度提升工资基线后,每级工资差距大概在 4000 元。13 级为 0.9 万~1.3 万元,14 级为 1.3 万~1.7 万元,15 级为 1.7 万~2.1 万元,16 级为 2.1 万~2.5 万元,17 级为 2.5 万~2.9 万元,越往上工资薪酬差距越大。

奖金实行"分灶吃饭",不同部门、不同体系差别很大。例如,同为 15 级,同为绩效 B+,无线研发可能税前 15 万元,业软研发可能 5 万元,终端研发可能 20 万元,全局事务服务可能 18 万元,海外销售业绩好的代表处销售经理 30 万元,差的可能只有 10 万元。

股票方面,依照华为《2015 年虚拟受限股分红预通知》,每股分红 1.95 元,升值 0.91 元,合计 2.86 元,工作 5 年基本可达 15 级,饱和配股(包括 TUP)9 万股,分红+升值达 25.74 万元,即使不饱和配股,基本分红也可以达到税前 20 万元。工作 10 年,17 级配股普遍超过 20 万元,税前分红+升值超过 50 万元;而 23 级虚拟股票超过 200 万股,税前分红+升值超 500 万元。

华为所有的加薪、配股和奖金,都与所在的团队、代表处的组织绩效及个人绩效挂钩。组织绩效取决于年初设定的目标完成情况,以及横向纵向部门的比较。而个人绩效评比更残酷:10%~15%考评为 A,不超过 45%为 B+,40%~50%考评为 B,5%~10%考评为 C 或 D。考评为 C 或 D 者 3 年不能涨工资、配股,奖金当年为 0,号称"一 C 毁三年"。在一手"萝卜"、一手"大棒"的驱动下,华为员工级别越高,责任心也越强,因为公司的业绩和团队的绩效跟个人的收入强相关,这支"军队"以超强的战斗力不断攻城略地。

我们从以上变化可以看出,随着华为从最初的创业到发展、壮大、成熟,它的薪酬体系也在不断发生变革。这说明,薪酬体系必须要与企业的发展阶段和战略相匹配,这样才能为企业赢得人才上的竞争优势。不同企业都有自己所处的阶段和不同特点,切忌盲目模仿,要根据自身的情况和外界的环境制定出与企业发展配套的薪酬体系,这样才能发挥出它应有的作用。

资料来源:HR 案例网.HR 案例网国内外名企人力资源管理案例精选集(2017—2020)[R].2021.

任务一　人力资源管理战略与企业战略的匹配

知识目标

★了解企业战略的内涵和类型
★熟悉人力资源管理战略的基本含义和突出特征
★掌握人力资源管理战略与企业战略的匹配

技能目标

★能根据企业战略目标确定企业的人力资源管理战略

任务导入

格力电器的人力资源管理战略

成立于 1991 年的珠海格力电器股份有限公司是目前全球最大的集研发、生产、销售、服务于一体的国有控股专业化空调企业,2012 年实现营业总收入 1001.10 亿元,成为中国首家超过千亿的家电上市公司;2016年实现净利润154.21亿元,纳税130.75亿元;连续15年位居中国家电行业纳税第一,是中国首家净利润、纳税双双超过百亿的家电企业;位列2019中国制造业企业500强第37位。

格力电器能走到今天,凭借的是因时而不断改变发展战略的策略。

1.创业阶段(1991—1993年)

创业阶段主要抓产品,新成立的格力电器是一家默默无闻的小厂,只有一条简陋的、年产量不过2万台窗式空调的生产线,开发了一系列适销对路的产品,抢占了市场先机,初步树立格力品牌形象,为公司后续发展打下良好的基础。

2.发展阶段(1994—1996年)

公司开始以抓质量为中心,提出了"出精品、创名牌、上规模、创世界一流水平"的质量方针,实施了"精品战略",建立和完善质量管理体系,出台了"总经理十二条禁令",建立了行业独一无二的筛选分厂,对进厂的每一个零配件进行严格检测,合格后方能上生产线;在设计、制造、采购等环节大力推行"零缺陷工程",使格力空调的售后返修率大大降低。几年的狠抓质量工作,使格力产品在质量上实现了质的飞跃,奠定了格力产品在质量上的竞争优势,创出了"格力"这一著名品牌,在消费者中树立良好的口碑。1995年格力空调的产销量一举跃居全国同行第一。"好空调,格力造",格力电器才敢于大胆地在行业内率先推出6年免费包修、变频空调2年包换的服务承诺。

3.壮大阶段(1997—2001年)

壮大阶段主要抓市场、成本和规模。公司狠抓市场开拓,董明珠独创了被誉为"21世纪经济领域的全新营销模式"的"区域性销售公司",1998年公司三期工程建设完毕,2001年重庆公司投入建设,巴西生产基地投入生产,格力电器的生产能力不断提升,形成规模效益,同时强化成本管理。自此产量、销量、销售收入、市场占有率一直稳居国内行业领头地位。

"企业是一个整体,单靠某个部门或几个销售能人,是很难持久的。"为调动经销商的积极性,董明珠创造性地推行了"格力淡季销售政策",形成厂商共赢局面;成立区域性销售公司,并率先在行业内实行条形码制度,不允许跨地区销售,打破了诸侯割据局面,闻名全国的格力渠道管理模式由此诞生。

4.国际化阶段(2001—2005年)

这一阶段公司提出了"争创世界第一"的发展目标,在管理上不断创新,引入六西格玛管理法,推行卓越绩效管理模式,加大拓展国际市场力度,向国际化企业发展。

5.创全球知名品牌阶段(2006年至今)

在成功实现"世界冠军"的目标后,2006年公司提出"打造精品企业、制造精品产品、创立精品品牌"战略,努力实践"弘扬工业精神,追求完美质量,提供专业服务,创造舒适环境"的崇高使命,朝着"缔造全球领先的空调企业,成就格力百年的世界品牌"的愿景奋进。

人才培养,掌控市场

"只有依靠忠诚企业的人才,才能保证企业的发展,才能保证技术创新、管理创新和营销创新。"2001年,董明珠明确提出"百年企业,人才管理是基础"。为此,格力电器建立了一整套"选、育、用、留"人才培养体系,包括德才兼备、品德优先的选人机制,"能者上、庸者下"的内部晋升机制和优胜劣汰的竞争机制。格力电器通过建立工程技术学院的"育人工程"、一人一居室的"安居工程"、设立自动化研究院以提高人均产值的"创新工程"等，在自主人才培养上形成了独树一帜的模式。格力电器秉持"公平公正、公开透明、公私分明"的管理方针，注重对干部队伍的思想和行为管理。重视人才培养和激励体系建设，1995年开始，公司设立科技进步奖，以奖励对公司做出贡献的技术人员，最高奖励可达100万元。

格力电器已与清华大学、马里兰大学等国内外著名高校达成了合作协议，开设了机械、自动化、制冷、MBA等硕士专业，专门为格力内部员工提供有关的专业课程辅导。格力电器充分吸收高校科研资源，开展全方位的战略合作。

为了打造学习型团队，公司投入约3000万元建成格力员工培训中心大楼，配备了大量现代化的多媒体培训设施。技能型人才已经成为驱动格力电器业绩飞速增长的强劲引擎。公司建立完善的劳动技能竞赛与评定制度，每年举行"格力电器劳动技能精英赛"，涌现出各类技能精英。

技术创新，引领市场

"一个品牌走出去更多需要的是技术支撑，只有技术才能改变品牌形象。"格力电器把掌握空调的核心技术作为企业立足之本，建成了行业内独一无二的技术研发体系，组建了一支拥有外国专家在内的5000多名专业人员的研发队伍，成立了制冷技术研究院、机电技术研究院、家电技术研究院、自动化研究院4个基础性研究机构，拥有400多个国家实验室。

格力电器确立了"技术创新，自主研发"的企业长远发展战略，在技术研发上，从来不设门槛，需要多少投入多少的做法，让其成为中国空调业技术投入费用最高的企业。仅2012年，格力电器在技术研发上的投入就超过40亿元。目前，格力电器是中国空调行业中拥有专利技术最多的企业。

技术、营销、管理、人才"四轮驱动"的创新，使格力获得了长足发展的动力。

任务1：格力电器的人力资源管理战略是如何与其企业战略进行匹配的？

任务2：分析格力电器该制定什么样的薪酬战略才能与其人力资源管理战略进行匹配。

任务分析

格力电器本着以人为本的人力资源理念，致力于通过一系列物质和教育为内容的人力资源规划与配置方案，从员工那里得到支持。通过利润分享计划和股利分红计划，激励员工更加努力工作以确保公司利润最大化。此外，格力电器每年花费大量金钱和时间用于员工的培训与福利。格力电器在迅速发展的同时，不忘回报广大员工，近年来员工人均工资收入每年保持一定的增长率，使员工分享公司的发展成果。为满足广大员工职业发展、自我实现的需求，公司积极地与国内外知名机构进行合作，及时引入外部先进管理理念，开创了"双轨制"职业发展模式，并通过内部招聘、人才储备、竞聘上岗等方式给员工提供了更为多样的职业发展机会。所以说，支撑格力电器创造今天辉煌的，虽然有其对信息的执着与坚持，有其对商业模式的深刻思考，更重要的是，有一批核心人才以常人难以理解的"疯狂"为其进行着创造性的工作，格力电器的技术工程师和工人们也在进行着一项项的技术突破。关键问题在于：企业如何根据自身业务发展特点和企业的管理状况，选择一种合适的人力资源战略，然后制定与之相匹配的薪酬战略。

📖 知识链接

一、企业战略与战略性人力资源管理

在企业中,战略管理就是以一定方式来分配和部署这些资源,从而为企业带来竞争优势。当今企业所面临的主要竞争性挑战需要企业在市场上采取积极、主动的战略手段。人力资源管理的任务就是确保企业的人力资源为企业带来竞争优势。为了最大限度地发挥作用,人力资源管理职能必须全面参与企业的战略管理过程。

(一)企业战略的概念和层次

英文的"strategy"(战略)一词来自希腊语中的"strategos",其含义为将军。到了中世纪,它演变成为一个军事术语,指对战争全局的筹划和谋略。战略是从整个战争胜利的角度出发考虑问题的,它依据敌对双方的军事、政治、经济和地理等因素,照顾战争全局的各方面,规定军事力量的准备和运用。后来,人们将战略思想应用到企业管理当中,便产生了企业战略这一概念。

根据众多学者对企业战略的普遍认识,结合我国的具体情况,对企业战略可做如下表述:企业战略是指企业面对激烈变化、严峻挑战的经营环境,为求得长期生存和不断发展而进行的总体性谋划。它是企业为实现其使命和目标而确定的组织行动方向和资源配置纲要,是制订各种计划的基础。具体而言,企业战略是指在符合和保证实现企业使命的条件下,在充分利用内外环境中存在的各种机会和创造新机会的基础上,确定企业同环境的关系,规定企业的经营范围、成长方向和竞争对策,合理调整企业结构和配置企业资源,从而使企业获得某种竞争优势。

从企业战略制定的要求来看,战略就是要充分利用企业的机会和威胁去评价企业现在和未来的环境,用优势和劣势去评价企业的内部条件,进而选择和确定企业总体目标,制订和选择实现目标的行动方案。

企业战略一般分为三个层次:公司层的战略(总战略)、事业层的战略和职能层的战略,不同的战略层次对应于不同的管理层次,如图3-1所示。

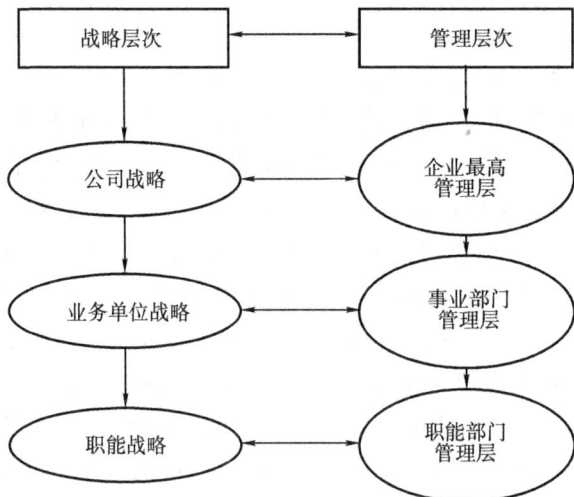

图3-1 企业战略结构层次

1. 公司战略

公司战略是指公司层面的战略,也称为总体战略。它是指针对企业整体的、由最高管理层制定的、用于指导企业一切行为的纲领。公司战略是由公司层管理者制定的战略。公司层管理者包括公司总经理、其他高层管理者、董事会,以及有关的专业人员。公司董事会是公司战略的设计者,承担总体战略成效的终极责任。

2. 业务单位战略

业务单位战略关注的是在特定市场、行业或产品中的竞争力。在大型和分散化企业中,首席执行官很难适当控制所有部门,需要设立战略业务单元,赋予战略业务部门在公司整体战略指导下做出相应决策的权力,包括对特定产品、市场和客户等做出决策。业务单位战略在总体战略指导下进行,也称为竞争战略。

业务单位不是按企业的组织结构划分的,而是按市场划分的。业务单位可能是一个事业部,也可能不是一个事业部。一个事业部内,由于面向不同市场,也需要不同的战略。例如,一个汽车公司划分为轿车部和卡车部,卡车部有面向农村的卡车和面向矿山的卡车。由于面向的市场不同,需要不同的战略,因此属于不同的战略业务单位。

业务单位战略由业务单位负责人制定,它应当与总体战略保持一致,支持总体战略的实现。此外,高级管理人员将制定公司战略,以平衡公司各业务组合。公司战略涵盖了公司整体范围。业务单位战略是在战略业务单位层次决定的,包括:如何实现竞争优势,如何提高企业盈利能力和扩大市场份额,如何确定相关产品范围、价格、促销手段和市场营销渠道,等等。

3. 职能战略

职能战略是为贯彻、实施和支持总体战略与业务单位战略而在企业特定职能管理领域内制定的战略,包括人力资源战略、财务战略、信息战略和技术战略等。

职能战略由职能管理的负责人领导制定,应与总体战略和业务单位战略保持一致。职能战略在促进公司战略成功方面具有关键作用。各部门可能只关注自己的目标和行为,从而引起利益冲突,降低整个公司业绩,如市场部门偏好创新产品,生产部门更希望产品线能长期稳定运行。公司战略作用是确保各部门和职能之间协调运转、减少冲突,整合各部门的工作。

一般而言,在竞争领域的三个层面上,公司战略指导和影响业务单位战略,业务单位战略则统领和整合职能战略,具体内容见表3-1。

表3-1　企业战略层次内容

战略层次	含义	主要内容	制定
公司战略（总体战略）	指针对企业整体的、由最高管理层制定的、用于指导企业一切行为的纲领	规定企业的使命和目标,定义企业的价值;关注全部商业机遇,决定主要的业务范围和发展方向;确定需要获取的资源和形成的能力,在不同业务之间分配资源;确定各种业务之间的配合,保证企业总体的优化;确定公司的组织结构,保证业务层战略符合股东财富最大化的要求	总体战略是由公司最高管理层制定的战略(目前越来越突出公司董事会在战略制定中的作用,总经理更多在于执行)

续表

战略层次	含义	主要内容	制定
业务单位战略（竞争战略）	是在总体战略指导下,一个业务单位进行竞争的战略	决定一个特定市场的产品如何创造价值,包括决定与竞争对手产品的区分、机器的现代化程度、新产品推出和老产品退出、是否成为技术先导企业、如何向顾客传达信息等。具体作用如下:开发或调整适应战略的资源和能力,同时也为制定战略奠定基础和条件	业务单位战略由业务单位负责人制定,它应当与总体战略保持一致,支持总体战略的实现
职能战略	以贯彻、实施和支持总体战略与业务单位战略而在企业特定职能管理领域内制定的战略	包括人力资源战略、财务战略、信息战略和技术战略等	职能战略由职能管理的负责人领导制定,应与总体战略和业务单位战略保持一致

(二)企业战略管理过程

战略是计划的一种形式,但战略管理却不仅仅是制定战略。战略管理是一个过程,是一种为企业赢得竞争优势的手段。它可以被看作是将组织的主要目标、政策和行为整合为一个具有内在有机联系的整体的模式或规划。一般认为,战略管理由几个相互关联的阶段所组成,这些阶段有一定的逻辑顺序,包含若干必要的环节,由此而形成一个完整的体系。企业战略管理的全过程如图 3-2 所示。

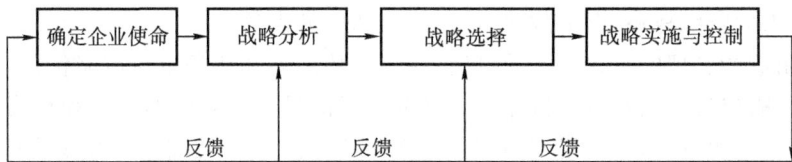

图 3-2　企业战略管理的全过程

1.确定企业使命

企业使命是企业在社会中所应担当的角色和责任,主要包括企业哲学和企业宗旨。企业哲学是企业为其经营活动或方式所确立的价值观、信念和行为准则。企业宗旨指企业现在和将来应从事什么样的事业活动,以及应成为什么性质的企业或组织类型。

2.战略分析

战略分析的主要任务是对为保证组织在现在和未来能够处在良好状态的那些关键性影响因素形成一个动态综合分析方法,即分析对企业的战略形成有影响的关键因素,并根据企业目前的"位置"和发展机会来确定未来应该达到的目标。

(1)明确企业当前的使命、目标和战略。这些指导企业目前行动的纲领性文件,是战略分析的起点。

(2)外部环境分析。外部环境分析的目的就是要了解企业所处的战略环境,掌握各环境因素的变化规律和发展趋势,发现环境变化将给企业发展带来的机会和威胁,为制定战略打下良好的基础。

— 64 —

（3）内部条件分析。战略分析还要了解企业自身所处的相对地位,分析企业的资源和能力,明确企业内部条件的优势和劣势;还需要了解不同的利益相关者对企业的期望,理解企业的文化,为制定战略打下良好的基础。

（4）重新评价企业的使命和目标。掌握了环境的机会和威胁,并且识别了自身的优势和劣势之后,需要重新评价企业的使命,必要时对它做出修正,以使它们更具有导向作用,更好地确定下一步的战略目标。

3.战略选择

战略选择阶段的任务是决定达到战略目标的途径,为实现战略目标确定适当的战略方案。企业战略人员在战略选择阶段的主要工作如下。

（1）产生战略方案。根据外部环境和企业内部条件、企业使命和目标,拟订供选择的几种战略方案。

（2）评价战略方案。评价战略备选方案通常使用两个标准:一是考虑选择的战略是否发挥了企业的优势、克服了劣势,是否利用了机会,将威胁削弱到最低程度;二是考虑该战略能否被利益相关者所接受。需要指出的是,实际上并不存在最佳的选择标准,是经理们和利益相关者的价值观和期望在很大程度上影响着战略的选择。对战略的评估最终还要落实到战略收益、风险和可行性分析等财务指标上。

（3）选出可供执行的满意战略。

4.战略实施与控制

战略实施与控制的过程就是把战略方案付诸行动,保持经营活动朝着既定战略目标与方向不断前进的过程。这个阶段的主要工作包括计划、组织、领导和控制四种管理职能的活动。

战略实施的关键在于其有效性。要保证战略的有效实施,首先要通过计划活动,将企业的总体战略方案从空间和时间上进行分解,形成企业各层次、各子系统的具体战略或策略、政策,在企业各部门之间分配资源,制定职能战略和计划、制订年度计划,以便分阶段、分步骤地贯彻和执行战略。为了实施新的战略,要设计与战略相一致的组织结构。这个组织结构应能保证战略任务、责任和决策权限在企业中的合理分配。一个新战略的实施对组织而言是一次重大的变革,变革总会有阻力,所以对变革的领导是很重要的。这包括培育支持战略实施的企业文化和激励系统、克服变革阻力等。

战略实施的成功与否取决于管理者激励员工能力和处理人际关系能力的高低。战略实施活动会影响到企业中的所有员工和管理者。每个部门都必须回答以下问题:为了实施企业战略中属于我们承担的部分,我们必须做什么? 我们如何才能将工作做得更好? 战略实施是对企业的一种挑战,它要求激励整个企业的管理者和员工以主人翁的精神和热情为实现已明确的目标而努力工作。

战略控制是战略管理过程中一个不可忽视的重要环节,它伴随战略实施的整个过程。建立控制系统是为了将每一阶段、每一层次、每一方面的战略实施结果与预期目标进行比较,以便及时发现偏差,适时采取措施进行调整,以确保战略方案的顺利实施。如果在战略实施过程中,企业外部环境或内部条件发生了重大变化,则控制系统应要求对原战略目标或方案做出相应的调整。

需要指出的是:在管理实践中,各阶段并非是按直线排列的。由于各项工作是直接相联系的,很可能战略分析和战略决策重叠在一起,也可能在评估战略时就开始实施战略了。因此,战略管理是一种循环往复、不断发展的全过程总体性管理。

(三)战略性人力资源管理

战略性人力资源管理是指企业根据内外环境分析,确定企业可选择的发展战略方向和目标,同时从人力资源投资的角度,对这些战略在实现组织目标方面的能力进行比较,以做出与人力资源能力相适应的战略选择,并在此基础上制定人力资源战略,进而在人力资源战略的指导下,做好人力资源规划,开展各项人力资源管理活动,以实现企业目标的过程。传统人事管理在企业战略管理中是不能发挥其作用的。现代人力资源管理不仅包括行政管理和事务管理两个方面,更显著的变化是它已成为企业战略管理的一个重要组成部分。在当今和未来的企业中,人力资源管理将具有三个方面的作用,即行政管理、事务管理和战略管理,人力资源管理已变得更加具有战略性,具有更长久的思考价值。

二、人力资源管理与战略管理的关系

从战略高度来看,一个组织的人力资源管理实践可以是竞争优势的一个重要源泉。企业要获得国际竞争优势,就必须有效地利用人力资源。这一点正是人力资源日益受到企业重视的原因所在。人力资源管理在战略管理中的作用表现为:企业中的"人"比其他有形的资源更有价值。因此,对于人力资源来说,发挥它在战略管理上的作用,就必须把目标确定在人力资源对企业战略发展的长期影响上,人力资源管理将从企业战略的"反应者"转变为企业战略的"制定者"和"执行者",最终成为企业战略的"贡献者"。

在战略形成过程中,将所有与人有关的经营问题考虑在内是至关重要的。将人力资源职能融入战略形成过程之中的机制或结构可以帮助战略规划小组制定出最为有效的战略规划。

战略管理过程的各个组成部分与战略的形成有密切的关系。企业为完成自己的使命,需确定使命,确定企业服务对象——顾客,确定顾客的需求,确定顾客所能够获得的价值,以及确定企业应用的技术等。组织必须确定具体的目标,即组织长期所希望取得的成就。要完成企业的目标,企业必须进行 SWOT 分析(优势 strengths、劣势 weaknesses、机会 opportunities、威胁 threats)。战略规划小组掌握制订各种不同战略方案所需的全部信息,战略管理者再对这些战略选择与实现企业战略目标方面的能力进行对比,并做出战略选择。战略选择描述一个组织将通过什么样的途径来充分完成其使命并且达到其长期目标。

第一,在进行外部环境分析时,决策者必须注意将外部的机会和威胁与人力资源联系在一起。在竞争日益激烈的市场中,人才的竞争将越来越激烈。人力资源管理所扮演的角色之一就是从人力资源的角度密切关注与外部环境相关的机会与威胁:潜在的劳动力短缺、竞争对手的工资率、对人员雇用产生影响的政府法律和规章因素等。若企业没有意识到与人力资源相关的外部环境威胁的存在,那么企业将在劳动力市场或人才市场中处于不利的竞争地位。

第二,对企业的内部环境的优、劣势进行分析时,同样需要人力资源部门的参与。目前,企业越来越意识到了人力资源是其最为重要的资源之一。许多企业已经开始认识到,在竞争日益激烈的环境中,战略性人力资源管理能够为企业提供一种竞争优势。为了从战略高度来对人力资源进行管理,许多企业也必然会实现人力资源与战略决策一体化联系。

第三,企业的战略决定了对人力资源管理的特定需求。一般而言,企业战略实施主要取决于五个重要的变量,即组织结构,工作任务设计和工作评价,人员的甄选、培训与开发,薪酬系统,信息及信息系统的类型。在这五个重要变量中,人力资源管理对其中三个变量负有责任,即工作任务设计和工作评价,人员的甄选、培训与开发,薪酬系统,同时还对组织结构、信息以及决策过程有直接影响。①要成功执行战略,必须进行工作任务设计和工作评价,把各项任务进行归纳,形成不同的工作。它是执行人力资源战略的基础性工作。②人力资源管理职能必须确保企业能够得到适当的人员配备,这些人必须具备在战略执行过程中完成各自承担的工作所必需的各种知识、技能、能力等。这些目标可以通过员工招聘与录用、员工培训与职业开发来完成。③人力资源管理职能还必须建立企业的绩效管理系统和薪酬管理系统,引导员工支持战略规划并为战略目标的实现而努力工作。这些任务可以通过人力资源管理的重要职能——绩效管理与薪酬管理来完成。总之,人力资源战略要紧紧围绕企业战略,为实现企业战略提供人力资源支持,使人力资源战略成为企业战略的一部分。

三、人力资源战略与企业基本战略的匹配

如前所述,人力资源战略是企业的职能战略,人力资源战略的选择应与企业战略目标相适应或相匹配,支持企业总战略的实现。因为不同的战略不仅对员工所需具备的特定技能有不同的要求,而且对他们所要展现出来的"角色行为"也有不同的要求。所谓"角色行为"就是指个人在某一社会工作环境中作为某一工作的承担者而必须在其角色中表现出来的行为。不同"角色行为"所要求的人力资源管理战略不同。

(一)企业基本战略

企业基本战略包括企业的发展战略和经营战略。发展战略指的是企业通过对自己处在何种阶段的认识,从而制订出相应的发展方向;经营战略是企业在认识自己所处发展阶段的基础上,制订出相应的经营措施。

1.企业发展战略

企业发展战略通常分为成长战略、维持战略、收缩战略、重组战略四种。

(1)成长战略。企业在市场不断扩大、业务不断增长的情况下,通常采取成长战略,以抓住发展机会。企业在采取成长战略时,可以根据其具体情况而选择三种不同的战略。一是集中型战略,即在原有产品的基础上,集中发展成为系列产品,或开发与原产品相关联的产品系列。二是内部成长战略,即关注市场开发、产品开发、创新或者合资等内容。采用内部成长战略的企业往往努力将其所有的资源组织起来以强化现有的优势。三是外部成长战略,即试图从纵向或横向或者多元化方面实行一体化战略,这种战略又往往通过合并或兼并的方式来实现。横向整合成长战略即整合行业内生产同类产品的企业或用原企业产品进行市场开发;纵向整合成长战略,即向原企业产品的上游产业或下游产业发展;多元化成长战略,即企业在原产品或产业的基础上,向其他不相关或不密切相关的产品和产业发展,形成多角化经营的格局。

(2)维持战略。当市场相对稳定且被几家竞争企业分割经营时,处于其间的企业常常采取维持性战略,即坚守自己的市场份额、客户和经营区域,防止企业利益被竞争对手吞食,同时防止新的对手进入市场。采取这种战略的企业,经营目标不再是追求高速发展,而是维护已有的市场地盘,尽可能多地获取收益和投资回报。常用的维持方法有培养客户的忠诚度,维护名牌的知名度,开发产品的独特功能,挖掘潜在的顾客,等等。

(3)收缩战略。当企业的产品进入衰退期或因经营环境变化而陷入危机时,企业可以采取收缩战略以扭转颓势、克服危机,争取早日走出困境。常见的收缩战略如下:一是转向,即放弃当前经营的产品产业而转入其他经营领域;二是转移,即将已呈颓势的产品产业转移到其他发展相对落后的地区;三是破产,即通过清算破产彻底退出某一产品或产业的经营,避免进一步损失;四是移交,即将企业经营管理权交给其他企业,如通过兼并、合资、托管及租赁等方式,依靠他人走出困境。

(4)重组战略。这是指企业通过资产重组的方式寻求发展的战略。常见的资产重组方式如下:一是兼并,即一家企业收买另一家企业,被收买企业的法人主体被撤销,整体并入收买企业;二是联合,即两家以上的企业合并在一起,组成新的企业,原企业法人主体撤销,全部并入新的企业;三是收购,即一家企业对另一家企业的股权进行收购,直至达到控股,从而控制被收购企业。

2.企业经营战略

企业确定了发展战略之后,随后就要选择经营战略。有关经营战略的理论研究成果很多,影响最大的莫过于美国学者迈克尔·波特(Michael E. Porter)的竞争优势理论。该理论认为一个企业在严酷的市场竞争中能否生存和发展的关键是其产品的"独特性"和"顾客价值",如果二者缺一,企业就很难在竞争中取得优势。为获得竞争优势,企业可以根据自身的情况采取三大基本经营战略:总成本领先战略、差异化战略和集中化战略。

(1)总成本领先战略。采取这种战略的企业应竭力在生产经营活动中降低成本、扩大规模,达到规模经济,减少成本费用,使企业的产品成本低于竞争对手,从而使企业用低价格和高市场占有率来保持竞争优势。这种战略尤其适合于成熟和技术稳定的产业。

(2)差异化战略。采取这种战略的企业要努力使自己的产品具有独特性。为此,企业要提供创新性产品或服务,即竞争对手无法生产或提供的产品或服务,或具有竞争产品所不具有的独特功能。企业也可以生产高品质产品来实现这一目的,以优秀的品质胜过竞争对手,即让自己的产品在质量、功能、设计、品牌、包装及服务等方面优于竞争对手的产品,采取差异化战略而赢得顾客忠诚或顾客价值。

(3)集中化战略。采取这种战略的企业要将精力集中于某个特定的顾客群、某产品系列的一个细分区段或某个地区市场中进行经营,努力使企业在这一市场缝隙中专门化,从而在更广阔的范围内超过竞争对手。这一战略主要是通过巧妙地避开竞争而求得生存和发展。

(二)人力资源战略与企业基本战略匹配原理

1.人力资源战略应与企业发展不同时期的企业战略相匹配

(1)采用集中战略的企业。它往往注重维持住组织中已经存在的现有技能,也具有规范的职能型组织结构和运作机制、高度集权的控制和严密的层级指挥系统,各部门和人员都有严格的分工。因此,相应的人力资源战略为:在员工的选择和培训上多注重员工的职位所要求的单一技能,较少考虑系统性;薪酬计划的重点也集中在拥有这些技能的员工方面;绩效考核体系更加注重行为的考核,而获得的有效绩效所需要的行为本身则通常是通过员工所获得的综合性经验而形成的。

(2)采用内部成长战略的企业。它必须解决独特的员工配备问题。"成长"的需要要求企业必须持续不断地招聘、调动和提升员工,而向不同的市场进行扩张的结果又有可能改变未来的员工所必须具备的技能。因此,企业相应的人力资源战略为:企业的招聘以企业特定的市场知识为依据,尤其是企业正在拓展的新市场更是如此;绩效评价注重员工的行为和结果两个方面的考核,行为评价重点在于对某一特定产品市场的有效行为的了解和掌握,结果评价则强调增长目标的达成;薪酬组合中更强调对增长目标达成的奖励份额;员工的培训侧重于企业产品知识与技术领域、团队建设与人际关系技能,以及解决冲突的技能等方面。

如果企业采用纵向整合战略,企业在组织结构上较多实行的是规范性职能型结构的运作机制,控制和指挥较集中,企业更注重各部门实际绩效和效益。因此,人员的挑选更多依靠客观标准,立足于事实和具体数据;奖酬依据工作实绩;员工培训以专业化人才培养为主,少数"通才"通过工作轮换来培养。

如果企业实行多元化发展战略,由于需经营不同产业的产品系列,其组织结构较多采用战略事业单位(SBU)或事业部制,它们保持着相对独立的经营权。企业的发展变化较为频繁,因此,在人员招聘与录用上较多运用系统化标准;对员工的考核标准是主、客观(员工的贡献)并用;奖酬以对企业的贡献和企业的投资效益为基础;员工培训和开发往往是跨职能、跨部门甚至跨事业单位的系统化技能开发。

(3)采用合并和兼并战略的企业。这类企业的人力资源除了在某一合并机会的评价中扮演一定的角色之外,在某一项合并或兼并的实际执行过程中也扮演重要角色。在实行这种外部成长战略时,企业应注重对解决冲突的技能的培训,进行跨文化方面的培训;注意不同经营单位所面临的人力资源管理环境以及不同企业在何种程度上实现一体化和标准化的人力资源管理制度,实行跨文化的人力资源战略。

2.人力资源战略应与企业的基本经营战略匹配

(1)企业采用总成本领先战略。采用这种战略的企业大多生产技术较为稳定,市场也较为成熟,因此,这类企业对员工数量给予高度关注,目光放在短期性以及稳定性上;工作通常高度分工和严格控制;期望员工能够独立或自主完成工作范围内的职责;如果员工经常缺勤或表现得参差不齐则会对企业的生产过程造成严重影响。与此对应,企业采用的人力资源战略为:强调员工技能的高度专业化;利用高薪吸引和培养技术人才,形成高素质的员工队伍;为稳定优秀员工,实行内部晋升制度;实行以员工行为为中心的绩效管理系统,且绩效工资浮动比例较大;为控制人工成本,在实行高薪的同时严格控制员工数量;建立内部一致性的薪酬系统。企业往往通过员工参与以及吸引员工们提出关于如何才能提高生产效率的意见来达到高水平的效率。

(2)企业实行产品差异化战略。采用这种战略的企业主要以创新性产品和独特产品战胜竞争对手,其生产技术一般较复杂,企业处在不断成长和创新的过程中。企业需要或注重培养具有高度创造性和协作精神的员工,关注员工的长远发展,鼓励员工勇于成为风险承担者。在这样的企业中,员工被期望展示的角色行为就是与他人合作,提出新观点以及在过程和结果之间进行平衡。因此,企业采用的人力资源战略为:利用内容一般化的工作说明书把工作界定得比较宽泛、内容较模糊,无常规做法,从而获得员工更大的积极性;更多地从外部招聘员工,并向员工提供更宽广的职业通道;企业培训和开发主要集中强化员工的彼此合作能力;薪酬系统更多关注外部公平性,更多由招聘需要决定;实行以结果为基础的绩效管理系统,更多地设立团队绩效指标以鼓励管理者们勇于承担风险。

(3)企业采用集中化(高品质)产品战略。采用这种战略的企业只有依赖全体员工的主动参与,才能保证其产品的优秀品质。企业采用的人力资源战略为:重视培养员工的归属感和合作参与精神,通过授权鼓励员工参与决策或通过团队建设让员工自主决策。

思考与讨论

1.什么是企业战略?企业战略包含哪些种类?

2.简述战略性人力资源管理的含义及特征。

3.人力资源管理战略如何与企业战略进行匹配?

实训题

选取一个组织为对象,分析其企业战略和人力资源管理战略。

任务二　薪酬战略与企业经营战略的匹配

知识目标

★掌握企业薪酬战略的内涵和框架体系

★掌握企业薪酬战略的设计步骤

★掌握企业薪酬战略的匹配与模型

技能目标

★能根据企业经营战略确定企业的薪酬战略

任务导入

C企业运营管理升级策略——薪酬优化

C企业集团位于驰名中外的泰山脚下,是一家集研发、生产、销售于一体的大型企业集团,主要涉及塑料、仪器仪表、仓储物流三大行业。

C企业集团秉承"踏实做事,谦逊为人,祥和竞争,发展发达"的文化理念,形成了"高效、务实、创新、卓越"的工作氛围。

公司的发展目标是按照"一业为主、多元发展、突出重点"的发展战略,稳固塑料行业,重点开发仪器仪表行业,力争销售收入突破15亿元。

公司的远期发展目标是形成塑料、仪器仪表两大支柱产业,覆盖全国,走向世界,最终将企业打造成塑料、仪器仪表行业的优势领先品牌。

公司高度重视人力资源的管理开发工作,把人才作为支撑企业发展的第一要素。为了进一步提高企业的人力资源管理水平,做到更好地吸引人才、留住人才和激励人才,C企业集团决定构建科学、规范、有竞争力的薪酬体系,以满足公司未来长远发展对人才管理的需要。

为了能够有更多的优秀经验做参考、有更好理论基础做指导、有更公正的立场保公正,C企业集团希望系统科学地开展薪酬体系的优化与升华工作,以确保C企业集团薪酬体系的前瞻性、系统性和成效性。

任务1:分析C企业集团的薪酬任务与薪酬管理。

任务2:如何对C企业集团的薪酬体系与薪酬管理进行优化。

任务分析

本次运营管理升级工作的目标是为C企业集团建立起科学、完善、有竞争力的薪酬体系与薪酬管理体系,主要包括以下方面的内容:第一,梳理C企业集团的运营模式,并对C企业集团企业价值体系进行科学评估,以明晰确定C企业集团的价值环节与关键点所在;第二,梳理业务流程的布局和岗位职责的分工,清晰界定各个岗位和人员在C企业集团各项业务和工作中的作用定位,并将企业的价值体系和岗位与人才的价值体系对应匹配起来,以确定岗位和个人在整个企业价值创造中的整体位置;第三,建立科学、合理的岗位价值评估方法,包括评价指标、评价标准和评价程序,以确定C企业集团各个岗位的价值对比关系;第四,结合行业薪酬水平的调查、各类人才供给情况以及C企业集团的产业政策、人才政策,确定各个岗位有竞争力的薪酬水平,实现吸引人才、留住人才、激励人才的作用;第五,薪酬体系将会随着企业发展阶段的变化和外部环境的变化进行相应的调整和变动,为了保证这种调整和变动及时、可控、规范,需要建立 C 企业集团的薪酬管理方法,以确定集团领导、人力资源部、部门负责人等各级人员在薪酬管理中的职责与权限。

📖 知识链接

一、战略薪酬管理的背景、内涵和框架体系

战略是组织在有限的资源约束条件下,对有利于组织长期生存和发展的外部竞争策略和内部管理优化的组合制定策略的选择。对外而言,战略是确定实施行业选择、产品业务选择、定位和关键竞争方式的方法;对内而言,战略是选择实施企业最优经营管理的方法。

(一)战略薪酬管理的背景

我国企业的薪酬管理经历了三个阶段:计划经济体制下的薪酬管理、由计划向市场经济体制过渡阶段的薪酬管理、面对全球化竞争市场下的薪酬管理。

在计划经济体制下,企业的目标只是机械地完成政府下达的指令性目标。企业没有完整的人事管理自主权;由于计划分配和政府调控,企业的薪酬管理由政府进行集权管制,只能被动地接受并执行政府的指令性政策。因此,这一阶段的薪酬管理可以说基本不存在。

在由计划经济体制向市场经济体制转变的过程中,为了建立和完善市场经济,国家鼓励企业走进市场,成为市场的主体。政府下放一定的企业自主权,其中包括薪酬管理的职能,即政府允许企业制定自己的薪酬制度。但在这一过渡阶段,企业更多是逐渐摆脱计划经济体制的痕迹和影响,探索建立适应本企业规范的薪酬制度框架。这一阶段更多是探索和尝试,当然大多数企业还处于接受计划体制下的安排或者持观望态度,部分探索的企业也没有能从战略的角度设计薪酬问题。

在全球化变革浪潮影响下,面对激烈的市场竞争和复杂的外部环境,越来越多的企业开始考虑如何吸引、保留和激励员工,如何培养企业核心员工的忠诚度,如何保持企业鲜活的竞争力。在这种背景下,企业的薪酬管理正在经历着一次蜕变,即从单纯强调技术、工具和流程的应用到薪酬要与经营环境、组织目标和价值观的匹配相协调的巨大转变。越来越多的研究学者和咨询专家将目标关注于有关组织战略和薪酬战略的一致性研究以及薪酬管理体系设计要随着外部经营环境变化而进行再设计的权变性研究,目前更多的企业开始运用战略驱动的整体薪酬方案,即将薪酬体系与公司战略和业务单元的经营战略结合起来使薪酬战略能够有效地辅助人力资源管理各项活动的顺利实施。

(二)战略薪酬管理的内涵

图 3-3 所展示的是企业战略、人力资源管理战略、薪酬战略之间的关系。这一体系划分为战略层次、制度层次、技术层次三大层次。在战略层次,企业战略驱动人力资源管理战略,从而影响薪酬战略;制度层次涉及薪酬体系设计的具体内容,如薪酬结构、薪酬水平、奖金、福利方面的设计,要考虑到内部公平性和外部竞争力及员工能力和贡献的影响从而产生有利于企业生存和发展的方面:实现战略目标、提升竞争力、促进员工发展、促进组织成长;技术层次是薪酬管理体系设计所涉及的具体技术方法,如职位评价、薪酬调查、薪酬等级设计、任职资格体系设计、股票期权设计等。企业战略会影响薪酬战略和薪酬管理的一些基本问题。一般来说,企业战略对薪酬管理的影响有以下六个方面。

战略性薪酬管理概述

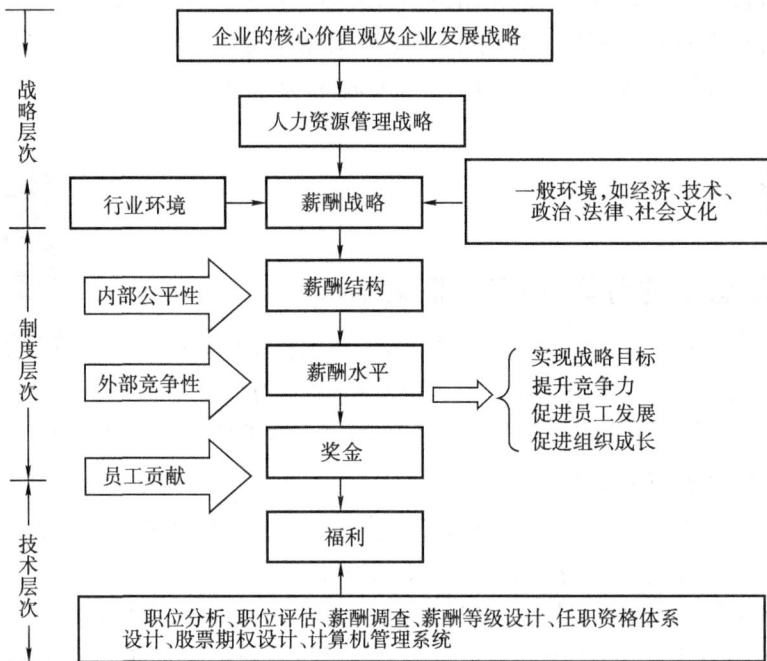

图 3-3 企业战略、人力资源战略、薪酬战略之间的关系

(资料来源:文跃然.薪酬管理原理[M].上海:复旦大学出版社,2004.)

(1)企业战略决定企业员工的类型、规模和数量结构,从而确定了报酬的支付对象和规模。不同行业对人员的安排都要做出明确的规划,如人员的类型、规模、数量结构等。新兴行业如果研发设计部门的设计人员是核心人员,则将核心员工的保留和激励等作为重点。如企业成立的业务部门要进行新产品的推广则需要配备一定数量的专业背景员工,从而影响报酬支付的对象和规模。

(2)企业不同层级的员工承担的战略责任不同,报酬也会因人而异。战略责任是一个很重要的付酬要素。越是高层的管理者,其承担的战略责任越大,报酬中的付酬比例与战略因素相挂钩的比重就越高;而基层的员工可能承担的战略责任比重小,与报酬挂钩的比例就会很低甚至没有。

(3)企业战略决定薪酬水平与市场工资水平的关系,即企业要根据战略对报酬支付水平进行定位。通常薪酬水平的定位策略分为三类:领先型策略、跟随型策略和滞后型策略。领先型策略即企业发放的报酬高于市场的平均工资水平。一般来说,如果支付能力比较强的企业,或者采取激进型战略的企业多采用领先型支付策略。这类企业多是成长、稳定型企业,市场占有率较大,有广阔的上升空间。如果企业的支付能力一般,企业倾向保守型策略,偏好跟随型支付水平。这类企业可能处于初创期,需要考虑节省劳动成本等问题。如果企业的支付能力较差,如产品市场占有率不高,面临紧缩或者关停个别的产业部门,这类企业更希望采取滞后型策略,以大大减少人工成本。

(4)企业战略影响组织薪酬结构的设计。战略对组织薪酬结构设计产生影响,如经营战略的影响。这种影响确保薪酬结构要与组织战略、公司战略相匹配。在保持外部竞争性薪酬的同时实现薪酬结构水平的内在公平性。薪酬结构的基本设计思想分为等级化和扁平化两种。等级化设计思想多应用于重视低成本、以顾客为中心、强调标准化流程作业和资历的传统企业。等级化的优势是可以通过职位的晋升产生激励效果,从而产生满意的工作情绪,以提高绩效。扁平化设计思想的应用也比较广泛,它压缩了等级,将等级范围缩小,使每个等级界定的任务职责范围更加宽泛,从而使员工有更多的自主权,促使团队合作的可能性增加,有利于提高企业的凝聚力。

在知识经济和创新变革理念存在的今天,宽带薪酬作为一种与企业组织扁平化、流程再造、能力导向、团队导向等管理战略相匹配的新型薪酬应运而生。宽带薪酬强调压缩级别,减少工资等级,用较大的工资级差来代替以往较多的工资等级,从而形成新的宽带化的薪酬结构。这一结构更适应于重视创新和强调差异化战略的高新技术企业。

(5)企业战略确定企业核心能力和核心人力资源,吸引、保留、激励核心员工。企业薪酬设计的重点是如何留住企业的核心员工,只有核心员工创造的价值才是保持企业高效运转、提高企业核心竞争力的优势来源。因此,如何防止核心员工的流失,如何激励核心员工创造更多的价值对企业来说是至关重要的。

(6)企业战略决定企业薪酬激励的方向和重点。企业采用不同的战略目标导致不同的激励方向,也决定了不同的激励重点。如果企业在某一时期专注于如何推进新产品的开发和市场的推广,则对一线营销人员的激励和设计竞争性的薪酬就成为重点;如果企业在某一时期专注于新产品的研发工作,则对专业的技术研发人员设计激励性的薪酬水平就成为重点。

因此,好的薪酬战略和薪酬体系的设计要在至少三个方面影响和推进企业战略的实施:通过设计高效的薪酬管理体系帮助企业减少劳动力成本,保持成本优势;通过设计有市场竞争力的薪酬方案帮助企业吸纳和保留企业核心人才,形成企业核心能力优势;通过设计确保内部公平性和外部竞争性的薪酬体系帮助企业有效激励员工,改变、影响员工的态度和行为,使员工的行为与组织目标保持一致,从而赢得竞争优势。

(三)薪酬战略的框架体系

薪酬战略可以从薪酬支付依据、薪酬水平定位、薪酬组合方式、薪酬结构以及薪酬管理模式五个方面来考虑。

1. 薪酬支付依据

薪酬支付依据是指组织依据什么向员工支付报酬。常见的薪酬支付依据有员工从事的岗位,所具备的知识、技能、能力、资历,员工的工作绩效等。

(1)基于职位还是能力。最常见的一种薪酬支付依据是职位。这种支付方式要求企业的职位结构具有一定的稳定性,优点是易于操作,实施起来比较简单;缺点是由于相同职位的不同员工的能力有差别、绩效有差别,因此仅针对相同职位支付相同报酬难免缺乏一定的激励性。基于技能的薪酬支付多适用于技术工人,这种支付方式能够鼓励员工积极提高自身能力,但是这种支付方式是基于员工潜在的、隐性的能力,可能缺乏一定的评价标准。

(2)基于个人绩效还是团队绩效。设计基于个人绩效还是团队绩效的薪酬取决于企业在不同阶段面临的不同情况。以个人绩效为依据的支付具有很大的激励作用,将绩效和薪酬挂钩的薪酬支付鼓励员工的工作积极性,使员工投入更多的精力到工作中从而产生更多的绩效产量。但在实际的应用中很难精确地衡量个人绩效水平,衡量标准的失衡会削减员工的积极性,因此在企业中多采取基于团队绩效的支付方式,以避免衡量个人绩效的难题,增强团队成员的合作。但由于存在"搭便车"的思想,可能会使部分员工产生懈怠,降低工作的投入感和激励效果。因此,企业可以考虑将个人绩效和团队绩效相结合的方式设计薪酬支付的标准。企业是基于个人绩效还是团队绩效支付薪酬,没有统一的标准,企业应该设计适合自己特有情况的薪酬水平。

(3)基于绩效还是资历。企业应该依据组织目标和组织衡量绩效的能力来决定到底是根据绩效还是资历来确定薪酬。如果企业能够设计出针对企业自身精确衡量员工绩效水平的标准,按照绩效水平进行支付当然对企业是有利的,但在实际操作的过程中往往并不能对个人的绩效做出精准的衡量,因此根据资历进行付酬也是不错的方法。根据资历支付薪酬的一个假设前提是员工的资历越丰富,对企业创造的价值就越大。而且,资历与绩效相比,可衡量性更强,也更直观。所以,越来越多的企业采用基于资历的薪酬支付方式。

(4)基于公司绩效还是部门绩效。现在的一些公司不仅采用个人绩效、团队绩效相结合的方式,还添加了部门绩效和公司绩效的支付标准。部门绩效的弊端是,过多地强调部门绩效不利于部门之间的和谐与协作,也不利于在企业内产生凝聚力,还不利于总部对部门之间的行为进行调控。公司绩效多运用于对企业高层管理者的薪酬支付,因为高层管理者对企业的努力程度和投入左右着企业的发展方向和总体绩效。但如果将公司绩效平均地使用到公司内每个员工,则会产生一部分并不努力工作的员工得到了由于经营状况改善带来的总体绩效的分配收入,从而降低了这部分员工的工作投入感。因此,我们强调员工薪酬与公司绩效相挂钩,更多是出于公司财务健康和长期发展的考虑,而不是为了实现员工的短期激励。

(5)基于绝对绩效还是相对绩效。计件工资是以绝对绩效为依据的,因为工人所得只用自己绩效(计件)的多少来衡量,与别人没有任何关系,因此这是一种绝对绩效的支付方式。但如果采用的是工人之间相互比较,只有绩效优秀者才能获得奖励的支付方式,则这种比较支付的方式就是相对绩效支付的依据。相对绩效更易于衡量,实施起来也比较简单,但其缺陷是如果过度竞争则不利于团结,破坏企业内的协作精神,因此企业要准确衡量自身的发展情况,以权变观看待问题、分析处理问题。

2. 薪酬水平定位

薪酬水平定位是指与竞争对手或行业的平均水平进行比较,确定组织的薪酬水平。薪酬水平包括以下两种定位:

(1)薪酬整体水平定位。为了保持外部竞争性,企业综合衡量各种因素对员工的整体薪酬进行定位。薪酬整体水平是指各种可货币化的收入总和。企业可以采用不同的支付策略,如领先型策略、跟随型策略、滞后型策略,也可以对不同的员工采用不同的支付策略,如对核心员工采用领先型策略以保留核心竞争力,对一般员工采用跟随或滞后型策略。一般来说,当员工接受高于市场平均水平的薪酬时能够产生更大的激励效果和满意度,员工的归属感也更加强烈,但采用这种支付水平的企业需要考虑高成本和现金流对企业竞争力的影响。

(2)基础工资、奖金和福利水平定位。企业不仅要重视整体薪酬水平的定位,更不能忽视基础工资、奖金和福利水平的定位。企业可以考虑对薪酬不同的组成部分采用不同的支付策略。如在基础工资部分可以支付低于市场平均水平的工资,而在奖金和福利的设计上高于市场的平均水平,这样更能产生激励效果,同时也能缓解企业现金流的压力。

3. 薪酬组合方式

(1)短期激励和长期激励。短期激励关注的是员工短期内产生的绩效,使企业更关注短期行为而忽视了长期的发展目标,但如果过分关注长期的发展目标又会放弃短期激励所产生的激励效果。短期激励优势在于易于衡量,而且实施起来效果显著。长期激励较难衡量,而且也会由于时间过长使部分目标进行不下去而导致放弃。但企业的高层管理者更关注长期激励,以使员工建立一定的责任感和使命感,把企业当作自己的一项事业来经营。而且长期激励也能够在一定程度上解决委托代理问题,增加对代理人的信任,使其有更大的自主经营权。短期激励和长期激励的组合要受到行业的性质、企业的发展阶段、职位高低以及工作项目周期等多方面因素的影响。

（2）内在薪酬和外在薪酬。内在薪酬和外在薪酬的划分是美国薪酬管理专家马尔托奇奥定义的。企业要重视赢得竞争优势更应该关注内在薪酬,如工作成就感、工作自主权、学习和成长机会等,来满足员工的精神需要。关于这一点,企业也越来越认识到对员工的激励不仅仅是物质上如金钱的激励,更应关注员工精神上的激励和追求。外在薪酬一般指货币性薪酬,传统的员工更关注企业的外在性薪酬,因此企业要根据自己所处的行业不同来选择不同的激励、支付方式。

4.薪酬结构

薪酬结构的两种划分方式是窄带薪酬和宽带薪酬。窄带薪酬的等级数量多,等级之间的薪酬幅度比较小,员工通常以职位的晋升来增加薪酬。而宽带薪酬的等级数量较少,等级之间的薪酬幅度大,员工在没有职位晋升的情况下会因为绩效或能力突出而得到加薪。现在越来越多的企业采用宽带薪酬。宽带薪酬使薪酬与职位的联系弱化,将员工的注意力从职位等级的晋升转移到个人能力和团体绩效的提升,体现了组织结构趋于扁平和强调团队合作的趋势。

5.薪酬管理模式

薪酬管理模式是关于如何制定和执行薪酬制度与决策的问题。以下从集权与分权、员工参与度、薪酬制度的刚性与弹性等方面探讨薪酬管理模式。

（1）集权、分权管理。薪酬制度是由高层制定还是由部门制定是区分集权与分权的标准。如果薪酬制度由高层制定,则相对比较集权化,这种决定方式一般适用于独立性强的小部门。如果薪酬制度由部门设计,则相对比较分权化。在分权管理的薪酬制度下,直线经理对下属的薪酬有较大决定权。而在集权管理的薪酬制度下,直线经理大多接受公司高层的薪酬决策,少有控制权。

（2）员工参与度的高低。公司高层管理者的意愿决定了员工参与度的高低,如果高层管理者鼓励员工参与,则员工的参与度会很高。参与度高意味着员工可以根据自己的需要来影响或决定薪酬内容,从而提高薪酬的激励效果和员工的满意度。

（3）薪酬制度的刚性与弹性。薪酬制度的设计是应该偏刚性还是应该偏弹性呢？偏刚性的薪酬制度意味着员工可以较好地预测未来的收入状况,有助于提供有保障的薪酬水平、稳定员工士气,但却难以适应环境的变化。偏弹性的薪酬制度在环境发生变化时更容易进行调整,适应能力较强,但员工很难预测未来的收入状况,不利于稳定人心。因此,我们认为企业在薪酬制度的设计方面应兼顾刚性与弹性,固定性较强的企业可以采用偏刚性的薪酬以对员工产生保障作用,波动性较大的企业应该采用偏弹性的薪酬以应对不同的条件。当然所有的表述都不是绝对的,企业不能完全地考虑刚性与弹性的问题,更要注意两者之间的协调和设计比例。

二、薪酬战略的设计与制定

米尔科维奇等人认为不同的薪酬战略要适应不同的企业战略,企业战略和薪酬战略联系越紧密或彼此越相适应,企业的效率也就越高。设计成功的薪酬体系能够支持公司的经营战略,能够承受周围环境中来自社会、竞争以及法律法规等各方面的压力,其最终目标是赢得并保持竞争优势。

基于战略的薪酬体系设计应包括的基本步骤如图 3-4 所示。

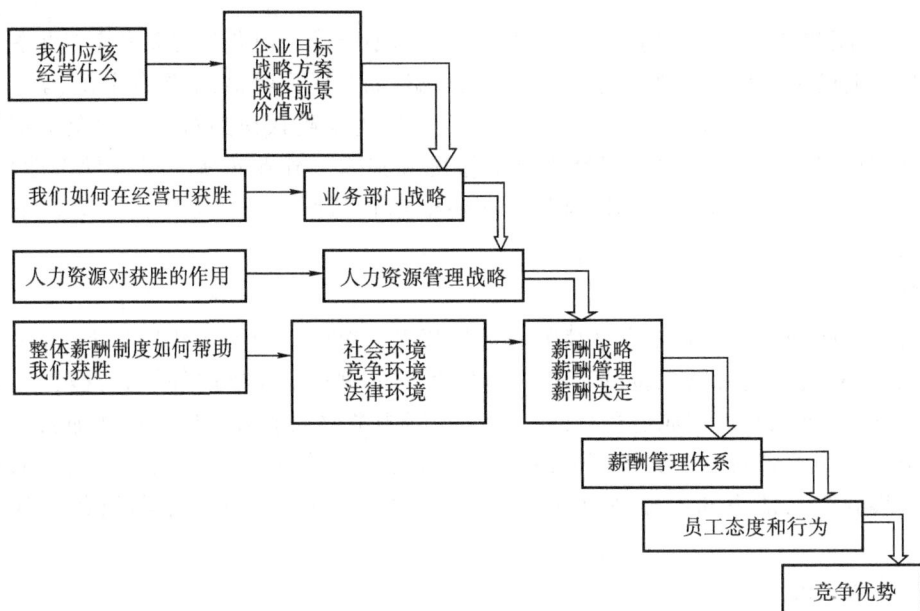

图 3-4　基于战略的薪酬体系设计

（1）我们应该经营什么？企业站在战略的高度，明确最基本的企业总体战略定位、战略选择和战略实施方案。

（2）我们如何在经营中获胜？从业务部门的层次来分析，为确保组织总体战略的实施，我们应该确定哪些相应的业务部门战略。

（3）为推动战略的实施，企业的人力资源管理应该做出哪些辅助和配合工作？针对企业战略和业务部门战略，制定相应的人力资源管理战略。

（4）在明确整体的人力资源管理战略之后，相应的薪酬战略和薪酬管理制度是什么？在一定的社会环境、市场环境和法律环境下，如何从职能或制度的层面，构建整体的薪酬战略。

（5）通过实施具体的薪酬管理政策和制度，影响和改变员工的态度和行为，激励员工尽最大努力为组织做贡献，帮助企业赢得竞争优势。

根据米尔科维奇等人的研究，对应于企业不同的经营战略，企业要采取不同的薪酬方案，如图 3-5 所示。创新型战略不再过多地重视和评价各种技能和职位，而是更多地强调激励的效果，鼓励员工创新，缩短从产品设计到顾客购买之间的时间差。成本领先战略注意控制劳动成本，鼓励提高劳动生产率，详细、精确地规定工作量。以顾客为中心的战略将顾客的满意度放在首位，并将其作为员工业绩的评价指标。

米尔科维奇等人认为，薪酬战略一般需要四个简单的步骤（见 3-6）：第一，评价文化和价值观、全球化竞争、员工需求和组织战略对薪酬的影响。第二，使薪酬决策与战略和环境相适应。第三，通过设计一个把薪酬战略具体化的薪酬体系来实施薪酬战略。第四，重新衡量薪酬战略与组织战略和环境之间的适应性。

经营战略	商业反馈	人力资源战略	薪酬体系
创新型战略:提高产品的复杂性、缩短产品生产周期	·产品的领导地位 ·转向大众化生产和创新 ·周期	灵敏、有冒险精神、富有创新意识的人	·奖励对产品创新和生产过程的改革 ·薪酬以市场为基础 ·灵活的工作描述
成本领先战略:注重效率	·操作精确 ·寻求节省成本的方法	少用人,多办事	·重视竞争对手的劳动成本 ·提高可变工资 ·重视生产力 ·重视系统控制和工作分工
以顾客为中心战略:提高顾客期望	·密切与顾客的关系 ·顾客服务 ·对市场反应迅速	取悦顾客,超过顾客期望	·以顾客满意为基础的激励工资 ·以与顾客的交往为依据评价工作和技能

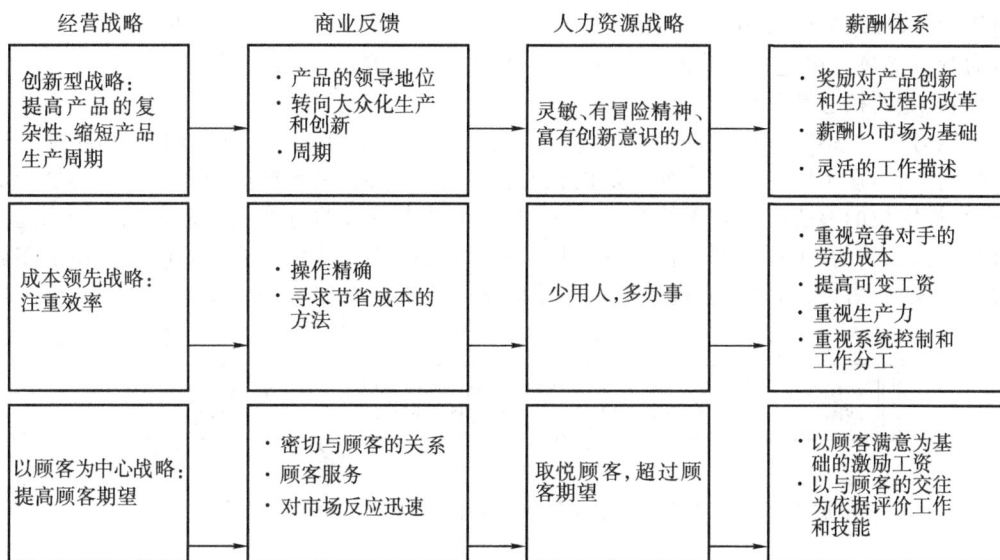

图 3-5　调整薪酬制度以适应商业战略

(资料来源:米尔科维奇,纽曼.薪酬管理[M].董克用,等译.北京:中国人民大学出版社,2002.)

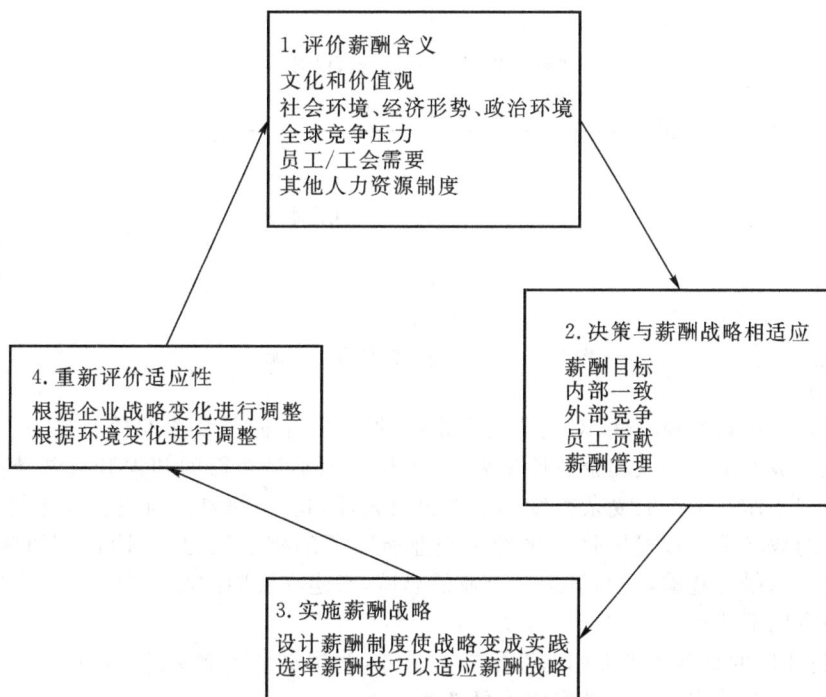

1.评价薪酬含义
文化和价值观
社会环境、经济形势、政治环境
全球竞争压力
员工/工会需要
其他人力资源制度

2.决策与薪酬战略相适应
薪酬目标
内部一致
外部竞争
员工贡献
薪酬管理

4.重新评价适应性
根据企业战略变化进行调整
根据环境变化进行调整

3.实施薪酬战略
设计薪酬制度使战略变成实践
选择薪酬技巧以适应薪酬战略

图 3-6　形成薪酬战略的关键步骤

三、薪酬战略与企业战略的匹配模型

(一)薪酬战略与人才战略的匹配

斯科特·A.斯奈尔认为,企业的人力资源战略及其具体管理活动是由企业战略直接影响和驱动的,因此他的战略模型从企业战略的理解和认识开始。全球化和信息化是产业变革的两个重要趋势,在这种趋势的影响下迫切需要组织的灵活性和快速反应能力,强调速度、创新和保持低成本的竞争优势。在这一变革的趋势下,企业更关心核心能力的培养、创新与外部合作伙伴关系,以提高企业的核心竞争力。

核心能力是一系列人所具有的和在社会上所拥有的、已经物化和资本化的集合,它能够给客户带来特别的、与众不同的利益。如索尼的核心技术是微型化,因此给消费者带来方便携带的特殊利益;摩托罗拉的核心技术是无线技术的运用,给消费者带来的特殊利益是实现无线沟通。因此,有价值的、独特的、难以复制和模仿的、可扩展和深化的能力是企业的核心能力。斯奈尔教授有关战略、核心能力、人力资源管理和薪酬战略的基本逻辑思路如 3-7 所示。

图 3-7 战略、核心能力、人力资源管理和薪酬战略的研究思路

评价组织人力资本的标准是价值和稀缺性。于是斯奈尔根据价值和稀缺性这两个维度将组织中的人力资源分成四类:核心人才、独特人才、通用人才和辅助性人才,如图 3-8 所示。

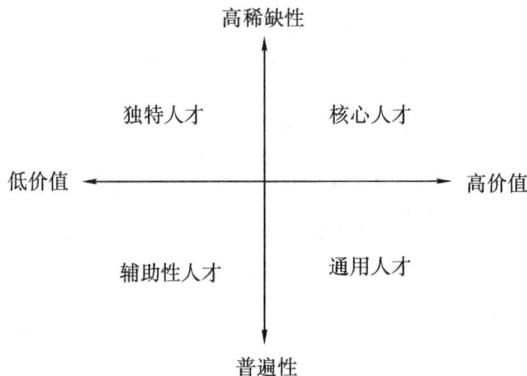

图 3-8 组织内的四种人力资源

核心人才具有稀缺和独特性,对企业具有很高的价值,掌握着企业的核心能力。此外,核心人才还具有不易被模仿的个人和企业所急需的、市场上也不易获得的知识和特殊技能。核心人才多从事知识型工作且工作的复杂程度和难度也很大,因此,组织要以与核心人才的雇佣关系为核心围绕组织的战略重点和发展目标来确定企业所需要的核心能力,保持企业的核心竞争力。对核心人才要以承诺为基础,强调员工对企业的忠诚,来建立稳固的心理契约。其薪酬战略的设计过程中要注意以下几点:

(1)要支付相应的高薪酬来吸引和获取核心人才,薪酬水平通常要高于市场平均工资水平或与市场匹配。高工资效应下的激励作用不可忽视。

(2)要以知识、经验和资历作为报酬支付的基础,多采用能力工资体系。

(3)要重视风险收益和长期激励方法的运用,如股票期权、利润分享、员工持股等方式。

(4)给核心人才较高的特殊福利,如住房补贴、带薪休假、养老年金等,且这类福利最好采用延期支付或分期支付的方式,尽可能留住核心人才。

通用人才也与企业所需要的核心能力直接相关,但由于这类人才所拥有的知识和技能是容易通过学习而增加的,市场上供给也很充足,不具有一定的独特性,因此组织与通用人才的雇佣关系是以职位为核心的,更关注岗位任职者的专业特长和技能。对通用人才,企业薪酬设计需要考虑以下两点:

（1）要支付较高的薪酬，薪酬水平通常领先或与市场平均水平匹配，以确保薪酬具有一定的竞争力，提高企业的经营业绩。

（2）以绩效和业绩作为报酬支付的基础，多采用业绩工资体系。

独特人才与企业所需要的核心能力间接相关，但拥有非常特殊的、不易获取的知识和技能，在劳动力市场上比较紧缺。通常独特人才与企业是一种协作式、松散的雇佣关系，只有当企业有需要时，才会聘请这类特殊人才为企业提供短期的服务。其薪酬战略设计的要点是关注合同的约定，要根据他们为企业提供的解决方案和工作成果支付相应的报酬。

辅助性人才在企业中的战略价值通常比较低，大多具有一般的知识和技能，比较容易从劳动力市场上获取，且他们大多根据合同的要求进行与工作职责有关的工作，因此企业与他们的关系是劳动契约关系。

不同人才类型下的薪酬模式如表3-2所示。

表3-2　不同人才类型下的薪酬模式

人才类型	工作类型	雇佣关系	人力资源管理体系	薪酬战略
核心人才	知识工作	以组织为核心	基于承诺	• 外部公平 • 以知识、经验、资历付薪 • 股权和额外福利
通用人才	传统工作	以职位为核心	基于生产率	• 注重外部公平 • 为绩效付薪
独特人才	合作伙伴	协作关系	基于合作关系	• 根据合同付薪、为知识付薪
辅助性人才	合同工作	劳动契约关系	基于命令和服从	• 按小时或临时签订的合同付薪

（二）薪酬战略与企业战略的匹配

企业战略涉及企业的整体目标、经营领域的选择和资源配置等问题，是企业最高层次的战略。薪酬战略要与企业战略协调一致。在企业战略中，业务多元化程度、业务关联形式和企业的发展阶段是最重要的三个变量。

1. 薪酬战略与相关多元化

当企业实施相关多元化战略时，薪酬战略应该配合企业的相关多元化战略。戈麦斯等人的研究说明了与相关多元化战略相匹配的薪酬战略，如表3-3所示。

表3-3　薪酬战略与企业产品选择对照表

维度	单一产品	相关多元化
薪酬重点	激励薪酬	基于薪酬和福利
薪酬水平	低于市场	高于市场
薪酬政策	风险分担 弹性 薪酬信息公开 绩效薪酬 分权式薪酬 公平式薪酬 员工参与 技能薪酬 长期取向	保障薪酬 内部一致性 薪酬信息保密 重视年资 集权式薪酬 层级薪酬 员工较少参与 职位薪酬 短期取向

资料来源：BLALKIN D B，GOMEZ-MEJIA L R. Matching compensation and organizational strategies[J]. Strategic Management Journal，1990，11(2)：153－169.

2. 薪酬战略与企业的生命周期

组织在不同的发展阶段需要不同的薪酬战略与之相适应。埃利西说明了组织在开发、成长、成熟和衰退四个阶段所采取的薪酬政策,如表 3-4 所示。

表 3-4 薪酬战略与企业的生命周期

薪酬类型	生命周期阶段			
	开发	成长	成熟	衰退
基本薪酬	低:为了储备资金增加投资以促进组织成长	中:组织获益能力日益增加	中:组织获益能力已趋于稳定	高:激励计划难以奏效
短期奖励	中:储备资金	高:为促进新发展的事业稳定增长,借此向市场占有率高的组织提出挑战	高:维持目前的市场占有率	中:针对部分地区市场占有率较低而设计的奖励计划,以应对困难
长期奖励	高:因为资金短缺,借此使员工与组织有同舟共济的感觉	高:为稳定市场地位,市场价值的计划更盛行	中:因为几乎不能再成长,市场价值的计划更盛行	低:因为长期的成功已不兼容于市场,此阶段的市场价值计划亦消失

资料来源:孟繁强.企业薪酬战略的构建[J].经济管理,2004(10):45-50.

3. 薪酬战略与公司战略的整合模型

戈麦斯等人在总结很多学者研究成果的基础上,将薪酬战略分为机械型薪酬战略模式和有机型薪酬战略模式,如表 3-5 所示。

表 3-5 薪酬战略模式

维度	模式 A:机械型薪酬战略	模式 B:有机型薪酬战略
薪酬支付基础		
评价单位	工作	技能
加薪标准	强调资历	强调业绩
时间导向	短期导向	长期导向
风险承担	风险规避	风险偏好
业绩水平测量	个人业绩	个人和团队业绩
公平性	内部一致性大于外部公平性	外部公平性大于内部一致性
报酬分配	强调等级	强调平等
控制类型	行为检测指标	结果导向指标
设计问题		
基本工资支付水平	支付水平领先于市场	支付水平落后于市场
福利水平	支付水平领先于市场	支付水平落后于市场
报酬中的激励报酬比重	(激励报酬低)固定报酬大于激励报酬	(激励报酬高)固定报酬小于激励报酬
整体报酬	大量的短期支付,少量延期支付的未来收入	大量延期支付的未来收入,少量的短期支付
强化的周期	少量的、不经常放放的奖金	经常发放的、多种形式的奖金
奖励重点	非货币报酬	货币报酬

维度	模式 A:机械型薪酬战略	模式 B:有机型薪酬战略
管理框架		
决策制定	集权化	分权化
保密程度	保密政策	公开沟通
管理结构	没有员工参与	员工参与
薪酬政策的特性	官僚化的政策	灵活机动的政策
高层决定程度	高	低

戈麦斯等人还研究了不同公司的战略类型与两种薪酬战略之间的关系,如表 3-6 所示。

表 3-6　与不同公司战略类型相联系的薪酬战略模式

公司战略	薪酬战略模式
多元化程度	
单一产品	有机型薪酬战略
主导产品	混合型薪酬战略(有机型和机械型薪酬战略都有)
相关产品	机械型薪酬战略
不相关产品	有机型薪酬战略
业务关联模式	
垂直一体化	机械型薪酬战略
多业务	有机型薪酬战略
集团企业	有机型薪酬战略
企业的发展阶段	
新兴成长的企业	有机型薪酬战略
稳定发展的企业	机械型薪酬战略

资料来源:GOMEZ-MEJIA L R,BLALKIN D B. Compensation,organizational strategy,and firm performance[M]. Cincinnati:South-Western Publishing Co. ,1992.

(三)薪酬战略与国家文化的匹配

霍夫斯泰德对国家文化的四个维度进行了划分:权力距离、个人主义和集体主义、不确定性规避、男性主义与女性主义。戈麦斯等人在这四个维度的基础上,分析了与不同文化特征相匹配的薪酬战略,如表 3-7 所示。

表 3-7　薪酬战略与国家文化的匹配

维度	基本价值观	薪酬战略
高权力距离	采用自上而下的沟通方式,强调层级制度、独裁主义、对上级的依靠;崇尚白领,贬低蓝领,采用金字塔式的组织结构	强调等级的薪酬体系;高级职位和低级职位的薪酬差距很大;存在象征权力的有形报酬
低权力距离	强调平等主义、民主主义,共同决策,重视员工参与,较少依靠上级,蔑视权力象征,尊重工作,采用扁平组织结构	强调平均的薪酬体系;高级职位和低级职位的薪酬差距较小;提倡参与式的薪酬制度
个人主义	强调个人目标、自主性和个人隐私,提倡个人业绩,相信个人创造自己的尊严,向员工强调契约关系而不是道德承诺,靠显性化的制度体系来确保员工遵守组织的规范	强调基于业绩的报酬,奖励个人业绩,重视薪酬的外部竞争性;外在报酬是个人成功程度的指标
集体主义	强调对家族、组织的忠诚和认可,提倡团队业绩,强调牺牲精神,使员工对单位和集体有依赖性,向员工强调道德承诺	集体绩效是重要的薪酬支付依据;薪酬设计考虑年龄和资历;内在薪酬也很重要;重视薪酬的内部公平性;考虑员工个人和家庭的重要性
高不确定性规避	害怕不确定性,喜欢稳定和常规,偏好低风险,喜欢安全和保障,缺少压力和冲突	建立官僚式的薪酬体系和集权式的薪酬管理模式;固定薪酬比可变薪酬更重要;上级在薪酬的分配上没有决定权
低不确定性规避	把不确定性看成是令人兴奋的,不喜欢循规蹈矩,偏好高风险,鼓励寻找机会,利用压力和冲突来促进创新	建立较为灵活的薪酬体系和分权式的薪酬管理模式;可变薪酬很重要;强调外部公平性;上级和事业部在薪酬分配上有较大的决定权
男性主义	重视物质财富,男人拥有更高的权力和地位,男女性别的传统角色比较僵化	薪酬政策存在性别差异;薪酬决策受传统价值观的影响;"男性化"特征使其更容易得到晋升和奖赏;女性有一些特殊的福利(带薪产假等)
女性主义	生活质量比物质财富更重要,男人并不一定比女人强,男女性别的角色差异较小	工作的价值不受性别因素的影响;根据工作内容而不是传统价值观来判断不同工作的价值;薪酬决策体现了公平;"男性化"特征在加薪和其他人事决策上不起作用

(四)薪酬战略与竞争战略的匹配和整合模型

美国薪酬学者埃德尔伯多·F.蒙特梅尔认为,不同的薪酬体系支撑着不同的企业经营战略。他把企业可选择的经营战略分为成本领先型、创新型和差异型三类,并用实证研究的方法对美国薪酬协会的 1400 多家成员企业进行了研究,得出的主要结论如下:

(1)成本领先型战略更强调薪酬体系侧重于"劳动力成本"目标,从而适应稳定的组织结构和传统的管理模式。这些企业往往严格控制成本,尽量避免费用超支。

（2）创新型战略要求薪酬管理把重点放在吸引和留住有价值的员工身上，网罗大量复合型员工，满足企业对员工技能的要求，借助从外部获得的人员来提升企业的竞争力。

（3）差异型战略强调的是薪酬的激励目标，鼓励员工对组织整体目标的认同。因此与其他两种战略相比，差异型战略更强调员工高水平的协调和配合。

（4）从薪酬水平来看，采用成本领先型战略的企业更倾向于采用低于竞争对手的薪酬水平定位，而采用创新型战略的企业则更有可能采取高于竞争对手的薪酬水平定位。

（5）差异型战略和成本领先型战略倾向于采用激励工资。实施这两种战略的企业也会较多地采用定量方法来衡量工作成果并确定薪酬。而创新型战略提倡支付稳定的报酬，基本工资水平较低，通常采用长期激励计划，所追求的是员工强烈的组织归属感。

（6）创新型战略通常广泛地采用绩效加薪政策，承认员工过去令人满意的工作行为，在基本工资的基础上进行永久性加薪。因为这种加薪并不需要事先协商，所以可以带来员工进行创新、承担更大的风险、追求工作行为的长期效果。

（7）实施创新型战略和差异型战略的企业的薪酬管理相对比较开放，注重员工参与薪酬决策。

表3-8是蒙特梅尔对企业经营战略和薪酬体系有关的研究。

表3-8　与不同经营战略相匹配的薪酬体系

薪酬体系维度	经营战略		
	成本领先型	差异型	创新型
薪酬目标	控制成本	激励	吸引/保留
薪酬水平	低于市场	与市场持平	高于市场
薪酬组合的刺激性	低 ————————————→ 高		
绩效加薪	有限使用 ——————→ 广泛使用		
薪酬管理与控制	封闭 ————————————→ 开放		

美国学者兰斯·A.伯杰等认为薪酬战略与公司战略是密切相关的，处于不同发展阶段的企业应实施不同的薪酬策略。他们提出的薪酬战略整合模型的基本内容如下：

（1）增长型的企业，关注市场份额的增长，组织的职能设置比较简单，多采用灵活的薪酬等级设计，重视高水平的激励，保持市场竞争力，而且激励报酬更重视长期导向，以鼓励员工将自身利益和组织长远利益密切挂钩，鼓励创业和成长。

（2）赢利型的企业，关注组织的正常运营，确保持续改进，通常采用多种激励手段并存的混合支付方式，实施稳健的长期激励计划，总薪酬水平保持适度的市场竞争力。

（3）成熟型企业，关注组织的财务指标，在报酬设计方面更注意控制成本，薪酬水平的定位通常低于或跟随市场的平均工资水平，以短期目标的实现为激励重点，减少长期激励。

图3-9描述了不同发展阶段企业的战略目标及其评估、运营战略、文化战略和薪酬战略。

同时，兰斯·A.伯杰等将产业的增长速度和人才的可获得性作为两个基本的维度提出了薪酬战略矩阵（见图3-10）。其基本思想是：在产业高速增长、人才紧缺的条件下，组织对这类人才采取的是高度个性化的薪酬包，给予员工更大的选择自主权；在产业平稳增长、人才一般紧缺的条件下，组织采取的通常是具有适度弹性的薪酬包；而在产业增长比较缓慢、人才比较容易从市场上获得的情况下，组织对这类人才通常实施高度标准化的薪酬包。

增长型	市场份额增长;购买股票定价;产品开发;不断扩张的生产销售力和分销系统	营销:市场份额资本化的投资;回报率;相关产品质量;相关产品价格	组织结构扁平化;分权;较少的职能;运用领先的技术;扩展的计划信息系统	招募员工;减少培训;通过快速职业发展激励员工;高水平培训;文化有活力	敢于承担风险;冒险精神;创新/投机;最大化参与	灵活的层级;高水平激励;面向高度竞争性的总薪酬;长期导向
赢利型	市场份额保持;利润最大化;产品差异化;分割市场;最优化价值链	运营:销售费用及销售额;研发支出;经济增加值及员工价值	有限的集权;控制员工规模,采用端对端的解决方案;创建持续改进的循环系统	保持员工数量;选择性培训和雇佣员工;提供有竞争力的激励;重视文化的刺激	承担风险;进取的;创造性的;稳定的;广泛化参与	平衡红利和各种激励手段的整合;稳健的长期激励计划;总薪酬水平;保持适度的竞争力
成熟型	以利润而非销售为中心;控制价格/利润;生产力衰竭;销售力萎缩;效率提高	财务:投资收益率;净现金流量及存量;利润总额和销售额;资产	职能化;设备减少;员工集权化;员工职能减少;引进流程重组和组织再造	控制培训;保守;员工数量减少;安全性短期目标导向;重视效率的文化	反对冒险;保守;注重实际的;有效的;参与式	成本控制;激励有限;短期目标导向;减少长期计划;降低总薪酬水平的竞争性
企业特征	目标 ← 战略 → 测评	战略 ← 运营	战略 ← 文化 → 风险导向			战略 ← 薪酬

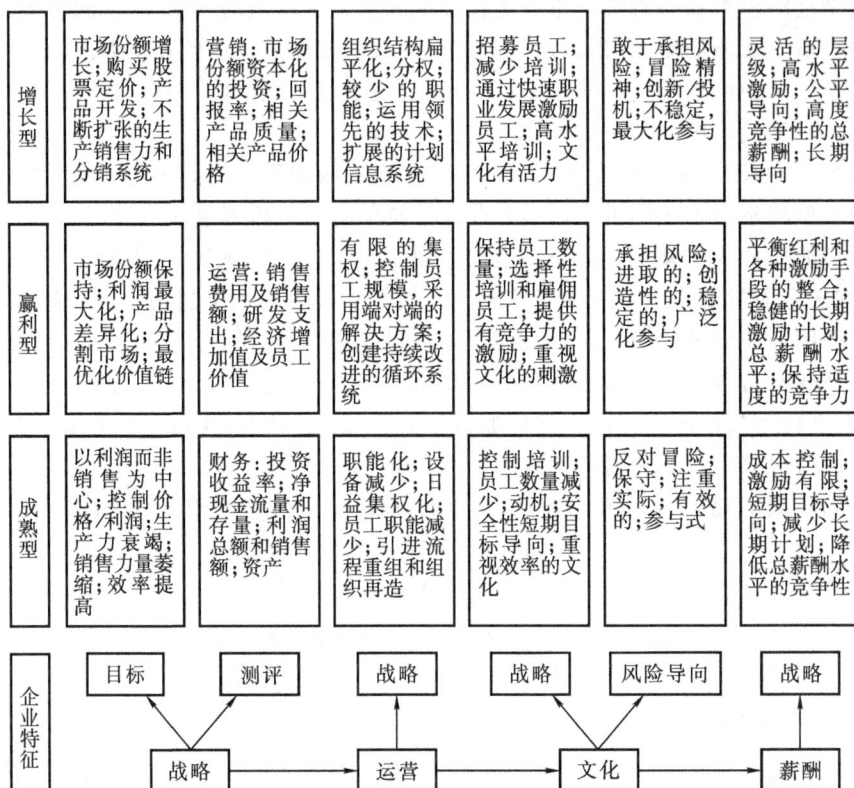

图 3-9　战略薪酬整合模型

（资料来源:A.伯杰,R.伯杰.薪酬手册[M].文跃然,周欢,欧阳杰,等译.北京:清华大学出版社,2006.)

图 3-10　薪酬战略矩阵

薪酬战略应该与企业总体的战略保持一致,不同的企业战略要求有不同的薪酬战略和薪酬管理政策与之相适应,并不存在统一的、一成不变的薪酬管理制度。因此,本书只收录了比较成熟的研究和模型,组织的薪酬战略既要考虑到与其他人力资源管理职能之间的横向匹配,也要考虑与组织内部其他各个模块的纵向整合。

思考与讨论

1.什么是企业薪酬战略? 企业薪酬战略的框架体系如何构成?

2.简述企业薪酬战略设计与制定的步骤。

3.企业薪酬战略的匹配与模型都有哪些内容?

✅ **实训题**

选取一个企业为对象,分析其薪酬管理战略和企业战略的匹配。

任务三　企业薪酬战略要适应国际薪酬战略

📖 知识目标

★了解跨文化和薪酬战略的关系
★人力资本的类型和薪酬战略的关系
★了解外派人员薪酬构成要素
★了解东道国员工之间的薪酬公平问题

📚 技能目标

★能根据国际薪酬战略确定企业的薪酬战略

▶ 任务导入

LFC 公司面临的难题

LFC 公司是 A 国一家著名的跨国企业。为了进一步拓展产品市场,公司决定在东南亚的 C 国设立分厂。选择在 C 国设厂的原因,一是东南亚在 21 世纪经济发展中的重要战略地位;二是该国政局稳定,政府对引进外资制定了一系列的优惠政策;三是该国的劳动力比较廉价。

经过两年的筹备工作,新的分厂投入运营。分厂中所有中层以上的管理人员,包括总经理罗伯特都是从总公司派出的员工。操作工人和基层管理人员则是从 C 国招聘的。

最初的两年,分厂的运作很顺利,员工有着很高的工作积极性,流动率几乎为零。由于总公司比较注重海外子公司的本土化,比较注重培养有发展潜力的员工担任管理岗位,两年后,除总经理罗伯特外,当初从母国派来的管理人员中有一半已经由 C 国员工担任。

随后,情况发生了变化。首先是一名刚升任生产部经理的管理人员辞职,随后,他原先的几名下属也联名要求辞职。后来,罗伯特发现,这些人都是被他们的竞争对手在当地新设的分厂挖过去的。接着,员工的跳槽率越来越高,达到 10%。罗伯特最初认为员工跳槽是因为薪资,但是后来他发现跳槽员工的工资并没有增加,在有些福利待遇方面甚至还下降了。

经过深入调查,罗伯特最终发现问题的症结还是在薪酬上。跳槽的员工不满意的并不是薪酬的多少,而是 LFC 公司在海外子公司中对于外派管理人员和东道国员工所提供的薪酬福利差别太大。LFC 公司采用"本国标准"的方法确定外派人员的薪酬。因此,外派人员享有优厚的薪酬福利待遇:国内的工资照发,还有国外的工资补贴、地区补贴。此外,这些外派人员还享受休假、国外的住房和医疗费用、安家费、子女教育费、租赁或购买汽车费等。相反,分厂中的 C 国员工的薪酬和福利则是根据当地的工资水平和消费水平制定的,由于该国是发展中国家,东道国员工与外派人员之间的薪酬福利差距非常大。

随着越来越多的 C 国员工晋升为管理人员,他们发现与总公司外派人员薪酬福利之间的差距依然存在,这严重地打击了他们的工作积极性。他们一样全力以赴地工作,管理才能也不比那些外派人员逊色多少,但是薪酬福利却相差这么大。相反,LFC 公司竞争对手的薪酬政策是东道国标准法,即外派人员的工资按照东道国的工资行情来制定,外派人员因外派工作所造成的收入上的损失会在他回国后的福利待遇中得到补偿。如此一来,外派人员和东道国员工之间在薪酬福利上的巨大差距就不存在了,东道国员工也不会产生不公平的感觉。

资料来源:董临萍,康青,陆军.人力资源管理本土案例集[M].上海:立信会计出版社,2002.

任务1:LFC公司面临什么样的薪酬难题?

任务2:怎么样解决LFC公司面临的薪酬难题?

任务分析

从以上案例可以看出,要使LFC公司的薪酬战略能够实现内外部公平,让员工满意,企业就必须理解在国际化经营的过程中,如何结合全球化的特征和当地化的特征,对企业的外派人员和东道国员工制定出合理的薪酬战略。随着企业的业务从一个国家发展到更多国家,其人力资源战略就会出现很大的变化,其中薪酬战略是变化最大的人力资源战略之一。对许多跨国企业而言,对薪酬战略的关注一直局限于考虑"我们怎样把人派到国外去工作"和"我们怎样给他们支付薪酬",这种考虑问题的方式并不全面。当一个企业越来越偏向全球化经营时,其经营特征就会涉及全球定位、人员外派以及如何处理外派人员和东道国员工之间的关系等问题。而要解决这些问题,企业至少要关注三个层面的问题,分别为制定国际薪酬战略、考虑外派人员的薪酬政策和确定东道国员工的薪酬政策。

知识链接

一、制定国际薪酬战略

目前,很多企业主要关注外派人员的薪酬政策和东道国员工的薪酬政策,而忽视国际薪酬战略。事实上,制定国际薪酬战略是首先要考虑的问题,因为它决定企业用什么样的薪酬体系支持国际经营实践,而且国际薪酬战略不同于国内薪酬战略,其内容更复杂。下文分别分析国际薪酬战略的影响因素、国际薪酬战略的制定方法以及国际薪酬战略的比较。

(一)国际薪酬战略的影响因素

国际薪酬战略的影响因素,有类似于国内薪酬战略的因素,还有国际背景下的特有因素。

1.企业总部的主导性

研究跨国企业薪酬管理的学者普遍认为企业总部的主导性对整合或建立全球企业具有很大的影响。在考虑业务部门的关键经营问题如薪酬体系时,首先要考虑母企业或企业总部的意见,然后才能做决策。

企业总部的行为方式主导着各个部门的经营哲学,具体涉及各个分部的人员之间如何联系、薪酬体系如何设计、绩效如何评价、组织如何经营,导致企业无法从全球化的视角决定战略。企业全球化的最大特征就是从全球化的视角对人才、劳动力、原材料、资金、地方政策等各因素,选择综合最优的地方进行经营,以获取全球化的效益,而总部的主导性往往不利于企业从这个角度进行思考。

2.全球化和地方化的平衡

随着国际化的深入,企业必须外派大量员工,因此必须重点考虑如何发放薪酬。欧美大部分国家采用平衡表法,尽量让全球化人员和地方人员的薪酬保持一致。对全球化和地方化进行平衡,当前流行的一种观点是"全球化思考,地方化执行"。因为随着组织规模的扩大,业务不断发展到多个国家,企业的经营管理日渐复杂,有些业务国际化经营,有些业务地方化和区域化经营,这就需要企业对各个地方的劳动力市场、购买力、薪酬水平、法律、政府政策和文化等因素进行考虑,根据当地的情况采取相应的策略。

在劳动力丰富的地区,薪酬较低,如中国、印度;相反,在劳动力贫乏的地区,薪酬较高,如德国、英国。同时,一个国家的货币购买力大大影响当地的薪酬水平,不同国家的购买力并不相同,企业应根据各地购买力制定合理的薪酬水平;不同国家的薪酬水平不同,企业应根据各国的薪酬水平确定各国的薪酬数额。

表 3 - 9 是 NUMBEO 网站计算的 2021 年全球部分国家或地区的平均年度(税后)工资。其中瑞士的收入水平最高,为 74454.12 美元。

表 3 - 9　2021 年世界部分国家或地区的人均收入　　　　　　　单位:美元

国家(地区)	平均收入	国家(地区)	平均收入	国家(地区)	平均收入	国家(地区)	平均收入
瑞士	74454.12	荷兰	36306.12	比利时	29545.68	中国台湾	17491.80
卢森堡	50773.68	瑞典	36218.64	奥地利	29221.32	塞浦路斯	17147.40
新加坡	47952.60	德国	35803.08	韩国	27329.76	斯洛文尼亚	16060.20
丹麦	43605.84	新西兰	34985.28	科威特	22801.80	爱沙尼亚	15971.76
澳大利亚	43082.28	日本	34232.52	波多黎各	22029.36	马耳他	15894.00
美国	42709.68	芬兰	33654.36	沙特阿拉伯	20477.40	捷克	15420.96
挪威	41908.68	加拿大	33037.20	意大利	20382.24	立陶宛	13168.44
冰岛	38812.44	阿联酋	32734.80	阿曼	20288.16	中国	12793.92
中国香港	36866.76	英国	32575.92	西班牙	19081.32	黎巴嫩	12590.28
爱尔兰	36714.36	法国	32489.88	巴林	18751.68	斯洛伐克	12350.88
卡塔尔	36470.52	以色列	31872.72	南非	17778.00	葡萄牙	11915.04

不同国家制定薪酬的方法不同,有些国家根据整个国家范围内的薪酬协议来决定工资,有些国家以行业性薪酬协议来决定工资,而有些国家不同企业具有不同的薪酬协议。

3.跨文化

薪酬是企业中最敏感的问题之一,其作用是两面的,处理得好则产生正面影响,否则将产生负面影响。设计全球化企业的薪酬战略时,跨文化差异是需要关注的一个方面。各个国家对企业业务产生重大影响的文化差异包括以下五个方面:

(1)语言,也是最重要的方面。语言不通使得员工之间、员工和管理者之间难以沟通,导致歪曲薪酬政策的内涵。

(2)企业背景,即企业是跨国的还是本地化的,对员工文化产生重要影响。

(3)企业成立时间。企业成立时间短,文化不清晰,外派人员和东道国员工处于互相适应的阶段,薪酬政策可能倾向于母国标准;成立时间长,文化日渐清晰,并且东道国员工的文化对企业影响较大,使得薪酬政策逐渐倾向于东道国标准。

（4）对平等和权力的理解。企业背景对平等和权力的理解导致在薪酬的管理机制上存在差异，例如，究竟是集权还是分权，是内部公平还是外部公平受它的影响很大。

（5）信息沟通的方式。信息沟通的方式影响对沟通内容的理解，包括肢体语言对信息的表达。因此，全球化企业在设计薪酬体系之前应该对薪酬的文化内涵有深刻的理解。薪酬政策不能冒犯任何一个员工的文化，并且要激励员工实现企业目标。

全球化企业进行跨文化管理的最大难度是在跨文化背景下解释信息。理解文化的差异性对于如何看待薪酬体系非常重要。霍夫斯泰德从权力距离、不确定性规避、个人主义和集体主义、男性主义与女性主义四个维度来评估跨国企业的文化特征。

（二）国际薪酬战略的制定方法

1.根据企业的国际经营战略加以制定

薪酬战略只有和经营战略相匹配时才能对企业产生正面影响。不同的国际经营战略，其目标不同，薪酬战略的使命也就不同。企业国际化经营战略主要有国际技术战略、国际生产战略和国际市场战略几种类型。

（1）国际技术战略。国际技术战略指国际化企业到东道国设立研发中心，进行技术创新的经营战略，如微软在中国设立研发中心。采取该战略的原因，一是东道国人才密集、技术水平高，在当地设立研发中心能够快速提升企业的技术水平，加快产品创新；二是东道国的人才成本很低，可以低成本实现产品创新。

（2）国际生产战略。国际生产战略指国际化企业到东道国设立生产中心，大部分产品出口到东道国以外的国家的经营战略。采取该战略的原因有以下两点：①东道国的劳动力成本很低。当企业因此进行国际化经营时，应该关注劳动力成本的实质。劳动力成本分为绝对劳动力成本和相对劳动力成本。前者是指员工所获得的薪酬和福利，后者是指员工的实际成本和其劳动效率的比值。有些地方绝对劳动力成本低，但相对劳动力成本高，企业应该到相对劳动力成本低的地方进行经营。②东道国的原材料很丰富、价格低。企业通过获取低价格的原材料而获取成本上的竞争优势。

（3）国际市场战略。国际市场战略指国际化企业在东道国设立生产中心，大部分产品在当地销售，或在东道国设立销售中心，销售母企业产品的经营战略。采取该战略的原因是当地人口多、购买力强、市场大。

企业国际战略动因不同，经营战略就不同，薪酬战略的目的也不同。在国际技术战略下，薪酬战略的目的是促使企业进行技术创新；在国际生产战略下，薪酬战略目的是促使产品的产量和质量尽量高；在国际市场战略下，薪酬战略的目的是实现最大的销售效益。

总体而言，在设计全球薪酬战略时，企业应该根据经营战略，参照各地方的文化、人才、资源特征等具体情况，确定地方的薪酬战略。

2.根据企业所需人力资本类型进行制定

对一个复杂的国际企业设计薪酬战略，要了解推动企业发展的人力资本及其在企业中的层次，明确个人在企业中的角色及其对企业的发展做出的贡献。对企业所需的人力资本进行分类，是薪酬管理的重要内容。

个人在企业中的角色可以分为：①刀刃式员工，能推动企业的未来发展，他们的技能是企业未来竞争优势的源泉；②重要员工，对企业现在的竞争优势非常重要，将来的作用不能确定；③核心员工,拥有对很多企业来说非常重要的技能,帮助企业完成某项业务;④支持性员工,提供支持性服务,使企业能够独立完成业务,在涉及外包时是主要的外包角色。

全球化企业必须在全球化视角下测量四类员工,根据企业的需要定义其角色,根据市场情况决定其薪酬。四类员工对企业的价值不同,因而薪酬战略也不同。例如,支持性员工可在当地市场以中等水平的薪酬雇佣或外包,核心员工的薪酬水平就必须等于或高于整个产业的中等水平。由于稀缺性及全球业务的需要,企业应给予重要员工和刀刃式员工以高薪,保证企业的竞争力。

(三)国际薪酬战略的比较

企业在制定国际薪酬战略时,要了解国际薪酬战略的影响因素、制定方法以及东道国的薪酬战略。如表3-10所示,通过比较美国和日本的薪酬战略,为企业制定国际薪酬战略提供一些启示。

表3-10　美国和日本的薪酬战略比较

薪酬战略要素	美国的薪酬体系	日本的薪酬体系
基于岗位还是技能	技能	岗位
基于资历还是绩效	绩效	资历
基于企业还是部门绩效	部门	企业
固定薪酬和变动薪酬	高变动	高固定
短期激励和长期激励	高长期	高短期
经济报酬和非经济报酬	经济报酬	经济和非经济报酬
集权还是分权	*	*
低参与还是高参与	低参与	高参与
内部公平还是外部公平	外部公平	内部公平
窄带薪酬还是宽带薪酬	宽带	窄带
薪酬体系弹性还是刚性	弹性	刚性

注:＊表示无法确定。

比较而言,美国更重视技能和绩效;而日本更重视岗位,且绩效和薪酬关系不大,只和晋升相关。美国更重视部门的绩效,日本更重视企业整体的绩效。在美国,员工薪酬中变动部分较高,而在日本员工薪酬的固定部分较高;美国员工经常获得股权、期权等方式的激励,而日本由于实行终身雇佣制,股权、期权激励的作用不明显,因此给予员工的薪酬基本上在一年以内都会发放。在日本,员工被看成家庭成员,企业重视员工的非经济报酬,而美国主要重视经济报酬。在员工参与方面,美国员工的参与不如日本多,但更重视和竞争对手比较薪酬,日本则更重视让员工之间的薪酬更为合理。美国等级意识比日本要弱,因此其薪酬等级比日本少,薪酬等级之间的差距比日本大。变革意识上,美国反应较快,薪酬更为柔性;而日本反应较慢,薪酬更为刚性。

二、外派人员的薪酬管理

外派人员指被本国企业送到国外工作的人员。如何支付外派员工的薪酬是企业外派首先要解决的问题。

(一)外派人员的薪酬成本

支付外派人员报酬时,采用东道国的薪酬制度通常不起作用,因为外派人员通常都在固定的任期(比如2~5年)后最终回国。而东道国的薪酬制度与母国不一致,会对将来回国的薪酬或企业的薪酬制度产生影响。严格采用母国的薪酬制度通常也不起作用,因为企业往往每隔几年就要调整薪酬体系。同时,母国的薪酬制度对外派人员不一定有吸引力。制定外派人员的薪酬制度,首先要对外派人员薪酬的影响因素进行分析,然后确定外派成本的构成要素。

1.外派人员薪酬设计的影响因素

外派人员的薪酬设计之所以复杂,主要是对他们制订薪酬方案时要考虑以下关键问题:①在不同国家同一个工作的总薪酬和净薪酬的水平;②名义薪酬的购买力;③母国和东道国的汇率对薪酬水平的影响;④对于经常更换外派地点的人员,如何支付变动补贴;⑤外派活动对外派人员的家庭生活或社交生活所带来的影响;⑥如何提高员工去他们不喜欢的地方工作的兴趣;⑦社会保障不稳定时如何发放薪酬,比如说国家之间的养老金和医疗保障,应该如何办理和发放;⑧需要为外派人员提供特殊服务,如子女教育、定期探亲。

2.外派人员的外派成本

在综合考虑上述问题的基础上,跨国企业根据母国的薪酬制度支付外派人员薪酬时,应给员工一定补贴以应对可能来自商品和服务、住房、个人所得税和教育等方面的成本。

(1)商品和服务。在东道国购买类似的商品和服务的成本高于母国时,许多企业都在某个特定的时期发放补贴,支付标准根据外部咨询机构所提供的资料制定。通常,这些机构会提供进行比较的指标,其中两地价格指数就是常用指标之一。

发放补贴的目的有两个:第一,它可以看成是对高生活成本的保护,或确保员工的生活水平没有下降,防止因为生活成本的因素而拒绝外派。其中的管理哲学为"成本等同方法"。实施成本平等保护条款的企业认为这样做可以防止员工因为被外派而改变其生活成本。员工因为被送到生活成本低的地方将获取一笔财富,而被送到生活成本高的地方的员工却不能得到这笔收入。而且在低成本的地方,生活成本突然上升使员工会感觉生活水平下降。鉴于此,一些企业没有减少外派到低生活成本地区的人员的薪酬,以防将来生活成本上升时,员工产生抱怨。

这种对生活成本的补贴方法建立在母国标准的基础之上。如果根据东道国的薪酬制度发放薪酬,和母国的生活成本做比较就是不合适的,因为地方薪酬反映的是地方的生活成本。如果更高(更低)的薪酬确实反映了生活成本,就没必要再发放补贴,但不同国家的薪酬水平很少能精确地反映生活成本的差异,因而根据生活成本决定薪酬并不全面。

(2)住房。住房受到两个方面的影响,一方面是在东道国的房屋费用,另一方面是在母国的房屋费用。为了避免东道国房地产市场价格下降带来的损失,或者增加房屋到期时的自由性,很多企业提倡租房而非买房。此外,如果员工将来还回到母国的话,企业通常鼓励员工保留母国所在地的房屋。在这种情况下,企业一般会提供租房和房屋照看补贴。在外派地,企业通常帮助员工租房，或者直接支付房租给房东，或者发放补贴让员工自己支付房租。无论采取什么方法，企业的关键问题是确定应支付员工房屋补贴的数量。在发放补贴时，企业参考总部顾问的建议，补贴数额通常随企业规模和员工职位不同而不同。

大部分企业都采用房屋成本补贴政策。该法比较简单，因为它很明显地说明了外派人员和当地人员的差别。但在外派时间很短时，给员工找到合适的房屋存在困难。

（3）个人所得税。在税收领域，平等化的哲学体现非常明显。许多企业请会计咨询公司计算外派人员的税收。这对于美国企业或者定居美国的人来讲非常重要，因为不管他们生活在哪儿都要向美国政府交税。大部分国家根据员工的工作所在地交税。

对于员工而言，企业通常通过提高收入来给员工的个人所得税进行补贴。大多数企业通过提供非工资补贴来承担员工的成本上升。反过来，员工通过正常的薪酬减少来回报企业，大量所谓的"想象中的税收减免"，就是增加对员工的各种补贴，同时降低员工的基本薪酬。

（4）教育。对于有小孩的外派人员来说，外派是件不好的事情。如果被外派的国家的语言不同于母国，那么小孩的上学就会出现问题。许多外派人员希望把小孩送到当地有母国语言的学校去学习。那样的学校一般都收费，需要企业提供这笔费用。如果在外派地没有这样的学校，企业必须为小孩在母国或第三国上寄宿学校提供费用。如果企业要让有小孩的员工外派的话，这个成本就非常高。

（二）外派人员的薪酬构成

从构成要素来看，外派人员的薪酬和国内员工类似，主要由基本薪酬、激励薪酬和福利构成。但是，这些要素和子要素的确定，和国内员工存在很大的差异。

1.基本薪酬

薪酬设计中一个很关键的决策就是基本薪酬的确定，这项决策对薪酬体系的其他要素产生影响。决定员工基本薪酬的方法，一般来说主要有五种，即母国标准法、东道国标准法、混合法、就高法和按工作内容支付法。

（1）母国标准法。母国标准法就是根据母国的薪酬制度对外派人员发放薪酬。这种方法主要针对外派时间较短并且希望回到母国的工作人员。采用母国的薪酬制度对那些在任务完成后回到母国，同时合约又没有到期的员工有利。

许多企业希望外派人员享受母国的福利制度，并且要求母国的薪酬制度能够实现这个目的。他们在母国标准的基础上采用平衡表法来决定外派人员的薪酬。但是，实施母国标准的主要缺陷是外派人员的薪酬将会和当地人员、第三国的人员（指在母国以外的地方为另一个国家工作的人员）不同，从而在员工之间产生不公平感。

（2）东道国标准法。东道国标准法就是根据东道国的薪酬制度支付外派人员薪酬。采用东道国的薪酬制度，不仅管理比较方便，而且使外派人员的薪酬和其他员工一致。该制度的主要缺陷是对员工进行外派的吸引力下降。从美国外派到尼日利亚，按当地员工的薪酬不可能吸引员工。从美国外派到英国，根据英国的薪酬制度发放薪酬意味着员工的薪酬大大减少。如果薪酬根据地方的生活成本同比例减少，那么回国后的薪酬的购买力将大大下降。即使外派到一个名义收入很高的国家（从美国到瑞士）也没有吸引力，因为瑞士的生活成本非常高。因此，按东道国标准发放薪酬只有当员工所得到的薪酬的购买力有所提高才会起作用。该法只有在从低工资国家外派到高工资国家时才可行。

（3）混合法。混合法既不是单纯的母国方法，也不是单纯的东道国方法，具体为综合母国和东道国的多种特征和多种因素，建立薪酬体系。有些企业建立薪酬支付体系，专门针对企业内少数流动并且将不再和母企业有多大联系的员工。这种方法对于一些外派很普遍的企业比较实用。

（4）就高法。采用这种方法，企业通常根据母国的薪酬体系计算员工的薪酬，然后和员工在东道国所得到的薪酬（包括各种补贴）进行比较，取更高的付给员工。

这种计算方法使用非常普遍，其潜在的一个优点就是在和东道国的薪酬相联系的基础上，保持外派人员的生活水平。

（5）按工作内容支付法。即对相同的工作内容支付相同的薪酬，并结合地区差异给予其他的高生活成本补贴。这种方法非常复杂，因为涉及分析母国薪酬和任务所在国薪酬之间的差异，必须具有准确、充分的薪酬信息和数据，并且这会降低外派人员和当地人员的价值平等性。

2. 激励薪酬

除了发放基本薪酬之外，很多企业对外派人员提供和成本无关的现金激励，其目的是希望员工能继续外派。

传统方法是以国外服务津贴的形式支付，通常为基本工资的一些百分点，一般是基本工资的15%甚至更高，并定期以支票的形式支付。该法为大多数企业所采用。还有些企业提供一次性的激励，通常叫作流动津贴，在开始和结束外派的时候分别发放。

相对于传统方法，这种方法很受欢迎，它有三个优势：

（1）伴随持续的外派，流动津贴不断发放，而在外派结束后，没有这部分薪酬让员工感觉薪酬低了很多。

（2）它把从一个国家转换到一个国家的过程和薪酬紧密联系。员工因为外派任务而要从一个国家转到另一个国家时，如果津贴还在，员工就会感觉收入没有改变，尽管还需要流动。

（3）这种报酬可以在接受任务之前或者回到母国后立即发放，可以避免在外派国的税收问题。

此外，许多企业感觉当员工外派到一个比较困难的地区时，有必要提供一些激励。这些报酬通常叫作困难津贴。发放的比重通常是基本工资的5%，在最困难的地方大概为25%或者更多，它很少以一次性的方式进行支付。

3. 福利

外派人员的福利包括基本福利和其他福利。

（1）基本福利。外派人员的基本福利主要指员工的保障性福利和非保障性福利。保障性福利包括养老保险、医疗保险、失业保险等普遍性福利。在具体的福利支付过程中，对于任期有限的外派人员，福利能否持续是个问题。许多企业尽量控制外派时间，是为了保证员工的福利能够持续。此外，有些企业对外派时间达到五六年的员工有两套社会保障协议，让员工同时享受东道国和母国薪酬制度中的福利。有些企业不愿为员工提供两套福利体系，但又希望员工能享受母国的福利，采取的办法是员工根据东道国的薪酬制度获取基本薪酬，根据母国的薪酬制度享受福利。

外派人员的基本福利除了以上所提到的保障性福利外，还包括非工作时间报酬，包括每年的休假、节日紧急事假。外派人员每年的休假通常都和在国内的同事一样。企业一般不延长外派人员的休假期，因为当外派人员回国后失去这些额外的福利时会觉得是一种惩罚。同时，外派人员的休假时间必须符合国外法律的规定。

外派人员在外国或当地的节日可以享受带薪假期。有些国家要求雇主在一些规定的节日向所有员工提供带薪假期。

（2）其他福利。其他福利是指因为外派所特有的一些福利，通常包括搬家补助、子女教育费用、离家补休和报销差旅费、休整假期及津贴。搬家补助是支付外派人员到国外的工作地点的费用。其支付标准根据外派人员的工作期限、距离和职位确定。外派人员的子女教育费用在薪酬成本中已经提到。企业给外派人员提供离家补休福利是为了帮助他们适应外国的文化，和家人朋友保持直接联系；是给他们提供的在母国的带薪假期。各企业的离家补休差别很大，这些假期的长度和频率通常取决于外派人员的工作期限——外派时间越长，补休时间也越长。员工在补休的时候可以拿到报酬。

大多数企业会报销来往的差旅费用。休整假期是指在指定的国外艰苦地区工作的外派人员可以得到休整假期福利，它是额外的带薪假。越来越多的雇主意识到在艰苦地区工作的驻外人员需要更多的时间离开令人不愉快的环境"重新充电"。休整假期和标准的休假福利不同，企业通常为外派人员指定度假地点。休整计划还包括用于支付从工作地点到度假地点之间的交通费用的津贴。企业根据往返交通费用、指定地点的食宿费确定津贴的金额。

（三）外派人员的薪酬支付

1. 外派人员薪酬支付的计算方法——平衡表法

（1）平衡表法的实施标准。平衡表法就是通过给在国外工作的员工支付与在国内工作的员工同样购买力的薪酬，确保外派人员的薪酬合理、企业的外派成本最少、外派人员满意的薪酬支付方法。采用平衡表法给外派人员支付薪酬的时候，有以下标准：①保留员工在母国的薪酬结构；②如果外派地的生活成本高于母国所在地，应该给予一定的生活补贴；③给外派人员支付外派地的住房补贴，通过直接或者间接的方式；④采用税收平等化的体系，这样确保外派人员所上交的税与母国相同；⑤在高于基本薪酬的程度上，给予员工一定的激励，使他们接受外派工作；⑥当员工到一个困难的地方工作时，给予一定的困难激励；⑦为外派人员的儿女在外派所在地支付私立教育的费用。

（2）平衡表法的实施条件。平衡表法的逻辑基础是在国外工作的员工应与在本国工作的员工有相同的消费能力，因此它以母国的支付水平为标准确定外派人员的薪酬。使用这种方法确定外派人员的薪酬时，需要具备一些条件：①母国和国外工作地点可以做经济比较，如果无法做经济比较就会导致这种方法无法科学实施。②外派人员会保持母国的心理和文化联系，如果外派员工的心理标准不是母国，那么这种方法就不可行。③外派期限比较短，外派结束后回到母国工作。如果外派期限很长，那么外派人员的生活标准可能是当地标准，而不再是母国标准，这种方法也就变得不可行。

（3）平衡表法的应用。在使用平衡表法时，企业对在母国和外派地点的四项主要费用（税收、住房、商品和服务、服务津贴）进行比较。如果国外的费用超过母国，员工就会得到补贴，金额根据员工在母国的生活方式确定。收入高的人通常税收较高，住房较贵，商品和服务费用较多，各种津贴也多。如图3-11所示，外派国家的税收、住房、商品和服务各部分都比国内高。外派人员承担与国内相同水平的支出（图中白色部分），雇主支付其余的部分（图中的阴影部分），同时还要考虑汇率的变化。

企业通过下列渠道得到国外费用的信息：第一，通过外派时间很长的人员或通过他们和国外政府的联系；第二，通过私人咨询企业或研究企业获取；第三，查阅有关机构公布的相关指标。

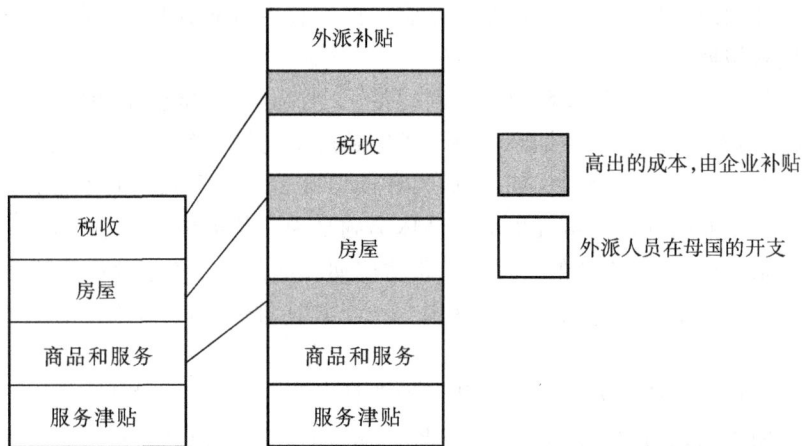

图 3-11　平衡表算法(外派人员在东道国的工资和补贴)

(4)平衡表法的修正。平衡表法是 20 世纪 60—70 年代被提出的。随着商业环境和外派人员目的的变化,企业对平衡表法的应用也进行了一些修正。

对平衡表法的第一项修正是本地化。根据所在国薪酬水平对外派人员进行薪酬支付,同时给予一定的税收、住房以及其他补贴。这些补助与平衡表法类似,但这时薪酬是变动的,个人薪酬随外派地点的变化而变化。平衡表法以母国的薪酬水平为基础,修订的平衡表法则以地区为参照系。因为有些企业认为员工到距离总部很远的地方工作属于工作调动,只享受调动津贴;而距离总部很近的地方则是外派,享有很高的外派补贴,从逻辑上看这是不合理的。修订的平衡表法则会使外派越近的地方获取和总部越相似的薪酬。

对平衡表法的第二项修正是对津贴的削减。它的原理是到东道国的时间越长,生活标准越接近东道国员工。例如,刚到一个不熟悉的地方,购物成本很高,但是时间久了,随着对信息的了解,购物成本就会下降。不过这个方法的实施要很慎重,因为这容易降低外派人员的满意度。

对平衡表法的第三项修正是采取自助式薪酬体系。这种方法给予外派人员更多的薪酬选择。企业根据薪酬的相关规定支付员工薪酬,同时针对外派给予一定数量的金钱作为补贴。不过,这些补贴不是分摊到住房、交通、商品等项目中去,而是让员工自己选择采取何种方式获取。例如,员工可以不选择小孩上学补贴(如代交学费),而是直接获取现金,并将这笔现金做其他用途,从而提高这笔津贴的总体效用。

2.外派人员薪酬支付方法的影响因素

在薪酬实践中,企业往往对不同的外派人采用的不同薪酬支付方法。影响企业支付薪酬方法的因素主要有以下几个。

(1)外派时间的长短。许多人员外派的时间为 2～5 年,其薪酬制度基于这个任期假设而制定。若外派时间从开始就认为是很长的,那么很有可能对外派人员按东道国的薪酬制度发放薪酬。但是,当外派国家的薪酬水平低于母国时,这种方法往往没有效果。因此,外派时间较短是很普遍的。此外,很多企业发现原打算时间很短的外派变得很长,在面临这样的问题时要考虑如何将外派人员的薪酬体系转换到另一薪酬体系。许多企业有政策条款要求员工的外派时间达到 5 年,但没有付诸实施,因为企业难以吸引员工,除非该决策是员工的需求。

企业对一年以内的外派出现的情况往往有特殊的政策,因为许多外派是在没有重新分配外派地址的前提下发生的,导致对员工的外派待遇进行调整,例如教育和住房。

（2）外派模式。在许多企业，典型的外派模式就是员工在国外工作一段时间后回到母国，或者继续外派到其他地方。外派人员薪酬政策的设计主要基于这种模式。如果员工处于不断的外派之中，并且不一定回到母国，那么这种情况的薪酬政策应该有所不同。

很多企业针对全球游牧式的外派按照总部的薪酬政策发放薪酬，也有些企业使用国际薪酬政策。在考虑外派人员的薪酬时，福利是最需关注的问题，因为随着外派变动频率的增加，基本福利如养老保险、医疗保险等不便于管理，附加福利的计算非常复杂。

（3）外派人员的类型。很多企业认为，所有的外派人员应按照统一政策来执行，也有些企业认为应该按照员工在企业内的职位、所承担的任务、所要派往的地点来确定他们的薪酬。因此，很多企业对管理人员的外派和技术人员的外派采取不同的政策。

实行多个薪酬政策的优势有助于降低成本，不同的外派政策还能反映当地同类工作、同类职务的薪酬状况。缺陷是管理复杂，而且当薪酬政策不利时，员工可能会不满意。在员工很少进行外派流动时，差异化的外派政策比较有效。如果能够解释清楚不同地方的薪酬差异，并且明确定义每个政策中的相关条款时，差异化的外派政策就是有效的。

界定外派类型存在很多不确定因素，不同的组织界定法不同。外派类型的界定明显地影响员工所享受的薪酬类型，选择科学的界定标准是确保根据外派类型确定薪酬政策的基础。无论是按照职位、工作任务、工资地点还是其他标准，最根本的目的就是让员工满意。如按照职位，高级管理人员和项目经理的外派类型不同，但若按照工作地点，类型就相同。

（4）产业特征。企业所在的产业对外派人员的薪酬政策产生很大的影响。由于产业特征不同，外派目的差异非常大。石油产业要求专业化的外派人员在偏远的地方工作，而投资银行业则倾向于将他们外派到更发达的地区去工作，因为发达地区的金融业务发展得更为成熟。

（5）全球化程度。随着企业全球化程度的深入，员工被外派的国家越多，所面临的文化、法律、政府政策、通货膨胀、购买力等问题越复杂，薪酬管理问题也就越复杂。

（四）外派人员回国后的薪酬

外派人员的任务完成后，特殊薪酬随之取消。有效的外派人员薪酬计划应帮助员工重新融入企业在国内的工作当中。很多外派人员回国后无法适应常规的薪酬，因为他们觉得在国外的经历使他们比出国前更有价值，尤其是与没有外派经历的同事相比。这种情况可能会导致两种结果：第一，难以和同事合作；第二，跳槽。

企业可以采取以下措施防止问题的发生：第一，树立员工的职业发展意识，让外派人员清楚外派的目的是让员工培养国际工作经验，以便更好地承担未来的国际工作任务。这样，外派人员也就会将外派当成是职业经历，而不会过分计较外派薪酬的变化。第二，综合分析各个员工的性格特征和能力，选择合适的员工进行外派。不同的员工有不同的价值观念，当他们的能力增强后，对待企业的态度就会不同。个人价值意识强的员工跳槽倾向很强，这类员工不适合外派；而诚信意识强的员工跳槽的倾向弱，较适合外派。第三，正确评估外派人员工作能力的增长，并根据实际情况给予提升和加薪。

三、东道国员工的薪酬管理

东道国员工是那些由跨国企业在当地的分支机构所雇佣的员工，他们既可以是东道国的国民，也可以是跨国企业所在国的国民，还可以是第三国的国民。换句话说就是跨国企业中除外派人员外的所有员工都是东道国员工。

对东道国员工进行薪酬管理的目的是让各个东道国员工认为自己的薪酬是合理的，合理性不仅在于和国内人员的比较,而且在于和跨国企业在其他国家的员工的比较。但由于各个国家在很多方面存在差异,因此从全球的角度来对东道国员工进行薪酬管理就变得极其复杂。

(一)东道国员工薪酬的公平性

确保东道国员工之间的薪酬公平是对东道国员工进行薪酬管理首先要关注的问题,涉及东道国员工的薪酬支付水平、薪酬组成要素的确定。

1.薪酬支付水平

东道国员工的薪酬支付水平,根据薪酬等级(如全球等级或者岗位评价的等级)或管理者的判断力进行确定。由于各个国家的薪酬水平不同,相同的薪酬数额在不同的国家代表不同的生活水平,因而不能说明东道国员工的薪酬一定公平。此外,若外汇变动率增加的同时结合上年的薪酬,各个国家的薪酬比较就会更为复杂,从而更加无法确定薪酬的支付是否公平。

2.薪酬的组成要素

除了薪酬的支付水平外,薪酬的组成要素也影响到东道国员工之间的薪酬公平问题。薪酬的组成要素不同,薪酬之间就不具有可比性。对于东道国员工而言,要明白薪酬的组成要素及其与工作类型的匹配问题,首先要对薪酬进行定义。对薪酬的定义通常有以下三种:

(1)将薪酬定义为现金薪酬。该定义认为薪酬包括基本工资、奖金、激励,但不包括员工的福利、特殊补贴、长期激励、延期薪酬、企业节约计划的贡献、通过利润分享所得到的收入以及像股权那样的非现金津贴。

(2)把薪酬定义为总报酬。薪酬包括员工的所有收入,如福利、补贴以及上面提到的所有现金薪酬。

(3)把薪酬定义为净薪酬。薪酬指员工纳税后所拿到的部分。

总而言之,由于各个国家的薪酬支付水平受到多种因素的影响,以及各个国家对薪酬的认识及其所包括的要素的不同,东道国国民之间的薪酬比较非常困难。

(二)不同跨国企业的薪酬管理

不同类型的跨国企业,对东道国员工的吸引力不同。跨国企业可以分为四种类型:①发达国家在发展中国家的跨国企业;②发展中国家在发展中国家的跨国企业;③发达国家在发达国家的跨国企业;④发展中国家在发达国家的跨国企业。

托伯曼(Tropman)提出,整体性薪酬体系包括基本薪酬、业绩薪酬、加班薪酬、长期薪酬、福利、各类津贴、非经济报酬(晋升机会、发展机会、心理收入、工作生活质量)等要素。

第一类跨国企业来自发达国家,比大部分东道国企业更具有先天的吸引力,但它同时在薪酬战略的多个维度上面临相同的问题,如基于岗位还是技能、资历还是绩效、企业绩效还是部门绩效,固定薪酬和变动薪酬的比重,是集权还是分权,员工高参与还是低参与,薪酬秘密发放还是公开发放,薪酬等级是窄带还是宽带等。这些维度特征的确定还需考虑企业特征、当地文化、产业特征等多种因素。第二类和第三类跨国企业,与东道国企业相比并不具有先天优势,使得它通过借助薪酬管理增加企业的吸引力,进而强化员工的奉献精神。第四类跨国企业,较之东道国企业具有先天的劣势,在经济上落后于东道国企业,在文化上东道国员工处于强势,在薪酬管理方法和技术上东道国企业可能更先进,这些要求跨国企业分析当地的薪酬管理模式,从而制定出更有吸引力的薪酬管理方法。

(三)东道国员工的薪酬管理

随着企业经营全球化的发展,对东道国员工的薪酬管理方法出现一些新的发展趋势。

1.对建立全球薪酬哲学的关注

多年来,国际薪酬专家一直致力于建立一致的、全面的、能够应用到全球的薪酬哲学,但结果只产生了针对外派人员的薪酬哲学,而它在一定程度上是高级管理人员的薪酬哲学,对低于经理层级的东道国员工的薪酬哲学有所忽视,而且这些薪酬哲学很模糊、不确定,在薪酬专家看来效果不大。他们认为建立和当地市场一致的薪酬战略,将使薪酬战略更具有操作性、更实用。

要建立全球薪酬哲学很困难,主要有两个原因:①对薪酬中各个要素的理解不同。国家间进行薪酬的比较很困难,尤其涉及长期薪酬和员工福利的时候。②税收因素。很多国家的股权是不能免税的,这降低了股权的吸引力。有些地方股权在赠与的时候就要征税,而不是推迟到行权的时候。这些因素不利于全球一致政策的开发。

尽管如此,薪酬专家还是倾向于建立全球统一的薪酬政策。例如,联合利华公司开发的全球化薪酬政策的内容包括:确定指导原则,在市场中定位薪酬战略,决定基本薪酬和其他薪酬。全球化的政策促使地方市场适应整体政策,并使各企业沟通各种标准,从而加速全球政策的形成。

2.传统地方市场正在发生改变

各个国家的薪酬文化一直被认为是一个谜。但是随着对薪酬数据的分析日益增加,地方和传统文化都在发生改变。例如,日本原有独特的报酬文化,即薪酬和年龄高度相关的观念正在发生变化,变得越来越与年龄无关。当前很多跨国企业发现不以传统文化为标准对东道国员工进行薪酬管理,也能被东道国员工接受,而且很有效果。

3.对区域市场的开发

在过去的数十年,很多分析人士认为在欧洲将会出现单一的薪酬市场,认为随着贸易壁垒的消除和员工跨越边界工作、供给市场和需求市场的统一,薪酬水平将会一致。但这一点并没有出现,原因在于:首先,各个地方税收政策的差异对薪酬水平和支付方式产生了影响;其次,货币的差异性使比较难以进行。一体化需要时间,很多因素都对区域一体化产生影响。

建立亚洲区域的薪酬政策也曾经是话题之一,由于国家之间差异太大,没有形成政策的共同基础,无法深入。

4.企业员工之间的薪酬公平

企业的外派人员、管理者、东道国员工之间的薪酬水平和薪酬条件是否一致决定着薪酬公平与否。从理论上讲,根据企业需要对不同类型的员工制定不同的薪酬标准,有利于保留和吸引人才。尽管出发点是确保员工之间的薪酬一致,但在实际操作过程中还会导致员工之间薪酬的较大差异,而且这些差异无法用类型来解释。

尤其考虑外派人员后,保持员工之间的内部公平显得更加复杂。因为外派人员比当地国民有更高的购买力,生活更好。目前,很多企业不断减少外派人员,降低外派时间,并且倾向于外派来自当地的人员,以减少外派人员和地方员工之间的不公平感,更好地实现内部公平。

同时,在外派工作中考虑到团队工作、员工参与和共享责任等工作特征时,员工之间的差异越明显,越难实现内部公平。

5.地方薪酬政策在将来的发展

由于每一个地方都有独特的历史和文化,导致难以有单一的趋势对所有的东道国员工的薪酬政策产生影响。尽管如此,还有一些相同的力量促使它们发生改变,主要归纳如下:

（1）在市场驱动的经济中,知识资本、变动薪酬(就是报酬和企业绩效、企业成功相关)得到广泛的接受。在有些地方,它以法定的利润分享的形式出现;在有些地方,如美国和欧洲,以短期和长期激励的形式出现。薪酬和年龄、性别、资历以及其他与绩效无关的因素的相关性正在下降。

（2）受一个国家的单一价值体系所引导的传统薪酬体系,正受到很多非传统的价值观的冲击,在跨国企业尤为突出。企业应该提供更多的薪酬体系让员工选择。

（3）员工退休的方式将会改变。社会保障和私人计划将会向明确的贡献计划而不是明确的福利计划发展。

（4）对东道国员工的市场薪酬数据的需求会导致更多、更好的薪酬调查的产生。调查技术的发展将使调查更容易完成、调查数据更容易得到。

思考与讨论

1. 以我国为例,借用霍夫斯泰德的跨文化框架,分析我国薪酬管理的特征。
2. 试讨论用下列方法确定国际基本薪酬的优缺点:母国标准法、东道国标准法和就高法。
3. 试阐述平衡表法计算外派人员薪酬的原理。
4. 如何实现各个东道国员工之间薪酬政策的公平?

实训题

选取一个跨国企业为对象,分析其企业薪酬战略和国际薪酬战略的匹配。

学习情境四 组织结构设计与职位评价

开篇案例

海尔的组织变革

海尔的数次组织变革,是实现企业发展由"指令驱动"向"客户驱动"转变的战略举措。

张瑞敏认为:能不能创造客户价值,能不能体现客户价值,怎样能够统一一个目标来创造客户价值,是组织设计的核心理由。

海尔从1984年开始创业时只有600人到现在成为一个国际化的企业,快速成长的同时大企业病也逐渐显现出来。所谓大企业病就是内部员工和部门相互间的博弈。就像1994年获得诺贝尔奖的纳什所说的,每个人都从自己利益最大化出发,最后形成一个博弈。在海尔,也出现了可能为了部门的利益、自己的利益而损害公司、别人的利益的问题,部门间相互形成了一个防火墙。而要实现为客户创造价值,必然要求企业内各部门的有效协同。

为了解决发展中逐渐出现的上述问题,张瑞敏分几步走,再造海尔组织模式。

第一步:组织结构颠倒

按照职能管理原则,组织结构应该是金字塔型的,是一个正三角,企业最高领导在最上面,接着是次要领导,然后是一级级领导下来,到最下边一定是员工。但是员工面对的就是客户。客户所反映的问题员工要逐级反映上去,领导再做决策下来,这里面除了内部的消耗外还有一个很大的问题是不能够非常好地直面市场、快速做出决策。海尔将这个三角形倒过来,变成倒三角:客户在最上面,然后是员工、一线经理直面客户,最后一级级下来,最高领导成了最下面的。这样企业的最高领导从原来的发号施令变成在最下端为一线经理提供资源。所有部门在这当中都为一线经理和客户提供资源,从发号施令者变成提供资源者。

第二步:成为自主经营体

海尔集团内部的各个部门因为都要面对客户,所以都成为自主经营体,大家共同来实现客户的价值。

为了避免自主经营体只关注其所面对的客户,对市场新机会较少关注因而丧失很多新的机会,为了帮助那些关注集团能否及时提供资源给他而降低对客户的关注的自主经营体,张瑞敏采取了用三张表,即损益表、资产负债表和现金流量表来管理自主经营体的方法。

海尔把损益表做到一个团队,在倒三角形最尖端的领导个人损益表是要关注这个企业在市场上的战略方向和战略目标,新的机会就是他损益表的任务。为了防止一线经理对客户承诺后还担心背后的资源没有共享,所有背后支持部门如人力、财务等都有各自的损益表,这个损益表和这个团队对客户的承诺内部形成一个契约。

这完全颠覆了过去的思路,过去员工到企业里来干,根据员工的职务、能力、所做的工作给员工发工资或者奖金,现在完全变成了员工到公司来干,员工拿到的是公司的资产,员工拿到的资产必须要增值,如果不增值的话就亏损了。员工拿到资产后企业给员工划定时间,做到多少是保本,挣到多少是公司利润。一个是市场行业平均利润,一个是市场标杆企业的最高利润,第一步可以达到平均率,第二达到最高,把这个利润留下后,把所用的费用拿掉,剩下的进行分成。

这样做了之后有三个好处:

第一,可以适应信息化时代多变、快速的市场。现在市场变化太快了,等到市场变化反馈回来再做决策肯定不行。就像托夫勒在商业新文明中说的一句话一样,现在的时代是金钱与光速的时代,信息需要比这个更快才行,信息要比光速还快。

第二,解决内部博弈的问题,就是人单合一的文化。人就是员工,单不是狭义上的订单,而是市场目标。每个人都有自己的市场目标,要和市场目标协同起来变成双赢。他可以给用户创造价值,也可以从这个价值中得到新的价值。

第三,对于传统管理会计进行新的推进和探索。作为管理会计,说到底就是管理未来、规划未来的会计。如果一个企业对未来规划得很好,也就是说企业战略很好,但是员工不能协同,不能直接反映到市场上也是白搭。如果把管理未来、规划未来的会计变成每个人都来规划未来,每个人规划未来和自己的未来是连在一起的,这样管理会计一定会充满活力。

第三步:打造以客户为中心的平台化组织

海尔希望把这个企业打造成一个自组织、自运转的企业,能够应对所有的挑战、所有的危机,真正能够做到基业长青。而能够支撑这种变革的,则是海尔在平台化组织上的探索,也是海尔的第四次组织变革。

平台化组织是围绕客户需求建立起来的一种快速响应系统,是以分工为前提、以客户为中心的系统。"客户化"必须要贯穿于组织体系设计全过程。

典型的"客户化"经营理念下的组织模式如图4-1所示。

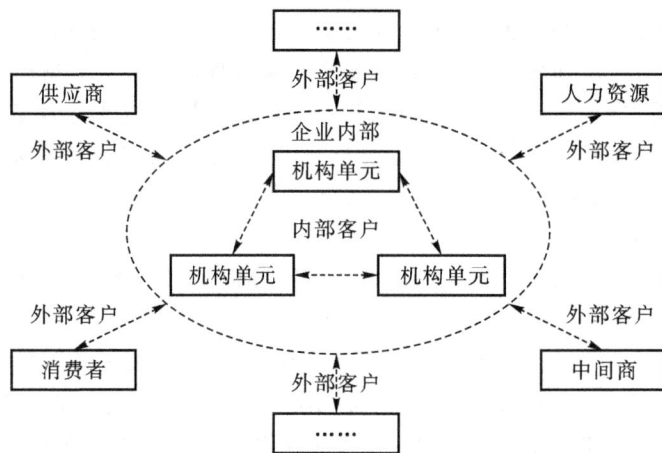

图4-1 "客户化"经营理念下的组织模式

对内而言,客户化是指视同组织单元、员工为内部客户,以满足内部客户的需求为组织设计的基本理念。在具体落实过程中,"共享中心"模式可以作为此种理念的诠释与参照。以华为为例,通过人力资源共享服务中心、财务共享服务中心、IT共享服务中心、全球技术支持中心、投标共享中心等的打造,将事务性、服务性等相对辅助性的职能集中到"中心",面向全公司提供服务,通过对事务工作的集中处理提高效率和专业化程度,最大限度满足员工需求。

对外而言,客户化是指建立与多方相关利益主体,包括最终客户、上游供应商、合作伙伴、社会资源等的"零距离"关系。这就要求企业建立适度灵活的机制,尤其要赋予前线人员一定的灵活性和决策自主权,并且通过一定的激励约束机制提高前线人员的主动性和创造性。在此情况下,就要实现由传统的利益共同体向事业共同体的转变。

海尔的平台化组织变革,从其认知角度,组织模式变革是基于以下三个问题的思考:

(1)企业和用户之间是零距离,从原来企业大规模制造变成大规模定制,所以生产线要改变。

(2)去中心化。互联网时代每个人都是中心,没有中心,没有领导,因此科层制也需要被改变。

(3)分布式管理,全球的资源,企业都可以利用,全球就是企业的人力资源部。

围绕此次组织变革,海尔也提出了很多对业界具有启发性和影响力的理论与实践经验,例如"三化"(企业平台化、员工创客化、用户个性化)、"三类人"(平台主、小微主、小微成员)、"人单合一"、"横纵轴评价体系"等。

当然,海尔的路还很长,最终成败与否暂时无法下定论,还处于"摸着石头过河"的阶段。但是从短期效果来讲,确实为海尔组织转型贴上了一个比较成功的证明。

海尔组织变革的启示:

(1)打散原有组织结构,逐步消除中间层,划小经营单元,构建所谓的"小微"团队。企业由经营管理/决策者转变为资源支持者和投资者,员工由指令执行者转变为自主经营者、项目驱动者。

(2)贴近用户需求,小微团队主动直面客户,根据客户需求进行产品设计研发、销售、资源投入,公司给予资源支持,同时要满足公司整体战略发展要求;避免由公司统一面对客户导致决策过于集中、身系一人的经营风险。

(3)赋予小微团队一定的人事决策自主权,各小微团队在一定程度上自主经营、自负盈亏,"自己给自己挣工资"而不是"企业给员工发工资",通过市场反馈体现小微的价值。通过生活保障、超额奖励、股份制等形式,提升员工工作的主动性和积极性。

(4)总体目标是打造一个"自我进化"的生态组织。

海尔的组织变革历程,为企业组织调整、升级提供了一些比较有意义的借鉴。

(1)与顶层设计相关。组织变革与企业的事业理论即顶层设计密切相关。不管环境如何变化、时代如何变迁,所有的组织变革都必须为实现事业理论服务。

(2)与生态环境相配。企业本身就是一种组织,组织同样是需要不断进化的"生物",只有不断适应环境的企业才能活得长久一些。从海尔组织演变过程可以看出,能够对环境变化保持敏锐且及时的响应,不仅仅是组织应当关注的,而是应当上升到企业战略层面,组织直接决定了企业是长寿还是夭折。

(3)核心是要寻求组织存在的价值。现在很多企业在进行组织变革过程中,考虑问题的出发点还集中在就组织谈组织,而对于组织之于企业、市场的价值鲜有涉及。海尔组织变革的核心思想之一在于以用户思维去考虑企业变革,也即组织存在的价值在于快速贴近并满足用户需求。

(4)在改变组织形式的同时,塑造新的文化。我们经常所谈到的组织,更多地集中在组织形式、机构岗位等层面。事实上这是落实组织的最后一个环节,或者说是"术"层面上的问题。通过组织变革,更多地要改变企业的经营方式进而影响到人的工作思维。例如,在科层制组织模式下,多数的工作方式是接收指令、执行指令、反馈指令,所形成的文化就是指令性文化,这就会形成所谓的"企业给员工付薪水"的惯性思维。从海尔的变革思想上来讲,平台、创客、个性等种种"化"的提出，更多是要激发员工的创发思维，打造主动性文化，完成由"他组织"向"自组织"的转变。

资料来源:宋杼宸.海尔张瑞敏:能不能创造客户价值,是组织设计的核心[EB/OL].(2017-09-29)[2022-05-20].https://t.qianzhan.com/daka/detail/170929-89729ce3.html.

任务一　组织结构设计

知识目标

★了解组织结构设计的任务
★了解组织结构设计中注意的问题
★掌握组织结构的类型
★了解组织结构设计的影响因素

组织结构设计概述

技能目标

★能根据企业所处的环境设计企业的组织结构

任务导入

通用电气公司的组织管理

美国通用电气公司是美国也是世界上最大的电器和电子设备制造公司。这家公司的电工产品技术比较成熟,产品品种繁多,据称有25万多种品种规格。通用电气公司以各种方式吞并了国内外许多企业。到1976年底,它在24个国家共拥有113家制造厂,成了一个庞大的跨国公司。

由于通用电气公司经营多样化,品种规格繁杂,市场竞争激烈,它在企业组织管理方面也积极从事改革。20世纪50年代初,该公司就完全采用了"分权的事业部制"。当时,整个公司一共分为20个事业部。每个事业部各自独立经营,单独核算。以后随着时间的推移、企业经营的需要,该公司对组织结构不断进行调整。1963年,公司的组织机构共计分为5个集团组、25个分部和110个部门。当时公司销售正处于停滞时期,五年内销售额大约只有50亿美元。

在60年代末,通用电气公司在市场上遇到西屋电气公司的激烈竞争,公司财政一直在赤字上摇摆。公司的最高领导为力挽危机,于1971年在企业管理体制上采取了一种新的战略性措施,即在事业部内设立"战略事业单位"。这种"战略事业单位"是独立的组织部门,可以在事业部内有选择地对某些产品进行单独管理,以便事业部将人力物力能够灵活有效地集中分配使用,对各种产品、销售、设备和组织编制出严密的有预见性的战略计划。从1966年到1976年,通用电气公司的销售额增长了一倍,由71.77亿美元增加到156.97亿美元;纯利润由3.39亿美元增加到9.31亿美元。同时期内的固定资产总额由27.57亿美元上升到69.55亿美元。

70年代中期,美国经济又出现停滞,1972年接任为通用电气公司董事长的琼斯(Jones),到1977年底进一步改组公司的管理体制,从1978年1月实行"执行部制",也就是"超事业部制"。这种体制就是在各个事业部上再建立一些"超事业部",来统辖和协调各事业部的活动,也就是在事业部的上面又多了一级管理。在改组后的体制中,董事长琼斯和两名副董事长组成最高领导机构执行局,专管长期战略计划,负责和政府打交道,以及研究税制等问题。执行局下面设5个"执行部"(即"超事业部",包括消费类产品服务执行部、工业产品零件执行部、电力设备执行部、国际执行部、技术设备材料执行部),每个执行部由一名副总经理负责。执行部下共设有9个总部(集团),50个事业部,49个战略事业单位。各事业部的日常事务,以至有关市场、产品、技术、顾客等方面的战略决策,以前都必须向公司最高领导机构报告,而现在则分别向各执行部报告就行了。这5个执行部加上其他国际公司,分别由两位副董事长领导。此外,财务、人事和法律3个参谋部门直接由董事长领导。

任务1:通用电气公司的组织管理经历了哪几种不同的组织结构模式?分别画出各阶段采用的组织结构模式图。

任务2:分析通用电气公司不断进行组织变革的原因。

任务分析

从以上案例可以看出,企业组织结构是否规范并有效运行,是关乎企业兴衰存亡的大事。在企业经营中,没有一成不变的、普遍适用的、最佳的组织模式,不同的企业以及同一企业在不同发展阶段上,都应当根据当时的具体条件(即权变因素)来设计相应的组织结构。通过组织结构的调整和优化设计,可以更好地支持企业目标的实现。

知识链接

一、组织结构设计的任务

组织是为了实现一定的共同目标而按照一定的规则、程序所构成的一种责权结构安排和人事安排,其目的在于通过有效配置内部的有限资源,确保以最高的效率使目标得以实现。组织结构是组织的全体成员为实现组织目标,在管理工作中进行分工协作,在职务范围、责任、权力方面所形成的结构体系。而组织结构的设计,是通过对组织资源的整合和优化,确立企业某一阶段的最合理的管理和控制模式,实现组织资源价值最大化和组织绩效最大化。狭义地说,也就是在人员有限的状况下通过组织结构设计提高组织的执行力和战斗力。组织结构设计的主要任务如下。

1. 职能设计

职能设计是指企业的经营职能和管理职能的设计。企业作为一个经营单位,要根据其战略任务设计经营、管理职能。如果企业的某些职能不合理,那就需要进行调整,对其弱化或取消。

2. 框架设计

框架设计是企业组织设计的主要部分,运用较多。其内容简单来说就是纵向的分层次设计和横向的分部门设计。

3. 协调设计

协调设计是指协调方式的设计。框架设计主要研究分工,有分工就必须要有协作。协调方式的设计就是研究分工的各个层次、各个部门之间如何进行合理的协调、联系、配合,以保证其高效率的配合,发挥管理系统的整体效应。

4. 规范设计

规范设计就是管理规范的设计。管理规范就是企业的规章制度,它是管理的规范和准则。

结构本身设计最后要落实、体现为规章制度。管理规范保证了各个层次、部门和岗位按照统一的要求和标准进行配合和行动。

5.人员设计

人员设计就是管理人员的设计。企业结构本身设计和规范设计,都要以管理者为依托,并由管理者来执行。因此,按照组织设计的要求,必须进行人员设计,配备相应数量和质量的人员。

二、组织结构设计的原则

美国管理学家哈罗德·孔茨(Harold Koontz)等,在继承古典管理学派的基础上,提出了健全组织工作的十五条较为细致的原则,如目标一致原则、效率原则、管理幅度原则、分级原则、授权原则、职权和职责对等原则、统一指挥原则、职权等级原则、分工原则、职能明确性原则、灵活性原则、便于领导的原则等。国外的上述原则虽然详尽,但不易归类,不便操作。我国企业在组织机构的改革实践中积累了丰富的经验,也相应地提出了一些组织设计原则。这些原则可以归纳如下。

1.任务与目标明确

企业组织结构设计的根本目的是为实现企业的战略任务和经营目标服务。这是一条最基本的原则。组织结构的全部设计工作必须以此作为出发点和归结点,即企业任务、目标同组织结构之间是目的与手段的关系;衡量组织结构设计的优劣,要以是否有利于实现企业任务、目标作为最终的标准。从这一原则出发,当企业的任务、目标已经发生重大变化时,组织结构必须做出相应的调整和变革,以适应任务目标变化的需要。

2.专业分工与合作

现代企业的管理,工作量大,专业性强,分别设置不同的专业部门,有利于提高管理工作的质量与效率。在合理分工的基础上,各专业部门又必须加强协作与配合,才能保证各项工作的顺利开展,实现组织的整体目标。要贯彻这一原则,在组织结构设计中必须重视横向协调问题。

3.统一指挥

组织机构的设置必须保证行政命令和生产经营指挥的集中统一。为此,在机构设置上要实行:①首脑负责制;②正职领导副职;③一级管一级,即“指挥链”的原则;④直线参谋制,参谋职能人员是同级直线指挥人员的参谋和助手,对下级只能实行业务指导和监督,从而避免多头指挥。

4.有效的管理幅度

有效管理幅度不是一个固定值,它受职务的性质、干部的素质、职能机构健全与否等条件的影响。这一原则要求在进行组织结构设计时,领导人的管理幅度应控制在一定水平,以保证管理工作的有效性。由于管理幅度的大小同管理层次的多少成反比例关系,这一原则要求在确定企业的管理层次时,也必须考虑到有效管理幅度的制约,因此,有效的管理幅度是决定企业管理层次的一个基本因素。

5.责权利相结合

这一原则要求:①建立岗位责任制,明确规定每一管理层次、部门、岗位的责任和权力,以利于建立和健全正常的管理秩序;②赋予管理人员的责任和权力要相对应,有多大的责任,就要有相应的权力;③责任制度的贯彻落实,必须同相应的经济利益挂起钩来,使管理人员尽责用权具有必要的动力机制。

6.稳定性和适应性相结合

这一原则要求在进行组织结构设计时,既要保证组织在外部环境或企业任务发生变化时,能够继续有序地正常运转,同时又要保证组织在运转过程中,能够根据变化了的情况做出相应的变更。为此,需要在组织中建立明确的指挥系统、责权关系及规章制度,同时又要选用一些具有较好适应性的组织形式和措施,使组织在变动的环境中,具有一种内在的自动调节机制。

三、组织结构设计的类型

组织结构是随着组织内外部要素的变化而变化,具有不同特点的企业、同一企业在不同的发展时期,应具有不同的组织结构。需要注意的是,这些组织结构没有绝对的优劣之分,不同环境中的企业或者同一企业中不同单位的管理者,都可根据实际情况选用其中最合适的组织结构。

1.直线职能型组织结构

直线职能型组织结构(见图4-2)被称为"U型组织""单一职能型结构"或"单元结构"。在直线职能型组织结构下,下级机构既受上级部门的管理,又受同级职能管理部门的业务指导和监督。各级行政领导人逐级负责,高度集权。因而,这是一种按经营管理职能划分部门,并由最高经营者直接指挥各职能部门的体制。

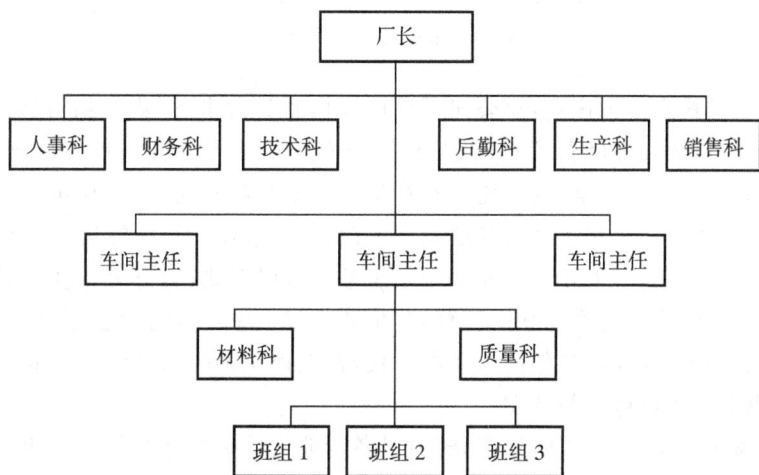

图 4 - 2 　直线职能型组织结构图

直线职能型组织结构之所以被广泛采用,是由于它具有许多优点。这种结构分工细密,任务明确,各职能部门仅对自己应做的工作负有责任,可以专心从事这方面的工作,因此有较高的效率。这种结构的稳定性较高,在外部环境变化不大的情况下,易于提升组织的集团效率。其不利方面是缺乏信息交流,各部门缺乏全局观点;不同的职能机构之间、职能人员与指挥人员之间目标不易统一,矛盾较多,导致最高领导者的协调工作量大。这种结构还不易于从组织内部培训熟悉全面情况的管理人才。此外,这种结构使整个组织系统刚性较大,分工很细,手续复杂,反应较慢,不易迅速适应新的情况。

直线职能型组织结构主要适用于中小型、产品品种比较单一、生产技术发展变化较慢、外部环境比较稳定的企业。具备以上特征的企业,其经营管理相对简单,部门较少,横向协调的难度小,对适应性的要求较低,因而直线职能型组织结构的缺点不突出,而优点却能得到较为充分的发挥。

2. 事业部型组织结构

事业部型组织结构(见图4-3)又称M型结构或多部门结构,有时也称为产品部结构或战略经营单位。它最早是由美国通用汽车公司总裁斯隆于1924年提出的,故有"斯隆模型"之称,是一种高度(层)集权下的分权管理体制。它是在总公司领导下设立多个事业部,各事业部有各自独立的产品和市场,实行独立核算。事业部内部在经营管理上则拥有自主性和独立性。这种组织结构形式最突出的特点是"集中决策,分散经营",即总公司集中决策,事业部独立经营,这是在组织领导方式上由集权制向分权制转化的一种改革。

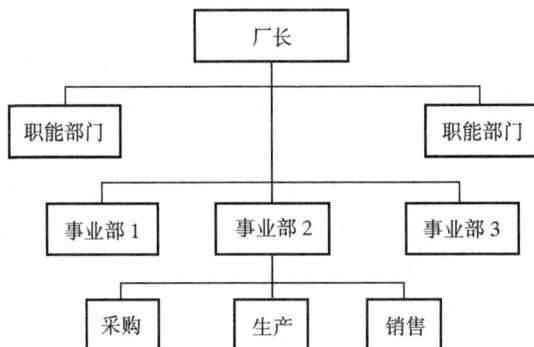

图4-3 事业部型组织结构图

事业部型组织结构有以下优点:总公司领导可以摆脱日常事务,集中精力考虑全局问题;事业部实行独立核算,更能发挥经营管理的积极性,更利于组织专业化生产和实现企业的内部协作;各事业部之间有比较、有竞争,这种比较和竞争有利于企业的发展;事业部内部的供、产、销之间容易协调,不像在直线职能制下需要高层管理部门过问;事业部经理要从事业部整体来考虑问题,这有利于培养和训练管理人才。事业部型组织结构有以下缺点:公司与事业部的职能机构重叠,造成管理人员浪费;事业部实行独立核算,各事业部只考虑自身的利益,影响事业部之间的协作,一些业务联系与沟通往往也被经济关系所替代,甚至连总部的职能机构为事业部提供决策咨询服务时,也要事业部支付咨询服务费。

实行事业部型组织结构,需具备以下条件:具备专业化原则划分的条件,并能确保独立性,以便承担利润责任;事业部间相互依存,不硬性拼凑;保持事业部之间适度竞争;公司有管理的经济机制,尽量避免单纯使用行政手段;外部环境好时有利于事业部制,外部环境不好时应收缩,集中力量渡过难关。事业部型组织结构主要适用于规模庞大、品种繁多、技术复杂的大型企业,这些企业一般都是跨越多个产品领域、从事多样化经营的组织。

3. 矩阵型组织结构

矩阵型组织结构是由威廉·大内在1981年出版的《Z理论》一书中提出来的。矩阵型组织结构(见图4-4)是指在组织结构上既有按职能划分的垂直领导系统,又有按产品(项目)划分的横向领导关系的结构。它是在直线职能型垂直指挥链的基础上,再增设一种横向指挥链系统,形成双重职权关系的组织矩阵。为了完成某一项目(如航空、航天领域某型号产品的研制等),从各职能部门中抽调完成该项目所必需的各类专业人员组成项目组,配备项目经理来领导他们的工作。这些被抽调来的人员,在行政关系上仍属于他原来所在的职能部门,但在工作过程中还要同时接受项目负责人指挥,因此,他实际上拥有两个上级。项目组任务完成后,便宣告解散,各类人员回到原所属部门等待分派新的任务。

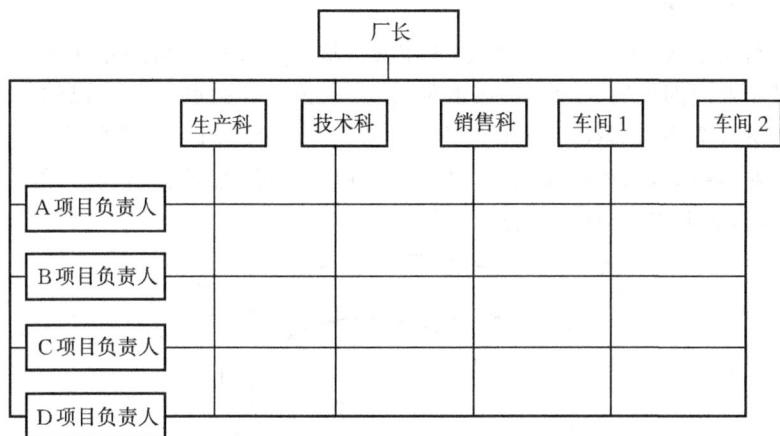

图4-4　矩阵型组织结构图

　　矩阵型组织结构的主要优点是：加强了不同部门之间的配合和信息交流，克服了直线职能结构中各部门互相脱节的现象；专业人员和专用设备随用随调，机动灵活，不仅使资源保持了较高的利用率，也提高了组织的灵活性和应变力；在新的工作小组里，成员之间相互沟通、融合，能把自己的工作同整体工作联系在一起，为攻克难关、解决问题而献计献策；易于培养成员的合作精神和全局观念，且不同角度的思想相互激发，容易取得创新性成果。矩阵型组织结构的缺点主要有：一方面，项目负责人的责任大于权力，因为参加项目的人员都来自不同部门，隶属关系仍在原单位，只是为"会战"而来，所以项目负责人对他们管理困难，没有足够的激励手段与惩治手段，这种人员上的双重管理是矩阵结构的先天缺陷；另一方面，由于项目组成员来自各个职能部门，当任务完成以后，仍要回原单位，因而容易产生临时观念，对工作有一定影响。

　　根据矩阵型组织结构的不同特点，目前企业已经开发出了多维组织结构形式，其中一种便是三维矩阵组织结构（见图4-5）。它由专业职能部门、地区管理机构和产品事业部三重指挥链所构成。围绕某种产品的研发、生产和销售等重大问题，企业可以协调三方面的力量，加强相互之间的信息沟通和联系。这种三维矩阵组织结构适用于跨地区从事大规模生产经营而又需要保持较强的灵活反应能力的大型企业。

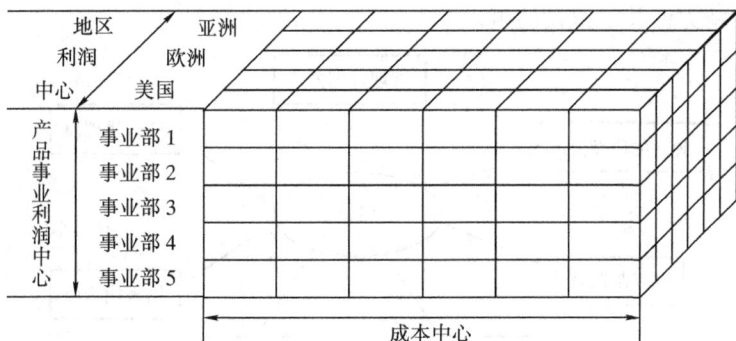

图4-5　三维矩阵组织结构图

4.集团控股型组织结构

集团控股型组织结构(见图4-6),是在非相关领域开展多种经营的企业所常用的一种组织结构形式。通过企业之间控股、参股,形成由母公司、子公司和关联公司组成的企业集团。各个分部具有独立的法人资格,是总部下属的子公司,也是公司分权的一种组织形式。它通常是以一个实力雄厚的企业为核心,以产权联系为主要纽带,通过产品、技术、经营契约等多种方式,把多个企业联结在一起,而形成的多层次的法人联合体。

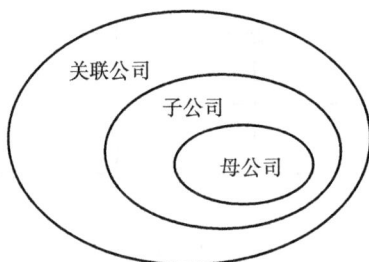

图4-6 集团控股型组织结构图

集团控股型组织的企业之间根据相互控股、参股的程度和协作关系的不同,分为核心层企业、紧密层企业、半紧密层企业和松散层企业。母公司为集团核心企业;被母公司控制和影响的绝对和相对控股的企业为子公司,是集团紧密层企业;一般参股企业为关联公司,是集团半紧密层企业;通过长期契约和业务协作关系连接的协作企业为松散层企业。母公司凭借持股权向子公司派遣产权代表和董事、监事,通过在股东会、董事会、监事会中发挥积极作用来影响子公司的经营决策。

集团控股型组织结构具有以下优点:总公司对子公司具有有限的责任,风险得到控制;大大增加了企业之间联合和参与竞争的实力。其缺点是:战略协调、控制、监督困难,资源配置也较难,缺乏各公司间的协调,管理变得间接。

5.网络型组织结构

网络型组织结构(见图4-7)是目前流行的一种新形式的组织设计,它使管理层对于新技术,或者来自海外的低成本竞争具有更大的适应性和应变能力。网络型组织结构是一种有很小的中心组织,依靠其他组织以合同为基础进行制造、分销、营销或其他关键业务的经营活动的结构。网络型组织结构中,组织的大部分职能是从组织外"购买"的,这给管理层提供了高度的灵活性,并使组织集中精力做其最擅长的事。

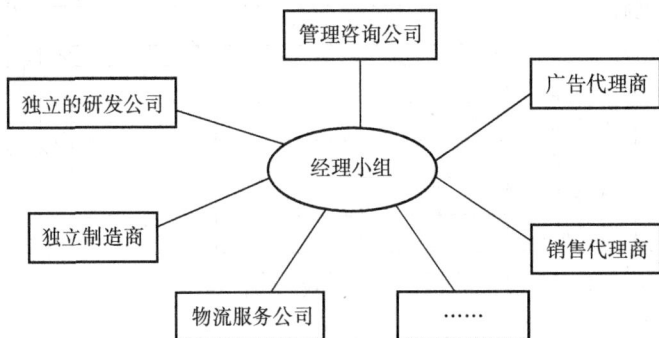

图4-7 网络型组织结构图

网络型组织结构极大地促进了企业经济效益实现质的飞跃。一是降低管理成本,提高管理效益;二是实现了企业全世界范围内供应链与销售环节的整合;三是简化了机构和管理层次,实现了企业充分授权式的管理。这种组织结构具有更大的灵活性和柔性,以项目为中心的合作可以更好地结合市场需求来整合各项资源,而且容易操作,网络中的各个价值链部分也随时可以根据市场需求的变动情况增加、调整或撤并;另外,这种组织结构简单、精炼,由于组织中的大多数活动都实现了外包,而这些活动更多地靠电子商务来协调处理,组织结构可以进一步扁平化,效率也更高了。

网络型组织结构的缺点是可控性差。这种组织的有效运作是通过与独立的供应商广泛而密切的合作来实现的,存在着道德风险和逆向选择性,一旦组织所依存的外部资源出现问题,如质量问题、提价问题、及时交货问题等,组织将陷入非常被动的境地。另外,外部合作组织都是临时的,如果某一合作单位因故退出且不可替代,组织将面临解体的危险。网络组织还要求加强组织文化建设以保持组织的凝聚力,然而由于项目是临时的,员工随时都有被解雇的可能,因而员工对组织的忠诚度也比较低。

网络型组织结构并不是对所有的企业都适用的,它比较适合于玩具和服装制造企业,因为它们需要相当大的灵活性以对时尚的变化做出迅速反应;也适合于那些制造活动需要低成本劳动力的公司。

6.委员会组织结构

委员会也是一种常见的组织形式,它由执行某方面管理职能并实行集体行动的一组人组成。委员会按时间可分为两种类型:一种是临时委员会,它是为了某一特定目的而组成的委员会,完成特定的目的后即解散;另一种是常设委员会,它促进协调沟通与合作,行使制定和执行重大决策的职能。委员会按职权也可分为两个类型:一种是直线式的,例如董事会,它的决策要求下级必须执行;另一种是参谋式的,它为直线人员提供咨询建议和方案等。委员会还可分为正式的和非正式的:凡是属于组织结构的组成部分,并被授予特定的责任和职权的委员会为正式的;反之,为非正式的。

委员会在实践中随处可见,几乎各级组织都存在着这样或那样的委员会,如董事会、管理委员会等。

委员会的优点是集思广益,集体决策,便于协调;缺点是委曲求全,折中调和,责任不清,缺乏个人行动。

四、组织结构设计中应注意的问题

1.管理幅度与管理层次

管理层次是指生产指挥系统划分为多少等级。管理幅度则是指一名上级管理人员所直接领导和管理的下级人数。管理层次一般决定了组织的纵向结构,而管理幅度决定横向结构。在管理幅度给定的条件下,管理层次与组织规模的大小成正比。管理层次与管理幅度常常联系在一起,组织结构按层次的多少和幅度的大小,可分为高大的组织结构和扁平的组织结构。这两种结构各有利弊。高大的组织结构的管理层次较多,管理幅度小,沟通渠道多。其优点是管理严密,分工明确,上下级容易协调;缺点是管理层次多而增加了费用,信息沟通时间长,因管理严密而容易影响下级人员的满意感和创造性。扁平的组织结构的管理层次少,管理幅度大,沟通渠道少。其优点是由于管理层次少而管理费用低,信息交流速度快;由于管理幅度大,成员有较大的自主性,因而满足感增加。其缺点是不能严密监督下级的工作,上下级协调较差。

采用高大的结构还是扁平的结构,应考虑如下因素:①工作任务的相似程度。工作任务越相似,管理幅度就越可能加大,可采用较扁平的结构减少管理层次。工作任务差异大,则应缩小管理幅度。②工作岗位的接近程度。职工工作岗位较接近的情况下,可以加大管理幅度,采用扁平的结构;反之,应采用较高大的结构。③职工的工作经验和责任心。职工缺乏经验,应减小管理幅度,加强对职工的指导。职工工作自觉性高、责任感强又有工作能力,则应提高工作的自主性,让职工自己管理自己,发挥创造性,可以采用扁平的结构。④工作任务需要协调的程度。如果工作任务要求各部门之间或一个部门内部高度协调,则应减少管理幅度,以较为高大的结构为宜。因此,我们应根据企业的实际情况选择组织结构,提高组织的效能。

2. 集权与分权

集权与分权是相对的概念,不存在绝对的集权和绝对的分权。集权意味着组织职权集中到较高的管理层次;分权则表示职权分散到整个组织中。集权有利于统一领导和指挥,加强对中下层组织的控制,这对贯彻落实企业经营战略、利用企业经营资源、提高企业整体效益具有重要意义。但是,集权也会限制中下层管理人员的主动性和创造性,加重高层领导的负担,还会影响全面管理人才的培养。实行分权的好处是能够克服集权的上述缺点,然而又容易产生偏离企业整体目标的本位主义倾向,使各生产单位之间的协调发生困难,结果不利于企业整体效益的提高。因此,只有建立集权与分权相结合的权力结构,才能使二者扬长避短,获得相辅相成的良好效果。

企业在决定集权和分权的程度时,一般来说,需要考虑的影响因素有以下几个方面:①决策的重要性。通常,重要的决策应由高一层次的组织做出,不太重要的决策可以授权给下一级做出。按此法各层级逐级授权。②政策的一致性要求。组织内部执行政策的一致性越强,集权的程度就应越高。③规模问题。组织规模越大,决策的数目就越多,协调、沟通及控制也越困难,宜于分权;反之,则宜于集权。④企业的文化。有的企业领导信奉集权的管理哲学,不愿放弃对职权的掌握,企业的集权程度就较高。而通过联合或合并而扩展起来的企业,一般(至少在合并初期)会显示出职权分散化倾向。⑤主管人员的数量和管理水平。主管人员数量充足,经验丰富,训练有素,管理能力较强,则可较多分权;反之,应趋向集权。⑥控制技术和手段是否完善。通信技术的发展、电子计算机的应用和统计方法、会计控制以及其他技术的改进,都有助于企业组织向分权化迈进。⑦组织的动态特征。处于迅速发展中的组织,往往面临增长带来的许多复杂问题,要求分权程度较高。而一些老的、相对完善或比较稳定的组织,一般趋向于集权。⑧环境影响。如果外部环境变化较快,职权可以分散些,便于企业更好地适应变化的需要;反之,则宜于集权。此外,外部环境的恶化,如竞争加剧、经济萧条,常常促使企业集权,以便加强领导,渡过难关。

五、企业开展组织结构设计和调整应考虑的因素

组织结构设计是组织设计的重要组成部分。从组织结构图中也可以看出,组织结构是以命令控制为主要特征,按照纵向职能为主、横向协调为辅的原则建立的。它更多地重视组织中心任务部门的工作和完整的预算体系的建立,强化人事管理和具体经营的职责。

1. 经营战略

在组织结构与战略的相互关系上,著名学者钱德勒指出:战略决定结构。一旦战略形成,组织结构应做出相应的调整,以适应新的要求。战略选择的不同,在两个层次上影响组织的结构:不同的战略要求开展不同的业务活动,这会影响职务的设计;战略重点的改变,会引起组织的工作重点的转变,导致各部门、各职务在组织中重要程度的改变,因此经营战略的改变要求对各职务以及部门之间的关系做相应的调整。

2. 经营环境

外部环境指企业所处的行业特征、市场特点、经济形势、政府关系及自然环境等。环境因素可以从两个方面影响组织结构的设计，即环境的复杂性和环境的稳定性。外部环境对组织结构的影响可以反映在三个不同的层次上，这就是组织总体特征层次、各部门关系层次、职务与部门设计层次。环境越复杂多变，就越要强调适应性，加强非程序化决策能力。这也就是为什么在这种情况下结构简单的小规模企业的适应力反而比大企业强的原因。处于高干扰性环境的组织需要减少层级，加强部门间的协调与部门授权，减弱组织内部的控制力，在结构上需维持一定程度的灵活与弹性，这样才能使企业更具适应性。当经济环境相对稳定时，企业追求成本效益，往往规模大、复杂。在稳定的环境中采用机械式组织结构，组织内部的规章、程序和权力层级较为明显，组织的集权化程度明显增强。

3. 企业规模与企业所处的发展阶段

企业规模是影响企业组织结构的重要因素。企业的规模不同，其内部结构也存在明显的差异。随着企业规模的不断扩大，企业活动的内容日趋复杂，人数逐渐增多，专业分工不断细化，部门和职务的数量逐渐增加。这些都会直接导致复杂性的增加。企业规模越大，需要协调与决策的事务将会不断增加，幅度就会越大，但是管理者的时间和精力是有限的。这一矛盾将促使企业增加层级并进行更多的分权。因此，企业规模的扩大将会使组织的层级结构、部门结构与职能结构发生相应的变化。

值得注意的是，企业规模的扩大会相应增加组织运作的刚性，降低其灵活性。人员与部门不断增多，要求企业进行规范管理。企业将会制定详细的规章制度，并通过严格的程序和书面工作实现标准化，就容易采用机械性的组织结构。

4. 业务特点

企业的各个业务联系越紧密，组织结构设计越需要考虑部门及部门内部的业务之间的相互作用，越不能采用分散的组织结构，这种情况下采用直线职能型或矩阵型组织结构更合适。一般而言，业务相关程度越大，越要进行综合。如果企业业务之间联系不紧密，或业务之间的离散度很高，那么组织各部门或岗位之间的联系就越少，部门或岗位的独立性就越强。这种运作状况下，企业宜采用灵活性的组织结构，给下属部门更多的权力。业务相关程度较低时，可以分别对每一个业务采用不同的政策、不同的要求，进行分散。

5. 技术水平

有些企业技术力量较强，以技术创新和发展作为企业发展的根本，这时候组织结构关键是考虑技术发展问题。当技术能够带来高额利润时，技术就成为企业组织结构设置的核心问题，成为组织结构设置的主线。生产技术越复杂，垂直分工越复杂，将导致组织的部门增加，从而也增加了企业横向协调的工作量。

在传统企业中，各个企业的技术都差不多，企业的主要利润点不在技术上，那么技术就不会过多地影响企业组织结构的设置，组织结构的设置更多地考虑诸如人员协调、成本降低等，并以这些因素作为组织结构设计的主线。因此，这类企业可考虑采用标准化协调与控制结构，具有较高的正式性和集权性。

6. 信息化建设

当企业建成高水平的信息系统后，应及时调整其组织结构，采用扁平化的组织结构来适应新兴的经营方式。信息技术改变了企业经营所需的资源结构和人们之间劳动组合的关系，信息资源的重要性大大提升。组织结构的设计应该从原来庞大、复杂、刚性的状态中解脱出来,这样的组织更有利于信息的流动并趋于简化。

思考与讨论

1. 在确定组织结构时,应如何与企业的经营环境相匹配?
2. 谈谈你对我国企业组织结构变革的思考。

实训题

调研一家制造企业的组织结构,并结合环境,进行匹配分析。

任务二 进行职位分析

知识目标

★了解职位分析的概念、目的和意义
★掌握职位分析的原则和程序
★了解职位分析的方法

岗位设置和工作分析

技能目标

★能根据企业的具体职位进行职位分析

任务导入

美达公司的职位分析

美达公司人力资源部王经理最近心情很好,在周一的办公会议上,公司总经理对人力资源部近期的工作给予了表扬鼓励,说明在部门同仁的努力下,部门工作获得了大家的认同。今天上午,他约好了生产部陈经理来人力资源部座谈,想请陈经理评价一下人力资源部的近期工作,以下是两位经理的谈话。

王经理:"陈经理,你好,请你谈谈我们部门的工作,客观评价一下。"

陈经理:"王经理,我很高兴有这个机会,简单说说你们部门的一件事,就是小徐做的岗位分析,对我们工作的帮助可真大。自从小徐编写了生产部各岗位的职位说明书,明确了各岗位的工作职责,生产部的工作才有章可循,以前部门里相互扯皮、责任不清的事情不复存在了。另外,现在做培训,确定培训内容比以前方便多了,只需直接从说明书里面提取,既有针对性,而且省时间。最让我惊讶的是,上个月按照工艺主管岗位任职资格招聘的叶良同志,现在干得很好,大家都说他称职,这要在以前,简直不可思议,岗位说明书的作用可真大,给我们这些整天忙于事务的人帮忙了,效率提高不少!"

王经理:"看来,小徐的工作做得不错,别尽说我们的成绩了,给我们点批评,哪里做得不好,有利于我们改进。"

陈经理:"要说批评那倒没有,给点建议吧。我在冠东公司看过他们的职位说明书,里面的内容比我们的详尽,而且人家的格式都标准化,这是我们需要完善的地方。当然,我们是第一次做岗位说明书,能有现在的效果已经不错了,希望你们部门把岗位分析做得更进一步、更深入些,真正起到基础作用。"

王经理:"谢谢,我们一定认真研究,好好完善,让它发挥更大的作用。"

资料来源:姚月娟.岗位分析与应用[M].大连:东北财经大学出版社,2007.

任务1:美达公司的职位分析对公司管理产生了怎样的影响?

任务2:为什么说职位分析是人力资源管理的基础?

任务分析

从以上可以看出,职位分析是现代人力资源开发与管理中最为基础,也是最为核心的一项工作。科学的职位分析,可以准确、系统地刻画出工作岗位的性质、内容,明确岗位任职资格,进而为人力资源管理的其他制度,如绩效考核、职业规划、薪酬管理、招聘选拔与培训开发等制度的制定和建立提供依据和保障,最终提高企业的管理效率和生产效率。

知识链接

一、职位分析的基本含义

职位分析,简单一点说,就是人力资源管理者在短时间内,用以了解有关工作信息与情况的一种科学手段;具体一点说,就是一种活动或过程,是分析者采用科学的手段与技术,收集、比较、综合有关特定工作的信息,就工作职位的状况、基本职责、资格要求等做出规范性的描述与说明,为组织发展战略、组织规划、人力资源管理以及其他管理行为提供基本依据的一种管理活动。

职位分析为管理活动提供与工作有关的各种信息,这些信息可以用6个W和1个H来加以概括。

(1)who,谁来完成这一工作。

(2)what,这一职位具体的工作内容是什么。

(3)when,工作的时间安排是什么。

(4)where,这些工作在哪里进行。

(5)why,从事这些工作的目的是什么。

(6)for who,这些工作的服务对象是谁。

(7)how,如何来完成这些工作。

作为人力资源管理的一项职能活动,职位分析同样也具备任何一种活动所必备的基本要素。这一活动的主体是职位分析者,客体是组织内部的各个职位,内容是与各个职位有关的情况,结果是职位说明书(也叫岗位说明书、工作说明书)。

通过职位分析,主要解决以下两个问题:第一,某职位是做什么事情的。这一问题与职位上的工作活动有关,包括职位的名称、工作职责、工作要求、工作环境、工作时间以及工作条件等一系列内容。第二,什么样的人来做这些事情最合适。这一问题则与从事该职位的人的资格有关,包括专业、年龄、必要的能力、必备的证书、工作经验以及心理素质要求等内容。

二、职位分析的原则

为了提高职位分析研究的科学性、合理性,在组织实施职位分析中应注意遵循以下原则。

1.目的原则

职位分析的目的不同,职位分析的侧重点也不一样。比如,职位分析是为了明确工作职责,那么分析的重点在于工作范围、工作职能、工作任务的划分;如果职位分析的目的在于选聘人才,那么职位分析的重点在于任职资质的界定等。

2.系统原则

在对某一职位进行职位分析时,要注意该职位与其他职位的关系,从总体上把握该职位的特点及对人员的要求。

3.职位原则

职位分析的出发点是从职位出发,分析职位的内容、性质、关系、环境以及人员胜任特征,即完成这个职位工作的从业人员需具备什么样的资格与条件,而不是分析在职的人员如何。

4.动态原则

此原则是指根据企业战略变化、环境变化、业务调整,经常性对职位分析的结果进行调整。

5.参与原则

职位分析尽管是由企业人力资源部主持开展的工作,但它需要各级管理人员与员工的广泛参与,尤其需要高层管理者的重视和业务部门的大力配合才能成功。

6.经济原则

无论是出于什么具体目的来实行职位分析,如果取得成功,最终组织都可以获得经济上的直接或者间接收益。但是,在选择职位分析的执行者以及实施方法的时候,如果不合理地控制实施职位分析的成本从而导致成本大于收益的话,并非明智之举。

7.应用原则

此原则是指职位分析的结果,如形成工作说明书后,管理者就应该把它应用于企业管理的各个方面。无论是人员招聘、选拔培训,还是绩效考核、员工激励等都需要严格按工作说明书的要求来实施。

三、职位分析实施的步骤

(一)准备阶段

职位分析和其他工作一样,在职位分析开始时应做好充分的准备。分析人员应研究该企业现有的书面资料,对该企业和某项工作的背景有个大致了解,同时对以后的分析工作进行规划。

1.建立职位分析小组

小组成员通常由分析专家构成。专家可以来自组织的内部,也可以外聘。外聘专家可能在职位分析时有丰富的经验,对组织内的问题分析会更加客观可信。但是外聘专家对具体工作缺乏了解,他们要花费大量的时间来了解工作业务,在差旅、时间等方面的花费也较高。另外,外聘专家在职位分析时通过对任职者进行询问、观察等来收集信息,任职者在工作中会有很大的压力。组织内部的专家一般为人力资源管理人员,可分为中、高层管理人员,他们都经过专门的训练,能够系统地收集和分析工作信息。内部人员对企业的工作业务较为熟悉,但经验少,对信息的归类、整理以及工作的描述不太擅长。至于是请组织外的专家还是由组织内部的专业人员来实施职位分析,没有特定的答案,一般依据组织的具体情况而定。小组成员确定以后,应赋予他们工作的权限,以保证分析工作的协调和顺利进行。

2. 确定职位分析的目标和侧重点

有了明确的目的,才能正确地确定职位分析的范围、对象和内容,规定分析的方式、方法,并弄清应当收集什么资料、到哪儿去收集、用什么方法收集。对一个新成立的组织或一个刚刚进行了重组的组织实施职位分析时,首要的目标是将组织的职能分解到各个职位,明确各个岗位的职责以及该岗位的上下隶属关系和左右联系。如果职位分析的目标是招聘员工、确定工作绩效或是确定薪酬体系,则职位分析的侧重点又不同。

3. 收集和分析有关的背景资料

组织中现存的背景资料对于职位分析是非常重要的,一方面可使分析人员了解具体的工作业务,另一方面可为职位分析提供许多有用的信息。现存的资料包括组织结构图、工作流程图、岗位职责、办公室制度、考核标准等。分析人员可在分析时参考这些资料,同时结合实际,灵活应用,将会给分析工作节省大量的时间和精力。

4. 选择收集信息的方法和系统

收集信息的方法有许多种,如问卷调查法、访谈法、观察法、工作日写实法等。这些方法各有其独特之处和缺点,各有其适合的场合。因此,应考虑职位分析要达到的目标以及分析岗位的不同特点,选择收集信息的方法。同时,有些方法需要事先设计一些文件和表格在实施时使用,如访谈提纲、调查问卷和观察提纲等。

(二)实施阶段

实施阶段是整个职位分析的核心部分,这一阶段的工作量最大,主要做好建立良好的工作关系以及实际收集和分析综合工作信息两方面的工作。

1. 建立良好的工作关系

职位分析涉及组织的许多方面,而且需要深入具体的工作岗位。没有高级管理人员的支持、业务部门的配合,职位分析者很难收集到与工作有关的详细信息,分析得出的结果可能就与实际相脱离。因此,赢得管理者和任职者的理解和支持是非常必要和重要的。在分析的实施阶段,分析人员就需要与涉及的人员进行沟通,建立良好的工作关系;为了做好职位分析,还应该做好员工的心理准备工作。在与员工沟通时,分析人员要从以下几个方面入手:一是职位分析小组向有关人员宣讲职位分析的目的和意义;二是让有关人员了解职位分析中会使用的方法,需要他们做什么样的配合;三是让有关人员了解职位分析的进程。

2. 实际收集和分析综合工作信息

在进行职位分析时,不同的分析目的使得分析的项目有很大的差别。前文已经列出了职位分析时,应收集7个(6W1H)方面的信息。分析时,分析人员要注意审核、整理获得的信息,发掘有关工作和任职者的关键问题;应分析工作的内容、性质以及人员胜任的特征,而不是分析在职人员如何。

(三)结果形成阶段

1. 拟定工作描述和工作规范

职位分析的结果是将获得的信息予以整理,拟定每个职位的工作描述和工作规范。工作描述和工作规范是人力资源管理其他各项工作的基础和依据性文件。因此,对它们的拟定应符合严格的要求。工作描述书中各项工作活动的描述可按耗费的时间多少,或重要性程度,或技术逻辑顺序进行排列。工作描述书的详略与格式不尽相同,每个企业都可能有不同的写法。对于一些技术水平低或简单的工作,工作描述可以简短而清楚地描述;对于一些高技术、性质与内容复杂的工作,工作内涵不易详细而具体列明,只能用若干含义极广的词句来概括。格式可采用表格形式,也可采用文字叙述的方式,但必须列明工作或岗位最起码要做到的范围。叙述要清楚和完整,文字力求简单、精确,形式统一。工作规范则根据工作内容规范某职位的任职资格,需要从工作性质、工作繁简难易及工作责任的轻重等方面来明确规范。

2.审查和确认结果性文件

任职人员及其上级对分析的工作有清楚的了解,因此,工作说明书初稿编制完成后,应发给他们审查。任职人员及其上级对结果性文件的审查和确认可确保分析结果的准确性和适用性。他们在审查后,提出修改意见。分析人员依据他们的意见对工作说明书和工作规范进行修订。

3.整理和归档

在工作分析的过程中必然会形成一系列文件,为便于公司对文件的管理,分析人员应把形成的成果文件按照公司的要求统一整理和归档。更重要的是,对工作分析文件的归档便于公司在以后的人力资源管理过程中和对相关岗位进行调整时有依据可查。

(四)反馈阶段

1.实施培训阶段

职位分析的价值体现在分析结果的应用。在这个阶段,专家要对实施人员进行相关的培训,让员工熟悉他们的工作范围、职责权力及工作关系等细节内容,以减少管理工作流程中出现的不必要的工作摩擦和工作流程脱节等问题。同时,培训职位分析的使用人员可在职位分析的基础上,寻找人力资源管理上的一些方法,如工作的定编定员、工作的再设计及工作的评估等。

2.工作描述和工作规范的反馈修改

组织的生产经营活动是不断变化的,这些变化会直接或间接地引起组织分工协作体制发生相应的调整,从而相应地引起工作的变化。同时,工作内容的变化,对于任职人员的教育、知识和技能、人际关系个性特征的要求也会发生改变,对工作描述和工作规范的反馈与修改是为了及时发现工作描述和工作规范中的不足和缺陷。另外,职位分析文件的适用性只有通过反馈才能得到确认,分析人员根据反馈修改其中不适应的部分。

由以上可以看出,职位分析是一项技术性很强的工作,遵守科学的、合理的操作程序往往能收到较好的效果。职位分析通常包括以上四个阶段,即准备阶段、实施阶段、结果形成阶段和反馈阶段。在职位分析时,遵守步骤,做好每一阶段的工作,职位分析才能和实际相符,得出科学、合理的结果。

四、职位分析的方法

职位分析的方法是指职位分析过程中信息的收集方法。职位分析的方法多种多样,国内外已经开发出许多较为成熟的方法,并已在实践中得到广泛应用。但现实中并不存在一种最佳、放之四海而皆准的具有普适性的方法,因为职位分析的内容取决于职位分析的目的与用途,因而不同企业进行调查分析的侧重点会有所不同。在实践中,要做好职位分析,就要根据不同的职位和不同的管理目的,把不同的方法结合起来使用。

1. 文献分析法

文献分析法是一项经济且有效的信息收集方法,通过对与工作相关的现有文献进行系统性的分析来获取工作信息。相关的文献资料包括内部文献和外部文献。内部文献包括员工手册、公司组织管理制度、岗位职责说明、绩效评价、作业流程说明、ISO质量文件、设备材料使用与管理制度、作业指导书、人事档案等,这些是企业现有的材料,收集起来比较方便。外部文献可以从外部类似企业相关职位分析结果或原始信息中获取,并作为原始信息加以利用。分析人员对每项工作需要总结、归纳以下信息:各项工作活动与任务,知识、技能和能力要求,特殊环境要求,使用的设备,工作成果和绩效标准。进行文献分析时,分析人员应对这些信息进行甄别,做好阅读笔记、认真思考、仔细分析。

文献分析法的优点是分析成本较低,工作效率较高,能够为下一步职位分析提供基础资料和信息。缺点首先是在应用的时候,要确认与实际情况之间是否存在差异;其次,一般收集到的信息不够全面,尤其是小型企业或管理落后的企业往往无法收集到有效、及时的信息;最后,一般不能单独使用,要与其他职位分析方法结合起来使用。

2. 观察法

观察法是一种传统的职位分析方法,是指职位分析人员到工作地点,针对某些特定的对象(一个或多个任职者)的实际情况进行观察,收集、记录有关工作内容、工作流程、工作中的监督和指导关系,以及工作环境、条件等信息,然后进行分析和归纳总结的方法。观察法是最早使用的分析方法。早在20世纪初,科学管理之父泰勒为了让工人使用标准的操作方法完成较高的工作定额,就采用观察法进行动作与时间研究的科学实验。观察法适用于体力工作者和事务性工作者,如搬运工、操作员、文秘等。

观察法的优点是获得信息比较直接,职位分析人员能准确地了解工作的内容、要求。它适用于一些比较简单、周期短、不断重复、体力性为主的工作。缺点是不适用于周期比较长的和以脑力劳动为主的工作,以及处理紧急情况的间歇性工作,例如公司经理、律师、教师、急救站的医护人员等;在实际运用时,有的员工会觉得自己受到监视或威胁,可能会造成操作动作变形;不能得到有关任职者的资格要求。

在使用观察法时,职位分析人员应事先准备好观察提纲和观察表,以便随时进行记录。条件好的企业,可以使用摄像机等设备,将员工的工作内容记录下来,以便进行分析。另外要注意的是,观察的工作行为要有代表性,并且尽量不要引起被观察者的注意,更不能干扰被观察者的工作。

3. 访谈法

访谈法又称面谈法,是指职位分析人员就某一职位面对面地询问任职者、主管及专家等人对工作的意见和看法的方法。它分为个人面谈法和集体面谈法。

面谈应在轻松愉快的气氛中进行,使被约谈者能畅所欲言,无拘无束地描述、讨论他的工作。职位分析人员可事先准备一份访谈提纲,并采用标准化访谈格式来访谈和记录,这样便于控制访谈内容。职位分析访谈在内容上一般包括职位设置的目的,本职位职责,教育、经验、培训及能力等的要求,工作关系,工作条件等内容。访谈法的主要目的是获取与工作有关的详细信息。

访谈法的优点是采用这种方法可对任职者的工作态度与工作动机等深层次内容有详细的了解;运用面广,能够简单而迅速地收集多方面的职位分析资料,了解到短期直接观察不容易发现的信息;同时,在访谈的过程中,分析人员可为任职者解释职位分析的必要性和功能,通过与员工的沟通,使员工对职位分析提供很好的配合。缺点是访谈法很注重谈话技巧,需要受过专门训练的职位分析人员进行访谈;访谈法易被员工误解为是对他工作业绩的考核或是薪酬调整的依据,所以会夸大或弱化某些职责,搜集到的信息往往被扭曲或失真。

4.问卷调查法

问卷调查法是职位分析中常用的一种方法,采用调查问卷来获取职位分析的信息。问卷调查法的步骤一般是先由有关人员事先设计出一套职位分析问卷,然后由工作承担者或职位分析人员填写问卷,最后再将问卷加以归纳分析,做好详细记录,据此制定出工作说明书。形成工作说明书后还要再征求任职者的意见,进行补充和修改。

调查问卷主要可分为以下几种类型:有专门为特定的工作岗位设计的问卷,也有通用的、适合于各种工作的问卷;有工作定向的问卷和人员定向的问卷,前者强调工作本身的条件和结果,后者则集中于了解职工的工作行为;有结构化程度较高的问卷,也有开放式的问卷。

问卷调查法的优点是可以在短时间内从众多任职者那里收集所需的信息资料;可以在生产和工作时间之外填写,不影响正常工作;调查范围广,可用于多种目的、多种用途的职位分析;比较适用收集管理职位的工作信息。缺点是对问卷编制的技术要求较高;不同任职者因对问卷中同样问题理解的差异,会产生信息资料的误差,进而偏离职位分析的目标;问卷的回收率通常偏低;不适合对文字理解能力和表达能力较差的人进行问卷调查。

5.职位分析问卷法

职位分析问卷法(position analysis questionnaire,PAQ),采用一种结构严谨的职位分析问卷,是比较普遍和流行的人员导向职务分析系统。它是 1972 年由普渡大学教授麦考密克(E. J. McCormick)、詹纳雷特(P. R. Jeanneret)和米查姆(R. C. Mecham)设计开发的。设计者的初衷在于开发一种通用的、以统计分析为基础的方法来建立某职位任职者的能力模型,同时运用统计推理进行职位间的比较,以确定相对报酬。目前,其应用范围已拓展到职业生涯规划、培训等领域,以建立企业的职位信息库。

PAQ 包含 194 个项目,其中 187 项被用来分析完成工作过程中员工活动的特征(工作元素),另外 7 项涉及薪酬问题。所有的项目被划分为信息输入、思考过程、工作产出、人际关系、工作环境、其他特征等 6 个类别,PAQ 给出了每一个项目的定义和相应的等级代码。如信息输入——包括工人在完成任务过程中使用的信息来源方面的项目;思考过程——工作中所需的心理过程;工作产出——识别工作的产出;人际关系——工作与其他人的关系;工作环境——完成工作的自然和社会环境;其他特征——其他工作的特征。

PAQ 给出了 6 个评分标准:信息使用度、耗费时间、适用性、对工作的重要程度、发生的可能性以及特殊计分。使用 PAQ 时,用 6 个评估因素对所需要分析的职务一一进行核查。核查每项因素时,都应对照这一因素细分的各项要求,按照 PAQ 给出的计分标准,确定职务在职务要素上的得分。

职位分析问卷法的不足主要表现在:第一,由于没有对职务的特殊工作活动进行描述,因此,职务中行为的共同之处就使任务之间的差异变得模糊了;第二,职位分析问卷法的可读性差,具备大学阅读水平以上者才能够理解其各个项目;第三,花费时间多,成本高,程序烦琐。

6.关键事件法

关键事件法是一种由职位分析专家或工作人员在大量收集与工作相关信息的基础上详细记录其中关键事件并具体分析职位特征要求的方法。其特殊之处在于基于特定的关键行为与任务信息来描述具体工作活动。这种方法最初用于培训需求评估与绩效考核。虽然这种方法使用范围有限,但也是一种重要的职位分析方法。与其他职位分析方法相比,由于关键事件法能有效提供任务行为的范例,因而更频繁应用于培训需求评估与绩效评估中。

关键事件法的主要原则是认定员工与职务有关的行为,并选择其中最重要、最关键的部分来评定其结果。首先从领导、员工或其他熟悉职位的人那里收集一系列工作行为的事件,然后描述"特别好"或"特别坏"的工作行为。对每一事件的描述内容包括:①导致事件发生的原因和背景;②员工的特别有效或无效的行为;③关键行为的后果;④员工自己能否支配或控制上述后果。在对员工的工作情况进行调查时,应用关键事件法,需要问到这些问题:"在过去的一年中,您在工作中所遇到比较重要的事件是怎样的?""您认为解决这些事件的最为正确的行为是什么? 最不恰当的行为是什么?""您认为要解决这些事件应该具备哪些素质?"

关键事件法的优点主要是识别挑选标准及培训的确定,尤其应用于对绩效考核的行为确定与行为观察中;由于是在行为进行时观察与测量,所以描述的职位行为、建立的行为标准更加准确;能更好地确定每一行为的利益和作用。缺点是需要花大量的时间去收集那些"关键事件"并加以概括和分类;并不能对工作提供一种完整的描述,无法描述工作职责、工作任务、工作背景和最低任职资格的轮廓;中等绩效的员工难以涉及,遗漏了平均绩效水平。

7.工作日志法

工作日志法是要求员工就其实际工作的内容、责任、权力、人际关系及工作负荷坚持记工作日志,再经过归纳提炼取得所需工作信息的一种工作信息获取方法。

工作日志法所获得的信息可靠性很高,所需费用低,适用于获取有关工作职责、工作内容、工作关系、劳动强度等方面的信息。但是这种方法适用的工作类别范围有限,不适用于工作循环周期较长、工作状态不稳定的职位;此种方法所获信息的整理量大,归纳工作繁重。此外,填写工作日志是对工作执行者正常工作的一种干扰,而填写时可能的疏漏也会在一定程度上影响职位分析的有效性。

8.计算机职位分析系统

在人力资源管理信息化过程中,计算机与人力资源管理相结合的特点大大方便了人力资源的管理。在职位分析这一基础性工作中,相关的软件系统也是大有用武之地的,可以减少在与准备职位说明有关的各种工作中的时间投入与其他耗费。此类软件系统中通常有针对每项工作的分组排列的工作职责说明和关于问卷调查范围的说明。扫描仪等外部设备能有效帮助职位分析员将问卷资料输入计算机,后者就可自动生成以职位特征分类的工作说明书,使各种工作任务、职责被分门别类,并按照相对重要性排序。

五、职位说明书的编写

(一)职位说明书的编写原则

1.统一规范

职位说明书的具体形式可能有多种,但其核心内容却不应当改变。对于职位说明书中的重要项目,如工作名称、工作概要、职责、任职资格等,必须建立统一的格式要求,否则职位说明书难以发挥管理作用。

2.清晰具体

职位说明书作为任职者的工作依据和具体要求,内容必须具体明了,对任职者或管理者而言是可理解、可操作、可反馈的。在适用此原则时应先对要分析的工作对象的性质予以明确。但不论是对哪种性质的工作进行分析,语言表述措辞方面都应当符合任职者的水平。

3.范围明确

在界定职位时,要指明工作的范围和性质,如用"为本部门""按照经理的要求"这样的句式来说明。此外,还要把所有重要的工作关系包括在职位说明书中。

4.共同参与

职位说明书的编写不应当闭门造车,而应由承担该工作的任职人员、上级主管、人力资源专家共同参与,进行分析协商。只有将各方面的意见考虑在内,制定出来的岗位说明书才会为各方面所接受,也才能在工作中真正发挥作用。

5.核对结果文件

结果文件的核对是指在职位说明书成型后,不能认为所有工作都已经结束了,还要将职位说明书对照之前所收集信息的分析结果,让组织内部的相关工作人员对其进行审核与反馈,经过反复修改确认无误之后,编制工作才算完成。

(二)职位说明书的编写内容

职位说明书的内容包括两大部分,即职位描述和职位规范。其中,职位描述主要涉及职位执行者实际在做什么、如何做以及在什么条件下做的有关内容;而职位规范,又称任职资格,则说明了职位执行者为了圆满完成职位所必须具备的知识、能力、技术以及其他要求。

1.职位描述的编写

职位描述是对职位本身的内涵和外延加以规范的描述性文件。职位描述主要包括以下内容。

(1)职位标识。职位标识又称职位识别,是关于职位的基本信息。它包括职位名称、职位代码、所属部门、所辖人数、直接上级/下级的职位名称、定员人数、职位等级、职位地点。

(2)职位摘要。职位摘要又称职位目的,是对岗位内容的简要概括,通常用简洁、明确的一句话表述该职位的职位内容和存在的价值。职位摘要的具体写法可以遵循如下形式:what + within + why,即该职位的主要职责、范围、目的。

(3)职位职责。职位职责是指该职位通过一系列什么样的活动来实现组织的目标,并取得什么样的职位成果。它是在职位标识和职位摘要的基础上,进一步对职位的内容加以细化的部分,是职位描述的主体。它通常包括职位的主要职责、职位任务、职位权限及职位结果(职位的绩效标准)。描述格式为动词 + 名词宾语(动词实施的对象) + 进一步描述任务的词语。

(4)职位关系。职位关系是指任职者与组织内外其他人之间的关系。职位关系包括两部分内容:第一部分是该职位在组织中的位置,用组织结构图来反映;第二部分是该职位任职者在履职过程中与组织内部和外部各单位之间的职位联系,包括联系的对象、联系的内容、联系的方式和联系的频次。

(5)职位环境。职位环境界定的是职位场所的自然环境、安全环境(职位危险性)和社会环境。此外,职位环境还应关注由于职位本身或职位环境的特点给任职者带来的职位压力。它主要包括职位时间的波动性、出差时间的百分比、职位负荷的大小。

表4-1为某企业调度员职位描述。

表4-1　某企业调度员职位描述

职位名称:调度员

直接上级:储运科科长

负责对象:仓库进出货物的调度

工作目标:负责仓库进出货物的计划调度工作

权力与责任:

　1.服从分配,听从指挥,严格遵守公司的各项规章制度和有关规定;

　2.负责各直销点订单的受理和汇总工作;

　3.负责对订单做计划,并根据计划进行调度工作;

　4.负责将汇总后订单报销售部门;

　5.负责仓库物资的合理安排调度;

　6.负责物资运输调度工作;

　7.负责对车辆的调度工作;

　8.负责物资装卸过程的督促和监督管理工作;

　9.负责安排搬运工的搬运调度工作;

　10.对所承担的工作全面负责;

　11.熟悉计算机的使用。

参加会议:

　1.参加本科每周工作会议;

　2.参加每季度工作协调会和评比会;

　3.参加公司召开的年度职工会。

2.职位规范

职位规范,又称任职资格说明,是指一个人为了完成某种特定的职位工作所必须具备的知识、技能、能力以及其他特征的一份目录清单。知识是指一个人为了成功地完成某项职位任务而必须掌握的事实性或程序性信息;技能是指一个人在完成某项特定的职位任务方面所具备的熟练水平;能力是指一个人所拥有的比较通用的且具有持久性的才能;其他特征主要是指一些性格特征,这些特征都是不能被直接观察到的与人有关的特点,只有当一个人实际承担起职位的任务、职责的时候,才有可能对这些特点进行观察。当然,这里所说的知识、技能、能力以及其他特征是对该职位的任职者的最低要求。

职位规范的内容主要如下:

(1)教育程度要求。这包括学历要求和专业要求两部分内容。

(2)资格证书要求。这是指国家或行业规定的任职者必须持有的职业资格证书。

(3)工作经验要求。这是指该工作的任职者需要具备什么样的经验。由于不同组织、不同岗位对经验的要求不尽相同,描述工作经验可以从三个方面来描述,即社会工作经验、专业工作经验和管理工作经验。

(4)培训要求。培训要求包括每年需要的培训时间、培训的内容以及培训方式。培训主要分为在岗培训、脱岗培训或自我培训三类,它们都需要以整个组织的培训开发政策、制度和体系为基础。

(5)知识要求。工作对任职者的知识要求可以从以下分类来描述:与工作相关的理论知识、专业知识、组织知识、相关的政策法律知识及其他。

(6)工作技能要求。这是指对与工作相关的工具、技术和方法的运用。工作技能要求包括计算机使用技能、公文写作技能、外语技能等。

(7)心理品质要求。这是根据职位的性质和特点,对员工心理素质及其发展程度的要求所进行的综合分析。其包括观察能力、集中能力、理解能力、学习能力、沟通能力、创造能力、决策能力、协作能力、领导能力、性格、兴趣、事业心等。

表4-2为某国有企业招聘专员岗位规范范例。

表4-2 某国有企业招聘专员职位规范

职位名称:招聘专员	编号:
部门:人力资源部	直接上级职务:人力资源部经理
分析人员:	分析日期:

1.体格要求

年龄:25~35岁,性别不限。

身高:女性1.55~1.70米,男性1.68~1.80米。

视力:必须能够看清计算机屏幕、数据报告和其他文件。

听力:必须能够与同事、员工和顾客交流,参加各种会议和准备公司信息。

健康状况:无残疾、无传染病。

2.知识和技能要求

(1)学历要求:人力资源管理专业、心理学专业或相关专业本科以上。

(2)工作经验:三年以上国有大型企业工作经验。

(3)专业背景要求:曾从事人力资源招聘工作两年以上。

(4)英语水平:英语四级及以上。

(5)计算机:熟练使用办公自动化软件。

3.特殊才能要求

(1)语言表达能力:能够准确地与部门主管交流工作情况,能够进行人力资源的规划和预测,能够准确、清晰、生动地向应聘者介绍企业情况,能够准确、巧妙地回答应聘者提出的问题。

(2)文字表达能力:能够准确、快速地将希望表达的内容用文字表达出来,对文字描述很敏感。

(3)工作认真细心,能认真保管好各类招聘材料。

(4)有较强的公关能力,能准确地把握同行业的招聘情况。

4.其他要求

(1)能够随时出差。

(2)不可以有一个月以上的假期。

(三)编写职位说明书注意的问题

在编写职位说明书的过程中,工作人员常常会受到某些主观、客观因素的影响,而走入以下误区。

1. 功能错位

所谓功能错位,是指职位说明书的内容与职位说明书的要求相背离,因此在内容上出现错误;或者说,本不应是职位说明书的文案,如组织中的岗位责任制,被当作职位说明书使用,发生功能错位。出现这个原因,在于职位分析人员缺乏对职位分析,尤其是职位说明书的科学、完整的认识。参与职位分析及编写职位说明书的人员应该掌握扎实、丰富的人力资源专业知识,对职位分析的内容及职位说明书的编写方法有系统全面的了解。只有这样,才能保证职位分析的准确性和专业性。

2. 职责交叉

确切地说,职责交叉本身并非是什么问题。因为,为适应外部竞争环境,许多企业实行团队化的工作制度,即同一项工作任务需要来自若干不同部门的不同职位任职人员来共同完成,这就出现了职责交叉。正确地处理职责交叉有助于发挥协作效应,取长补短,提高工作效率。但是,在编写这些职位的职位说明书时,如果不能够明确地界定出每个职位所应承担的责任,便会使任职者因为职责不清而无法顺利完成工作,甚至有可能造成职位间相互推诿扯皮的现象。为了避免这种现象的发生,在收集信息的时候,工作人员就应该注意界定不同职位间的职责范围。

3. 职责重叠

在很多企业中,对于那些工作性质相同、工作量又很大的职位,仅仅有一个岗位是不够的,这时就会出现同一职位下的若干人员其职责相互重叠的现象。与职责交叉类似,这也是企业经营管理中可能出现的正常现象。但是如果在编制职位说明书的时候,对于这些看似工作内容类似的职位只编制同一份职位说明书,问题就会出现。因此,对于这种有职责重叠的职位,应该界定分明,分别编写职位说明书。

4. 不成体系

在有些企业的职位说明书编制过程中,存在着以下现象:夸大或者缩小职责,或者职责不完整,任职资格不明确,有些职位不具备职位说明书等。这些现象的存在,使职位说明书的体系遭到了破坏,进而导致其根本不可能为工作评估、薪酬设计、招聘培训等工作提供科学的依据。产生这种现象的原因,主要在于组织对职位说明书不够重视,或编写目的不明确。其实,职位说明书编写的过程,也是对企业业务流程重新认识的过程。因此,在编制职位说明书的过程中,应该始终明确职位分析的目的,从组织的领导到基层人员通力配合,科学、严谨、实事求是地完成工作。

(四)职位说明书范例

职位说明书范例见表 4-3。

表 4-3　电源监控部经理职位说明书

职务名称	所属部门	直接领导	定员人数	辖员范围/人数	分析日期	分析人	审核人
电源监控部经理	销售公司	销售公司总经理	1 人	电源控制部	2022-11-11	××	××

工作目的:使本部门各项工作有效运转、为公司做好服务。

工作职责:

1.负责部门整体规划及建设;

2.负责部门人力资源建设;

3.负责部门人员工作的分配及安排;

4.负责公司代理产品及监控项目安装、维护的安排与落实;

5.负责工程方案、预算的审查与管理;

6.负责工程质量监督、检查;

7.负责部门人员的培训、考核工作;

8.负责部门监督并执行公司的各项规章制度。

协助性工作:协助销售公司总经理做好本部门与公司各部门的协调工作。

其他工作:完成领导安排的工作。

任职资格:

1.教育:本科以上学历,具备 IT 行业方面的知识和相关工程师证书。

2.经历:具备 3 年以上相关工经验。

3.技能:熟悉国内先进的电源、空调、避雷、监控等项目的安装与维护。

4.能力:具备一定的组织协调及沟通管理能力,运用正式或非正式的方法,指导、辅导和培养下属,在复杂的环境中能处理好和客户的关系。

5.权限:负责本部门的人事权及部门报销票据的初审权。

管理状态:受销售公司总经理直接领导,直接领导本部门人员开展工作。

担任人声明:

签名:　　年　　月　　日

思考与讨论

1.职位分析的步骤是什么?

2.各种职位分析方法的优缺点是什么?

3.进行职位分析后会得到什么结果?

实训题

调研你所熟悉的某制造企业,对该企业的具体职位进行职位分析。

任务三 进行职位评价

知识目标

★掌握职位评价的概念和特征
★掌握职位评价的方法
★了解职位评价的功能

技能目标

★能根据企业的具体岗位编制岗位说明书

任务导入

方华的烦恼

2004年7月,方华从北方某大学毕业后,应聘市场部经理助理一职进入香港丁公司上海分部。丁公司的产品定位于追求优雅和精致时尚的消费者,上海分部为整个公司的东南亚市场提供销售和业务支持。上海分部较重要的员工的录用、考评、薪酬等方面的人力资源管理决策由香港总公司决定。

方华进入公司不久,恰逢市场部经理罗丽即将休产假,分部总经理李治告诉方华:"你必须在9月初罗丽休假之后快速成长。"接下来的几个月里,方华不仅要完成她自己的工作职责,还要承担大部分罗丽原先的职责。尽管方华受到的培训和指导有限,但她学得很快,也很满意自己的工作绩效。

值得一提的是,方华在正式工作后从未见过有关市场部经理助理这一职务的工作内容、工作责任等书面文件,也不大清楚企业是否进行过工作分析,是否制定过工作描述和工作说明书等,而且方华发现上海分部的其他同事好像也遇到了这样的情况。同时,方华知道自己承担的工作已经大大超出在应聘时李治大概描述过的范围。

之后,方华察觉到李治正日益为工作所困扰,因为他觉得总公司没有赋予其应有的决策权,公司的岗位职责描述得不明确,管理层的工资与普通员工工资的差异并不是很大。丁公司的竞争对手通过猎头公司多次聘请他担任高级职务,2004年10月李治正式提出辞呈。丁公司只能通过不断挽留,恳请他推迟离职期。在罗丽休假结束回到公司后,李治最终于2005年1月离开了丁公司。

方华刚来公司时每月拿1600元,也很清楚自己当时没有任何工作经验,还有很多需要学习的地方。但后来方华听一些同在上海工作的同学说,这个薪酬水平是不够的。在工作后的一年时间里,她没有储蓄,居住条件也很不理想,2005年6月,与公司签订的一年期劳动合约快到期了,因为薪水未得到调整,方华正在考虑是否续签合约,也开始计算什么才是"公平"的工资。因为她的房租是每月900元,而在上海每月工资最少是房租的3倍,即2700元才能维持生存……

资料来源:霍思安.人力资源管理案例[M].邵冲,董剑,吕峰,译.2版.北京:机械工业出版社,2001.

任务1:香港丁公司上海分部人力资源管理出现了什么问题?

任务2:李治为什么会离职?

任务3:李治为什么认为自己没拿到"公平"的工资?

任务分析

从上述案例可以看出,企业没有明确界定内部各职务所负责的工作;员工的工作范围变动较大,而且责任模糊;另外,虽然总部负责分公司重要的人力资源管理决策,但和分公司的联系松散,不能及时掌握变动情况,无法进行明确的职务评价,也就无法设计出科学、合理的薪酬体系。

知识链接

一、职位评价的概念

职位评价,也称为岗位评价或者工作评价,是指采用一定的方法对企业中各种职位的相对价值做出评定依据,并以此作为薪酬分配的重要依据;是在职位分析的基础上,对企业所设职位需承担的责任大小、工作强度、难易程度、所需资格条件等进行评价。职位评价的实质是将工作职位的劳动价值、职位承担者的贡献与工资报酬有机结合起来,通过对职位劳动价值的量化比较,确定企业工资等级结构的过程。

职位评价是评定工作的相对价值,确定职位等级,以确定工资收入等级的依据。因此,职位评价是工作分析的逻辑结果。工作分析主要包括工作描述和工作规范两个方面的内容,而职位评价是在前面两个环节的基础上进行的,其根本目的是为确定薪酬结构、等级,实现薪酬内部公平性提供依据。

二、职位评价的特点及功能

1.职位评价的特点

以职位作为基本依据确定的薪酬体系,其核心工作是对职位本身的价值及其对组织的贡献度大小进行评价,然后再根据这种评价以及外部劳动力市场的薪酬状况来确定不同职位的薪酬水平。职位评价有以下特点:

(1)职位评价的中心是客观存在的"事"和"物",而不是现有的员工。以"员工"为对象的衡量和评比,属于人事考核或员工素质测评的范畴,而职位评价虽然也涉及员工,但它是以员工的工作活动为对象进行的评价。职位的"事"和"物"是客观存在的,是企业生产或工作的重要组成部分。

(2)职位评价是对企业各类职位和相对价值衡量的过程。在职位评价的过程中,根据预先规定的衡量标准,对职位的主要影响因素进行评价,由此得出各个职位的价值量。

(3)职位评价是对同类不同层次职位的相对价值衡量评价的过程。职位评价的最后结果,不仅为职位的分类分级提供了前提,也为企业构建公平的薪酬制度奠定了基础。

2.职位评价的基本功能

职位评价的基本功能有以下几点:

(1)职位评价为实现薪酬管理的内部公平提供依据。企业薪酬体系如果要更好地体现内部公平,就应实现"以岗定人,以职定责,以职责定权限,以岗位定基薪,以绩效定薪酬"的原则。职位评价是实现这一原则的前提。

(2)职位评价对职位工作任务的繁重程度、责任权限大小、所需的资格条件等因素,在定性分析的基础上,根据统一的评定标准进行量化评定,从而使单位内各个职位之间,能够在客观衡量自身价值的基础上进行横向和纵向的比较,并具体说明其在企业单位中所处的地位和作用。

(3)系统、全面的职位评价制度为企业岗位归级列等奠定了基础。

总之,职位评价的基本功能和具体作用充分发挥,能使企业各个层次岗位的量值转换为货币值,为建立公平、合理的薪酬体系提供科学的依据。

三、职位评价的方法

职位评价的方法主要有四种,即排列法、分类法、因素比较法和评分法。前两种方法一般为"非解析法",后两种被称为"解析法"。两者的主要区别是,前两种方法不把职位划分为要素来分析,而后两种方法则是职位内部各要素之间的比较。这四种方法已经使用半个多世纪,尤其是前三种方法在很多国家被广泛使用。

(一)排列法

排列法是一种简单的职位评价方法,它根据总体上界定的职位的相对价值将职位进行从高到低的排列。它主要有以下几种方法。

1.简单排列法

简单排列法也称序列法,是一种最简单的职位评价方法,它是由评定人员凭着自己的工作经验主观地进行判断,根据职位的相对价值的高低次序进行排列。在运用这一方法时要求评价者对需要评价的职位内容相当熟悉,否则就不可能做出准确的判断。使用这种评价方法要将每个职位作为一个整体来考虑,并通过简单的现场写实观察或凭借一些相关的职位信息进行相互比较。其具体步骤如下。

(1)由有关人员组成评定小组,并做好各项准备工作。

(2)了解情况,收集有关职位方面的资料、数据。

(3)评定人员事先确定评价标准,对本企业同类职位的重要性逐一做出评判,最重要的排在第一位,再将较重要的、一般性的职位,逐级往下排列。

(4)将经过所有评定人员评定的每个职位的结果汇总,得到序号和,然后将序号和除以参与评定的人数,得到每一职位的平均排序数。最后根据平均排序数的大小,按照评定出的职位相对价值,以由大到小或由小到大的顺序做出排列,如表4-4所示。

表4-4 简单排序法示例

职位编码	评价人员A	评价人员B	评价人员C	评价人员D	评价人员E	合计	平均值	排序
01001	1	2	3	4	1	11	2.2	2
01002	2	2	1	1	3	9	1.8	1
01003	3	1	4	2	2	12	2.4	3
01004	4	5	3	3	5	20	4	4
01005	5	4	5	5	4	23	4.6	5

在实际的应用过程中,为了提高职位排序法的准确性和可靠性,还可以采用多维的排列法,如从职位责任、知识经验、技能要求、劳动强度、劳动环境等多个维度进行评价,从而使职位评价的结果在可信度和有效度上明显提高,如表4-5所示。

表 4-5　职位综合排列法示例

评价指标	职位甲	职位乙	职位丙	职位丁	职位戊
职位责任	1	2	4	3	5
知识经验	2	1	3	5	4
技能要求	3	2	1	4	5
劳动强度	4	3	5	2	1
劳动环境	2	5	4	1	3
合计	12	13	17	15	18
职位由高级到低级排序	1	2	4	3	5

2.选择排列法

选择排列法也称交替排列法,是简单排列法的进一步推广。例如,某公司销售部有10个管理职位,即 A、B、C、D、E、F、G、H、I、J。其具体步骤如下。

(1)按照职位相对价值的衡量标准,如职位的责任程度,从10个职位中选择最突出的职位,将具代码填写在排序表(见表4-6)第一的位置上,同时,选出程度最低或最差的职位,并将其代码填写在排序表最后的位置上。

(2)由于10个管理职位中,相对价值最高与最低的职位 D 和 B,已经被列入第一和最后的位置,第二步是从余下的8个职位中,选出相对价值最高和最低者,并将其代码分别填写在表中的第二和倒数第二的位置上。

(3)从剩下的6个职位中,选出相对价值最高和最低的职位 C 和 I,将其代码填入排序表中第三和倒数第三的位置上。

(4)以此类推,可完成该部门管理职位的排序工作,如表4-6所示。

表 4-6　选择排列法举例

排序	职位代码	排序	职位代码
1	D_1	6	E_5
2	A_2	7	G_4
3	C_3	8	I_3
4	H_4	9	J_2
5	F_5	10	B_1

注:表中的下标表示选择的先后顺序。

与简单排序法相比,选择排序法虽然提高了职位之间整体的对比性,但依然没有摆脱评价人员主观意识和自身专业水平的制约和影响。

3.成对比较法

成对比较法也称配对比较法、两两比较法等。其基本程序是首先将每个职位按照所有的评价要素(如职位责任、劳动强度、环境条件、技能要求等)与其他职位一一进行对比,如表4-7所示;然后将各个评价要求的考核结果整理汇总,求得最后的综合考评结果,如表4-8所示。

表 4 - 7 成对比较法:职位责任要素评价表

职位代码	A	B	C	D	E	F	排序
A	0	+	—	+	+	+	6
B	—	0	+	+	—	+	4
C			0			+	2
D		+	+	0		+	3
E	—	+	+		0	+	5
F						0	1
汇总	—5	—1	+3	+1	—3	+5	—

注:本表以横行的职位作为对比的基础。

表 4 - 8 成对比较法:统计汇总

工作职位评价要素	A	B	C	D	E	F
岗位职责	6	4	2	3	5	1
劳动强度	5	6	1	2	4	2
知识水平	6	5	4	2	3	1
技能要求	5	4	6	3	2	1
劳动环境	5	6	1	4	3	2
社会心理	6	5	3	2	4	1
排序号汇总	33	30	17	16	21	8
职位级别由高到低排序	6	5	3	2	4	1

从比较过程来看,工作职位评价人员将需要评价的每个职位两两进行比较,然后根据所得到的结果,按照评价价值的大小排列出各个职位的高低顺序。

成对比较法是在同一时间内仅在两对职位之间进行比较,如果涉及的职位不多,成对比较法简单易行;但当一个部门的职位数目很多时,成对比较的次数会明显增加,需要配对比较的次数等于 $N(N-1)/2$。因此,该方法适合于较小范围内的职位评价。

4. 排列法的优缺点

排列法的优点首先是快速、简单,而且容易和员工进行沟通;其次,费用低,能够节约成本;最后,员工有较高的满意度。

排列法的缺点首先是排序各方可能很难达成共识,尤其是在一些价值差异不是很明显的职位之间;其次,评价标准太宽泛,很难避免评价人员从主观上对职位的价值进行评价;再次,要求评价人员对每个职位的细节都非常熟悉;最后,虽能排列各个职位价值的相对顺序,但无法回答各职位之间的价值差距。

排列法适用于规模较小、生产单一、职位设置较少的企业。

(二)分类法

分类法是一种将各种职位放入事先确定好的不同等级之中的一种职位评价方法。它能够快速地对大量的职位进行评价。

1.分类法的步骤

分类法是排列法的改进。其主要特点是各种级别及结构在职位被排序之前就建立起来,对所有的职位评价只需要参照级别的标准套进合适的级别里面。其步骤如下:

(1)由单位内专门人员组成评定小组,收集各种有关资料。

(2)确定合适的职位等级数量。按照生产经营过程中各类职位的作用和特征,将单位的全部职位划分为几大层次,从而确定出职位的等级数量。一般说来,单位内部的职位类型越多,职位之间的差别越大,则需要划分的职位等级就会越多;反之,职位等级就会比较少。每个职位等级按其内部的结构和特点再划分为若干个档次。

(3)编写每一职位等级的定义。职位定义通常是对职位内涵的一种较宽泛的描述。职位定义的编写可以较为复杂也可以较为简单,通常需要阐述不同职位等级上的职位所应承担的责任、所需的知识水平和技能水平要求、所接受的指导和监督等(见表4-9)。

表4-9 分类法:某工程公司的职位分类

职位等级	各职位等级档次	等级分类定义举例
10	首席执行官	1级:办公室一般支持性职位
9	副总裁	一般情况下,办公室一般支持性职位向一线主管人员或部门管理人员汇报工作。这些职位通过完成以下任务对其他职位提供综合性支持服务:操作办公室中的一些常规设备(如传真机、复印机、装订机),对文件进行存档以及对邮件的归类和传递。这些职位通常遵循标准的办事程序,同时处理一些日常的事务。一些非常规的事件以及问题往往交给主管人员或者相关的工作人员来处理。从事这些工作的人员要具备基本的办事知识,并且了解一般性的办事程序
8	高级经理	
7	中层经理	
6	专业3级	
5	专业2级	
	主管级	
4	专业1级	
	职员/行政事务3级	
3	技术2级	
	职员2级	
2	技术1级	
	职员1级	
1	办公室一般支持性职位	

(4)根据职位等级定义对职位进行等级分类。将每一个职位的完整说明书或工作描述与上述的相关职位等级定义加以对比,然后将这些职位分配到一个与该职位的总体情况最为贴切的职位等级之中去。以此类推,直至所有的职位都被分配到相应的职位等级中去。

2.分类法的优缺点

分类法的优点首先是简单,容易解释,执行起来速度快;其次,对评价者的培训要求不高,能避免出现明显的判断错误;最后,一旦职位的等级定义明确,管理起来较为容易。分类法的缺点首先是在职位多样化的复杂组织中,很难建立起通用的职位等级定义;其次,职位之间的比较存在主观性,准确度较差;再次,分类法对职位要求的说明比较复杂,对组织变革的反应也不太敏感;最后,分类法与排序法一样,很难说清不同等级职位之间的价值差距到底有多大。

分类法适用于职位差别很明显的企业或公共部门和大企业的管理职位。

(三)因素比较法

因素比较法是指首先确定代表性职位的薪酬标准,然后再用一般性职位与之相比较来确定一般性职位的薪酬标准的方法。

1. 因素比较法的步骤

因素比较法是一种量化的职位评价技术,是按报酬要素对职位进行分析和排序的。首先要选定职位的主要影响报酬因素;其次将工资额合理分解,使之与各个报酬因素相匹配;最后根据数额的多少决定职位的高低。其具体步骤如下。

(1)先从全部职位中选出 15～20 个主要职位,其所得的劳动报酬应是公平合理的(必须是大多数人公认的)。

(2)选定各职位的每个影响因素作为职位评价的基础。影响因素一般包括智力条件、技能、责任、身体条件和劳动环境条件。

(3)将每一个主要职位的每个影响因素分别加以比较,按程度的高低进行排序。例如,某公司办事机构中的主要职位是:A——会计;B——出纳;C——文书;D——司机;E——勤杂工。可分别按上述五个主要因素一一对五个职位进行评定,如表 4-10 所示。

表 4-10 因素比较法:岗位智力要素排序表

智力条件平均系数	职位排序
1	A
2	B
3	C
4	D
5	E

(4)职位评定小组应对每一职位的工资总额,经过认真协调后,按下述五个影响因素进行分解,找到对应的工资份额,其结果如表 4-11 所示。

表 4-11 因素比较法:职位评价排序与工资额对应表

月岗位工资	智力条件		技能		责任		身体条件		工作环境	
	序号	工资额	序号	工资额	序号	工资额	序号	工资额	序号	工资额
A(1250)	1	320	1	260	1	360	1	160	1	150
B(1100)	2	210	2	200	2	400	2	150	2	140
C(1000)	3	180	3	220	3	260	3	170	3	170
D(1050)	4	(50)90*	4	230	4	280	4	190	4	260
E(650)	5	(90)50*	5	50	5	90	5	200	5	260

由于表 4-10 中的结果是由评定小组商定的,会遇到序号与工资额高低次序不一致的情况。例如,表 4-11 中智力条件栏内 D 职位(司机)与 E 职位(勤杂工)两者的序列号分别为 4 和 5,而括号内的工资却为 50 元和 90 元。出现这种不一致的情形,评定小组应重新协商,使两者顺序一致。有时无法调整修正,也可以将有争议的职位取消,重新选择一个主要的具有代表性的职位。

(5)找单位中尚未进行评定的其他职位,与现有的已经评定完毕的重要职位对比,某职位的某要素与哪一主要职位的某要素相近,就按相近条件的职位工资分配计算工资,累计后就是本职位的工资。例如,C经过比较得到如表4-12所示的结果。

表4-12 因素比较法:C职位评价结果汇总表

职位评价要素	与标准对比	职位评价结果
1.智力条件	C与B相似	按B职位智力条件工资额为210元
2.技能	C与D相似	按D职位技能条件工资额为230元
3.责任	C与A相似	按A职位责任条件工资额为360元
4.身体条件	C与B相似	按B职位身体条件工资额为150元
5.工作环境	C与B相似	按B职位工作环境工资额为140元

最后将各项结果相加,得出:210+230+360+150+140=1090(元)。则C职位的评价结果为1090元,视为其相对价值量。同理可以计算出其他职位的相对价值量,并按相对价值归级列等编制出职位系列表。

2.因素比较法的优缺点

因素比较法的优点主要表现在两个方面:首先,因素比较法是一种比较精确、系统、量化的职位评价方法,每个步骤都有详细的说明,将职位特征具体到报酬要素的做法相对于排列法和分类法而言,更有助于评价人员做出正确的判断;其次,很容易向员工解释这种职位评价的方法。

因素评价法的缺点也有两个:首先,对于整个评价小组而言,整个评价过程异常复杂;其次,上述使用的五个要素只是一种普遍的做法,但对于不同行业和组织中所有的职位都同样使用这五个要素显然并不合适。

因素比较法适用于能随时掌握较为详细的市场薪酬调查资料的企业。

(四)评分法

评分法也称要素计点法,是一种比较复杂的量化职位评价技术。

1.评分法的步骤

运用评分法进行职位评价首先选定职位的主要影响因素,并采用一定点数表示每一因素;其次按预先规定的衡量标准,对现行职位的各个因素逐一评定和估价,求得点数;最后经过加权求和得到各职位的总点数。评分法的具体步骤如下。

(1)选取合适的报酬要素。报酬要素实际上是在多种不同的职位中都存在的组织愿意为之支付报酬的一些具有可衡量性的质量、特征、要求或结构性因素。在实际操作中,最为常见的报酬要素主要是职位的责任、技能、努力程度和工作条件及其相关子要素。

①责任所表达的是组织对于员工按照预期要求完成工作的依赖程度,强调职位上人所承担的职责的重要性,相关的子要素有决策权、控制组织范围、工作的风险性等。

②技能是指完成某种工作任务所需具备的技能水平,相关的子要素主要有技术能力、专业知识、工作资历、人际关系能力等。

③努力程度是指为完成某种职位上的工作对需要发挥的体力和脑力程度所进行的衡量,相关的子要素主要有任务的多样性、任务的复杂性、思考的创造性等。

④工作条件是指职位上的人所从事工作的潜在伤害性以及工作的物理环境,相关的子要素

主要有受到别人伤害的威胁程度、工作过程的不舒服感、暴露性、肮脏程度等。

(2)对每种报酬要素的各种程度加以界定。选择了报酬要素后,应该对每一个报酬要素的各种不同等级水平进行界定。每一种报酬要素的等级数量取决于组织内部所有被评价职位在该报酬要素上的差异程度。差异程度越高,则报酬要素的等级数量就越多;反之,则会相对较少。表4-13为某企业对"自主性"报酬要素的不同等级所进行的界定。

表4-13 评分法:报酬要素"自主性"的等级界定

等级	报酬要素"自主性"
5级	为公司确定战略地位,并且为下属实现这一战略而制定范围广泛的目标;确定管理路线,并且对职能单位的总体结果负责
4级	在公司战略导向范围内制定公司政策,就下属所提出的例外问题解决建议进行决策,就所负责的公司总体目标达成情况每年接受审查
3级	在公司总体政策和程序范围内履行职责;协助制定公司政策和秩序;在出现例外情况时,频繁解释公司政策并且就行动方案提出建议;工作需要阶段性地接受检查,所做出的大多数决策不需要接受检查
2级	根据公司具体政策和程序执行任务;可以根据例外情况做出适应性调整;工作需要接受定期检查,可以随时向管理人员求助
1级	运用非常具体的公司政策和程序在有限的监督下执行任务和工作安排;工作经常要接受某位管理人员的检查,该管理人员会随时应其要求而为其提供帮助

(3)确定不同报酬要素在职位评价体系中所占的"权重"及点数。报酬要素在总体报酬要素中所占的权重是以百分比的形式表示的,它代表了不同的报酬要素在总体职位评价中的重要程度。在职位评价中经常采用经验法来确定权重。经验法实际是运用管理人员的经验或一致性的共识来进行决策。例如,假如评价小组确定了职位的六个报酬要素,那么经过讨论对六个报酬要素的权重进行如表4-14所示的分配。

表4-14 评分法:报酬要素及权重分配

报酬要素	权重/%
知识	20
技能	10
责任	25
决策	25
沟通	10
工作条件	10
合计	100

报酬要素确定下来后,还需要为职位评价体系确定一个总点数值,如为1000点。在通常情况下,被评价的职位数量越多,价值差异越大,则需要的点数就应高一些;反之,被评价的职位数

量越小，价值差异越小，则需要的点数就小一些。计算方法通常运用几何方法和算术方法。例如，我们将表 4-14 中的 100% 换算为 1000 点，然后就可以把各个报酬要素及各等级的点数都算出来，如表 4-15 所示。

表 4-15 评分法：报酬要素等级的点数确定

报酬要素及权重	报酬要素等级	几何法	算术法
知识（20%）	1	70	40
	2	91	80
	3	118	120
	4	154	160
	5	200	200
技能（10%）	1	35	20
	2	45	40
	3	59	60
	4	77	80
	5	100	100
责任（25%）	1	88	50
	2	114	100
	3	148	150
	4	192	200
	5	250	250
决策（25%）	1	88	50
	2	114	100
	3	148	150
	4	192	200
	5	250	250
沟通（10%）	1	35	20
	2	45	40
	3	59	60
	4	77	80
	5	100	100
工作条件（10%）	1	35	20
	2	45	40
	3	59	60
	4	77	80
	5	100	100

运用算术方法先把每一报酬要素的最高等级(如为第五级)的点数界定为该报酬要素的总点数,然后将第五级的点数除以5,我们就可以得到该报酬要素在不同等级之间的点数值差,然后将第五级的点数依次减上点值差,就可以得出第四级、第三级、第二级和第一级的点数。如果使用几何方法,则首先应该确定不同报酬要素系统级之间的点值比率差(表4-15中假定这种比率差为30%),然后换算为十进制的表示法(1+0.3=1.3),将第五级的点值依次除以1.3,可以得到第四级、第三级、第二级和第一级上的点数。

(4)评价每一职位。在实际进行职位评价时,评价者需要考虑被评价的职位在每一个既定的报酬要素上实际所处的等级,然后根据这个等级所代表的点数确定被评价职位在该报酬要素上的点数,最后将此职位在所有报酬要素上的得分进行加总即可得到该职位的最终评价点数。表4-16为按算术法计算的某职位的总点数。

表4-16 评分法:某职位的评价点数及结果

报酬要素	报酬要素权重/%	报酬要素等级	点数
知识	20	2	80
技能	10	2	40
责任	25	4	200
决策	25	5	250
沟通	10	4	80
工作条件	10	5	100
合计	100	—	750

(5)将所有被评价职位根据点数高低排序,建立职位等级结构。我们将所有职位的点数算出来后,只要按点数的高低加以排序,然后按一定的幅度将职位进行等级划分,就可以制作成职位等级表。表4-17为某企业的职位评价等级表。

表4-17 评分法:某企业的职位等级表举例

职级	点数范围	生产类	管理类	营销类	技术类
17	970～1009		总经理		
16	930～969				
15	890～929				
14	850～889		总经理办公室主任	销售公司经理	科研中心主任
13	810～849	动力事业部经理			
12	670～809	物资供应公司经理			质量技术部部长
11	630～669				
10	590～629		企划部部长 财务部部长		
9	550～589				
8	510～549			销售地区业务经理	

续表

职级	点数范围	生产类	管理类	营销类	技术类
7	470～509				
6	430～469				检测中心主任
5	390～429	熟料制备工段长			
4	350～389	锅炉工段长 动力技术室主任	政务主管 考核主管		
3	310～349		女工主任 网络管理员		
2	270～309	锅炉大班长 电气管理员			科研联络员
1	230～269		档案管理员		检测业务员 环境监测员

2.评分法的优缺点

评分法具有以下优点:首先,与非量化的职位评价方法相比,评分法的评价更精确,评价结果更容易为员工所接受,而且允许对职位之间的差异进行微调;其次,可以运用对比性的点数将不相似的职位进行对比;再次,这种职位评价方法运用较广泛,可以运用在各种职位;最后,由于是根据报酬要素进行职位的比较,组织可以强调那些认为有价值的要素。

评分法具有以下缺点:首先方案的设计和应用耗费时间,它要求组织要先进行详细的职位分析;其次,在报酬要素的界定、等级定义以及点数权重的确定方面都存在一定的主观性;再次,运用评分法对企业的管理水平要求较高;最后,工作量大,较为费时费力,成本相对较高。

评分法适用于生产过程复杂、职位类别数目多、对精确度要求较高的大中型企业。

思考与讨论

1.什么是职位评价? 职位评价有什么特点?

2.职位评价有哪些方法?

3.如何应用职位评价的结果?

实训题

调研你所熟悉的某制造企业,对企业某类特定职位进行评价并进行分级。

任务四　薪酬制度与组织结构的匹配

知识目标

★了解薪酬制度与组织结构匹配的意义

★掌握不同组织结构下的薪酬制度

薪酬制度与组织结构的匹配

技能目标

★能根据企业的不同组织结构设计企业的薪酬制度

任务导入

员工"宽薪" 企业开心

J公司是一家以制造港口起重自动化设备为主的集研发、生产、销售于一体的民营企业,现有员工500余人。随着产品产量的加大与销售业务的扩展,该公司在员工薪酬管理方面遇到不少困难和问题。比如,生产部门原有的固定工资制不能反映车间员工劳动强度的差别,员工怨声四起;技术部门和销售部门高薪聘请的高学历新员工与老员工的工资不平衡,导致其间冲突日益严重。整个薪酬体系的内部公平受到破坏,内部不和谐的因素逐渐增加。该公司的一次员工薪酬调查结果显示:大多数员工对自己的薪酬感到不满意(82.4%),超过三分之二的员工认为工资没能体现其所在岗位的责任轻重和难易程度(67.8%),四成员工认为工资无法体现个人的能力强弱和努力程度(42.1%),绝大部分员工认为工资不能反映个人及公司的业绩好坏(94.1%)……这些数据给J公司人力资源部敲响了警钟——员工对现行工资制度意见很大,薪酬所应有的激励作用根本没有体现出来,这就严重制约了公司的发展。

为了解决这一问题,人力资源部决定引入宽带薪酬体系,方案设计实施步骤如图4-8所示。

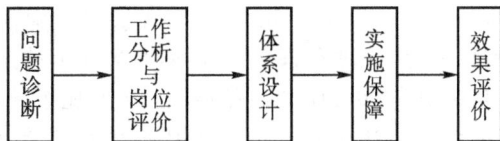

图4-8 宽带薪酬体系方案设计步骤

第一步,诊断薪酬找出"病因"。在研究了J公司的工资分配制度及近期工资报表等相关文件之后,结合对人力资源部和公司高层管理人员的访谈,了解到在现有的薪酬制度中,销售人员采取固定工资和提成相结合的工资制度,其余员工全部采取固定工资和加班工资相结合的制度。员工的奖金发放无成文制度可遵循,全凭管理层的一句话。总体来看,该薪酬制度存在以下四个问题:

(1)工资与员工个人技能和能力脱钩。员工的固定工资水平在聘任时就已确认,除非是员工的职务得到提升,否则将一直停留在最初的既定水平,很少会因员工个人的技能增长和能力提高而进行相应调整。这样就无法激励员工努力提高自身素质,导致其工作缺乏主动性与创造性,形成不思进取、安于现状的工作态度。

(2)工资与员工具体工作表现脱节。员工的工资结构以固定工资为主,这形成了干多干少一个样、干好干坏一样拿的心态,业绩优秀的员工与业绩不好的员工在薪酬上差别不大,无法激励员工创造出良好业绩,员工缺乏工作的动力与压力。另外,固定工资与加班工资相结合的工资结构易滋生员工的"磨洋工"行为。一些员工为得到加班工资而故意拖延工作进度,人为地制造加班机会,这不仅增加了公司成本,也造成了延期交货等问题,给公司声誉带来损失。

(3)工资与公司整体绩效关联不大。由于员工的工资水平没有与公司整体绩效挂钩,造成员工尤其是管理人员漠视企业效率,缺乏对下属进行指导与培养的意识。这样的工资制度显然不能起到优化管理人员队伍、激励员工发挥才能的作用。

（4）销售人员的工资无法激励其团队成员相互合作。该公司产品的特殊性决定了整个销售部门员工需要联合互助才能接洽更多订单。但目前销售人员不合理的佣金提成制度，极大地削弱了团队营销的主动性。销售人员信息资源不共享，沟通不充分，一味强调个人贡献，错失了许多赢得客户、达成项目的机会。

第二步，分析工作与评价岗位。通过工作分析明确了与薪酬决策有关的工作特征，包括岗位对企业战略的贡献，工作所需知识及能力水平，工作职责、工作任务的复杂性与难度，工作环境条件等；而进一步实施岗位评价所得到的岗位价值序列，则可较好地保证企业内部薪酬的公平性。J 公司设计薪酬体系的基础是岗位技能工资，它从员工的岗位价值和技能因素两方面来评价员工的贡献。咨询顾问以工作分析和岗位评价所得结果为依据，把公司所有 200 多个岗位分为核心层 A、中间层 B 和基层 C 三个层次，以及管理类、技术类、销售类、专业类、行政事务类和工勤类六大类别。

第三步，设计宽带薪酬，实施激励导向。

（1）薪酬结构要体现公平与激励原则。J 公司新的薪酬结构包括岗位技能工资（等级工资）、绩效工资、附加工资和福利工资四个部分。其中可体现宽带薪酬体系与一般薪酬体系区别的主要是岗位技能工资和绩效工资两个部分：岗位技能工资是薪酬体系的基础，它体现了员工所在岗位的重要性、岗位承担责任的大小及员工基于其工作岗位的职业化水平（包括职业修养、职业化技能与能力等方面）；绩效工资是为了激励员工为部门、为公司创造出优秀业绩而设计，它包括季度绩效工资和年度绩效工资。

为了体现薪酬体系的激励导向，在进行设计时既要顾及员工的基本利益，同时也要引导、激励员工创造更多价值；既要保证岗位之间的公平性，也要体现差异性。因此，在分配各个工资项目的比例时，要充分考虑岗位的特殊性。比如高层管理人员重在对公司整体的组织建设与管理，为了激励他们用长远眼光进行战略决策，其年度绩效工资所占比例很大，不强调季度绩效的考评；销售人员因其工作的特殊性，单独另设一套薪酬制度。综合考虑各方面因素，公司的整个薪酬体系包含三种不同的薪酬制度，即普通员工和中层管理人员的月薪制、高层管理人员与核心技术人员的年薪制以及销售人员的单设薪酬体系。该公司工资结构比例大致如表 4-18 所示。

表 4-18　公司工资结构比例

适用对象	薪酬结构		
	岗位技能工资	季度绩效工资	年度绩效工资
高层管理人员和核心技术人员（年薪制）	20%～40%	0	60%～80%
中层管理人员（月薪制）	60%～70%	20%	10%～20%
一般行政人员和一般技术人员（月薪制）	70%	20%	10%
销售人员（特殊单设）	30%	50%	20%

（2）岗位技能工资采用职等职级双重界定。岗位技能工资较为明显地体现出宽带薪酬体系的特点。在对岗位进行了三个层次、六个类别的划分基础上，又按岗位重要性细分为十个等级（见表 4-19）。销售类因其薪酬体系具有独特性，暂不列入。

表 4 - 19　公司岗位划分的十个等级

职层	职等	管理类	技术类	专业类	行政事务类	工勤类
A 核心层	G10	■				
	G9	■				
	G8	■	■			
B 中间骨干层	G7	■	■	■		
	G6	■	■	■		
	G5	■	■	■		
	G4	■	■		■	
C 基层	G3			■	■	■
	G2				■	■
	G1					■

鉴于每个员工业务技能的差异,为了重点激励优秀员工,在职等不变的情况下为其提供了工资上升通道,将各个职等的岗位技能工资分为 15 级,简称"一岗十五薪"(宽幅体现了较少的"等"和较多的"级")。根据岗位评价情况与薪酬市场调查结果,确定公司最低和最高岗位技能工资(分别为 500 元和 10000 元),并推算出各等、各级工资数额见表 4 - 20。

表 4 - 20　各等各级岗位技能工资额度

岗位等级		基层 C			中间骨干层 B				核心层 A		
		G1	G2	G3	G4	G5	G6	G7	G8	G9	G10
等级(等比)		1	1.2	1.22	1.25	1.28	1.31	1.34	1.38	1.42	1.45
岗位技能等级工资	R1	500	680	730	920	1150	1500	2000	2800	4000	5800
	R2	520	720	790	1000	1250	1630	2160	3000	4240	6100
	…	…	…	…	…	…	…	…	…	…	…
	R15	780	1240	1570	2040	2550	3320	4240	5600	7360	10000
级差(等差)		20	40	60	80	100	130	160	200	240	300

岗位技能工资入等、入级的原则是根据岗位评价入等,根据能力评价入级。

(3)绩效工资将个人与公司的绩效综合挂钩。绩效工资分为季度绩效工资和年度绩效工资两种。季度绩效工资的核算分为非销售人员的绩效工资和销售人员的绩效工资,此处只对非销售人员的绩效工资核算方法进行阐述。

非销售人员的季度绩效工资基数是其月度岗位技能工资的一定倍数,记为 JB。为了使员工薪酬真正与公司效益挂钩,还设计了一个公司绩效系数,记为 JI,它是公司绩效考评委员会根据公司季度经营情况、管理目标完成程度及公司各部门及员工的具体表现而确定的。JI 的取值范围为 0.8~1.2,具体表示为:没有实现公司整体季度目标(0.8)、基本实现公司整体季度目标

(0.9)、实现公司整体季度目标(1.0)、实现并超出公司整体季度目标 10%(1.1),以及实现并超出公司整体季度目标 10%以上(1.2)。员工的绩效工资还要与其自身绩效挂钩,采用员工季度绩效综合考评得分系数 JK 来体现(员工综合考评由部门团队绩效考核和个人职业评价等两个维度综合构成,其中部门团队绩效考核由部门任务绩效即 KPI 指标考核与周边绩效考核即部门团队互评构成)。JK 随员工自身表现而变动,范围为 0.4~1.4。那么,公司非销售人员季度绩效工资额就是"JB×JI×JK"。

非销售人员的年度绩效工资的计算方法与季度绩效工资类似。首先确定年度绩效工资基数,它等于员工月度岗位技能工资的一定倍数,记为 NB,公司年度绩效工资系数为 NI(取值范围为 0.8~1.2),员工年度绩效工资系数为 NK(0.4~1.4),则非销售人员年度绩效工资额为"NB×NI×NK"。

(4)工资核发时进行年季确认,平稳发放。为了保证工资发放的平稳性,在薪酬体系设计时规定员工的季度绩效工资额按季度确认,按月发放。本季度每月发放的绩效工资是该员工上一季度绩效工资的月均值。年度绩效工资按年度进行确认,发放时间为次年 2 月。那么,员工每月(2 月除外)实发工资为

员工每月实发工资=岗位技能工资+上季度绩效工资/3+附加工资-工资扣除额

第四步,四项措施保障成功。方案设计实施的第四步是为宽带薪酬体系提供实施保障,因为薪酬体系设计能否真正发挥理想效用,还会受到企业其他相关因素的影响,主要有四个方面,如表 4-21 所示。

表 4-21 宽带薪酬体系实施保障的四个方面

措施	具体内容
调整组织结构	在宽带薪酬体系中,员工可以在不晋升的情况下得到工资的增长,所以需对原有组织结构进行扁平化调整
及时做好沟通	针对薪酬体系改革要及时同员工进行沟通,帮助其真正理解宽带薪酬的价值理念,降低推广实施的阻力,获得员工的支持
跟进培训体系	完善企业培训体系,方便员工通过学习提升能力,促进宽带薪酬体系激励作用的有效实现
健全绩效考评	绩效工资是激励员工业绩成长的主要项目,对宽带薪酬体系运用的成功与否有重要影响,所以需保证绩效考评的公平性和透明化,使员工与企业的整体价值取向保持一致

第五步,效果评价。J 公司使用宽带薪酬体系接近半年时间,成效良好,主要表现在以下三方面:一是各类员工的工作积极性普遍增强,产品质量与工作效率得到大幅提高;二是核心人员稳定性增强,中层管理人员、技术骨干以及销售人员的离职率都有所降低;三是各部门内部的员工团队意识加强,业绩得到明显改善。

任务 1:J 公司为什么要实行宽带薪酬结构?

任务 2:怎样达到薪酬制度与组织结构的匹配?

任务分析

以上案例说明了企业的薪酬制度应该与企业的组织结构相匹配,在不同的组织结构下应实施不同的薪酬制度。最有效的薪酬制度必须与组织战略、组织结构和组织文化相一致,企业需要创建自己独特的薪酬制度,以提高公司的业绩。从 J 公司的薪酬改革可见,激励导向的薪酬体系

用"层"代替"等",打破了传统薪酬结构所维护和强化的等级观念,它引导员工重视个人技能的增长和能力的提高,而非仅仅是职位的晋升,这有利于提升组织绩效并创造学习型的组织文化;同时,在薪酬的宽带中,上级对下级的薪酬有更大的决定权,这也增强了组织的灵活性,有利于提高企业适应外部环境的能力。所以说,员工"宽薪"了,企业开心了。

知识链接

一、企业组织结构的类型

组织结构是指组织内部各有机要素相互发生作用的联系方式,它决定组织中职权层级数和管理者的管理幅度,确定了如何将个体组合成部门、部门再组合成组织的方式。组织结构明确了企业如何对工作任务进行分工、分组和协调合作。

企业组织结构模式经过长期发展,从传统的金字塔型组织结构,逐渐演变到扁平化、网络化、虚拟化的组织结构。按照组织结构的弹性将上述组织结构合并为机械型组织结构和灵活型组织结构。机械型组织结构的主要特征是直线统一指挥,明确劳动分工,制定统一的标准,结构稳定。灵活型组织结构的主要特征是员工的自主性强,以团队为主要的工作单位,结构机动、灵活。

二、薪酬制度

薪酬制度是管理者在一定情况下可以选择的薪酬支付方式,这些支付方式对组织绩效和有效使用人力资源产生很大的影响,具体包括薪酬决定标准、薪酬支付结构、薪酬制度管理。薪酬决定标准是指决定薪酬高低的依据,岗位、技能、资历、绩效和市场状况是其主要依据;薪酬支付结构体现薪酬的各个构成部分及其比重,通常指固定薪酬和变动薪酬、短期薪酬和长期薪酬、经济薪酬和非经济薪酬两两之间的比重;薪酬制度管理反映制定和调整薪酬制度的行为方式和决策标准,包括授权程度、员工参与方式、薪酬内外导向性、薪酬等级状况、薪酬支付方式以及薪酬制度的调整频率。薪酬制度具体见表4-22。

表4-22　薪酬制度

薪酬制度要素	具体内容
薪酬决定标准	岗位还是技能
	资历还是绩效
	个人绩效还是团队绩效
	绩效是定性还是定量
	基本薪酬高于还是低于市场标准
薪酬支付结构	基本薪酬和可变薪酬
	短期激励和长期激励
	经济报酬和非经济报酬
薪酬制度管理	集权还是分权
	低参与还是高参与
	内部公平还是外部公平
	宽带薪酬还是窄带薪酬
	公开支付还是秘密支付
	薪酬制度是弹性还是刚性

三、薪酬制度与组织结构的匹配

不同的组织结构类型有不同的目标取向,需要有不同的薪酬制度与之相匹配。

具体来说,职能型组织是以劳动分工为基础的,它适应于稳定的战略环境和以控制为手段、以任务为导向的小到中等规模的企业。职能型企业更倾向于推行基于职务和技能的等级薪酬制度。

事业部型组织以产品、地区、顾客、销售渠道等为部门化依据,实行总公司集中决策、事业部独立经营的管理体制,各事业部独立核算,自负盈亏,统管所属产品的生产、销售、采购等全部活动。这样的组织往往先在各个事业部之间建立以经营绩效为基础的分配制度,各个事业部再建立效益薪酬制度或等级薪酬制度。

矩阵型组织既按职能划分垂直领导系统,又按产品(项目)划分横向领导系统来设立项目小组。矩阵型组织形式固定,但项目小组是临时组织的,项目经理相对固定,项目成员能调换。矩阵型组织结构适应于企业环境不确定性高、各部门业务独立性强、具有几种产品类型、企业规模中等、以产品创新和技术专业化作为企业目标的企业。这样的企业更适合于采用团队薪酬制度等。

如前所述,我们将企业的组织结构大体分为机械型和灵活型两种类型,那么在不同的组织结构下企业应该采取什么样的薪酬制度?通过对机械型和灵活型组织结构的特征做深入的分析,并结合薪酬制度的特征,就可以探讨出它们之间具体的匹配模式。

1.机械型组织结构下的薪酬制度

机械型组织结构具有以下主要特征:①组织结构相对稳定,岗位的变动性较小;②工作标准统一;③专业化分工,各部门各司其职、相对独立;④命令统一,权责明确;⑤等级结构森严,员工的发展通道单一。由于组织结构的相对稳定,岗位的变动性小,薪酬决定的标准倾向于基于岗位,基本薪酬的比率大;专业化的分工导致个人工作的独立性强,因此薪酬的依据强调个人绩效;员工的工作标准统一,工作的创新要求较低,因此公司更看重员工的资历,对于绩效的衡量主要倾向于定性化;等级结构森严,导致员工只能通过职位的晋升来获得薪酬的提升,因此工资等级数量多,员工更看重短期激励和经济激励;指挥统一,权责明确,各部门主要是执行上级命令,因此薪酬制度由总部决定,强调薪酬的内部公平,员工参与度低,采取秘密支付的方式。

因此,组织结构为机械型的企业,其薪酬决定标准倾向于岗位、资历、个人绩效、定性指标、基本薪酬高于市场标准;薪酬的支付结构倾向于基本薪酬、短期激励、经济激励;薪酬制度的管理倾向于集权、员工低参与、内部公平、秘密支付、窄带薪酬。

2.灵活型组织结构下的薪酬制度

灵活型组织结构具有以下主要特征:①组织结构机动灵活,岗位的变动性较大;②工作根据项目需要,灵活变动;③员工的自主性强,以团队为主要的工作单位;④员工有多种发展通道。由于岗位的相对不稳定,薪酬决定的标准倾向于技能,基本薪酬的比率小;由于团队的工作方式,薪酬的依据强调团队绩效;员工的自主性强,工作的创新要求高,因此公司更看重员工的绩效,对于绩效的衡量倾向于定量化;员工可以有多种发展的通道,企业工资等级少,企业实行宽带薪酬,员工更看重长期激励和非经济激励;工作变动性较大,各部门的独立性较强,因此薪酬由部门决定,强调薪酬的外部公平,员工参与度高,采取公开支付的方式。

因此,组织结构为灵活型的企业,其薪酬决定标准倾向于技能、团队、绩效、定量指标、基本薪酬低于市场标准;薪酬的支付结构倾向于可变薪酬、长期激励、非经济激励;薪酬制度的管理倾向于分权、员工高参与、外部公平、公开支付、宽带薪酬。

薪酬制度与组织结构的匹配具体如表 4 - 23 所示。

表 4 - 23　薪酬制度与组织结构的匹配

薪酬制度类型	机械型	灵活型
薪酬决定标准：		
岗位还是技能	岗位	技能
绩效还是资历	资历	绩效
个人还是团队绩效	个人	团队
绩效是定性还是定量	定性	定量
基本薪酬高于还是低于市场标准	高于	低于
薪酬的支付结构：		
基本薪酬和可变薪酬	基本	可变
短期激励和长期激励	短期	长期
非经济报酬和经济报酬	经济	非经济
薪酬制度的管理：		
集权还是分权	集权	分权
高参与还是低参与	低参与	高参与
内部公平还是外部公平	内部公平	外部公平
宽带薪酬还是窄带薪酬	窄带薪酬	宽带薪酬
公开支付还是秘密支付	秘密支付	公开支付

思考与讨论

1. 在确定薪酬制度时，应如何与企业的组织结构相匹配？
2. 谈谈你对我国薪酬制度改革的看法。

实训题

调研你所熟悉的某制造企业，分析该企业目前的薪酬结构是否与组织结构相匹配。

学习情境五 进行薪酬调查

开篇案例

开市客(Costco)的薪酬管理带来的启示

开市客(Costco)是美国仅次于沃尔玛,排名第二的跨国零售连锁企业。它采取的是会员制。虽然是一家跨国企业,但是开市客的门店数量并不多,全球加起来的一共才759个(2018年),其中85%还集中在美国和加拿大。这在数量上是远远不及沃尔玛在全球的11277个门店。虽然门店数量少,但是贡献却很大。开市客在《财富》杂志2018年评选的全球500强榜单中排名第35位,年营业额达到了惊人的1290亿美元。如果按照门店数量来进行平均计算的话,开市客门店的平均贡献是1.70亿美元。而榜单中排名第一的沃尔玛的年营业额是5003亿美元,门店的平均贡献是0.44亿美元。开市客门店贡献是沃尔玛的3.86倍。从这项数据来看,开市客的门店平均经营业绩要远远超过老大沃尔玛。

2014年,开市客正式入驻天猫国际,在中国开展在线业务。2017年,开市客独立开设线上官方旗舰店,进一步拓展线上业务。2019年,开市客在上海开设中国大陆的第一家实体卖场。

我们在这里介绍开市客的薪酬管理,并不是分享它的薪酬体系抑或是薪酬设计,而是从一项薪酬满意度的调查说起。在2014年时,美国最大的招聘网站玻璃门(Glassdoor)发起了一项针对美国企业的雇员薪酬福利满意度的调查,然后按照评分对相关企业进行了一个排名。

排名第一的是谷歌(Google),排名第二的是开市客(Costco),排名第三的是脸书(Facebook)。这里让人觉得不可思议的就是开市客能够击败当年如日中天的脸书,来到第二名,而且它的评分和谷歌一样都是4.4分,可以说是并列第一。究竟什么原因能让这家传统零售企业的薪酬满意度超过了当今的互联网巨头呢?

就拿超市中非常普通的收银员岗位来说,开市客收银员的平均工资为每小时13美元。它的两个主要竞争对手,沃尔玛和塔吉特(Target)的收银员每小时平均工资都只有9美元,开市客高出了将近45%。这可以解释开市客的评分远远超过了沃尔玛和塔吉特。可关键的问题是为什么它能超过像脸书、奥多比(Adobe)、微软这样的IT巨头呢?要知道,这些IT企业在薪酬福利上可是出了名的大方。

就拿脸书举例,它虽然没有收银员岗位,我们就拿实习生来进行对比吧。脸书的实习生一个月平均工资是6000美元,按一个月4个星期,每个星期工作40小时来计算,脸书的实习生平均时薪是37.5美元,是开市客收银员时薪的2.88倍。

脸书工资明显高出这么多,为什么薪酬满意度还不如开市客呢?

这次调查内容中除了薪资以外,Glassdoor还调查了与福利有关的项目。据相关报道,开市客在福利方面为员工考虑得比较周到,如医疗保险计划、401(k)计划、免费的开市客会员资格、带薪休假,作为兼职员工也能享受对应的福利待遇等,非常齐备。但这和那些硅谷巨头相比,根本就没有什么特别之处,IT巨头们给予员工的福利不比这少,只会比这更多。

那这个现象究竟该如何解释和分析呢?

在激励理论中,有一个非常著名的过程型激励理论——亚当斯所提出的公平理论,又称为社会比较理论。该理论认为员工的工作态度和工作积极性不仅受其所得到的绝对报酬的影响,还受到其相对报酬的影响。也就是说绝对的高工资是一方面,另一方面员工还会拿自己的收入数量进行纵向(自己)和横向(他人)的比较。如果比较的结果感到公平,员工就会产生满意感;如果不公平,员工自然就会产生抱怨。

以开市客的收银员来举例。他们在进行工资横向比较时,只会拿沃尔玛或者塔吉特的收银员来进行比较,他们不会与脸书、谷歌等企业的员工工资进行对比。因为他们在心理上对自身有主观判断和心理预期。他们拿的工资只要能比沃尔玛、塔吉特的收银员高,福利也很完备的话,他们就能产生较大的公平感和满意感。

反观脸书、微软这些 IT 巨头们,它们在薪酬福利待遇上都舍得付出。他们的员工在进行比较时,也只会按照自己的主观判断和心理预期与对等企业、对等岗位来进行横向比较。他们一比较发现,这些硅谷巨头们提供的薪酬、福利都差不多,没什么特殊之处,所以他们的满意度与开市客相比就要低一些。这个就在情理之中了。除非脸书的工资收入能超过谷歌的 45% 以上,那它的排名兴许能超过开市客,超过谷歌。可这要付出多大的成本代价,是可想而知的!

当然这还只是横向比较,公平理论中还有纵向比较,也就是员工会拿现在的收入与付出和过去的进行对比。最近几年,开市客在这个薪酬满意度的排名上就远远没有 2014 年这么高了。这可能说明开市客员工在进行纵向比较时出现了不满意的状况。

从这个案例中我们得到的启示就是,影响员工满意度的不仅有薪酬的绝对值,还有相对值。一味地增收、涨工资,员工自然是很欢迎,但是作为企业来说,要能明白和掌握员工在薪酬上的主观判断和心理预期,然后有针对性地进行薪酬管理以达到员工们的心理预期,提高他们的满意度,这样的薪酬管理将更有效率,效果也更好!

资料来源:HR 案例网. HR 案例网国内外名企人力资源管理案例精选集(2017—2020)[R].2021.

任务一　　进行薪酬市场调查

📖 知识目标

★了解薪酬调查的概念、种类和意义
★掌握薪酬调查的理论基础
★掌握薪酬调查的实施步骤

📚 技能目标

★能根据企业的需要实施薪酬市场调查

🄩 任务导入

薪酬激励不等于金钱激励

某房地产集团下属的一家物业经营管理公司在成立初期,非常注重管理的规范化和充分调动员工积极性,制定了一套较科学完善的薪酬管理制度,使公司得到了较快的发展。短短的两年多时间,公司的业务增长了 110%。随着公司业务的增加和规模的扩大,员工也增加了很多,人数达到了 220 多人。但公司的薪酬管理制度没有随公司业务发展和人才市场的变化而适时调整,还是沿用以前的。公司领导原以为公司的发展已有了一定的规模,经营业绩理应超过以前,但事实上,整个公司的经营业绩出现不断滑坡,客户的投诉也不断增加,员工的工作失去了往日的热情,部分技术、管理骨干离职,其他人员也出现不稳定的预兆。其中:公司工程部经理在得知自己的收入与后勤部经理的收入相差很少时,感到不公平,他认为工程部经理这一岗位相对后勤部经理,工作难度大、责任重,应该在薪酬上体现出这种差别,所以,工作起来没有了以前的那种干劲,后来辞职而去。员工的流失、员工工作缺乏积极性,致使该公司的经营一度出现困难。在这种情况下,该公司的领导意识到问题的严重性,经过对公司内部管理的深入了解和诊断,发现问题出在公司的薪酬系统上,而且关键的技术骨干力量的薪酬水平较市场明显偏低,对外缺乏竞争力;公司的薪酬结构也不尽合理,对内缺乏公平,从而导致技术骨干和部分中层管理人员流失。针对这一具体问题,该公司就薪酬水平进行了市场调查和分析,并对公司原有薪酬制度进行调整,制订了新的与企业战略和组织架构相匹配的薪资方案,激发了员工的积极性和创造性,公司发展又开始恢复良好的势头。

　　任务1:随着该公司经营业务的扩大,分析公司出现业绩下降以及员工流失状况的原因。

　　任务2:分析该企业转危为安的过程,并思考如何进行薪酬市场调查。

任务分析

　　随着中国加入世界贸易组织,经济全球化越来越深刻地影响着我国的企业,这必将加剧企业的人才竞争。因此,我们的企业如何应对这一挑战,是人力资源管理值得探讨的问题。上述案例所述:"整个公司的经营业绩出现不断滑坡,客户的投诉也不断增加,员工的工作失去了往日的热情,出现了部分技术、管理骨干离职,其他人员也出现不稳定的预兆。"这是因为该公司的薪酬制度没能适时进行改进,缺乏科学合理的薪酬制度;而科学合理的薪酬制度必须是对内具有公平性,对外具有竞争性的。要想解决外部竞争性问题,企业必须进行薪酬市场调查,为自己的薪酬决策提供依据。

知识链接

薪酬调查概述

一、薪酬调查的概念

　　薪酬调查起源于美国和欧洲等西方发达国家的企业并被广泛采用。大多数企业通过薪酬调查来了解其他企业对各种具体职位的薪酬支付水平信息。

　　21世纪企业的竞争归根结底是人才的竞争,人力资源成为企业更为关注的焦点。企业通过薪酬调查获得竞争对手和行业内的薪酬水平信息,可以合理地制定自身的薪酬体系,确保企业长期稳定的发展。企业想吸引人才,留住人才,其薪酬水平必须与市场同一职位的薪酬水平相近。因此,若要发挥薪酬的激励作用,首先要搞好薪酬调查工作,这也成为现代人力资源管理的一项重要工作。

　　薪酬调查是实现企业薪酬水平外部公平的重要途径。薪酬调查,就是通过一系列标准、规范和专业的方法,对市场上各职位进行分类、汇总和统计分析,形成能够客观反映市场薪酬现状的调查报告,为企业提供薪酬设计方面的决策依据及参考。薪酬调查是薪酬设计中的重要组成部分,重点解决的是薪酬的对外竞争力和对内公平性问题,薪酬调查报告能够帮助企业达到个性化和有针对性地设计薪酬的目的。薪酬调查根据调查的具体内容和对象不同可以分为薪酬市场调查和企业员工满意度调查。下文主要介绍薪酬市场调查。

二、薪酬市场调查的种类

薪酬市场调查是应用各种合法的手段,来获取相关企业各岗位的薪酬水平及相关信息,再对所搜集到的信息进行统计和分析,进而在此基础上,结合企业自身的战略目标和经营绩效,确定企业薪酬的市场定位。

1.政府部门薪酬调查

这种方法是由有关政府部门组织实施的,对全国范围内各个行业的薪酬水平做出总的评估,了解各行业的薪酬现状,从而为社会提供薪酬成本指数和有关薪酬的其他数据,发挥行业宏观指导功能,促进人员的合理流动。其具有以下优点:首先,由于薪酬调查的主要目的之一是发挥国家的宏观调控作用,所以这类调查所得的数据信息都是免费的,企业可以无偿地使用这些信息,节省企业亲自调查的成本。其次,由于这些数据是由国家调查得来的,故具有很高的权威性、准确性,使企业实行的最低薪酬有了法律依据,避免违反国家关于最低薪酬方面的有关规定,免于企业陷入不必要的纠纷。最后,由于调查是全国性的,涉及各个行业,调查了解员工的工资收入,以及其他与工资直接相关的报酬项目,甚至员工的工作时间,可极大地为企业薪酬体系的制定提供丰富的参考信息,使得企业可以全方位、多层次地设计自身有竞争力的薪酬结构。当然,其缺点也显而易见,主要如下:一是由于此类调查是全国范围内的,其范围之广、难度之大,使调查特别耗时,具有时间的滞后性,所提供的薪酬信息往往不是最新的,在信息的及时性和有效性上大打折扣;二是由于覆盖面广而使得不可能对行业内的每一个职位都进行详细的调查,而只能选择行业中最具有代表性的基准工作即那些高度标准化的职位,从而不能满足企业对个性化信息的需求。

2.企业作为主体的市场薪酬调查

市场薪酬调查就是企业应用各种合法的手段,来获得相关企业的各职务的薪酬水平及相关信息,再对所搜集到的信息进行统计和分析,进而在此基础上,结合企业自身的战略目标和经营绩效,确定企业薪酬水平的市场定位。通过市场薪酬调查,企业可以了解同行业和相关行业劳动力市场的流行薪酬率,在此基础上可以直接或间接地用同行的薪酬标准作为给付标准,或者通过调查确定某些基准工作的给付标准,然后按照相对价值为其他工作确定薪酬标准。而且,通过市场薪酬调查,企业可以增强对竞争对手的了解,建立有竞争力的薪酬体系。

另外,近年来,企业与企业之间的相互调查悄然兴起,它是通过企业之间或协会等机构进行联合调查的方式,了解行业组织的薪酬标准,确保企业在劳动力市场上的竞争优势。但是由于薪酬管理政策和薪酬数据属于商业机密,再加上我国现在的市场机制还不完善等原因,企业间尤其是主要竞争对手间交换薪资信息的可能性比较小。随着我国市场机制的不断成熟,此方法必然会在薪酬调查中占有重要地位。

3.人才服务机构调查

这里所说的人才服务机构主要有两种,一种是人才交流服务机构,比如人才服务中心;另一种是人才服务招聘网站。由于这些人才服务机构与人才市场的供求双方有着密切的关系,特别是网站的超时空特点,所以调查可以随时进行。但这类调查随意性非常强,取样并不科学,谁愿意接受调查就作为样本,而且这种调查没有任何约束,被调查对象提供的数据真实性差。比如同样的销售经理,可能是在一个只有几个人的小公司,也可能是在数千人的大公司,甚至是在排进世界 500 强的顶级公司,这根本不是同一个级别,因此就没有可比性。由于这些人才服务机构缺乏专业的调查人才,因此,样本选择、数据采集、数据分析都不专业。

4.专业性薪酬调查

市场上存在着大量的专门从事薪酬调查的咨询公司。它们向企业提供专门的薪酬调查服务,并收取一定的佣金。例如,国外专门的咨询机构如德勤(Deloitte)、华信惠悦(Watson Wyatt)、翰威特(Hewitt)等,国内的薪酬调查机构也在兴起。咨询公司最大的优点在于能为企业提供"量身定做"的薪酬调查。咨询公司在市场薪酬调查方面积累了大量的经验和数据,能准确地按照企业的要求进行相关的岗位薪酬调查,并对企业薪酬结构的设计提供合理化的建议。再者,作为中介机构,由于和其他企业不存在利害关系,咨询公司更容易从其他公司取得相关的薪酬信息,因而薪酬调查结果也就更具有真实性、更有价值,而且委托专业机构调查还能够减少人力资源部门的工作量,避免企业之间大量的协调工作,拓宽了信息获取的渠道。

在实际应用中,企业并不是简单地运用某一种方法,更不是几种方法的简单叠加,而是结合企业的实际有选择地使用。

三、薪酬市场调查的目的

薪酬市场调查的目的是为企业制定薪酬标准、调整薪酬水平、制定薪酬预算、控制人工成本等提供所需数据,最终提高企业薪酬体系的竞争力。具体而言,企业进行或参与薪酬市场调查以达到以下目的。

1.调整薪酬水平

大多数企业通常定期要对员工的薪酬进行调整,进行调整的依据是生活费水平、员工绩效、企业支付能力、员工资历,或者随着竞争对手薪酬水平的调整而调整。在后面这种情况下,企业尤其需要通过薪酬市场调查来了解竞争对手的薪酬变动情况,并有针对性地制定自己的薪酬调整对策,以避免在劳动力市场的竞争中处于不利地位。

2.调整薪酬结构

根据企业内部职位评价得到的职位结构与从外部市场得到的不同职位的薪酬结构之间可能存在不一致的情况,许多企业利用薪酬市场调查来检验本企业职位评价的有效性。假如企业根据职位评价的结果将某两种职位放入同一薪酬等级,但是市场调查的结果却显示这两种职位之间存在较明显的薪酬差距,那么企业就会对自己的职位评价过程进行重新检验,或者单独设计一个新的薪酬等级。

3.检验岗位评价结果

薪酬市场调查还可以检验公司岗位评价的准确性。通过典型岗位薪酬水平与岗位评价分数的回归分析,如果某些岗位偏离市场薪酬线太远,那么对这个岗位的评价可能有失公允,则需要重新审视评价过程,修正评价结果。

4.制定薪酬预算和控制人力成本

薪酬水平调查结果是进行薪酬决策的重要依据之一,最终会通过薪酬体系的实施影响公平、公正、合理这一薪酬目标。一个企业的人力成本和产品的竞争力往往会受到薪酬水平调查结果的影响,因为企业总会根据这一调查结果来确定自己的薪酬预算,并有效地控制人力成本。只有制定了薪酬预算,并有效控制人力成本,才能较为准确地预测企业的利润,从而制定出更为合理的竞争战略。

5.估计竞争对手的劳动力成本

对于许多在产品市场上竞争压力比较大的企业,比如零售业、汽车或特殊钢产品制造业等,劳动力成本是决定企业竞争优势的一个重要来源,因此,这些企业都会非常关注竞争对手的劳动力成本开支状况,既不能因为薪酬水平太低而失去优秀的员工,也不能因为薪酬水平过高而影响公司产品的竞争性,所以,它们非常注意利用薪酬市场调查数据来对竞争对手的定价以及制造实践进行财务分析。比如,美国劳工部定期发布的分行业劳动成本估计报告——《雇佣成本指数报告》就非常受到关注,这份报告专门衡量在每一个季度中,员工的薪酬开支相对于企业成本的变化情况,它使得企业可以与本行业或特定行业的情况进行对比。

6.掌握薪酬管理的新变化与新趋势

专门的薪酬市场调查结果也会揭示出与薪酬有关的其他问题。许多评价目标群体的起薪和当前薪酬实践(如专利律师、商品零售经理或软件工程师)的专项研究结果表明:竞争对手正在运用数额很大的红利来吸引那些技术人员。因此经理人员必须决定这些人的薪酬水平是否跟上(或超过)其竞争对手,或者是运用薪酬的其他形式。比如,宽带薪酬设计是一种比较新的薪酬管理实践,企业可以通过薪酬调查了解到底有多大比例的公司以及什么样的公司采取了这种新的做法,它们的实施效果如何,自己是不是也应该采用这种薪酬设计方式,等等。

四、薪酬市场调查的理论前提

在开展薪酬市场调查之前,必须对劳动力市场有一个大致的了解。我们可以假设劳动力市场是正常的、符合规范的,在此基础上,通过合乎逻辑的调查程序,分析获得最终的结果,并对最终的结果不断进行修正。

修正应贯穿于调查的整个过程。实际与假设是有出入的,如果没有设定合理的、便于分析的假设,直接从实际入手,就会被复杂多变的现象弄得不知所措。

1.市场化

市场化是指薪酬水平由劳动力市场上的供求因素决定。劳动力市场理论的四个基本假设如下:①企业的目标是追求利润最大化;②所有员工是同质的,因此是可以互相替代的;③薪酬水平反映了与雇佣有关的所有成本(例如,带薪节假日、福利和培训费用);④雇主面临的市场是竞争性的。

例如,图5-1是市场上工程师供求的简单模型。纵轴代表月薪,横轴代表可供雇佣的工程师数量。如果月薪为8000元,那么企业的需求量为200人(图中A点),而市场供给量为800人(B点),供大于求,导致工程师的月薪下降;如果月薪仅为2000元,那么企业的需求量为800人(C点),而市场供给量为200人(D点),供不应求,导致工程师的月薪上涨。最后,当企业需求量和市场供给量相等时,工程师的工资稳定在5000元,需求量稳定在500人(E点)。上述分析的前提是所有工程师是同质的。

假定市场上100个可比较的同类人员的

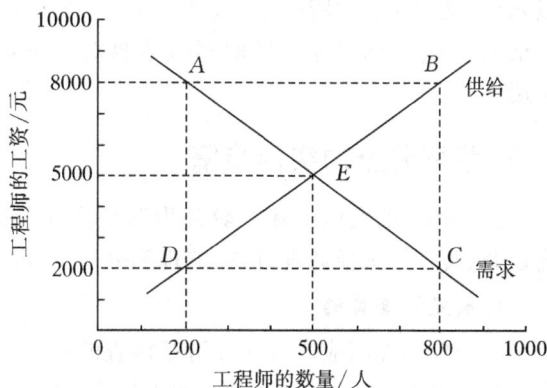

图5-1　短期内工程师的供给与需求

收入按月薪从低到高依次排列(见图 5-2)。考察第 50 位的月薪值(中位数),公司认为可接受,把该人员的薪酬定位为市场中值,公司的薪酬对这 50 人是有吸引力的。同理,公司如果把该类人员的薪酬定位在中上水平,如 75%(75 分位数),则可认为该公司可吸引市场上 75% 的同类人员。应该避免把 100 个人的薪酬的简单平均数作为市场标准,因为如果平均薪酬水平偏低,比如,等于排在第 30 位的人员的薪酬水平,那么这一企业只对薪酬最低的 30 人有吸引力。

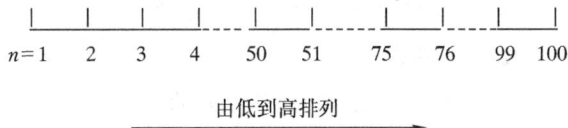

图 5-2 劳动力市场价格

2.可比性

由于公司的规模大小、组织结构、盈利状况、职位的职责各有不同,因而不同企业的薪酬水平不具有绝对可比性。企业在决定进行或参加薪酬市场调查时,必须考虑选择那些与企业自身相似的公司,这样可增强可比性。

(1)同地区薪酬调查。该调查通常涉及不同行业,涵盖全面宽泛的工种。企业可以通过调查对候选工作进行筛选,挑选出关键的基准工作作为研究对象,进而制定和调整企业的薪酬体系。潜在的基准工作应具备下列特征:①工作内容比较稳定;②承担这种工作的员工规模足够大;③这种具有相对普遍性、基准作用的工作的确定为提高薪酬调查的可比性提供了新的途径。这类调查在同一地区进行,只是将管理模式、规模等设定因素类似的公司进行对比分析。对于一些通用岗位,如人事、行政、财务等职能部门的岗位有较强的适用性。

(2)同行业薪酬调查。这类薪酬调查强调的是同行业企业之间的对比。通常而言,人才的竞争更多地来源于同行的竞争,所以知道同行业的薪酬水平对于制定薪酬福利政策特别关键。

(3)同地区同行业薪酬调查。若样本充足,那么同地区同行业的对比更有说服力,特别是在地区差异较大的行业进行的调查。

(4)同目标市场的薪酬调查。对于企业来讲,实际上最理想的调查应当是同目标市场的调查。所谓同目标市场,是指由经营目标相似、人才需求也相似的公司所组成的人才需求市场。一般来说,全球顶尖的跨国公司在招聘时总是瞄准同样的跨国公司的员工,并且员工在流动时针对性很强。因此,同目标市场的薪酬信息对于决定企业内关键人员报酬的决策起着至关重要的作用。

五、薪酬调查的实施步骤

薪酬调查的实施步骤一般分为四个步骤,它们是确定调查目的、确定调查范围、选择调查方式、整理和分析调查数据。

薪酬调查的程序

1.确定调查目的

人力资源部门应该首先弄清楚调查的目的和调查结果的用途,再开始制订调查计划。一般而言,调查的结果可以为以下工作提供参考和依据:整体薪酬水平的调整,薪酬结果的调整,薪酬晋升政策的调整,某具体岗位薪酬水平的调整等。

2.确定调查范围

根据调查的目的可以确定调查的范围。确定调查的范围主要确定以下问题:

(1)需要对哪些企业进行调查；

(2)需要对哪些岗位进行调查；

(3)需要调查该岗位的哪些内容；

(4)调查的起止时间和控制。

3.选择调查方式

确定了调查的目的和调查范围,就可以选择调查的方式。

一般来讲,首先可以考虑企业之间的相互调查。企业的人力资源部门可以与相关企业的人力资源部门进行联系,或者通过行业协会等机构进行联系,促成薪酬调查的展开。若无法获得相关企业的支持,可以考虑委托专业机构进行调查。

具体的调查形式普遍采用的是问卷法和座谈法(也称面谈法)。如果采取问卷法,则要提前准备好调查问卷或者调查表;如果采取座谈法,则要提前拟好问题提纲。

4.整理和分析调查数据

在进行完调查之后,要对收集到的数据进行整理和分析。在整理中要注意将不同岗位和不同调查内容的信息进行分类,并且在整理的过程中要注意识别是否有错误的信息。最后,根据调查的目的,有针对性地对数据进行分析,形成最终的调查结果。具体以"乌市家电行业薪酬调查方案"为例说明。

案例

乌市家电行业薪酬调查方案

一、薪酬调查的目的

1.了解市场的薪酬水平,确保公司薪酬的外部竞争性

2.帮助查找公司内部薪酬不合理的岗位

3.为薪酬的调整提供依据

4.了解工资动态与发展潮流

5.薪酬体系的构建

二、薪酬调查的范围

1.确定调查的岗位(内部调查)

本方案调查的岗位为总经理、人力资源主管、销售员、会计。

2.确定调查的行业及企业(外部调查)

(1)调查行业:乌市家电行业。

(2)拟调查的企业,如表5-1所示。

表5-1　乌市家电行业薪酬调查拟调查企业

家电公司	地址
A电器	××路246号
B电器	××路263号
C电器	××物流园

三、确定调查的数据

1.与员工基本工资相关的信息

2.与支付年度和其他相关的奖金信息

3.股票等激励计划

4.与薪酬政策诸方面有关的信息

四、薪酬调查方法

1.外部调查——薪酬调查网站、政府发布的相关信息

2.内部调查——问卷调查法(三个企业共计 300 份)

五、薪酬调查的程序

1.薪酬调查的准备

(1)调查问卷的设计;

(2)调查资料的准备;

(3)调查人员的配备。

2.薪酬调查的实施

对选择的调查对象进行市场调查,经过与企业的沟通后发放调查问卷,同时进入公司内部与员工深度交流。

3.调查结果的整理和分析

在进行完调查之后,要对收集到的数据进行整理和分析。在整理中要注意将不同岗位和不同调查内容的信息进行分类,并且在整理的过程中要注意识别是否有错误的信息。最后,根据调查的目的,有针对性地对数据进行分析,形成最终的调查结果分析报告。

六、进度安排(见表 5-2)

表 5-2　乌市家电行业薪酬调查进度安排

时间	内容
20××年 4 月 15 日—4 月 25 日	设计调查问卷,准备调查资料,选取调查人员并进行相关培训
20××年 4 月 21 日—4 月 25 日	对选择的调查对象进行市场调查,经过与企业的沟通后发放调查问卷,同时进入公司内部与员工深度交流
20××年 4 月 26 日—5 月 10 日	在进行完调查之后,要对收集到的数据进行整理和分析,并最终形成调查报告

七、经费预算(见表 5-3)

表 5-3　乌市家电行业薪酬调查经费预算

项目	金额/元
资料费	200
通信费	100
车费	50
数据分析	100
打印费	200
其他	100
共计	750

八、活动中应注意的问题和细节

1. 积极争取相关调查对象的合作

2. 注意收集材料的准确性和实效性

3. 对数据的分析力求客观

九、附件——薪酬调查问卷

薪酬调查问卷

说明：本问卷共有20个问题，问题都采用单项选择的形式，简单易答。为保证数据的准确性、真实性，请您配合我们的调查。我们将对您所填的一切信息保密！

第一部分：基本信息

（一）企业信息

1. 贵公司的员工数量：（　　　　）

A. 20名及以下　　　　B. 21～99名　　　　C. 100～499名

D. 500～999名　　　　E. 1000名及以上

2. 公司的营业额：（　　　　）

A. 50万元以下　　　　B. 50万元～300万元　　　　C. 301万元～1000万元

D. 1001万元～3000万元　　E. 3000万元以上

（二）员工信息

3. 您的性别：（　　　　）

A. 男　　　　　　　　B. 女

4. 您的年龄：（　　　　）

A. 18～25岁　　　　B. 26～35岁　　　　C. 36～45岁　　　　D. 45岁以上

5. 您的工作年限：（　　　　）

A. 1年以下　　　　B. 1～5年　　　　C. 6～10年　　　　D. 10年以上

6. 您的学历程度：（　　　　）

A. 中专或以下　　　B. 大专　　　　　C. 本科　　　　　D. 研究生及以上

7. 您所处公司职位：（　　　　）

A. 中、高层管理者　B. 基层管理者　　C. 办公室科员　　D. 一线工人

第二部分：薪酬调查部分

8. 您平均每月的总收入是多少？（　　　　）

A. 1000元以下　　B. 1000～2000元　　C. 2001～3000元　　D. 3001～4000元

E. 4001～5000元　　F. 5000元以上

9. 您所在职位薪酬的构成是（可多选）：（　　　　）

A. 岗位工资　　　B. 技能工资　　　C. 工龄工资　　　D. 绩效工资

E. 月度（季度）奖金　F. 年终奖　　　G. 职称补贴　　　H. 五险一金

I. 电话（交通）补贴　J. 学历补贴　　　K. 其他

10. 您的公司福利有哪些？（可多选）（　　　　）

A. 社会保险　　　B. 住房补贴金　　C. 交通补贴　　　D. 餐补

E. 话费补贴　　　F. 其他

11. 您的公司奖金有哪些类型？（　　　）

A. 月度奖金　　　　　　B. 季度奖金　　　　　　C. 年终奖　　　　　　D. 其他＿＿＿＿＿＿

12. 您薪酬收入中奖金部分占总收入的比例为多少？（　　　）

A. 5%～10%　　　　　B. 11%～20%　　　　　C. 21%～30%　　　　　D. 30% 以上

13. 您薪酬收入中固定工资部分占总收入的比例为多少？（　　　）

A. 40%～50%　　　　　B. 51%～60%　　　　　C. 61%～70%　　　　　D. 70% 以上

14. 您的基本薪酬为多少？（　　　）

A. 800 元以下　　　　B. 800～1500 元　　　C. 1501～2000 元　　　D. 2001～2500 元

E. 2501～3000 元　　F. 3000 元以上

15. 您所在公司的基本薪酬发放的依据是什么？（　　　）

A. 基于职位　　　　　B. 基于能力

16. 您所在公司的薪酬调整频率为（　　　）。

A. 半年一次　　　　　B. 每年一次　　　　　C. 两年一次　　　　　D. 三年一次

E. 不定期

17. 您对自己的工资收入（　　　）。

A. 非常满意　　　　　B. 较满意　　　　　　C. 不确定　　　　　　D. 不满意

E. 非常不满意

18. 您认为自己薪酬水平与同行业其他公司相比：（　　　）

A. 远高于平均水平　　B. 略高于平均水平　　C. 与平均水平持平　　D. 略低于平均水平

E. 远低于平均水平

第三部分：开放式问题

19. 您认为公司薪酬管理方面还有哪些需要改进？

_____

_____

_____

20. 您是否还有需要表达的意见？

_____

_____

_____

感谢您的配合！

思考与讨论

1. 什么是薪酬调查？薪酬调查的类型有哪几种？

2. 企业为什么要进行薪酬调查？

3. 试阐述薪酬调查的步骤。

实训题

结合薪酬调查的步骤，为某一具体企业设计一份合理的调查问卷并组织一次薪酬调查。

任务二　薪酬调查结果的综合分析和应用

知识目标

★了解薪酬调查结果的检验与分析流程

★掌握薪酬调查后整理与分析数据的基本方法

技能目标

★学会分析薪酬市场调查数据

任务导入

某食品企业薪酬服务项目

X 公司为一家年销售额近 10 亿元,员工人数 3000 人的大型食品制造企业。近期公司员工离职现象严重,公司想了解行业内其他企业的薪酬情况,以保持公司良好的发展势头。

X 公司希望通过和 Z 调查公司的合作来了解全国食品行业薪酬福利水平情况,以指导公司进行年度的薪资调整。从岗位的设置情况来看,X 公司主要是希望了解行业内全部的岗位薪酬情况。

Z 调查公司根据 X 公司的需求为此项目建立单独的调研团队。此团队主要是通过标准的行业薪酬福利调研流程——邀请、形成行业标准岗位列表和职责描述、职位匹配与评估、数据收集、数据审核与处理和生成分析结果报告等步骤进行工作。其中在邀请行业客户加入的过程中,Z 调查公司凭借良好的业内形象和独到的业务模式,通过和国内近百家食品制造企业的沟通,最终确定了 10 家大中型食品企业参加了最后的调研。在生成最后阶段的报告过程中,Z 调查公司还为 X 公司提供了福利方面的有关定制信息,这些信息是 Z 调查公司完全根据 X 公司在合作之初所确定下来的模式和内容所制定的,主要针对福利给予水平、范围和方式等问题。

X 公司人力资源负责人在对此次合作的评价中说道,为了了解食品行业高端市场的薪酬状况,制定合理并具有竞争力的薪酬体系,以利于企业能在竞争中保持良好的竞争态势,我公司经过认真研究委托 Z 调查公司进行食品行业人力资源薪酬福利相关领域的调研,并取得了良好成果,主要有以下几个方面:①通过调研全面了解了食品行业的组织结构以及岗位设置情况;②通过调研了解了食品行业整体尤其是高端市场的薪酬水平、福利水平以及薪酬结构等业内关注的焦点问题;③采纳 Z 调查公司专业顾问的建议,制定了合理的薪酬体系,并完成了新旧体系的平稳过渡,员工满意度加强。

任务 1:Z 调查公司是如何全面展开此次薪酬调查的?

任务 2:Z 调查公司利用什么方法形成了最终的薪酬调查结果?

任务分析

薪酬调查是一种收集并判断有关其他雇主薪酬支付状况的系列过程,即通过一系列标准、规范和专业的方法,对市场上各职位进行分类、汇总和统计分析,形成能够客观反映市场薪酬现状的调查报告,为企业提供薪酬设计方面的决策依据及参考。薪酬调查是薪酬设计中的重要组成部分,而调查数据分析又是成功的薪酬调查必不可少的一个环节,只有通过科学的数据分析方法才能确保调查报告的高质量和可信度。

📖 知识链接

一、调查数据的录入和处理

在所有的调查数据收集完毕后,接踵而来的是对调查结果的整理、检验、分析。准确的数据信息以及正确的分析方法是薪酬制度设计成功的基石。如图5-3所示,该过程主要包括三大步骤,即检验数据、分析数据以及更新调查数据。

检验数据 ➡ 分析数据 ➡ 更新调查数据

图5-3　薪酬调查结果的检验与分析流程

(一)检验数据

薪酬结构有一定的复杂性,数据的准确性是确保整个调查有效性的根本。在正式进行数据分析之前,先要对问卷进行核对整理。在整理过程中,尽管是标准问卷的格式,但是显示在问卷上的答案仍然会存在各种各样的问题。这是因为,尽管薪酬调查者做了许多工作包括提供职位描述等来确保被调查者提供真实准确的信息,但是被调查企业仍然有可能未必完全明了调查者的意图,因此,还应该根据实际职位与基准职位之间的匹配程度来调整薪酬调查数据,确保数据的有效性。比如,调查者需要检查企业所提供的薪酬浮动范围与其报告的职位实际薪酬水平之间是否存在不一致现象。再比如,企业所提供的职位的工作报告也有利于调查者分析某企业某一职位所承担的责任比基准职位描述的内容是更多还是更少。对于发现的疑点,需要给接受调查的公司打电话询问和核对数据,并且了解某一职位的薪酬为什么会高或者低得不正常。

当然,即使是工作内容基本相同的同种职位,在不同的企业中所获得的报酬也有可能会出现很大的差距,我们不能指望通过调查所得到的某一职位的多个薪酬数据是高度集中的。这主要与以下几个方面的因素有关:职位在不同的企业中对企业的价值或贡献大小不同,特定企业的薪酬哲学、文化不同,在职者在该职位上工作的时间长短不同,在职者在该职位浮动范围之中的哪一个点上是不确定的,不同的行业有不同的惯例,不同企业所处的地理位置和劳动力市场存在差异,等等。下面,我们举例说明对收集上来的数据如何进行筛选和确认工作,如表5-4所示。

表5-4　薪酬调查数据分析清单

公司代码	职位名称	工作报告对象	下属人数	正规薪酬浮动范围			基本薪酬/(元/月)	奖金	
				最低/(元/月)	中间值/(元/月)	最高/(元/月)		数量/(元/月)	目标
5	项目经理	信息系统总监	22	7210	9515	9820	10330[①]	8796	10%
6	管理信息系统经理	系统总监	15	5600[②]	—	9200	8920		
4	技术服务经理	管理信息系统总监	7	5945	7023	8103	7600	—	
3	软件开发经理	信息系统副总裁	10	6475	7600	8720	7569	7615	15%
2	系统部门经理	系统与程序总监	14	7090[③]	7245	8280	71200	9850	18%

续表

公司代码	职位名称	工作报告对象	下属人数	正规薪酬浮动范围			基本薪酬/(元/月)	奖金	
				最低/(元/月)	中间值/(元/月)	最高/(元/月)		数量/(元/月)	目标
7	软件程序经理	信息系统开发总监	10	6588	7760	8880	6750	1000④	10%
1	高级软件系统分析员⑤	软件开发经理	3	5650	7000	8050	6200	4100	5%

注:

①这一基本薪酬数据远远超出其应属的薪酬范围,同时也与本次调查的总体结果不符。注意核查该职位与基准职位之间的匹配性。

②该公司采用宽带薪酬计划(正常情况下,在该等级上的薪酬浮动范围从最低到最高应当是50%~60%,而不是100%)。运用此数据时要注意。

③最低值太高,应当是6090元/月。

④所支付的奖金数额远远低于目标值,这可能不是一个月的奖金,或者属于一种特殊情况。

⑤该职位的名称及其工作报告关系显示,该公司所提供的薪酬数据是比典型职位至少低一个等级的职位的薪酬数据。此外,该职位所管辖的员工人数也表明,该职位的等级比基准职位要低。核查该职位或者剔除该薪酬数据。

(二)分析数据

本阶段的主要工作是在对调查数据进行检验整理的基础上,得出被调查的劳动力市场的薪酬分布状况。薪酬调查数据的分析方法一般包括频度分析、集中趋势分析、离散分析以及回归分析等。

1.频度分析

所谓频度分析,是将所得到的与每一职位相对应的所有薪酬调查数据从低到高排列,然后看落入每一薪酬范围之内的公司的数目。这是一种最简单也是最直观的分析方法,一般会使用直方图来显示结果(比如公司数量用纵轴表示,薪酬浮动范围用横轴表示)。下面举例说明:假定办公室主任一职的薪酬调查数据经过频度分析之后,我们得到如表5-5所示的结果。为了更为直观地观察,我们还可以将其换成直方图,如图5-4所示。从图5-4中和表5-5中我们很容易看出,该职位的主要薪酬浮动范围介于4751元和5750元之间,这也是大部分企业为之支付的薪酬范围。

表5-5 薪酬数据的频度分析:办公室主任

薪酬浮动范围/元	企业数量/个
4000~4250	0
4251~4500	1
4501~4750	2
4751~5000	4
5001~5250	5
5251~5500	6

续表

薪酬浮动范围/元	企业数量/个
5501～5750	7
5751～6000	2
6001～6250	1
6251～6500	1

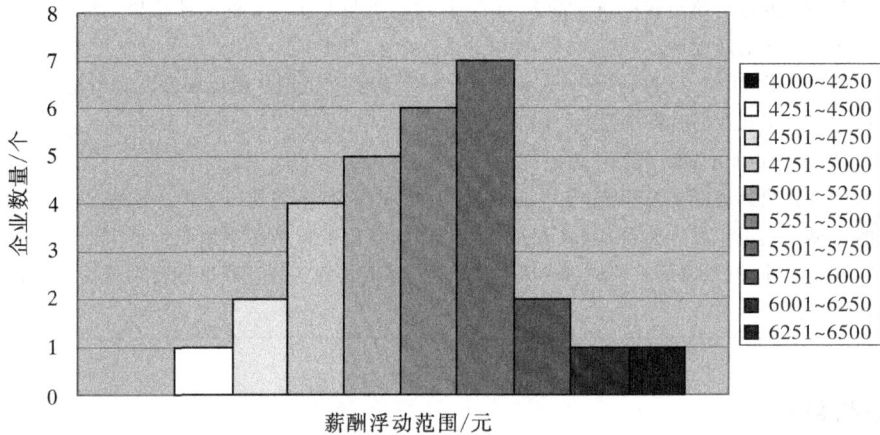

图 5-4　薪酬数据的频度分析:办公室主任

2.集中趋势分析

集中趋势分析可以进一步细化为简单平均数、加权平均数、调整加权平均数和中位数等几种数据分析方法。

(1)简单平均数或非加权平均数。这是一种最为常见的分析方法。它不考虑在不同的企业中从事某职位工作的员工的人数之间的差异,对所有企业的薪酬数据均赋予相同的权重;在操作层面上,它通常是将与特定职位对应的所有数据简单相加,再除以参与调查企业的数目,从而求出平均值。这种方法使用起来比较简单,但是极端值有可能会破坏结果的准确性,所以有些公司会首先用频率分布将极端值剔除。当调查者所获得的数据不能全面代表行业或者竞争对手的情况,或者因为一些重要的目标公司拒绝参与而导致数据不完整时,采用简单平均数的分析方法是最好的。

(2)加权平均数。在这种分析中,不同企业的薪酬数据将会被赋予不同的权重,而权重的大小则取决于每一公司中在同种职位上工作的员工人数;换句话说,在某公司中从事某种职位工作的人员数量越多,则该公司提供的职位的薪酬数据对于其最终平均薪酬数据的影响也就越大。这种情况下,规模不同的企业实际支付的薪酬状况会对最终的调查结果产生不同的影响,因此采用这种方式求得的最终结果也就比采用简单平均数求得的结果更为科学一些。

表 5-6 列出了一次针对高级打字员的薪酬调查结果:如果赋以各公司年工资同等的权重(简单平均数),平均年工资为 15477 元;若以雇佣人数作为权重,平均年工资是 15199.8 元。由于 A 公司的年工资较低,因此高级打字员市场的加权平均年工资低于简单平均年工资。

表5-6　未加权平均年工资和加权平均年工资

公司	高级打字员/人	平均年工资/元	年度总工资/元
A	14	14938	209132
B	3	15708	47124
C	5	16786	83930
D	8	14476	115808
合计数	30	61908	455994
初始或未加权平均数/元		61908÷4=15477	
加权平均数/元		455994÷30=15199.8	

(3)调整加权平均数。调整加权平均数能够减少异常总量的影响。现仍以对高级打字员的工资调查数据为例(见表5-7),介绍调整加权平均数的计算方法。

表5-7　调整加权平均年工资率

公司	高级打字员/人	小时工资率/元	小时总工资/元
A	14	7.00	98.00
B	9	7.45	67.05
C	50	9.15	457.50
D	16	7.95	127.20
E	6	8.40	50.40
合计数	95	39.95	800.15

首先,决定每个公司的平均雇员数:95÷5=19(人)。

其次,确定影响最大的公司的人数和平均人数的差额,即超额人数(在这个例子中C公司雇用人数最多):50-19=31(人)。

再次,减少组织的一些估算数据的影响。一个经常使用的方法是用估算值平均人数加上百分之十超额人数。经过调整后,C公司权重为:10%×31+19=3+19=22(人)。

最后,使用调整加权平均数据(C公司作为唯一有影响的组织被调整)。

A公司:14×7.00=98.00(元)

B公司:9×7.45=67.05(元)

C公司:22×9.15=201.30(元)(以调整后人数计算)

D公司:16×7.95=127.20(元)

E公司:6×8.40=50.40(元)

初始或未加权平均值=39.95/5=7.99(元)

加权平均值=800.15/95=8.42(元)

调整加权平均值=(98.00+67.05+201.30+127.20+50.40)/(14+9+22+16+6)=543.95/67=8.12(元)

(4)中位数。中位数是按升序或降序排列的一组数的中间数。其突出优点是能够克服极值的影响。这种做法实际上是将搜集到的薪酬数据进行降幂或升幂排列,然后取恰巧位于中间职位上的那个薪酬水平数值。这样分析的好处是可以排除极端高或极端低的薪酬值数据对于平均数据的影响。不过,这种分析方法也是相当粗略的,只能显示出当前市场平均薪酬水平的大概情况。

3.离散分析

一般情况下,离散分析的方法有两种:标准差分析和四分位、百分位分析。利用标准差分析可以检验各种分布值与平均值之间的差距大小,但是在薪酬调查数据分析中并不常用。与它相比,四分位分析和百分位分析方法在薪酬调查分析中则是更为常见的衡量离散程度的分析方法。

(1)百分位。百分位所代表的是有百分之多少的公司的薪酬水平低于位于该百分位的公司的薪酬水平。举例来说,如果某企业在薪酬水平方面处于市场的第 75 个百分位上,这就意味着75%的企业的薪酬水平都比其低,只有 25%的企业比其高。在百分位分析方法中,第 50 个百分位是中间值。这种百分位分析在企业的薪酬水平战略定位中是最常用的,因为它直接揭示了本企业的薪酬水平在劳动力市场上的定位。比如,有些公司将自己的现金薪酬总额定位在市场上的第 60、75 甚至 90 个百分位上;而有的公司则将基本薪酬定位在平均水平上,而将全部现金薪酬(基本薪酬加奖金或奖励)定位在第 75 个百分位上。假定经过对制造行业的 102 家企业进行调查之后发现,采购主管的薪酬水平分布状况如表 5-8 所示,则该职位第 25 个百分位上的薪酬水平为 3247.5 元/月,第 75 个百分位上的薪酬水平为 4234.1 元/月。

表 5-8 薪酬数据分析:采购主管

薪酬/元	企业数量/个
4500	5
4482	2
4151.5	1
3786.9	10
3780	50
3700	4
3670.5	2
3330	8
3000	6
2920	14

(2)四分位。四分位分析与百分位分析的方法是类似的,只不过在进行四分位分析时,首先将某种职位的所有薪酬调查数据从低到高排列,划分为四组(百分位中划分为 10 组),每组中所包括的数量分别为企业调查总数的 1/4(百分位中是 10%);处在第 2 小组(在百分位中是第 5 小组)中的最后一个数据必然是所有数据的中值,可以用它来近似地代表当前市场上的平均薪酬水平。

4.回归分析

可以利用回归分析来测试两个或者多个变量之间的相关关系,然后利用可以得到的其中一个变量的值(比如销售额)来预测另外一个变量的值(比如销售经理的薪酬)。变量之间的相关系数越接近于1.0,则变量之间的相关性就越强。

(三)更新调查数据

因为工资反映了企业、员工以及政府机构等的决策,所以竞争对手支付的工资是经常变动的,他们在不同的时期会对工资进行调整。并且从调查的策划、实施、数据处理到最后向市场推出薪酬调查结果,需要一段时间,这段时间的长短与调查公司的专业水平和能力密切相关,时间越长,由于受外界环境变化的影响,数据的有效性就越低;时间越短,相对来说,数据的有效性越高。例如,一个薪酬专业人员想开发一个从2020年1月1日到2021年12月31日的工资结构。而当时是2015年5月。工资调查数据是在2019年1月初收集的2018年的平均年薪。这些数据在工资计划实施的时候已经是1年前的数据了。因为不可能在2019年收集到2020年的数据,所以薪酬专业人员通常用历史的工资数据来建立市场竞争工资体制。因此,公司会使用一些简单的方法来更新调查数据,纠正这样的时间差异。

在更新数据的时候,有几个因素很重要。影响最大的因素是经济预测和消费商品及服务价格的变化。当经济预测前景不乐观的时候,雇主通常只会少量地永久加薪(例如,3%～4%)。不乐观的经济预测预示着经济萧条或高失业率,雇主也就不愿意拿出更多的钱来给员工加薪,因为他们可能会负担不起。经济预测前景乐观意味着经济活跃或低失业率,此时雇主可能会拿出更多的钱来给员工加薪。

二、调查数据分析

薪酬调查后可以根据调查结果对本行业的薪酬情况进行描述,并进行回归等统计分析。企业通过薪酬调查可以知道企业现行的薪酬体系在该行业的劳动力市场上所处的竞争地位。

(一)薪酬调查报告

企业在进行薪酬管理时,如能科学地使用薪酬调查报告中的数据,就可以最大限度地发挥薪酬调查报告的效用,使企业的人事成本结构最优化,达到事半功倍的效果。

规范的薪酬调查报告包括两个主要内容:基本资料概述(包括所调查企业的常规数据、人事聘用制度、薪酬和福利保险政策)、职位薪酬水平(包括所调查的每个职位的数量及简要职位说明、薪酬范围即薪酬最高和最低值、以平均数或分位数来体现的薪金数额)。企业可以从以下几方面把握对薪酬调查报告的利用。

1.计算薪酬总额标准

企业计算薪酬总额的主要依据是企业的支付能力、员工的基本生活需要及现行的市场行情。薪酬调查的目的是帮助企业了解本地区劳动力市场中特别是同行业中的薪酬行情。企业在确定薪酬总额标准时,可以参照薪酬调查报告中当前本地区同类型、同行业企业的有关指标,如平均薪酬总额、平均基本薪酬水平和职位薪酬信息等,与企业实际支付能力及员工基本生活费用状况相结合综合考虑,兼顾企业与雇员的利益,确定一个合理的薪酬总额标准。

2.制定薪酬政策的依据

企业薪酬政策的内容涉及薪酬体系、薪酬结构、福利和保险政策。薪酬调查报告可以清楚地显示目前本地区不同性质、不同行业的企业所执行的薪酬政策。例如,有薪酬调查报告表明,当前市场中通行的薪酬体系有年薪制体系、职务工资体系和职能工资体系。薪酬结构呈现多元化倾向,有"基本工资＋奖金＋福利""基本工资＋奖金＋福利＋业绩提成",还有"基本工资＋奖金＋福利＋内部股权",等等。企业应根据自己的管理模式、行业特点以及企业发展需要,确定最适合的薪酬政策体系。

3.调查资料与企业情况的匹配性

企业利用薪酬调查报告制订职位薪酬方案时,要同时参考报告提供的各职位的平均薪酬水平和所附的职位说明书,再结合本企业各职位实际工作特点、任职人员状况和企业对不同职位的需求程度区别对待。例如,某薪酬调查报告显示,所调查三资企业财务经理的平均月薪是16700元,其中最高为23000元,最低为8500元。薪酬调查报告所附的"职位说明书"中对财务经理的主要工作职责描述如下:"负责公司财务监控、财务管理和会计核算制度的建立和完善;负责财务部工作管理计划的制订、推行、指导和监督;处理财务部内部重大问题;考核、指导和培训财务部工作人员。"任职要求是"财会专业本科以上学历,相关工作经历3年以上"。由此,企业在制定财务经理的职位薪酬时,要考虑本企业该职位的实际工作内容、在企业的重要程度以及任职人员的工作能力、资历和学历,再参考8500～23000元的标准,使薪酬体系具有公平性和竞争力,帮助企业吸引人、激励人和留住人。

(二)薪酬调查结果应用注意的问题

公司在制定薪酬体系时,一般都会直接或间接地使用薪酬调查结果。目前,一些专业机构在近几年进行的薪酬调查得到的薪酬调查结果良莠不齐。为做出正确的决策,人力资源工作者和薪酬专家在购买和使用这些薪酬调查结果时,应注意下列问题。

1.对职位的描述是否清楚

进行薪酬调查,必须对所调查的职位进行明确而清楚的描述。内容应包括:①职位的名称;②职位目的,即该职位对公司的价值和贡献;③职位职责,即该职位所从事的主要活动;④任职者基本素质要求,即该职位对任职者的知识、学历、经验、能力等方面的要求。

要注意该调查是否包括所调查职位的职位描述,有职位描述的薪酬调查所获得的结果会比没有职位描述的薪酬调查结果更为准确可靠。并且,应将调查所提供的职位描述与公司相应的职位进行比较,只有当两者的重叠度达到70％以上时,才能根据所调查职位的结果来确定公司相应职位的薪酬水平。

2.职位层次是否清晰

某些职位类别可能会包括不同层级的职位,如人力资源职位包括人力资源总监、人力资源经理、人力资源专员等。薪酬调查所包括的职位层级数可能与公司的职位层级数不一致,如调查问卷将人力资源职位分为3个层级,而公司有4个层级。在实际操作过程中,要注意薪酬调查报告对职位层级的说明。如果薪酬调查所包括的职位层级与公司的职位层级不完全一致,最好能参照不同调查公司所进行的薪酬调查,根据这些数据进行分析,来确定每一层级职位的薪酬水平。

3.调查数据是否最新

从调查的策划、实施、数据处理到最后向市场推出薪酬调查结果,所需时间的长短与调查公司的专业水平和能力密切相关。时间越长,受到外界环境变化的影响越大,数据的有效性就越值得怀疑。因此,要特别注意调查的时间,一般应购买最新的薪酬调查结果。如果经费允许,可以购买不同时段的薪酬调查结果,然后根据这些数据进行分析,效果更佳。

4. 劳动力市场是否合适

职位的劳动力市场决定了薪酬调查的地域和行业。对于低层级的职位,如文员、一般技术人员和半技术人员,所调查的区域应该是和公司在地理位置上比较接近的地方。对于中高级职位,如市场部经理、人力资源副总等,所调查的区域应该更大。调查所包括的行业也是应考虑的问题之一。对于低层级的职位来说,行业间的差别并不大;对于中高级管理人员和技术人员来说,最好是选择可能与公司竞争人才的行业。

5. 哪些公司参与了薪酬调查

理论上,参与调查的公司最好是本公司在人才、产品和市场等方面的竞争对手。这样既可以了解市场同类职位的薪酬水平,确保公司的薪酬方案具有外部竞争力,又可以确保薪酬方案与这些公司保持同步,还可以了解其劳动力成本。大多数公司一方面希望通过填写薪酬调查问卷获得调查公司所提供的薪酬调查结果,另一方面又担心泄露本公司的薪酬信息,所以在填写时特别谨慎,使结果大打折扣。因此,在使用专业公司提供的薪酬调查结果时,一定要了解哪些公司参与了调查,并谨慎地分析薪酬调查的结果。

6. 是否报告了数据处理方法

对于同样的数据,可采用不同的统计处理方法,得到的结果可能不同。在购买专业公司提供的薪酬调查结果时,要注意数据的统计处理方法,例如,如何处理明显不符合情况的异常值,如何处理由于被调查者没有填写而造成的缺省值,如何对数据进行分组处理。对不能提供最终数据处理方法的调查公司,最好不要相信其调查结果。

7. 是否报告了数据收集方法

数据收集是薪酬调查中的重要一环,在薪酬调查过程中,常用的方法有问卷调查法、访谈法等。相对来说,问卷调查法实施起来更容易、成本更低,但由于不同的人对不同的问题有不同的理解,使调查结果受到影响。访谈法实施难度大,成本高,数据可靠,但数据的可靠性受到访谈员的影响。不管采用什么方法收集数据,都应在调查报告中附上调查问卷或者访谈提纲。在购买薪酬调查结果时,企业应通过调查问卷或访谈提纲来了解调查公司调查了哪些信息,通过什么方式来获取信息,进而判断其薪酬调查结果的准确性和可靠性。

8. 平均数、中位数、25P 和 75P 之间的关系

一般的薪酬调查结果都应报告薪酬的平均数、25P、50P、75P。所谓 25P、50P、75P 就是指,如果调查了 100 家公司,将这 100 家公司的薪酬水平从低到高排序,25P、50P、75P 分别代表排名第 25 位、第 50 位、第 75 位的薪酬水平。通过检查平均数、25P、50P、75P 的关系可以对调查结果有初步的了解。一般情况下,平均数和 50P 应比较接近,25P 与 50P 的差别应与 75P 与 50P 的差别比较接近。如果其差距超过 5% 时,就应认真检查有关数据,以保证偏差不是由于数据收集和统计处理等人为因素所造成的。

9. 每年参加调查的对象是否一致

在某些专业机构的薪酬调查中,所调查的公司基本稳定。如果参加调查的公司变动大,就无法得出薪酬的发展趋势。一般来说,调查公司实力越强,参加调查的公司会越稳定。有些薪酬专家通过分析多家公司提供的多年的薪酬调查数据,推测薪酬的发展趋势,在一定程度上能降低由于参加调查公司的不同所带来的误差。

薪酬调查是一门复杂的科学,尤其是当调查的内容涉及企业的整个薪酬体系时就变得更为复杂。在我国,由于一些企业的工资尚未完全市场化,"工资"的概念比较模糊,使得薪酬调查难

度更大,所得结果的准确性更值得怀疑。因此,在购买薪酬调查结果时,要从比较权威的机构购买,尽可能获得比较准确的、全面的信息。在薪酬调查结果的使用过程中,一方面可以借鉴上面的 9 个问题帮助自己正确地使用这些结果,另一方面必须根据自己的经验和智慧来进行合理的推测,考虑公司的实际情况,制定科学合理的薪酬体系。

三、调查结果的综合分析和应用

1.分析各职务薪酬状况

调查可以提供第一手的数据资料,通过数据统计可以得到各个职位详细的薪酬情况,表5-9列出了关于工程经理的薪酬调查结果。

表 5-9 薪酬调查工资数据统计详表

职位名称:工程经理(14)

直接上级:技术总监

控制范围:电气、动力、土建等工程技术主管

责　　任:负责厂房、设备的安装、调试与维修方面的总体管理

学　　历:工程类相关专业本科

资　　历:6~8 年相关工作经历

样　本　数:10

项目	低	低1/4	中	高1/4	高	平均	样本数	样本比率/%
本年总收入/元	116535	127800	150515	194722	216000	160040	10	100
月收入/元	9100	10419	10802	14653	16965	12198	10	100
基本工资/元	6967	8595	9284	12800	15000	10484	10	100
住房津贴总额	—	—	—	—	—	—		
津贴总额/元	2400	2516	4555	36032	41480	15257	6	60
奖金总额/元	2500	5157	9875	18865	37400	13462	8	80
每月固定收入/元	8100	9419	9802	13653	15965	11198	10	100
年固定收入/元	113400	121547	132037	177489	220680	150471	10	100
绩效奖金/元	2500	3759	10641	20498	37400	14240	6	60
利润分享/(股/元)	25	34	39	49	56	41	9	90
相关职位工作年限/年	5	10	19	27	29	18	9	90
学历	4	5	5	5	6	5		90
每周工作时间/小时	40	40	40	40	40	40	10	100

资料来源:陈黎明.经理人必备:薪资管理[M].北京:煤炭工业出版社,2001.

2.绘制市场薪酬水平图

将所有职位薪酬水平的中值从高到低排序,接着再将中上水平值(高1/4值或75分位值)和中下值(低1/4值或25分位值)按此顺序连接起来,可得到一张反映市场薪酬水平的职位总图,在职位薪酬图中加上某公司自身的中值曲线,就可清晰地显示出该公司薪酬水平的市场相对位置。图5-5标示了A公司薪酬水平线,某些职位的薪酬水平高于市场中值,另一些低于市场中

值,但所有职位的薪酬水平均处于高 1/4 值和低 1/4 值之间。

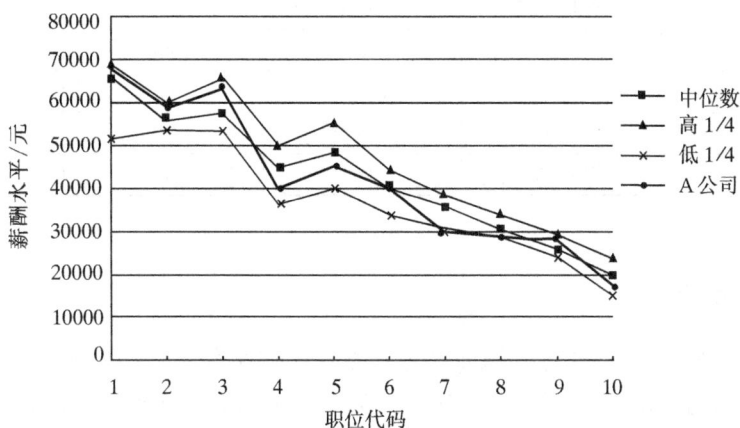

图 5-5　2021 年 10 月 A 公司薪酬调查部分职位分析

3. 薪酬水平的调整策略

领先型、跟随型和滞后型是三种不同的薪酬策略,其中跟随型策略是竞争者最常用的方式。

薪酬管理者为跟随型策略的使用归纳了三点理由:①薪酬水平低于竞争对手会引起员工的不满;②薪酬水平低会限制组织的招聘能力;③支付市场薪酬水平是管理的责任。跟随型的薪酬策略力图使本组织的薪酬成本接近产品竞争对手,同时使本组织吸纳员工的能力接近产品竞争对手吸纳员工的能力。这种策略能使企业避免在产品定价或保留高素质员工方面处于劣势,但是它并不能使企业在劳动力市场上处于优势。

领先型薪酬策略能够最大限度地发挥组织吸纳和保留员工的能力,把员工对报酬的不满减至最低。它还能弥补工作中令人感到乏味的因素。但这种策略也有消极影响,如高薪使得招聘更容易,可能会掩盖工作的其他方面导致的高员工流失率。

滞后型薪酬策略会影响企业吸纳潜在的员工。但如果采用这种策略的企业能够保证员工将来得到更高的收入,那么员工的责任感就会得到提高,团队精神也会增强,从而对企业绩效产生正效应。

市场薪酬水平处于不断变化当中,而企业通常只在一段时间(比如一年)之后才调整薪酬水平。因此,企业薪酬水平的相对市场地位是动态变化的,可能偏离其既有的薪酬策略。如某个实行领先型策略的公司年初的薪酬水平高于市场平均水平,随着市场总体薪酬水平的提高,该公司在年末的薪酬水平可能低于市场平均水平。在这种情况下,企业就有必要调整薪酬,以避免对企业绩效目标造成不利影响。有些企业为了保证薪酬水平的领先地位,往往按照市场薪酬的中上水平而不是中位数来设定薪酬水平。

4. 薪酬结构分析

如果将薪酬构成分为基本工资(底薪)、津贴总额、奖金佣金和其他收入等,可以得到工资结构表。表 5-10 展示了某企业的薪酬调查结果,可见不同的管理层次工资结构是不同的。

不同的薪酬结果对员工具有不同的行为导向作用。比如,高比例的奖金通常具有绩效导向特征,高基本工资强调的可能是公平,高津贴则突出对技能的重视。通过薪酬调查,企业能够获得竞争企业薪酬结构的相关信息,对本企业完善薪酬结构、提高薪酬的激励水平大有裨益。

表 5-10　各级人员薪酬结构　　　　　　　　　　　　单位:元

职务	基本工资	津贴补贴总额	奖金佣金	其他收入
总经理	18000	10000	16000	66000
总监	10000	11000	16000	64000
经理	12000	11000	14000	65000
主管	14000	12000	13000	61000

思考与讨论

1.薪酬调查质量的优劣决定了所取得的数据和结果的有用程度。在购买和使用各种各样的薪酬调查结果时,人力资源工作者和薪酬专家应该注意哪些问题,才能使薪酬调查数据真正帮助企业在薪酬体系设计和调整中做出正确的决策?

2.如何根据薪酬市场调查取得的数据确定本企业薪酬的竞争力?

3.描述收集薪酬调查数据可利用的各种方法,以及各种方法在哪种状态下最有效。

实训题

根据薪酬数据分析表(见表 5-11),计算该职位工资的简单平均数、加权平均数、中值、第 25 个百分位上的薪酬水平、第 75 个百分位上的薪酬水平。

表 5-11　某职位薪酬数据分析

薪酬/元	企业数量/个
43500	5
37500	2
36000	1
33000	10
36000	20
55000	2
43500	7
33300	8
34500	6
50000	4

学习情境六 设计薪酬体系

格力电器的薪酬管理

格力集团是珠海市国资委监管的珠海市属国有企业,格力电器是格力集团的下属控股子公司。

与一些民营控股企业相比,格力电器因是国有控股企业,其薪酬政策和薪酬模式有一定的限制,因此格力在薪酬制度及体系上需要更多科学而合理的安排,也需要使出更多招数,来稳定公司的人才队伍。

科学制定薪酬政策

格力电器采用固定工资与浮动绩效工资相结合的薪酬机制,综合考虑员工的岗位性质、工作成果、工作地域、技术难度等,按时为员工核定并发放薪酬。同时,员工的薪酬政策会根据宏观经济环境、行业发展趋势、公司战略方向等做动态调整。

针对专业技术员工群体,公司建立起适合自身发展的专业技术等级评定体系,并于2018年全面铺开,标志着格力电器员工职业发展通道的全面打通。当前,公司共设计出100余条员工职业发展通道,并成功完成任职资格标准体系、培养体系、评定体系及激励体系的全流程体系搭建,实现评定工作常态化运行。2018年,格力电器获评等级员工共计13000余人,并实现评定结果在薪资方面的突破应用,进一步优化基于员工能力的薪资调整机制,全方位激发员工能力提升,更为人才甄别及发展保驾护航。

公司为进一步拓宽员工职业发展通道,促进人才梯队的建设,按照不同关键领域员工群体,搭建基于员工能力、业绩双提升的职业发展通道:针对专业技术类员工,积极引导员工不断提高专业技术水平,围绕员工关键行为、绩效表现、工作能力、工作经验等内容构建专业技术等级评定体系;针对技能型员工,完备技术工种人才储备机制,建立技能工等级评定体系,不断提高技能工专业技能素质。同时,公司将评定结果应用于薪酬等各项人事决策当中,进一步优化基于员工能力的薪资调整机制,全方位激发员工能力提升,形成动态长效的激励和发展机制。

提供有竞争力的薪酬

格力电器的工资水平一直高于行业的平均薪酬水平,早在2010年,格力电器一线工人年薪便达到了5万元,员工年终奖发放标准也随公司发展而逐年提升。2013年,珠三角收入较高的初级工程师平均年薪仅5万元时,格力电器的人均薪酬已经达到5.6万元。根据格力电器2018年年报,公司将近9万名员工的平均职工薪酬(包含了短期薪酬、离职后福利、辞退福利和其他长期职工福利等内容)达到了9.6万元,虽然这并不完全都是员工到手的收入。而2018年广东制造业非私营单位就业人员的平均工资是74030元。

提升员工的幸福感

格力电器自主创新,需要有梦想、有情怀的人才。格力电器努力给员工创造良好的工作和生活环境。

公司为员工购买养老、医疗、失业、工伤、生育等保险,并提供丰富的诸如免费上下班车、免费午餐、节假日慰问金、中晚班津贴、工龄津贴、保健津贴、夏季高温津贴、特殊工种津贴,以及在职员工学历教育的费用报销和其他丰富的员工培训等各种福利。

在整个家电行业盈利能力持续下降的背景下,格力电器不断为员工加薪。

格力电器 2016 年底加薪的通知非常简单,《关于公司全员每人每月加薪 1000 元的通知》内容显示:"从 2016 年 12 月起,在现有月工资的基础上,格力电器将对入职满三个月的全体员工(特殊议薪人员除外),每人每月加薪 1000 元。"这项制度格力电器员工肯定是拍手称快,但有人质疑这是一项没有明确区分绩效高低的薪酬战略制度,不利于对员工产生激励。

2019 年年初时,格力电器又根据不同岗位对员工给予薪资调整,总共增加薪酬在 10 亿元以内。按照格力电器员工人数来算,平均加薪超过 1000 元。这次加薪在具体执行方案上有了一些变化。针对不同类型的岗位,采取加薪的标准不一样。比如,技术岗位按照等级评定结果来加薪,管理岗位按照绩效和工作表现来加薪等。这样的安排更能产生激励效果,其实也更加公平合理。

此外,格力电器还努力为员工营造舒适的生活环境,让员工无后顾之忧。比如,格力先后斥资 6 亿元建设康乐园,为员工提供稳定充裕的生活环境。2018 年 8 月,格力投资 20 亿元的"格力明珠广场"人才公寓正式奠基,力求员工与公司同进步、共发展,稳步推进"格力员工一人一套房"工程。同年 9 月,格力学校落成开学,公司积极利用政府学位政策,解决公司技术研发人员、管理骨干、双职工等群体子女入学需求,为员工解决后顾之忧,有效提升员工幸福感和满意度。

格力电器在薪酬管理上,制定科学而合理的薪酬政策,采用有竞争力的薪酬水平策略,并努力通过给予员工各种不同形式的报酬来提升他们的获得感和幸福感,这些薪酬管理措施值得企业的管理者好好学习与研究。

薪酬管理是企业人力资源管理的重要职能,它不仅要解决内部分配一致性、公平性的问题,而且还要能起到吸引、留住、激励和开发人才的目的。如果站到更高的层次,想发挥薪酬的有效性,那么薪酬管理还应能促使企业经营战略目标的达成,也就是我们所说的战略性薪酬管理。

资料来源:HR 案例网.HR 案例网国内外名企人力资源管理案例精选集(2017—2020)[R].2021.

任务一 设计基于职位的薪酬体系

知识目标

★掌握职位薪酬体系的设计流程
★掌握职位评价的各种方法
★掌握薪酬等级确定的方法
★了解岗位工资制度的实践应用

职位薪酬体系设计

技能目标

★能根据企业的实际情况设计基于职位的薪酬体系

任务导入

RB 公司是深圳一家建筑材料供应商,公司经过 4 年的发展,由一个小企业成长为年销售额达 5 亿元的企业。为了让员工在公司内部合理流动,公司决定对一些岗位进行内部招聘。其中有一个岗位是销售管理部的销售管理员,很多部门的人都来应聘。经过若干轮的竞争,一名采购部的采购计划员胜出,但麻烦也随之而来。

采购部经理找到人力资源部经理诉苦:"我们部门培养一个人很不容易,因为公司使用的原材料很多,熟悉每种原材料需要很长时间,而且有些混合材料因为技术保密,是在外协厂家完成的。要熟悉整个过程,需要花很长时间。所以,我不希望他去销售管理部。但是我们采购部工作量大,责任又大,而销售管理部的工资比我们高,工作又轻松,我又不能挡别人的路。这已经是第三个人离开我们部门了,我们的工资政策不合理啊。"销售管理部经理也找到人力资源部经理说:"听说有人认为我们部门不重要,你是知道的,我们部门负责客户的联络和客户的信用管理,如果不重视,公司的销售是会受很大影响的,我们的工资高是应该的。既然内部招聘确定了,就得让他到我们部门来工作。"

人力资源部经理非常烦恼,因为这个问题已不是简单的内部人才流动问题,而是一个公司的薪酬导向问题。为解决这个问题,公司专门召开了好几次会议。会议上公说公有理,婆说婆有理,都认为自己部门工作量大、责任重。经过这么一闹,原采购部的采购计划员不仅没有去成销售管理部,反而因一些压力而辞职了。

任务 1:如何通过职位评价为 RB 公司建立起合理的职位结构?

任务 2:怎样才能为 RB 公司设计合理的职位薪酬体系?

任务分析

RB 公司的案例,是一个明显的内部分配公平性问题。责任和利益对等是一个管理的基本原则。企业的员工除了考虑未来的发展因素外,还会考虑自己的收入与自己付出的劳动是否对等。员工如果感到不公平,就会表现出不满意,并寻找相对满意的岗位进行流动。而企业薪酬体系设计直接引导了员工的流动方向,决定了员工对薪酬的满意程度,影响员工的工作积极性。RB 公司应建立起合理的职位结构,设计出适合自身的职位薪酬体系。

知识链接

一、职位薪酬体系的概念和特征

1.职位薪酬体系的概念

职位薪酬体系是指组织根据某个职位的相对价值确定薪酬等级,通过市场薪酬调查确定每个等级的薪酬幅度的一种报酬制度。这种薪酬体系以职位或工作为基础,根据职位或工作的性质及其对组织的价值来决定某种职位或工作的薪资水平。它的理论依据是职位价值在一定程度上等同于任职者的价值,职位价值越大,任职者的价值越大,薪酬水平越高。职位薪酬体系是一种传统的确定员工基本薪酬的制度。其最大的特点是员工担任什么样的职位就得到什么样的报酬,在确定基本薪酬时基本上只考虑职位本身的因素,很少考虑人的因素。在这种薪酬制度下,即使员工能力大大超过其所担任的职位本身所要求的技术水平,也只能得到与当前工作内容相对等的薪酬水平。因此,这种薪酬制度不鼓励员工拥有跨职位的其他技能。

2.职位薪酬体系的特征

(1)职位薪酬体系按照员工的职位等级规定薪酬等级和薪酬标准,同一职位上的员工,无论其能力和资历如何,都执行同一薪酬标准,实现了真正意义上的同工同酬。

(2)有利于按照职位系列进行薪酬管理,操作比较简单,管理成本较低。

(3)晋升和基本薪酬之间的关联性加大了员工提高自身技能和能力的动力。

(4)由于职位相对稳定,因此,与职位联系在一起的员工薪酬也相对稳定,这显然不利于企业对多变的外部经营环境做出迅速的反应,也不利于及时激励员工。

由于职位薪酬体系存在一些缺点,因此,传统上那种严格的、等级数量众多的职位薪酬体系已经不适应现代企业所面临的市场环境以及对员工工作灵活性的要求。但是,从一定程度上说,职位薪酬体系在操作方面比技能薪酬体系和能力薪酬体系更为容易和简单,适用的范围也比较广,对大多数企业来说,职位薪酬体系仍然具有很强的适用性,在薪酬决策中具有不可替代的作用。从全世界来看,采用职位薪酬体系的企业数量要远远超过采用技能薪酬体系和能力薪酬体系的企业数量,而且即使是那些采用了技能薪酬体系和能力薪酬体系的企业,也大都是从职位薪酬体系转过去的。事实上,实施科学、完善的职位薪酬体系的企业,由于对职位进行了科学的分析,建立了完善的职位说明书,在从职位薪酬体系转为技能薪酬体系和能力薪酬体系时更容易和顺利。

二、实施职位薪酬体系的条件

企业实施职位薪酬体系时,必须首先对企业内部几个方面的情况做出评价,以考察企业是否具备采用职位薪酬体系的基础。

1.职位的内容是否明确化、标准化

职位薪酬体系要求纳入本系统中的职位本身必须是明确和具体的。企业必须保证各项工作有明确的专业知识要求,有明确的责任,同时这些职位的工作难点也是可以描述的。

2.职位的内容是否稳定

通过职位评价建立职位结构是一项繁重而复杂的工作,而且建立起来的工作系列关系有明显的界线。只有当职位的内容保持相对稳定,在短时间内不会有太大变动的前提下,才能保证职位薪酬体系的相对稳定性和连续性,建立的职位薪酬体系才具有可操作性和实际意义。

3.企业是否具有按员工个人能力安排其职位的机制

由于职位薪酬体系是根据职位本身的价值向员工支付报酬的,因此,如果员工个人的能力与其职位要求不相匹配,必然会有高能力、低职位、低工资,或低能力、高职位、高工资的不公平现象出现,其结果必然影响到员工的工作积极性。所以,企业必须具有按员工个人能力安排合适职位的机制,使高能力的员工担任高职位、获得高薪酬,低能力的员工担任低职位、获得相对低的薪酬,以保证薪酬的公平性。同时保证当个人的能力发生变动时,他们的职位也要随之发生变动。

4.企业中是否存在相对多的职级

实施职位薪酬体系的企业,应保证相对多的职位级数。因为职位薪酬体系中员工薪酬提升的通道是晋升职位等级,如果职位等级过少,大批员工在上升到一定的职位后就无法继续晋升,其薪酬也无法得到提高。其结果必然挫伤员工的工作积极性以及进一步提高技能和能力的动机。所以,企业应具有相对多的职位等级,以保证能够为员工提供一个随着个人技能和能力的提升,其职位也能从低向高晋升的机会。

三、建立职位薪酬体系的步骤

实施职位薪酬体系时首先要进行工作分析,界定各职位的工作职责和任职资格要求;其次进行职位评价,确定各个职位相对的价值大小;再次进行薪酬调查,结合调查结果和职位进行评价,建立薪酬曲线;最后根据薪酬曲线确定薪酬,如图 6-1 所示。

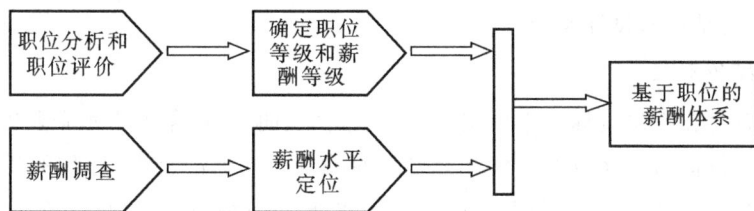

图 6-1 基于职位的薪酬体系的设计

四、职位薪酬体系设计的内容

基于职位的薪酬设计的逻辑基础是公司根据岗位的相对价值给员工支付报酬,亦即进行职位工资的设计。其要求首先对岗位进行合理评估,为薪酬体系的内部公平打下良好基础,同时要进行外部薪酬调查,使公司的薪酬水平在市场上具有足够竞争能力。

(一)职位工资的设计基础

职位工资是指以岗位劳动责任、劳动强度、劳动条件等评价要素确定的岗位系数为支付工资报酬的根据,工资多少以岗位为转移,岗位成为发放工资的唯一或主要标准的一种工资支付制度。

职位工资的特点是对岗不对人。职位工资制有岗位薪点工资制、岗位等级工资制等多种形式,共同特点是职位工资的比重一般占到整个工资收入的 60％ 以上。实行职位工资,要在岗位测评的基础上引进市场机制,参照劳动力市场中的劳动力价格。

若要确定劳动者的工资收入,就要计量劳动者的劳动数量和质量。因此,劳动的量化是工资方案设计者首先要解决的问题。按劳分配长期未能真正贯彻执行的重要原因之一就是没有比较准确的衡量劳动量的标准。

不同的劳动者在相同劳动时间内的劳动有量和质的差别。若要实现按劳分配,就必须统一标准,把不同质的劳动按照不同的系数折算成一定数量的标准劳动,将其转化为可以相互比较和衡量的劳动。

对不同质的劳动的量化,要找出各种具体劳动的共性。从劳动力的耗费上看,具体劳动的差别表现在劳动复杂程度、劳动强度、劳动责任、劳动环境四个方面。

随着生产设计化程度的提高,劳动分工趋于复杂化,劳动岗位成为生产过程的基本单元,不同劳动岗位的劳动者付出的劳动差别很大。因此,对劳动的评价可以用岗位评价代替。劳动四要素可以通过岗位劳动复杂程度、岗位劳动强度、岗位劳动责任、岗位劳动环境体现。运用岗位评价方法对四个要素进行测评。

岗位劳动评价的前提是岗位划分比较明确。如果岗位划分与设定不科学,最终的工资分配关系必然是扭曲的。另外,企业还需根据岗位划分结果及企业的生产条件、生产方向、产品方案,确定岗位定员标准和定额标准,预先规定必要劳动消耗量。

(二)工资结构线的设计

通过工作分析和工作评价得到岗位的相对价值和组织的岗位等级,能反映内部一致性原则。但要将岗位的相对价值和岗位等级转换为岗位的工资等级,甚至实际的工资额,即建立内部工资结构,就要通过工资结构的设计实现。

1.工资结构线的形状

工资结构线就是在直角坐标系中用图形(直线、折线、曲线)形象地表示企业内各个岗位的工作评价分数即相对价值与该岗位的实付工资之间的关系。从理论上讲,岗位的相对价值与实付工资之间应当是线性的直线关系,两者成正比变化,即相对价值越大,实付工资就越多;相对价值越小,实付工资就越少。但是,在企业管理实践中,薪酬设计要受到多种因素的影响,所以两者的关系可能是线性的,也可能是非线性的,反映到工资结构线上,图形可能是直线、折线,也有可能是曲线。不同特征的工资结构线能体现公司不同的薪酬策略。

图6-2表示岗位的相对价值(横轴)和实付工资(纵轴)之间是线性关系。工资结构线1、2是直线,说明采用这两种方案的企业使所有岗位的工资严格正比于岗位的相对价值。工资结构线1斜率较大,说明采用这种比较陡峭的工资结构线的企业偏向于拉大不同岗位间的工资差距;工资结构线2斜率较小,说明采用这种比较平缓的工资结构线的企业不倾向于使不同岗位间的收入两极分化,差距悬殊。

工资结构线3、4是折线,两者起初相同,分叉后线3斜率较大,线4斜率较小。采用工资结构线3的企业在岗位相对价值达到一定等级后,大大拉大岗位间的工资差距,采用的是高薪招揽人才、激励人才、留住人才的薪酬策略,这是对公司技术骨干、管理骨干等宝贵的人力资源是企业竞争优势所在的考虑;采用工资结构线4的企业在岗位相对价值达到一定等级后,会相对减小岗位间的工资差距,这可能是为了平息某一职级以下员工的抱怨。

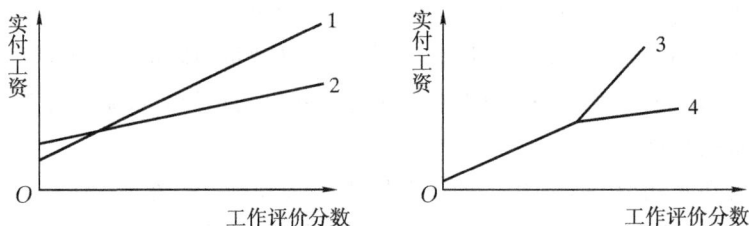

图6-2 不同特征的线性工资结构

图6-3中工资结构线5、6是两条典型的非线性工资结构线。采用工资结构线5的企业中,等级较低的岗位随着相对价值的增加工资增长速度较快,而等级较高的岗位随着相对价值的增加工资增长速度较慢,表明企业的薪酬策略是对等级较低岗位的员工主要依靠工资进行激励,而对等级较高岗位的员工主要依靠工资之外的其他方式(如福利、嘉奖、舒适的工作条件等)进行激励。采用工资结构线6的企业,情况正好相反,对岗位等级较高的员工主要靠工资进行激励。

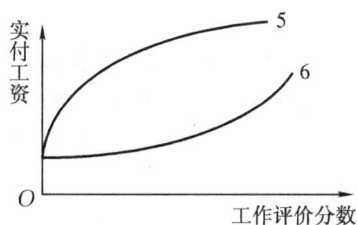

图 6-3　不同特征的非线性工资结构线

2. 工资结构线的调整

不同特征的工资结构线能体现公司不同的薪酬策略。此外，工资结构线还能用来检验企业现有薪酬制度的合理性，作为修改完善的依据。图 6-4 是利用工资结构设计对企业的薪酬体系进行诊断调整的范例。

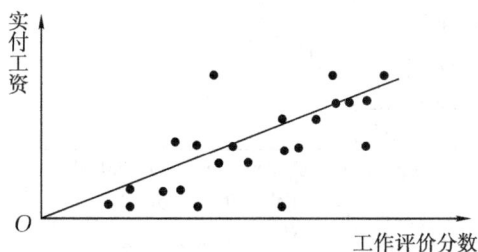

图 6-4　岗位薪酬分布点和工资结构线

其具体步骤如下：

(1)对企业所有岗位进行工作评价，获得相对价值即工作评价分数。

(2)在以工作评价分数为横轴、现有实付工资为纵轴的坐标系中绘出各项岗位的薪酬对应点。

(3)利用线性回归技术找出反映岗位薪酬对应点分布规律的工资结构线。

(4)调整偏离工资结构线的岗位薪酬对应点：工资结构线以下各点代表的岗位的实获薪酬少于按其相对价值的应获薪酬，应较频繁或较大幅度地提升其工资到与工资结构线相当的水平上；工资结构线以上各点代表的岗位的实获薪酬多于按其相对价值的应获薪酬，因为员工心理上的工资刚性，不是简单地降低其工资，而是延期提升任职者，或增加工作责任，加大工作量。

每一岗位工资额的确定除工资结构线外，还要参考市场薪酬状况，即在满足内在公平的原则之外，还要考虑外在公平。这一过程的步骤如下：

(1)在工作评价后得到企业的工资结构线。

(2)将薪酬市场调查获得的信息也在图中表示出来，得到市场最高工资线、市场最低工资线，以及代表市场工资平均水平的特征线。

(3)对比企业的工资结构线与市场工资线，确定企业工资结构的市场竞争力。

(4)企业综合考虑竞争策略、企业文化、经营业绩、付酬能力等因素后，对现有的工资结构线进行调整。

(三)工资等级设计

工资结构线使企业内每一岗位根据相对价值的大小都对应了某一特定的工资额,可是实践中如果这样安排和操作,将使工资发放和薪酬管理工作变得琐碎和混乱。实际上常常将经工作评价后相对价值相近的多种岗位及其工资额合并在同一等级里,从而使企业内形成若干等级,得到工资等级系列,这个过程就是工资分级。

图6-5是工资分级的范例,岗位工作评价分数每隔50分归为一类,就形成一个岗位等级,简称职级。

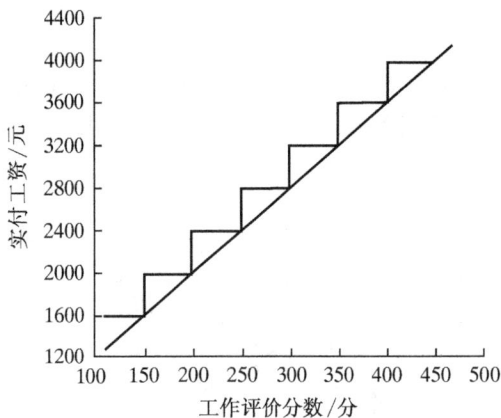

图6-5　企业工资等级的设置

(四)等级区间设计

图6-6中每个职级只对应一个工资额,与实际情况更接近的是每个职级所对应的工资水平往往是一个范围,此工资水平范围称为薪幅,薪幅下限为等级起薪点,上限为顶薪点。薪幅可以固定,也可以随岗位等级上升而扩大,如图6-6所示。

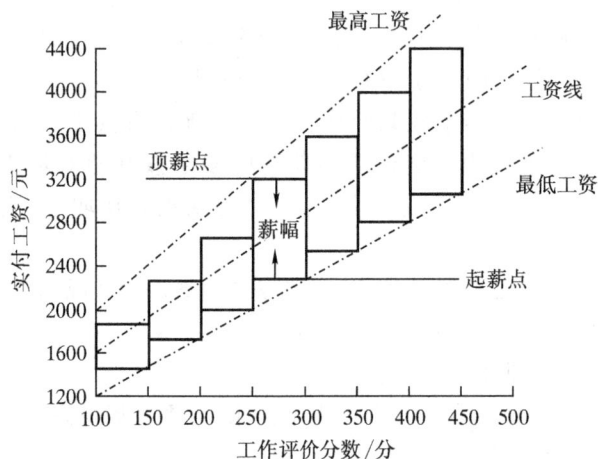

图6-6　工资等级的划分及薪幅

实践中,相邻岗位等级的工资范围会出现重叠的现象,这会给技能或能力提高较快、工作业绩较好但因为客观条件一段时间内未能提级的员工,带来较多的提薪机会。

一个工资等级的最高水平(H)所代表的是该等级中的职位所能为组织产出的最大价值,而工资等级的最低水平(L)所代表的是该等级中职位所能为组织产出的最小价值。两者之间的差距代表该职位任职者所能产出的价值差距,工资等级区间的范围为($H-L$)/L。

在通常情况下,工资等级中的中位值(M)与最高值的差值($H-M$)和中位值到最低值的差值($M-L$)是一样的,主要是为了便于在工资结构设计中解释和证明公平性。基层人员区间小而中层人员区间大的原因是基层的工作易于掌握,而且他们对组织的贡献是有限的。

(五)最高工资和最低工资的确定

在确定最高工资和最低工资时,主要考虑特定地区或行业劳动力市场对工资率的影响。当某些初级水平或某种特殊职位的劳动力需求大于供给时,最低工资要足够高。但这样会迫使其他职位的工资提高,造成劳动力成本支出过高,反而限制公司的竞争力和盈利能力。若工资水平太低又不能吸引符合条件的求职者。薪酬水平调查可以帮助解决类似的工资结构设计问题。

工资率上限的决定更多是一种主观的考虑。政策的制定者支付给高职位员工一个他们可以接受的工资率。一般来说,公司总裁工资是公司里最高的。公司总裁的绩效会对职位的工资产生重要的影响。职位层次越高,越难用准确的数学方法为其定一个合理的工资率。

工资率上下限的决定将有助于在头脑中建立以下概念:工作等级指工作分级中的水平线,主要依据是工作评价的总得分;工资范围相当于工资结构中的垂直坐标,每个工资等级都有自己的工资范围,一般而言,包含了中点和明确的最大值、最小值。将工作等级和工资范围连续起来就构成了工资结构,工资等级用来表示工资结构的每一个板块,每一个工资范围的设计必须满足以下公式:

$$范围系数=(最大值-最小值)/最小值=(H-L)/L$$
$$最小值=中点值/(1+1/2×范围系数)=M/(1+0.5×范围系数)$$
$$最大值=最小值×(1+范围系数)=L×(1+范围系数)$$

工资等级的上下限制一旦被设定,工资范围的中点值就确定下来。比如,工资等级被确定于100到250点之间,中点值被确定为工资等级的中间,在此例中,中点值就是175。如果工资指导线方程为

$$Y=0.05X+5$$

则
$$Y=0.05×175+5=13.75$$

这一工资范围的中点值就是13.75,如果范围系数(也称递增速度)为30%,则该范围内的极值计算如下:

$$最小值=13.75/(1+0.3/2)=11.96$$
$$最大值=11.96×(1+0.3)=15.55$$

用这种方法推导,则有下式成立:

$$0.3=(15.55-11.96)/11.96$$

(六)中位值的确定

最有可能影响中位值大小的因素是某职位的现行市场工资率。中位值也可能来自内部数据,这一数据是人们通常所认为的该职位的标准工资率。一旦最低等级的中位值设定了,那么其相邻等级的中位值就可以通过相乘(上一级)或除以(下一级)某一特定的数值来确定。

在工资结构中,决定工资差别的一个基本的设计指标是中位值与中位值的差距。中位值之比是相邻两个工资等级中位值的增长百分比,其范围为3%～20%。在确定合适的中位值差额时,应主要考虑以下问题:

(1)中位值的差额越小,工资等级就越多。即 3% 的差额可能会有 50 个工资等级,20% 的差额可能只有 5~6 个工资等级。

(2)工资率的个数越多,就越有可能支付给有很小差异的职位不同的工资率。

(3)工资率之间的差距越大,就越容易使在职者感觉到不同职位之间的价值差。

(4)中位值之间的差额很小可能会迫使组织建立不止一个工资结构。

在工资结构设计阶段,设计者还要考虑中位值差额的一致性问题。

(七)工资等级数目的确定

对于决定合适的工资等级数量没有特别标准的公式。明确区分每个等级的工作能力不太可能,而较少的工资等级无法体现出薪酬的显著差异,所以一般考虑如下因素:

(1)需要评价的工作数量;

(2)它们在组织中的职位等级分布;

(3)工作之间的汇报、负责关系。

总之,职位分布的等级越多,工资等级的数量越多。工资等级数量的确定将有助于提高内部一致性,如果两个工作十分相似,一旦两者相对于组织被认定具有不同的价值,即工作评价的得分有显著差异,则两个工作应该归到不同的工资等级中。

在设定工资等级数量时,必须考虑等级数量对范围之间的重叠程度的影响。得分点数保持匀速,增加等级就意味着增加重叠的数量,如果需要一定量的重叠(甚至是期望),那么对多少重叠是合理的存在分歧。比如,一些专家认为等级之间应该是 50% 的重叠,而另外一些专家则主张低的等级的最高点应低于下一个较高等级的中点值。如果在职业发展序列中,一系列的工作是连贯的,那么大量的重叠会导致有较少的机会去奖励那些升迁到新职位的个体。如果一个等级的工作相对于下一等级的工作是显著次要的,那么重叠部分应该减少。

工资等级的幅度必须一致,却难以执行。比如,一个等级是 50 点幅度,下一个可能是 25 点,再下一个也许是 100 点,这种结构比较随意,对员工不公平。然而,没有必要让每一等级的幅度必须相等。有时工资等级越高,幅度设计得越大。如果等级较少,重叠也较小,将更有可能促使员工持续改进绩效和增进资历,获得工资的提高。

(八)工资等级间的重叠

在一个工资结构中,其工资等级之间可能没有重叠,也可能有重叠,如图 6-7 所示。相邻两个工资等级的重叠部分表现在这两个工资等级中完全相同的工资机会。

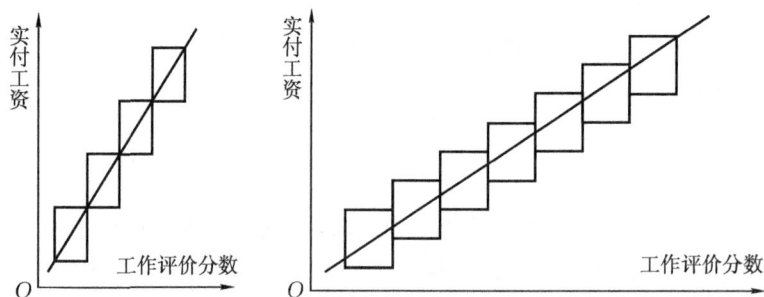

(a)非重叠式的工资结构示例　　　　(b)重叠式的工资结构示例

图 6-7　工资结构示例

相邻两个工资等级之间中位值的差距及工资等级区间的大小决定了两个等级重叠部分的大小。工资等级区间的重叠使得较低等级上的优秀员工,可以比较高等级业绩较差的员工获得更高的工资。当中位值之间的差值很小时,重叠部分可能较大。

工资等级间重叠部分很大会产生以下问题:一个已经拿其所在范围上限工资的人晋升到一个较高等级(或两三个等级以上),其工资可能提高不大,或增长空间不大。

五、岗位工资制度及实践

在职位评价的基础上可以建立相应的岗位工资制度,在实践中岗位工资制度主要有岗位等级工资制度、岗位薪点工资制度等。

(一)岗位等级工资制度

岗位等级工资制简称岗位工资制,是指以岗位劳动责任、劳动强度、劳动条件等评价要素确定的岗位系数为支付工资报酬的根据,工资多少以岗位为转移,岗位成为发放工资的唯一或主要标准的一种工资制度。

1.岗位等级工资制的特征

岗位等级工资制的特征表现在以下几个方面。

(1)按照员工的工作岗位等级规定工资等级和工资标准。岗位工资按照各工作岗位的劳动责任、劳动强度、劳动条件等评价要素确定工资标准,员工在哪个岗位工作,就执行哪个岗位的工资标准。在这种情况下,同一岗位上的员工,尽管能力与资历可能有所差别,但其执行的却是同一工资标准。

(2)员工要提高工资等级,只能升到高一级的工作岗位。但并不是说一个员工不变动工作岗位就不能提高工资标准。

(3)员工上岗必须达到岗位既定的要求。虽然岗位等级工资制不制定技术标准,但各工作岗位都规定有明确的职责范围、技术要求和操作规范。员工只有达到岗位的要求时才能上岗工作。

岗位等级工资制适用于专业化程度高、分工细、工作技术单一、工作比较固定的行业及工种。

2.岗位等级工资制的形式

岗位等级工资制主要有以下两种形式。

(1)一岗一薪制。一岗一薪制,即一个岗位只有唯一的工资标准,凡是同一岗位上的员工都执行同一工资标准。岗位工资标准由高到低排列,形成一个统一的岗位工资标准体系。它只能反映不同岗位之间的工资差别,不能反映岗位内部的工资差别。其特点是一岗一薪、同岗同薪,标准相互不交叉,提职才能增薪。员工岗位变动,工资则随岗变动。新员工上岗采用"试用期",期满经考核合格后正式上岗,即可执行岗位工资标准。表6-1为某公司的岗位工资标准体系。

表6-1　一岗一薪:某公司的岗位等级工资标准

管理类和技术类岗位				生产类岗位	
岗级	工资标准/元	管理类	技术类	岗级	工资标准/元
十	5000	总经理		七	3050
九	4350	副总经理	正高工程师	六	2600
八	3900	总经理助理	副高工程师	五	2250
七	3700	部门经理	工程师	四	1950

管理类和技术类岗位				生产类岗位	
岗级	工资标准/元	管理类	技术类	岗级	工资标准/元
六	3250	部门副经理		三	1650
五	2800	业务组长	助理工程师	二	1350
四	2380	业务副组长	技术员	一	1080
三	1950	业务主办1			
二	1600	业务主办2			
一	1300	操作员			

一岗一薪强调在同一岗位上的员工执行同样的工资标准,其优点是能保证简化工资构成,岗动薪动,对员工有一定的激励作用,操作也简便灵活。

一岗一薪的缺点是不能体现员工之间由于经验、技术熟练程度不同而产生的劳动差别,以及新老员工之间的差别,在同一岗位内部缺乏激励性。

一岗一薪主要适合行政和技术职务明确、工作责任范围清楚的管理岗位和劳动技能要求比较单一、不需要内部区分技能水平的岗位。

(2)一岗数薪制。一岗数薪制,即在一个岗位内设置数个工资标准,以反映岗位内部不同员工之间的劳动差别。由于一岗数薪,高低相邻两个岗位之间的工资级别和工资标准就会有交叉和重叠的情况,同岗可不同薪,不同职也可同薪。实行一岗数薪,员工可在本岗位内经考核后提升工资档次,直到达到本岗位最高的工资标准。表6-2为某公司的岗位工资标准体系。

表6-2　一岗数薪:某公司的岗位等级工资标准

管理类和技术类岗位							生产类岗位					
岗级	工资标准/元					管理类	技术类	岗级	工资标准/元				
	1	2	3	4	5				1	2	3	4	5
十	7500	7800	8100	8400	8700	总经理		七	4200	4400	4600	4800	5000
九	6900	7200	7500	7800	8100	副总经理	正高工程师	六	3600	3800	4000	4200	4400
八	6300	6600	6900	7200	7500	总经理助理	副高工程师	五	3000	3200	3400	3600	3800
七	5700	6000	6300	6700	7000	部门经理	工程师	四	2400	2600	2800	3000	3200
六	5000	5300	5700	6000	6300	部门副经理		三	1800	2000	2200	2400	2600
五	4000	4300	4700	5000	5300	业务组长	助理工程师	二	1500	1600	1700	1800	1900
四	3100	3400	3700	4000	4300	业务副组长	技术员	一	1200	1300	1400	1500	1600
三	2400	2500	2800	3100	3400	业务主办1							
二	1800	2000	2200	2400	2600	业务主办2							
一	1500	1600	1700	1800	1900	操作员							

一岗数薪的优点是可以反映职位之间存在的劳动差异和岗位内部不同员工之间劳动熟练程度的差异,使劳动报酬更为合理。

一岗数薪的缺点是工资结构相对复杂,对工资管理水平要求较高。一岗数薪制适合职位划分较粗,同时岗位内部技术要求有差异的工种。

(二)岗位薪点工资制度

岗位薪点工资制是在对岗位责任、岗位技能、工作强度和工作条件四个报酬要素评价的基础上,用点数、点值来确定员工实际劳动报酬的一种工资制度。员工的薪点数通过一系列量化考核指标来确定,点值与企业和部门效益挂钩。

1.岗位薪点工资制的特征

岗位薪点工资制的主要特征有以下几点:

(1)通过薪点数的确定,充分体现岗位价值,突出关键岗位和重要岗位的作用。

(2)调整和确定薪点值,有助于提高企业的应变能力,根据宏观环境的变化对全体员工的固定工资及时做出相应的调整,同时也有助于企业统一工资。

(3)效益薪点值的确定,有助于使员工的利益与企业的利益紧密结合起来,有效激励员工的工作积极性。

(4)通过结算工资总额的核定,使企业有效地预测和控制人工成本的支出,并在企业内部单位建立有效的公平竞争杠杆和激励导向作用。

(5)通过建立岗位薪点工资制,可以进一步完善企业的基础管理工作,树立"一岗一薪、岗变薪变""岗位价值""系统工程"观念,改善企业的内部管理流程,以便更好地支持企业战略目标的实现。

2.岗位薪点工资制的实施要点

岗位薪点工资制是采用比较合理的评分法,根据员工的劳动岗位的报酬要素和员工个人表现因素,测定每个员工的点数,再加上按预先规定增加的点数,得出总点数,然后再用总点数乘以点值,从而确定员工工资标准。

(1)工作分析。对企业内所有的职位进行科学的工作分析,对每一职位具体的工作职责及任职资格进行全面的分析,在此基础上建立职位说明书。

(2)岗位评价。进行岗位评价,首先必须拟定岗位评价的测评标准,根据劳动报酬要素对每个岗位进行测评,并通过综合分析评价得出每个岗位的点数。点数的多少与员工的劳动岗位及个人的贡献直接相联系,岗位类别高,个人劳动贡献大、表现好,则点数就多;反之,点数就少。表6-3为某企业的岗位薪点数表。

表6-3　岗位薪点制:某企业岗位薪点数表

岗位	点数幅度	一档	二档	三档	四档	五档
5	626～720	626～644	645～663	664～682	683～701	702～720
4	526～625	526～545	546～565	566～585	586～605	606～625
3	426～525	426～445	446～465	466～485	486～505	506～525
2	346～425	346～361	362～377	378～393	394～409	410～425
1	271～345	271～285	286～300	301～315	316～330	331～345

3.表现点数及加分点数的确定

表现点数一般按操作人员和管理人员分别制定计分标准,评分标准的确定一般也要参考岗位的劳动差别及岗位的重要程度等情况。按计分标准,经考核评定得出员工在考核期的表现点数。

对岗位点数和表现点数不能体现的,而在现阶段又必须鼓励和强调的因素,适用加分点数来体现。如对员工的本企业工龄、学历、职称或做出突出贡献的情况,可采用加分点数的办法酌情增加点数。例如,工龄点:连续工龄满5年的职工,连续工龄年限一年折合为1点;奖励晋升点:对贡献突出的员工经企业批准奖励10~20个薪点;考评升级点:连续两个年度考核为优秀的员工岗位工资可升一个等级,升级面控制在员工人数的10%~15%。

4.点值的确定

点值是与企业的经济效益直接联系的,可设置成基值和浮动值,分别与整个企业及员工所在部门的经济效益紧密相连。效益好,点值就大;反之,点值就小。影响点值确定的因素很多,主要有企业所在的行业特征、所在地区的生活水平、企业自身生产经营状况等。将岗位点数换算成薪点值的最简单的办法就是将点数乘以一个倍数,这个倍数应考虑目前的政府法规、市场行情、同业水准等,并可以随每年的物价变动而调整倍数。例如,某企业所处地区的最低工资为680元/月,最低薪点数为271,则680÷271=2.51,即为2.51倍,各岗位的点值=薪点数×2.51。表6-4为某企业根据表6-3中的岗位薪点数换算成的岗位薪点值表。

表6-4 岗位薪点制:某企业岗位薪点值表

岗位	点数幅度	一档	二档	三档	四档	五档
5	1571~1807	1571~1616	1619~1664	1667~1712	1714~1760	1762~1807
4	1320~1569	1320~1368	1370~1418	1421~1468	1471~1519	1521~1569
3	1069~1318	1069~1117	1119~1167	1169~1217	1220~1268	1270~1318
2	869~1067	869~906	909~946	949~986	989~1027	1029~1067
1	680~866	680~715	718~753	756~791	793~828	831~866

薪点值的高低严格与企业的经济效益挂钩,使工资分配与企业效益密切相联系。例如,某企业核定的薪点基值为2.51元,薪点基值的升降与企业利税实现挂钩。如利税增长10%,则薪点基值的增长控制在5%以内;如利税下降,则薪点基值也要相应调整。

5.薪点工资的确定

薪点和点值确定下来后,员工的薪点工资就等于员工个人的总薪点数乘以点值。通常情况下,企业为了增加薪点工资的激励作用,还会将薪点工资与员工业绩挂钩,因此,员工个人的薪点工资计算公式为

员工的薪点工资=本人薪点数×点值×个人考核系数

岗位薪点工资制是我国企业在工资制度改革实践中创造的一种工资模式,它的内涵和基本操作过程类似于岗位工资。因此岗位薪点工资制较适合岗位比较固定、岗位劳动以重复性劳动为主的岗位工种,在实践操作中可以更为灵活。

(三)岗位工资制度实践

案例

某汽车股份有限公司薪点工资制

一、背景

某汽车股份有限公司,是由 A 出租汽车公司、B 销售有限公司、交通银行等单位共同发起、公开募集股份组建的。公司于 1992 年 12 月 20 日成立,于 1993 年 2 月 10 日在上海证券交易所正式挂牌上市。公司主营业务有汽车客运、汽车配件销售、商务咨询、房地产开发。下属企业有出租汽车配件公司、房地产发展有限公司、贸易实业公司、快餐公司和长途客运公司。

为深化公司三项制度改革,加大员工工资中活工资比例,充分调动员工工作的主动性和积极性,使员工的收入与个人劳动成果、公司经济效益更加紧密地结合起来,体现"奖勤罚懒,按劳取酬"的按劳分配目标,使公司更好地适应当前的行业竞争环境,该公司决定从 20××年 4 月 1 日开始在公司实行新的工资分配制度——薪点工资制。

二、主要内容

薪点工资制是以岗位为中心,根据员工所在岗位在整个公司中的价值大小(岗位评定点数)和公司经济效益,以薪点工资率和薪点数乘积的形式表示工资多少的一种工资制度。

薪点工资制加大了对员工个人的工作态度、能力、业绩等因素的考核,并进行年终奖惩。

(一)员工工资结构比例

公司的工资由岗位基本工资、岗位业绩工资、岗位附加工资和岗位专项奖金四部分组成。其工资结构比例如表 6-5 所示。

表 6-5 员工工资结构比例

类型	占比
岗位基本工资	30%
岗位业绩工资	60%
岗位附加工资+岗位专项奖金	10%

(二)工资结构

公司的工资结构如图 6-8 所示。

1.岗位基本工资

岗位基本工资是指体现岗位劳动差异和个人技能差异的工资,占工资的 30%,以薪点形式表示。岗位基本工资薪点取决于岗位劳动要素点和岗位员工技能点。

(1)岗位劳动要素点取决于工作岗位的内容和性质,由岗位评估确定,劳动要素点等于岗位评估分数。

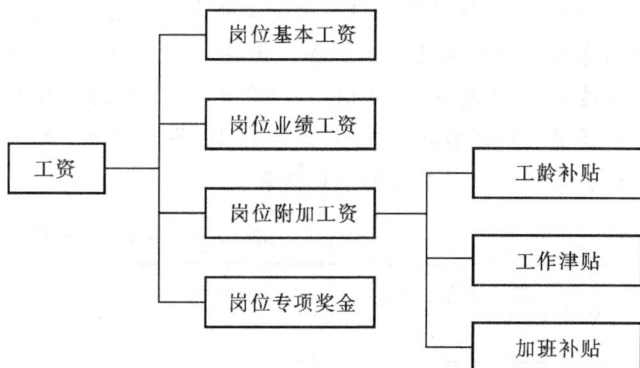

图 6-8 某公司工资结构图

(2)同等级岗位的岗位基本工资实行一岗十档,档次取决于岗位员工技能点。员工所在部门根据岗位员工技能点评估表确定员工技能点,员工技能点随员工的岗位变动而变动,根据新岗位级别和员工技能点重新确定员工工资。

2.岗位业绩工资

岗位业绩工资通过与经济指标、个人能力、工作态度挂钩,及时地反映岗位员工贡献。岗位业绩工资薪点是岗位基本工资薪点的两倍。

3.岗位附加工资

岗位附加工资由工龄补贴、工作津贴、加班补贴构成。

(1)计算工龄补贴的工龄,按原办法确定,每年1月1日进行调整。工龄补贴按员工的工龄长短分三段计算。

①工龄1~10年(含10年)的,按2元/年计发。

②工龄11~25年(含25年)的,按5元/年计发。

③工龄26年(含26年)以上的,按10元/年计发。

(2)工作津贴是指依据国家有关规定核准对特殊作业人员发放的津贴。

(3)加班补贴是按劳动法执行的补贴。

4.岗位专项资金

依据《公司奖惩管理制度》将奖项分为23项,其中集体奖8项,个人奖15项。依据奖金项制定的标准发放,由奖惩委员会负责管理。

(三)操作方法

(1)人力资源部分配各单位(部门)岗位总薪点数,单位(部门)不得突破分配指标。各单位(部门)薪点数统计方法:

$$M = \sum M_i \times N_i$$

式中　M_i——第i级岗位工资薪点数的第五档工资点数(岗位评估分值);

　　　N_i——单位(部门)所有岗位等级为i级的员工人数总和;

　　　M——各单位(部门)薪点数的总和。

(2)由单位行政领导、工会人员、管理人员、职工代表等组成二级工资管理委员会,按岗位员工技能点评估表统一进行评估分档。

(3)岗位技能点是部门根据员工的岗位技能水平、工作经验、岗位工作表现、历史贡献四个主要因素对每位员工进行评分的分值,分数为1~10分,对应1~10档工资档次。岗位员工技能点评估过程中,工龄在30年以下者(含30年),最高档次不能超过9档;工龄在20年以下者(含20年),最高档次不能超过8档;工龄在10年以下者(含10年),最高档次不能超过5档。表6-6为该公司的岗位员工技能点评估表。

表6-6　岗位员工技能点评估表

姓名	岗位技能水平(30%) 1~10分	工作经验(25%) 1~10分	岗位工作表现(25%) 1~10分	历史贡献(20%) 1~10分	技能点分数 1~10分
张山	9分	8分	9分	9分	8.5分

岗位员工技能点评估操作的指导思想有以下几点。

①岗位技能水平。蓝领可按初级工以下、初级工、中级工、高级工、技师、高级技师分档次打分,但后三者必须是证书工种与所在岗位相一致,辅助考虑学历因素;白领可按无职称、初级(员级、助理)职称、中级职称、高级职称分档次打分。学历按中专以下、中专、大专、本科、研究生等,辅助考虑是否有专长和获得与岗位相关荣誉情况。

②工作经验。工作经验可参考从事本岗位或相近岗位的工作时间长短。蓝领按照获得高级技师、技师、高级工、中级工、初级工的时间长短,白领按照获聘中层岗位、基层岗位、普通岗位的时间长短及获得高级、中级、初级职称的时间长短。

③岗位工作表现。岗位工作表现可参考出勤率、工作态度(积极主动、不够积极、表现一般、表现懒散)、与同事和领导的协作团结关系、工作任务的完成质量,以及工作出错情况的大、中、小等。

④历史贡献。以工龄为主,可以把1~40年的工龄分成时间段,然后与1~10分相对应。

4.确定岗位基本工资薪点

首先根据岗位劳动要素点(评估分值)确定工资等级,再由部门评定岗位员工的技能,根据员工技能点对应工资等级中对应的档次,然后确定对应的岗位基本工资薪点数。

5.确定岗位业绩工资薪点

根据岗位基本工资薪点,确定岗位业绩工资薪点。

$$岗位业绩工资薪点＝岗位基本工资薪点×2$$

6.岗位业绩工资按月考核发放

员工岗位业绩工资取决于员工岗位业绩薪点、当年薪点点值、公司当月效益系数、单位(部门)综合考核分数和员工个人综合考核分数,计算公式为

$$Z = B \times C \times N_1 \times N_2 \times N_3$$

式中　Z——员工岗位业绩工资;

B——员工岗位业绩工资薪点;

C——当年薪点点值;

N_1——公司当月效益系数;

N_2——单位(部门)综合考核分数;

N_3——个人综合考核分数。

公司的考核办法主要有以下几点。

(1)公司当月效益系数由综合管理部进行考核。各单位结合当月生产量考核,总部结合当月销售量考核。

(2)单位(部门)综合考核分数由综合管理部进行考核,并负责评审确认,每月10日前送人力资源部,人力资源部负责计算,每月12日前送交财务部发放。

(3)个人综合考核分数由各部门考核得出。

7.工资收入的计算方法

$$工资收入＝岗位基本工资＋岗位业绩工资＋岗位附加工资＋岗位专项奖金$$

8.其他

员工岗位工资的确定还涉及以下一些方面。

(1)日岗位基本工资＝岗位基本工资/21.5,日岗位业绩工资＝岗位业绩工资(月考核以后的)/21.5,日岗位附加工资＝岗位附加工资/21.5。

(2)旷工。日岗位基本工资、日岗位业绩工资和日岗位附加工资,按天扣减。

(3)事假。日岗位基本工资和日岗位业绩工资,按天扣减。

（4）非因工病假，日岗位基本工资和日岗位业绩工资的50%，按天计扣；因工负伤的，由公司劳动鉴定委员会做出鉴定后，根据责任大小，按国家有关规定执行。

（5）探亲假、婚假、产假、节育假、丧假等，日岗位基本工资不扣，日岗位业绩工资的40%，按天计扣。

（6）四年一次的探亲路费，可报销超出岗位基本50%的部分。

（7）加班工资按每天30元的基数，按劳动法有关比例计发。

（8）新入公司的博士生、硕士生按公司规定执行；本科生按岗位基本工资薪点300点，大专生按250点，中专及中专以下按200点计发工资，享受岗位业绩工资。本科生、大专生、中专生及中专以下的员工见习期满，由所在单位（部门）评定转正后，按所聘岗位第一档工资薪点确定，次月执行。

（9）新入公司的转业军人，有3～6个月的熟练期，其间按所在岗位级别的第一档享受岗位基本工资点数，享受岗位业绩工资，待熟练期满由所在单位（部门）评定其技能点确定工资薪点后，次月执行。复退军人则按200点计发工资，有3～6个月的熟练期，期满后由所在单位（部门）评定岗位技能点，确定工资薪点后，次月执行。

（10）不在岗或未执行该方案的员工及调入人员，在调入单位（部门）评定后，有3个月试岗期，其间按试岗岗位级别的第一档享受岗位基本工资点数，享受岗位业绩工资的50%，待期满后由所在单位（部门）评定个人技能点，确定工资薪点后，次月执行。未正式调入单位（部门）的，按原试岗待遇执行。

（11）按员工年终考核制度考核淘汰的员工，如与原单位（部门）有协议继续留用的，其工资中岗位基本工资、岗位业绩工资这两项按现任岗位的60%执行；否则直接解除劳动合同或按公司有关规定执行。

思考与讨论

1. 什么是职位薪酬体系？分析其主要的优缺点。
2. 如何根据职位评价建立起企业内部的职位结构？
3. 什么是岗位等级工资制度？简述一岗一薪和一岗数薪的特点。
4. 什么是岗位薪点工资制度？如何设计岗位薪点？

实训题

选取一个企业为对象，根据职位评价为该企业建立起基于职位的薪酬体系。

任务二　设计基于胜任力的薪酬体系

知识目标

★掌握技能薪酬体系的概念和特点
★掌握技能薪酬体系的设计方法
★了解能力薪酬体系的概念和特点

技能（能力）薪酬体系设计

技能目标

★能根据企业的实际情况设计基于胜任力的薪酬体系

任务导入

H 医药有限公司是华中地区的重点医药生产和流通企业之一,主要从事化学原材料、化学药制剂等产品的生产和经营。该公司以"高附加值的员工是公司的最大资产"为人力资源管理理念,实施了岗位轮换制、员工建议系统、EVA 奖金计划等一系列人力资源措施,以提高员工的忠诚度和价值。但近年来,公司骨干人员流失率呈逐年上升趋势,尤其以高管、研发人员最为突出。如何吸引、激励和保留关键人才,已成为困扰 H 公司董事会和人力资源管理者的一大难题。

H 公司的薪酬体系包括工资、补贴、福利和奖金四个单元。所有员工分为管理职、技术职和一般职三个序列。

其中,工资单元实行典型的岗位工资制,其价值分配基础以职位为主、以能力为辅,整个工资体系共含 11 级,其中,第 1 级分 3 等,第 2 级分 4 等,第 3~7 级分 5 等,第 8~9 级分 6 等,第 10 级分 7 等,第 11 级分 8 等。最低工资(1 级 1 等)为 600 元/月,最高工资为 9500 元/月。

补贴单元的名目较多,包括车补、餐补、通信补贴、房补、差补、安家补贴、学位补贴、技术职称补贴等 8 个项目。其中,除技术职称补贴根据公司聘任职称发放、学位补贴根据学位发放外,其他补贴均以职位为基础进行发放。

福利单元除国家规定的社保险种之外,还包括补充商业保险、带薪年假、退休金等 8 个项目。

奖金单元则包括月度奖金(绩效工资)、服务质量奖、年终目标奖、最佳建议奖、特别贡献奖、EVA 奖金计划等 7 个项目。

任务 1:H 公司提倡能力主义,强调以能力为取向,你认为现有的薪酬体系是否体现了能力价值?

任务 2:若没有体现,应如何改进薪酬方案?

任务分析

H 公司的案例,是一个明显的能力价值取向问题。H 公司提倡能力主义,强调以能力为取向,但企业在设计薪酬体系时没有完全按照能力薪酬体系设计的步骤和流程来完成,还是注重以职位为基础进行薪酬体系设计,所以体现不出能力的重要性,因此决定了员工对薪酬的满意程度,影响员工的工作积极性。H 公司应建立起合理的能力薪酬结构,设计出适合企业的胜任力薪酬体系。

知识链接

一、技能薪酬体系

(一)技能薪酬的基本内涵

1.技能薪酬体系来源

从中国古代科举制度(文官和武官的选拔)到现代企业人才招聘,对人才的选拔都离不开对人技能的关注。基于技能的薪酬在国外有着悠久的历史,早在公元 6 世纪,苏黎世将军就曾以武艺水平而非头衔作为军饷的分配标准。作为一种应用于企业生产的管理方式,技能薪酬的雏形被认为源于中世纪的学徒制。

今天的企业已经将员工技能与自身的竞争能力联系在一起。企业为了提升竞争力,要求员工通过更多的学习来拓展技能的深度和广度,从而能够灵活地应对变化,创造性地完成工作。员工本身也期望通过不断的学习和训练,改善其知识结构,提升其工作技能,进而提升其个体价值。基于技能的薪酬体系就是这种思维方式的反应。实际上,基于技能的薪酬体系就是基于任职者的薪酬体系,这种薪酬体系隐含了一项假设:任职者的技能高低与其创造的价值大小成正比。因此,付给任职者的报酬应当根据其技能决定。

2.技能薪酬的概念

技能薪酬就是以员工所掌握的与职位相关的知识和技术的深度与广度的不同为依据来确定薪酬等级和薪酬水平的制度。这里所指的"知识"和"技能"必须和职位相关。技能薪酬关注的是企业会给什么样的技能薪酬以及员工需要做什么来展示其技能。如果说职位薪酬遵循的是"在其位、取其酬",绩效薪酬强调的是"干多好、得多少",那么技能薪酬则是"有什么样的技能(或知识),取什么样的报酬"。相对于直接关注绩效结果的激励方式,技能薪酬更强调积累、发展和激活技能的过程,强调企业对人力资源进行投资,以激励员工通过不断学习来提高自身技能。

(二)构建技能薪酬体系的目的

随着世界经济的迅猛发展,外部环境的不确定性逐步增强,变化也越来越快。经济全球化和区域经济一体化使得企业面临的竞争日益激烈,为了适应环境变化,现代企业更倾向于采用扁平化的组织结构,而传统薪酬体系一般是基于金字塔型组织结构模式设计的。在新形势下,传统薪酬体系表现出两个方面的弊端:一是员工的薪酬与其在企业中的职位相联系,受扁平企业职位数量的限制,缺乏有效手段对员工进行激励;二是由于员工等级繁多,制定的职务薪酬的级数就多,执行起来比较复杂,并且不能很好地引导员工的行为。为此,企业需要对薪酬制度进行相应调整和补充。从组织内部而言,使用技能薪酬体系有三个目的:一是支持工作流程;二是支持员工成长;三是根据企业目标指导员工行为。

1.支持工作流程

企业为了适应市场对多样化和个性化的需求,其结构出现扁平化、流程化的倾向,同时为数不少的企业由生产型向服务型或生产服务型转变。在转变过程中,企业对员工的知识和技能提出了越来越高的要求,与基于职位说明书"按部就班""照章办事"的工作方式相适应的知识与技能不再适应企业的需要,员工必须通过更多的学习来拓展技能的深度和广度,从而支持工作流程的变化。

例如,一家全国性的连锁旅馆,根据下午 4—7 点是客人到达高峰并且先入住后就餐的规律,在下午 4—7 点,把工作人员安排在旅馆的前台避免客人长时间等待,7 点之后,将员工安排到餐厅从事餐饮服务工作,以较少的员工就满足了客人对客房和餐饮服务的需求。

2.支持员工成长

随着社会的发展,企业中知识工作者比例的持续增加已经成为一种必然的趋势,与此同时,就业者的就业态度也已经发生了变化:在 20 世纪的很长一段时间里,人们的理想工作是成为一个固定员工,但是现在人们更加关注自身价值的实现,而为了实现自身价值,提高自己的就业技能成为关键,也就是说,与追求终身就业职位相比,员工更加追求终身就业技能,更加重视个人的成长和发展,更加期望个人价值的实现和增值。因此,传统的以职位或工作内容付薪的方式对一些员工的激励已经难以奏效,特别是对那些厌恶绩效考核、对升迁没有兴趣的人。而在以技能为基础的薪酬体系下,员工不必一味追求职位等级的升迁,也不用按照某种严格的绩效标准去"为绩效奋斗",他们能更积极地参与学习,并努力取得技能水平的提高(或相应的认证)。因此这种"为自我技能的提升而工作"的激励方式对他们而言是一种令人愉快的动力。

3.根据企业目标指导员工行为

使用技能薪酬体系让员工意识到:企业对他们的期望不仅仅局限于来上班和完成职位说明书中要求他们做的事,企业还期望员工能兼顾到职位说明书中未涉及的更广泛的责任,从而解决了"我从事的工作有何意义"这一问题。

(三)技能薪酬体系的优缺点

1.技能薪酬体系的优点

(1)提供了更加宽广的职业发展路径。大型企业或拥有金字塔式多层级组织结构的企业因其能够为员工提供足够多的纵向晋升机会,而可以适用以职位为基础的薪酬体系。但是随着社会的发展,企业发展过程中出现了两种倾向:一是组织扁平化;二是企业小型化。由于这两类组织的层级较少,很难提供充足岗位保证员工的纵向晋升,因此必须构建另外一种薪酬体系来调动员工的积极性,技能薪酬体系因其能够提供另外一条晋升通道,有助于拓宽员工的职业发展路径而成为一个选择。并且随着员工知识、技能的深化和扩展,其工作面也将变得开阔,每人都能成为多面手,又能反向促进组织的扁平化和组织变革。

(2)有助于高度参与型管理风格的学习型组织的形成。如前所述,以职位为基础的薪酬体系是基于金字塔式多层级组织结构的,它鼓励员工做好分内的事,并通过严密的统一管理和层层分解的组织目标来实现整体绩效。但是扁平化的组织结构流程更短,管理跨度更大,更加面向客户,反应也更加灵活,需要员工掌握的技能更深入、种类更丰富,与此相对应,在扁平化的组织结构下,更适合采用技能薪酬体系。在技能薪酬体系下,员工不再需要通过职位的晋升来获得报酬的增加,而只需要提高自己的知识、技能或能力就能够获得报酬的增长。同时,因为管理幅度更大,管理者不仅期望员工成为其下属,也需要员工更多地参与到决策和管理中来,并且通过激励员工学习,形成好学的组织氛围,这有助于构建高度参与型管理风格的学习型组织,从而保持和促进组织的竞争力。

(3)鼓励员工持续学习,对自身发展负责。由于员工的技能直接与其薪酬挂钩,因此技能薪酬体系向员工传递了关注自身发展和不断提高技能的信息,让员工认识到自身的发展是由自己所控制的,从而鼓励员工以更积极的态度规划和开展职业生涯,激励员工持续学习,提升和发展自身工作技能;同时技能薪酬本质上是一种激励薪酬,能够刺激员工不断提高知识、技能的深度和广度,从而帮助企业提升人力资源的素质,培养员工的核心专长与技能,最终有利于企业绩效的提高。

(4)有助于达到较高技能水平的员工实现对企业更为全面的理解。员工的能力越高,越能胜任本岗位工作,也就越能成为一种弹性资源,在这种情况下员工不仅能够在企业中扮演多种角色,而且能够对整个工作流程有更为全面的理解,从而更好地提供服务,更努力地去帮助企业实现其战略目标。

(5)在员工配置方面为企业提供了更大的灵活性。员工可以根据企业所需要的角色进行工作定位,而不仅仅局限于本职岗位,这对于新技术的引进非常有利。

2.技能薪酬体系的缺点

(1)技能薪酬体系对生产力的促进作用不明显。技能薪酬体系的目的是提高员工技能,员工技能的提高固然有助于提高企业竞争力,但是在企业竞争力与企业业绩之间并不能画等号。技能薪酬体系往往会在鼓励员工通过提高技能增加报酬的同时,带来企业成本的大幅度增加,而企业整体却没有获得相应的经济价值。

(2)技能薪酬体系导致企业劳动成本的大幅度增加。首先,技能薪酬的引进和持续应用的花费是很昂贵的,在技能分析、培训和测试上都需要相当大的投资。其次,要求企业在培训方面付出更多的投资,员工盲目地参加培训和学习深造又会增加人力资源成本,也容易造成人才、知识的浪费。最后,尽管技能薪酬体系在理论上只需要付钱给必要的技能,但是在实践中员工并不是一直在使用这些技能,而且有些技能并不经常使用。如果企业不能将这种人力资本投资转化为实际的生产力,员工提高的生产率不能抵消额外增加的劳动成本,则企业的薪酬成本可能会出现超额增长。对那些劳动密集型企业来说,这更是一个噩梦:技能薪酬体系下劳动成本的提高会成为企业的竞争劣势,这是技能薪酬体系在大多数劳动密集型企业实施失败的主要原因。

(3)技能薪酬体系只能在短期内发挥作用。技能薪酬体系能为企业提供动力,促使员工注意学习新技能、适应各种不同的工作环境。但是它面临以下问题:一是员工对该薪酬体系的接受程度不同,其所产生的激励作用也不同。研究表明,那些有着强烈的发展愿望、组织承诺、对企业创新持有积极态度的较年轻、受过较多教育的员工更加容易学会新技能。二是员工受训机会的确定。在企业中,受训机会往往是根据资历确定的,这似乎在资历与薪酬之间建立了某种联系。三是技能薪酬体系实施的前几年,能促使员工加强学习,但在几年之后,大多数员工在技能薪酬体系中的薪酬如果达到顶峰,将导致技能薪酬体系面临困境:下一年怎么办? 每个人都自动涨一份薪酬? 这之后又该怎样?

(4)技能薪酬体系的设计和管理更为复杂。技能薪酬体系要求企业有一个复杂的管理结构,至少能够对每一位员工的能力进行合理评判,并且对于能力提高的员工要能重新进行确定。同时,因为技能的评价本身具有软性的特点,只有较强的主观性,因此要保持这种薪酬模式的内部一致性往往存在较大的困难,员工对这种薪酬体系设定的认可程度也比较低。特别是对处于中间状态的员工的技能水平,在评定时可能会存在一些争议。

(四)技能薪酬体系的基本类型

技能薪资制度通常适用于操作性较强的工作岗位,因为这些工作更具体而且能够被界定出来,包括操作人员、技术人员以及办公室工作人员等岗位。技能薪资计划通常可划分为深度技能薪资计划和广度技能薪资计划两种。

1.深度技能薪资计划

深度技能薪资计划关注的是个人技能的纵向发展,即通过在一个范围较为明确的具有一定专业性的技术或专业领域中不断积累而形成的专业知识、技能和经验。在这种情况下,员工要想达到良好的工作绩效,一开始需要胜任一些相对比较简单的工作内容,然后逐渐开始从事一些需要运用较为复杂技能的工作。这种深度技能的培养往往是沿着某一专业化的职业发展通道不断上行的一个过程。事实上,一直以来,中国教师的薪酬结构是以他们受教育水平所衡量的知识为基础的。典型的大学教师的技能和职业发展就是一种深度技能积累过程。图6-9是一个深度技能薪酬计划等级划分的案例。

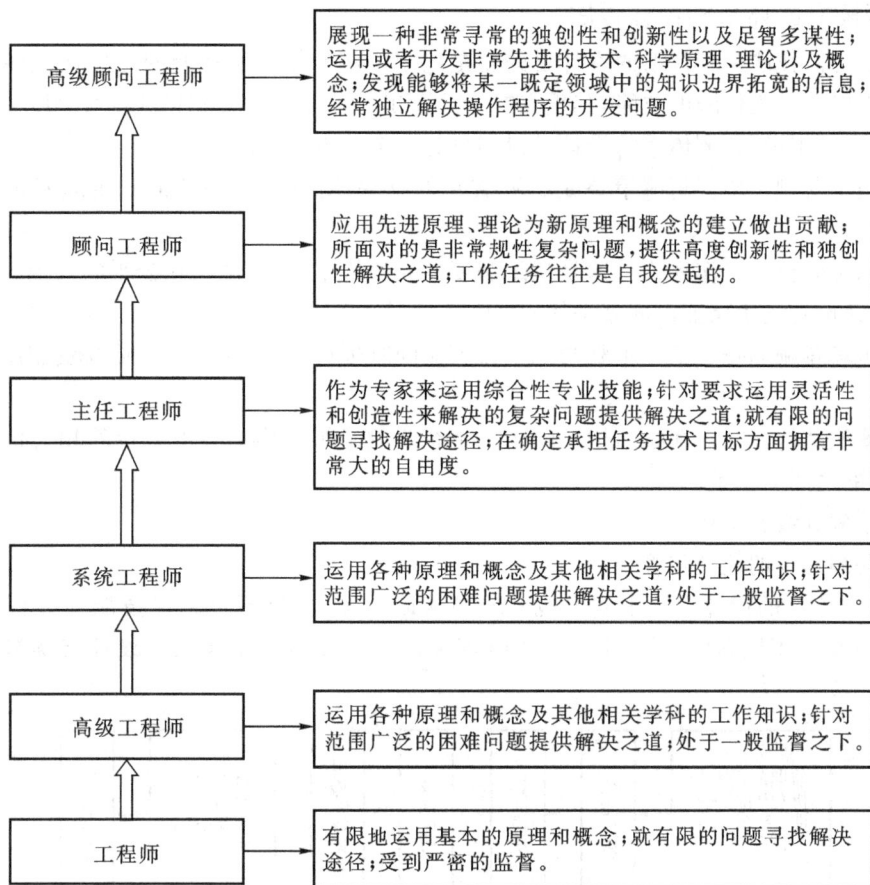

图 6-9 深度技能薪酬计划的案例

2.广度技能薪资计划

与深度技能不同,广度技能关注的是员工技能的横向发展,往往要求员工在从事工作时,需要运用其上游、下游或者同级职位上所要求的多种一般性技能。它往往要求任职者不仅掌握在自己的职位族范围内完成任务所需的技能,而且还要掌握本职位族之外其他职位需要完成的一般性工作任务所需的技能,表 6-7 所示是一个广度技能薪资计划广度划分的案例。

表 6-7 汽车公司装配工作归类法

薪酬体系		
以工作为基础	以技能为基础	
链条堆货工	技能 C	技能 A
打包工		
清洁工		
超声波检验员	技能 B	
测试员		
装配工		
铆工		
领导、监督与计划的责任		

（五）技能薪酬体系的设计程序

从本质上讲，技能薪酬体系的设计目的就是把职位薪酬体系所强调的工作任务转化为能够被认证、培训以及对之付酬的技能，其重点在于开发出一种能够使技能和基本薪酬联系在一起的薪酬计划。一般来说，薪酬体系的设计可以划分为六个基本步骤。

第一，制定薪酬策略。薪酬策略是企业文化的反映，对以后诸环节的制定起着重要的指导作用。

第二，职位分析与工作评价。这是薪酬制度建立的依据，是保证内在公平的关键一步。职位分析与工作评价有利于保证内部公平性。

第三，市场薪酬调查。这一步骤与上一步骤应同时进行，此举保证了企业薪资制度的外在公平性。

第四，薪酬结构设计。薪酬结构反映出一个企业的组织机构中各项职位的相对价值及其对应的实付薪酬之间的关系。

第五，薪酬分级和定薪。

第六，薪酬制度的控制与管理。

技能薪酬体系的设计程序事实上也基本遵从以上步骤，只不过它以技能为分析和评价对象，得出结果是与不同薪酬水平对应的技能等级而已。技能薪酬体系的设计与实施程序如图6-10所示。

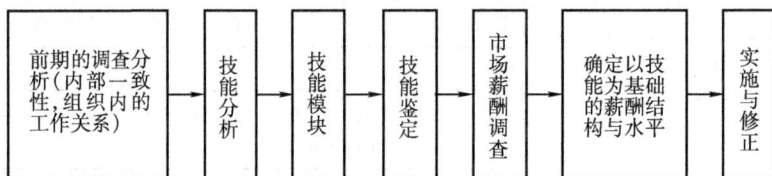

图 6-10　技能薪酬体系的设计与实施程序

技能分析是一个辨别和收集开展组织内某项工作所需技能的资料的系统性过程。因为薪酬结构是以技能为基础的，所以就需要确定提升组织竞争力的并最终导向成功的各种不同的技能，为此就需要对某个工作所需的技能信息进行收集和分析，并且收集的资料要有助于描述、鉴定和评价这些技能。

技能薪酬体系设计与其他薪酬体系设计主要存在以下几个方面的差异。

1.收集资料，确定技能模块

技能评估以技能分析为基础，因此，技能分析的内容决定着技能评估的合理性、真实性，决定着技能薪酬体系的有效性。技能分析涉及定义技能、技能等级划分、技能模块分类等。进行技能分析的基础就是准确掌握技能分析中使用到的一些专业术语的定义。

技能分析中涉及技能、技能模块、技能类型三个基本的概念。

（1）技能（又称技能单元）。技能是分析的最小单位，是对特定工作的具体说明。技能单元的描述和职位描述相一致，比如，"将螺母紧扣在螺丝上"是对工作任务的描述，它的技能描述就是"具备使用扳手拧紧螺丝的能力"。对工作任务的描述是技能分析的第一步。

（2）技能模块（或称知识模块）。技能模块是指从事某个具体工作任务所需要的技术或者知识，它是技能、活动或行为的集合。技能模块区分的本质是对技能单元进行分组。比如，"拧螺丝"是一种技能，它可能被划分到"维修机器"这一技能模块中。技能模块是技能薪酬设计的基础,是区别于职位薪酬的显著特征。技能模块的形式决定了技能薪酬的不同类型,包括技能等级模块和技能组合模块两种。

(3)技能类型(也称技能种类)。它反映了一个工作群所有活动或者一个过程中各步骤的不同技能水平的有关技能模块的集合,本质上是对技能模块进行的分组。多种技能模块组成一个技能种类,例如,生产技术人员。

技能、技能模块、技能类型的关系如图 6-11 所示。

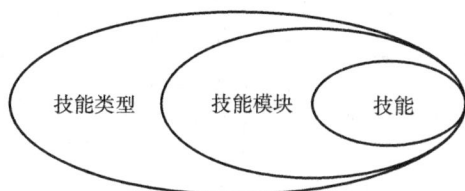

图 6-11　技能分析中三个基本概念的关系

2.确定技能鉴定的参与人员

一般看来,技能鉴定应当由专业人员负责。实际的情况却是,在技能定义、技能等级划分、技能模块分类方面,从事该项工作及从事同类工作的员工最具有发言权,因此,在技能薪酬体系设计过程中,员工参与必不可少。另外,在对测试对象是否真正具备这些技能并能否应用这些技能的鉴定方面,员工和管理人员也是鉴定专业知识重要的评判者。

所以无论从哪方面看,专业人员的指导固然重要,员工和管理人员的参与也是必不可少的。

3.确定技能鉴定的方法

对技能的鉴定可以简单地分为两种:一是初次鉴定;二是再鉴定。再鉴定通常是在经过一定的时间之后,对员工技能的重新鉴定。再鉴定可以分为固定时间间隔和非固定时间间隔两种。在确定鉴定技能方法方面,组织存在各种各样的选择,但鉴定的种类与方法的确定关系不大。常用的方法有同事检查、在职示范和通过测验来鉴定等。例如,对员工参与培训后技能的鉴定,企业在培训开始之前,可以安排一次监督者和员工共同参与的预备会议,讨论他们的技能、目标和培训需求,培训完成之后(有的公司要求在员工掌握技能后的 6 个月内进行评价),再由监督员和员工组成的鉴定委员会对参加培训的员工进行鉴定,以确定他们是否掌握、具备了这些技能。

4.确定薪酬结构

薪酬结构确定必须基于技能分析,按照前面所述的技能薪酬的分类,薪酬结构必须尽量从深度和广度两个方面建议员工技能晋升的通道。

(六)技能薪酬制度实践

案例

FMC 公司技术人员技能薪酬结构

(1)技能分为三种类型:基础技能、选出的核心技能、选出的供选择技能。

(2)技术人员的技能分为四个等级:技术员Ⅰ、技术员Ⅱ、技术员Ⅲ、技术员Ⅳ。

技术人员技能的鉴定标准:

技术员Ⅰ——具备基础技能,有 40 点的选出的核心技能(选出的核心技能的点数计算见表6-8)。

表 6-8　FMC 公司技术人员"选出的核心技能"点数表

核心技能	点数	核心技能	点数
纵梁捏造	10	漏洞检查/修补焊接	5
制造板捏造	15	最终认可检验	10
甲壳捏造	15	焊接检查	15
终端铸造焊接	20	火焰喷射	15
润饰 1	20	组装检查	5
润饰 2	20	手工组装安全度	15
润饰 3	10	使用机器 MKI3	25
MKI3 组装	15	使用机器 MKI4	25
MKI4 组装	15	工具安装	10
完工检查	5	NCL 检查	30
机器焊接	20	零件去油污	10
焊接	15	组装	5
接受检查	5		

技术员 Ⅱ——具备基础技能,有 140 点的选出的核心技能和 1 项选出的供选择技能(选出的供选择技能见表 6-9)。

表 6-9　FMC 公司技术人员"选出的供选择技能"表

供选择技能	供选择技能
维护	达成一致意见
后勤——JIT	职业发展
公司安全	群体决策
几何忍耐力	公共关系
计算机——Lotus	团队组织能力
计算机——dBASEⅢ	培训
计算机——文字处理	共同解决问题
评价中心	行政管理
舆论建设	

资料来源:米尔科维奇,纽曼.薪酬管理[M].董克用,等译.北京:中国人民大学出版社,2002.

技术员 Ⅲ——具备基础技能,有 240 点的选出的核心技能和 3 项选出的供选择技能。

技术员 Ⅳ——具备基础技能,有 355 点的选出的核心技能和 5 项选出的供选择技能。

(3)各类技术人员的薪酬率。

技术员 Ⅰ 的薪酬率为 10~11 元/时。

技术员 Ⅱ 的薪酬率为 11~12 元/时。

技术员 Ⅲ 的薪酬率为 12~13 元/时。

技术员 Ⅳ 的薪酬率为 13~14 元/时。

这是一个技能薪酬的案例,从中可以看出,技能薪酬制一般包括薪酬标准、薪酬等级表和技能等级标准三个基本因素。这三个因素的变化、组合形成了不同的薪酬等级。

1. 薪酬标准

薪酬标准,也称薪酬率,就是按单位时间(小时、日、周、月)规定的薪酬数额。它表示了某一技术等级工作在单位时间内的货币薪酬水平。我国企业员工的薪酬标准大部分是按月规定的,上面案例中使用的薪酬率为小时薪酬标准。薪酬标准之间可以相互换算,依据企业需要而定。

2. 薪酬等级表

薪酬等级表一般包括薪酬等级数目、薪酬级差、工种三项内容。技能薪酬等级表也基本相同,只不过"工种"改为"技能等级"。

薪酬等级数目是指薪酬有多少个等级。薪酬等级是员工技术水平和员工技术熟练程度的标志。薪酬等级的数目与生产技术的复杂程度、工作强度和员工技术熟练程度相关。对生产技术比较复杂、繁重程度及员工技术熟练程度差别较大的产业或工种,薪酬等级数目可以定多一些;反之,则可以少一些。案例中设计了四个薪酬等级。

级差是指各薪酬等级之间的差别,具体指相邻两个等级之间的薪酬标准相差的幅度。级差有两种表示方法:一种是用绝对金额表示;另一种是用薪酬等级系数表示。

技能等级是用来规定该技能的起点等级和最高等级的界线。凡技术复杂程度高、责任大以及掌握技术所需要的理论知识水平较高的,等级的起点就高,等级线长;反之,则起点低,等级线短。一些技术简单而又繁重的普通工种,由于体力消耗大,其等级起点较高,但等级线不宜过长。上面案例将技能等级分为四级:技术员Ⅰ、技术员Ⅱ、技术员Ⅲ、技术员Ⅳ。

3. 技能等级标准

技能等级标准又称技能标准,是用来确定员工的技能等级和员工薪酬等级的尺度,一般包括"应知""应会""工作实例"三个组成部分。

"应知"是指完成某等级工作所具有的理论知识。也可以同时规定员工应达到的文化水平。

"应会"是指员工完成某等级工作所必须具备的技术能力和实际经验。

"工作实例"是根据基本知识和专门技能的要求,列举不同技能等级员工应该会做的典型工作项目或操作规程实例,对员工进行培训和考核。

在上面案例中,技能类型分为三种:基础技能、选出的核心技能、选出的供选择技能。

二、能力薪酬体系

(一)能力薪酬体系的内涵

1. 能力的定义

对于能力的定义,至今没有统一的看法,不同学者、不同企业根据自己对能力的理解以及实际需求,从不同的角度对其做出了自己的解释。由于能力定义的模糊性,有些企业为了避免争议就使用如才能、价值、技能和行为等词语代替能力。

从心理学的角度看,能力是顺利地完成一定活动所必备的稳定的个性心理特征。

从人力资源管理的角度看,能力是员工所具备的能取得特定绩效或者表现出某种有利于绩效取得的行为的能力,多指一种胜任力,是一个员工所具有的知识、技能、意识、性格和动机的综合体现。

2. 能力与技能的关系

要了解这个问题,需要从美国著名心理学家麦克利兰于1973年提出的冰山模型说起。麦克利兰将人员个体素质的不同表现形式划分为表面的"冰山以上部分"和深藏的"冰山以下部分"，如图 6-12 所示。其中，"冰山以上部分"包括基本知识、基本技能，是外在表现，是容易了解与测量的部分，相对而言也比较容易通过培训来改变和发展。而"冰山以下部分"包括社会角色、自我形象、特质和动机，是人内在的、难以测量的部分。它们不太容易通过外界的影响而得到改变，但对人员的行为与表现起着关键性的作用。

图 6-12 冰山模型

事实上，对于个人能力通常也以冰山模型归类。个人的能力存在于五个领域：①知识与技能（知识是在一个特定领域所获取的信息，技能指通过运用知识所表现出来的行为）；②角色定位与价值观（对职业的预期，对事物是非、重要性与必要性的价值取向）；③自我认知（对自己的认识与看法）；④品质（持续而稳定的行为特征）；⑤动机（内在的自然而持续的想法和偏好，驱动、引导和决定个人行为）。

从冰山模型来看，能力不仅存在于"技能"之中，还包括在水面以下四个部分（角色定位与价值观、自我认知、品质、动机）之中。

能力与知识技能有区别又有联系。根据心理学家的观点，水面以下的四个特征是造成个人间能力、绩效差异的关键因素。没有良好的动机、品质和价值观，能力越强、知识越全面，对企业的负面影响愈大。与知识和技能相比，能力更具有一般性，它既是掌握知识与技能的必要前提，又在掌握知识技能的过程中形成和发展，并为进一步掌握知识技能准备条件。能力的大小会影响到知识掌握的深浅和技能水平的高低，知识与技能的掌握也会促进能力的发展，较之能力发展，知识与技能的掌握更快一些。发展良好的能力，比掌握一定范围内的知识与技能有更广泛的迁移作用。技能比较容易观察和评价，可以通过培训和开发获得。能力的其他几个方面必须由具体的行动才能推测出来。

（二）能力评估

能力薪酬和技能薪酬一样，与职位联系不大，都是以人本身为基础的薪酬。因此，能力薪酬体系同样要求组织能建立一套有效的能力评估标准体系，评估标准的公平性、合理性、科学性与组织的特征、工作的性质有很大的关系。相比较而言，适用于制造部门的技能非常具体，容易显示和鉴定，而能力更具有一般性，也更加抽象，所以，对能力的评估难度更高。在进行能力评估之前，首先需要了解几个基本概念。

1.基本概念

(1)核心能力。普拉哈拉德和哈默将核心能力定义为"组织中的积累性学识,特别是关于如何协调不同生产技能和有机结合多种技术流的学识"。对核心能力的后续研究中,关于"公司核心能力必须是独一无二的"赢得了大量的支持者。但是研究表明,大多数的组织似乎都是从相同的核心能力清单中选择其核心能力的。显然公司之间的核心能力差异并不在字面上,而在实际操作上,即字面上看差别很小,实际操作大相径庭。从大量的关于核心能力的描述看,大多围绕企业的经营理念、使命等,所以我们更认同米尔科维奇和纽曼的定义,"为保证组织成功所需要技能和能力的关键领域,这些能力往往来自理念、使命价值观、业务战略与方案等内容"。

(2)能力群。明确了核心能力之后,最重要的工作就转化为如何对员工是否具备某种核心能力进行评价,能力群就是把每项核心能力转化为可观察行为的要素集合。对每一项核心能力,都可以用能力群来观察。例如,对于核心能力"业务意识",可以用来观察的能力群包括组织的沟通、成本管理、第三方关系、寻找业务机会等。

(3)能力指标。能力指标就是表明每个能力群内各能力水平的可观察行为。如与成本管理相对应的"发现节约成本的机会"等。这些指标可以用于人员的配备和评价以及薪酬支付。

核心能力、能力群、能力指标的关系如图 6-13 所示。

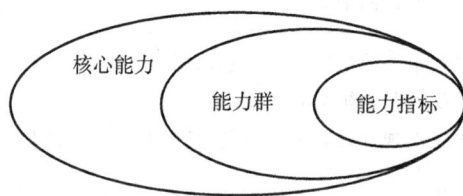

图 6-13 能力分析中三个基本概念的关系

2.核心能力和能力群

表 6-10 是一个公司人力资源管理部门的核心能力和能力群的实例。

表 6-10 某公司人力资源管理核心能力与能力群

核心能力	领导与管理变革	业务技能	人力资源职能性领导	人力资源技术性技能
能力群	诚实	行业知识	网络建设	人力资源计划
	效率	战略管理	为人力资源构想未来的发展	沟通
	客观性	组织意识	甄选与培养员工	劳动力的多样性
	积极进取	全面质量管理	人力资源增加价值的角度	甄选与安置
	承担风险	一般管理技能		培训与开发
	决策能力	共同参与团队管理		人力资源信息系统
	专业精神			薪酬与福利
	谈判技能			健康、安全与保障
	沟通技能			组织效率
	团队管理技能			员工与劳工关系

3. 能力的识别

如何对能力进行观察评价是一项繁杂的工作,这时候就需要使用能力指标。能力指标识别的是从事各种复杂性工作所需要的能力程度。假设人们认为"冲击与影响"(劝说、使人信服或造成具体影响的目的,包括对他人关切的事进行预测并做出反应的能力)是关键能力之一,如何对其进行观察? 表 6-11 构建了能力指标对其水平进行评价。

表 6-11 对"冲击与影响"能力的评价

水平	行为
0:不做反应	任其自然,不予干涉; 引述政策,发布指示
1:直接劝说	在一次讨论或报告中进行劝说; 利用原因,利用数据或具体例子劝说; 报告不适应观众的兴趣与水平; 当面临反对时,重申同样的观点
2:多种方式进行劝说	当试图劝说时,努力适应观众的水平或兴趣,运用不同的策略(如在一次讨论中设计两个更多的论题)
3:培养信任和双赢的心态	设计报告或讨论,吸引他人兴趣; 寻找双赢的机会; 敏锐发现并理解他人兴趣、感情和所关切的事,对反对意见做出有效的反应
4:多种行为影响	采用一种以上的行为影响,并使每种行为适应某些具体的观众(如先进行一次全体的报告会,然后举行单独的会议); 可以采取一项深思熟虑的不寻常行为,产生具体的冲击
5:通过他人影响	利用专家或其他第三方影响; 建立并维持一种有计划的,与顾客、公司、内部同事和行业同事的关系网; 在需要的时候,对有关机遇或解决问题的观点作"幕后"支持

资料来源:米尔科维奇,纽曼.薪酬管理[M].董克用,等译.北京:中国人民大学出版社,2002.

(三)基于能力的薪酬体系的类型

与能力多层次的结构相对应,能力薪酬也需要有不同的体现形式,并适用于不同的人群。与能力结构相对应的薪酬体系主要包括技能薪酬、知识薪酬、任职资格薪酬和胜任力薪酬。这四种能力薪酬的特征和适用人群如表 6-12 所示。

表 6-12 基于能力的薪酬体系的类型

能力薪酬	侧重点	能力来源	能力架构	适用范围
技能薪酬	关注相对具体的技能和知识	具体的工作要求和技术要求	基于技能的深度和广度的技能模块	技术工人及从事单一工作的专业技术人员
知识薪酬		与培训密切相关,关注员工的学习成果	基于培训的学分体系	技术工人及专业管理、服务和研究人员

能力薪酬	侧重点	能力来源	能力架构	适用范围
任职资格薪酬	综合经验、技能、知识、素质等能力因素	与任职资格体系相关,薪酬与职业发展密切联系	基于综合的任职资格体系	专业性的管理类、技术类和服务类人员
胜任力薪酬	关注与工作相关的知识、技能或能力	胜任工作岗位所要求的知识、技能、能力和特质	基于工作岗位的有针对性、动态的能力体系	研发类和技术类人员

1.技能薪酬

技能薪酬是以员工掌握的技能来确定薪酬。一般将技能薪酬分为两种结构:一是以知识深度为基础的薪酬,例如,在确定新入职员工薪酬水平时,一些企业往往用代表教育水平的学历作为支付薪酬的基础;一是以技能广度为基础的薪酬。技能薪酬的主要难点在于技能等级的评价。

2.知识薪酬

之前我们一直将知识与技能合并,作为一个概念使用,一方面因为知识和技能都处于"冰山模型"的水平之上,另一方面知识薪酬与技能薪酬非常类似,所不同的是知识薪酬更加强调学习和培训。这两种能力薪酬都鼓励员工在技能和知识两方面提升自我,从深度和广度上拓展成为专家和多面手。因为知识薪酬和技能薪酬极为相近,所以知识薪酬构建可以参照技能薪酬。

3.任职资格薪酬

任职资格包括了经验、成果、素质和能力等多项要素,通过对这些要素进行整合,建立能力等级序列,就可以建立基于能力等级序列的薪酬体系——任职资格薪酬。与技能薪酬和知识薪酬相比,任职资格薪酬更全面,它不仅考虑知识与技能的问题,而且肯定员工内在特质和动机的重要性。

4.胜任力薪酬

以任职者胜任力为基础的薪酬体系是一种新兴的、尚未成熟的薪酬体系。相对于其他三种薪酬体系,胜任力薪酬更加重视能力高低与工作岗位的相关程度,其薪酬设计是完全按照员工具体的与工作相关的能力高低来确定其薪酬水平。

(四)能力薪酬体系建立的步骤

1.确定企业支付薪酬的核心能力

人的能力多种多样,企业在实施能力薪酬时不可能为员工的所有能力买单,所以,企业必须确定哪些能力是支持企业战略、为企业创造价值的。表6-13列出了一些流行的核心能力。在实施以能力为基础的薪酬体系时,企业可以根据自身实际选择适合自己的核心能力。

表 6-13　20种流行的核心能力

序号	核心能力	序号	核心能力
1	成就导向	11	培养他人的精神
2	质量观念	12	团队领导才能
3	主动性	13	技术专业知识
4	人际交往沟通	14	信息搜寻
5	顾客与服务定位	15	善于分析思考
6	影响与冲击	16	构思性思考
7	组织意识	17	自我控制
8	网络工作	18	自信心
9	指导能力	19	业务定向
10	团队与合作精神	20	灵活性

资料来源:米尔科维奇,纽曼.薪酬管理[M].董克用,等译.北京:中国人民大学出版社,2002.

2.确定评价核心能力的指标

在选择了企业的核心能力之后,需要对这些能力是否是企业需要的核心能力进行验证。验证的最根本标准是这些核心能力是否有助于使员工成为绩效优秀者。这需要做三个方面的评价:一是对核心能力的评价;二是对员工绩效的评价;三是对员工是否具备核心能力的评价。

对核心能力的评价主要是评价该能力是否是企业所需要的核心能力,为此通常需要确定衡量核心能力的指标。

对员工绩效的评价已有相当多的论述,不再复述。

员工如果具备某种核心能力,应当会通过一些品质、特性和行为表现出来。评价员工是否具备某种核心能力的重要手段就是能力群、能力指标的构建。对核心能力进行评价的思路如下:首先,了解企业需要哪些核心能力;其次,要知道这些核心能力在本企业的哪些工作中会使用到(即找出能力群),为能力指标的确定指明方向;最后,根据确定的能力指标划分能力等级。

3.对确定的核心能力指标进行验证和修正

如果评价显示,员工具备核心能力但并不能导致其产生优秀的工作绩效,则需要进一步分析其原因,如果是因为选择的核心能力指标本身的问题,则应相应调整核心能力评价指标。

4.实施基于能力的薪酬体系

根据确定的核心能力类型及其等级定义,对员工在工作中的能力表现进行综合考核评价,确定等级,并应用相关结果实施基于能力的薪酬体系。

(五)实施能力薪酬面临的问题和难点

能力薪酬体系近年来得到了快速的发展,相关的理论和工具也逐渐丰富,但由于能力本身的难以评估和不确定性,在实际应用中能力薪酬体系仍然面临着许多问题和难点,主要要有以下几个方面。

1.能力强是否等于好绩效

薪酬结构的有用性,不论是以职位还是以人为基础,其评价标准是一致的:他们对实现组织目标的作用如何。组织之所以愿意为员工个人的能力买单,是因为管理者相信员工的能力强有助于产生良好的绩效。但是这个假设成立吗? 即使这个假设成立,同样还存在一些问题。

首先,是哪些能力导致了高绩效。正如冰山模型所描述的,个人能力存在五个方面,既包括处于"水面上"的便于观察的知识和技能,也包括处于"水面下"的潜在的价值观、品质、自我认知和动机等,在这些能力中哪些是真正决定绩效的能力要素呢? 研究显示,在不同的职位,能力对绩效的影响也不同。一项对 286 种能力模型的研究结果表明:在较高层次的技术、营销、专业、管理职位上,取得成功的原因是动力、人际影响、政治技能,所有因素都可以归结于能力。但是另一项对系统程序员和分析员的研究表明,真正优秀的系统分析员和程序员具备的能力却是以顾客为导向、获得技术和影响他人。

其次,各个能力对员工绩效的影响程度如何。正如前面引用的研究结果显示,高绩效的影响因素不仅局限于一种,而是几种,那么各种单项能力对绩效的影响程度如何呢? 单项能力强,其绩效就一定会好吗? 这些都是需要考虑的问题。

2.如何评价能力薪酬的外部竞争性

在制定薪酬制度时,为了保证薪酬的外部竞争性,通常需要进行市场薪酬调查。相对于职位薪酬,能力薪酬的一个难点在于很难找到基于能力的外部市场薪酬参照系。因为职位价值在市场上具备一定的可比性,可是对能力薪酬而言,对能力价值的比较面临现实困难:一方面各个组织对能力的需求并不一致,对一个组织而言比较重要的能力,对另外一个同类型组织而言不但不重要,可能还影响其价值;另一方面,即使组织对能力的需求一致,因为条件有限,从公开的信息中,很难获得能力薪酬的具体数据。当前确定能力薪酬水平一般有两种方法:一种是基准职位转换法,即给所需要定价的能力找到一个类似的基准职位,并对此职位进行市场调查;另一种是等价职位对应法,即针对内部的职位薪酬体系寻找等价职位,这种方法更强调内部薪酬的一致性。但不论是哪一种方法,目前还都做不到针对某一能力模块进行定价。

3.如何解决人工成本增长过快问题

这个问题可以说是第一个问题的衍生问题。在第一个问题中,管理者实施能力薪酬体系是基于一个假设:能力强可以导致高绩效。通常企业认为员工能力会随着学习及经验的积累而不断深化和加强。但是,在实际工作中,这种能力的增长并不一定导致高绩效。因为员工掌握的能力并不一定在工作中有应用的机会,因此能力的积累速度往往超过业绩的增长速度。也就是说,实施能力薪酬将导致人工成本的增长速度高于企业生产率的增长速度或幅度,从而导致薪酬过度膨胀。

4.如何激励员工

首先,能力薪酬与技能薪酬一样都具有短期效应。通常在实施能力薪酬时都会制定能力等级并将其与薪酬对应起来,在实施能力薪酬体系几年之内,将对员工的学习起到促进作用,但是当大多数员工在能力薪酬体系中的薪酬达到顶峰之后,将导致能力薪酬体系面临困境:一是如何有效地激励薪酬达到顶峰的员工;二是如何控制薪酬总额。

其次,在人们的观念之中,能力与工作、学习时间正相关(现实中当然不尽如此),同时,员工受训机会往往是资历确定的,这一切都为论资排辈提供了依据。在实施能力薪酬时,管理者需要考虑如何避免基于能力的论资排辈现象。

再次,为了控制薪酬总额,企业倾向于控制高能力等级员工的数量,在此情形下,员工会本能地抵制相互促进的学习机制,管理者面临的问题是如何在不同的能力层次之间建立有效的学习互动机制,鼓励能力强的员工毫无保留地授业解惑,以促进能力和知识在企业中有效传承与共享。

思考与讨论

1.技能薪酬的缺陷之一是对员工的激励只能在短期内发挥作用,有什么方法可以克服这个缺陷?

2.技能与能力的差异对薪酬方案有什么影响?

3.一名经理如何确保技能/能力薪酬方案支持以顾客为中心的战略?

实训题

选取一个企业为对象,根据能力/技能评价为该企业建立基于胜任力的薪酬体系。

任务三　设计基于绩效的薪酬体系

知识目标

★了解绩效薪酬的基本概念、功能和形式

★了解成就薪酬的形式与设计

★掌握特殊绩效薪酬的管理方法与特征

绩效薪酬体系设计

技能目标

★能根据企业的实际情况设计基于绩效的薪酬体系

任务导入

IBM 的高绩效的薪酬文化

IBM 的薪金管理非常独特和有效,能够通过薪金管理达到奖励进步、督促平庸的目的,IBM 将这种管理发展成为高绩效文化(high performance culture)。下面,让我们来解读 IBM 高绩效文化的精髓。

1.IBM 的工资与福利项目的主要内容

(1)基本月薪:对员工基本价值、工作表现及贡献的认同。

(2)综合补贴:对员工生活方面基本需要的现金支持。

(3)春节奖金:农历新年之前发放,使员工过一个富足的新年。

(4)休假津贴:为员工报销休假期间的费用。

(5)浮动奖金:当公司完成既定的效益目标时发出,以鼓励员工的贡献。

(6)销售奖金:销售及技术支持人员在完成销售任务后的奖励。

(7)奖励计划:员工由于努力工作或有突出贡献时的奖励。

(8)住房资助计划:公司提取一定数额资金存入员工个人账户,以资助员工购房,使员工能在尽可能短的时间内用自己的能力解决住房问题。

(9)医疗保险计划:员工医疗及年度体检的费用由公司解决。

(10)退休金计划:积极参加社会养老统筹计划,为员工提供晚年生活保障。

(11)其他保险:包括人寿保险、人身意外保险、出差意外保险等多种项目,关心员工每时每刻的安全。

(12)休假制度:鼓励员工在工作之余充分休息,在法定年节假日之外,还有带薪年休假、探亲假、婚丧假等。

(13)员工俱乐部:公司为员工组织各种集体活动,以加强团队精神,提高士气,营造大家庭气氛,包括各种文娱体育活动、集体旅游等。

虽然 IBM 的薪金构成包含了以上诸多因素,但里面没有学历工资和工龄工资。在 IBM,学历是一块很好的敲门砖,但绝不是获得更好待遇的凭证。IBM 员工的薪金跟员工的岗位、职务、工作表现和工作业绩有直接关系,工作时间长短和学历高低与薪金没有必然关系。

2.IBM 的薪酬发放方式

IBM 采取了与个人承诺计划结果相结合的方式。

在 IBM,每一个员工工资的涨幅,会有一个关键的参考指标,这就是个人业务承诺计划(PBC)。只要你是 IBM 的员工,就会有个人业务承诺计划。制订承诺计划是一个互动的过程,你和你的直属经理坐下来共同商讨这个计划怎么做得切合实际。到了年终,直属经理会在你的军令状上打分,直属经理当然也有个人业务承诺计划,上面的经理会给他打分。IBM 的每一个经理都掌握着一定范围的打分权力,他可以分配他领导的那个组的工资增长额度,他有权力决定将额度如何分给这些人,具体到每一个人给多少。IBM 在奖励优秀员工时,是在履行自己所称的高绩效文化。

3.IBM 的个人业绩评估计划从三个方面来考察员工工作情况

第一是 win(致胜)。胜利是第一位的,首先员工必须完成个人业务承诺计划,无论过程多么艰辛,到达目的地最重要。

第二是 executive(执行)。执行是一个过程量,它反映了员工的素质,执行是非常重要的一个过程监控量。

最后是 team(团队精神)。在 IBM 埋头做事不行,必须合作。IBM 是非常成熟的矩阵结构管理模式,一件事会牵涉到很多部门,有时候会从全球的同事那里获得帮助,所以团队意识应该成为第一意识,工作中随时准备与人合作。

4.IBM 还为员工就薪酬福利待遇问题提供了多种双向沟通的途径

如果员工自我感觉良好,但次年初却没有在工资卡上看到自己应该得到的奖励,会有不止一条途径给员工,让员工提出个人看法,包括直接到人力资源部去查自己的奖励情况。IBM 的文化中特别强调双向沟通,不存在单向的命令和无处申述的情况。IBM 至少有四条制度化的通道给员工提供申述的机会。

(1)与高层管理人员面谈(executive interview)。员工可以借助"与高层管理人员面谈"制度,与高层经理进行正式的谈话。这个高层经理的职位通常会比员工的直属经理的职位高,也可能是员工的经理的经理或是不同部门管理人员。员工可以选择任何个人感兴趣的事情来讨论。这种面谈是保密的,由员工自由选择。面谈的内容可以包括个人对问题的倾向意见,以及自己所关心的问题。员工反映的这些情况公司将会交直接有关的部门处理。所面谈的问题将会分类集中处理,不暴露面谈者身份。

(2)员工意见调查(employee opinion survey)。这条路径不仅直接面对员工的收入问题,而且这条通道会定期开通。IBM 通过对员工进行征询,可以了解员工对公司管理层、福利待遇、工资待遇等方面有价值的意见,使之协助公司营造一个更加完美的工作环境。

(3)直言不讳(speak up)。在IBM,一个普通员工的意见完全有可能被送到总裁的信箱里。"speak up"就是一条直通通道,可以使员工在毫不牵涉其直属经理的情况下获得高层领导对员工关心的问题的答复。没有经过员工同意,"speak up"的员工身份只有一个人知道,那就是负责整个"speak up"的协调员,所以不必担心畅所欲言过后会带来危险。

(4)申诉(open door),IBM称其为"门户开放"政策。这是一个非常悠久的IBM民主制度,IBM用open door来尊重每一个员工的意见。员工如果有关于工作或公司方面的意见,应该首先与自己的直属经理恳谈。与自己的经理恳谈是解决问题的捷径,如果有解决不了的问题,或者员工认为自己的工资涨幅问题不便于和直属经理讨论,可以通过open door向各事业单位主管、公司的人事经理、总经理或任何总部代表申述,员工的申述会得到上级的调查和执行。

即使是到了离职面谈的阶段,IBM也不放弃解决薪酬方面问题的努力。

5.IBM的薪金保密制度

IBM的薪金是背靠背保密的,薪金没有上下限,工资涨幅也不定,没有降薪的情况。如果员工觉得工资实在不能满足自己的要求,那只有走人。如果因为工资问题要辞职,IBM不会让员工的烦恼没有表达的机会,人力资源部会非常惋惜地挽留员工,而且跟员工谈心。IBM会根据情况,看员工的真实要求是什么,一是看他的薪金要求是否合理,是否有PBC执行不力的情况,如果是公司不合理,IBM会进行改善,公司对待优秀员工非常重视;二是看员工提出辞职是以增资为目的,还是有别的原因,通过交谈和调查,IBM会让每一个辞职者怀着一种好的心态离开IBM。

为了使薪资有竞争力,IBM专门委托咨询公司对整个人力市场的待遇进行非常详细的了解,公司员工的工资涨幅会根据市场的情况有一个调整,使IBM的工资有良好的竞争力。

企业文化不是空洞的口号,也不是对时髦潮流的追赶,它是针对企业员工和企业发展的真正需要,树立起的一种对于达到企业目标和个人目标都有指导作用的价值观,一种对待工作、对待工作中人与人之间的关系、对待组织与内外部环境关系等的方法与准则以及由此而形成的企业全体成员的行为模式表现。IBM的薪资福利政策充分体现出公司以人为本的经营理念,成为公司企业文化最有说明力的注解。IBM的薪资福利政策在这一企业文化与价值观的驱动下,采取了大量别出心裁和有效的方式,营造了公司高绩效的文化氛围。

任务1:IBM公司高绩效的文化氛围是如何形成的?

任务2:IBM公司绩效薪酬计划有什么特点?在薪酬管理方面具有什么优势?

任务分析

IBM公司的全面薪酬项目真正为员工考虑到了方方面面的需求。公司除为员工提供基本薪酬外,还设置了各式各样的补贴、资助、奖励计划、保险福利项目以及员工俱乐部等。全面的薪酬项目实际上代表着公司将员工作为一个全面的人来看待,因此员工必然会深深感受到来自公司的尊重,这就使得员工的安全、自尊、交际以及自我实现的需要都能在公司里找到很好的结合点:那就是努力为公司的使命实现而贡献自己的智慧与力量,因为在这一过程中也能实现自身的各种需要。

IBM公司的薪酬福利待遇虽然十分优厚,但公司的人工成本却仍然得到了极为有效的控制。这是因为,虽然薪酬项目很多,但其发放却是以员工的工作业绩的优劣为依据的,不仅没有工龄工资,也不存在学历工资。这一机制在公司主要是通过个人承诺制度来实施的。IBM的个人业绩评估计划从致胜、执行、团队精神三个方来考察员工工作的情况。这就在确保公司工作任务达成的基础上，引导员工行为朝着企业文化所倡导的方向实现良性发展。

IBM公司的双向沟通方案，体现出了对公司员工的高度尊重和尽力创造员工对企业文化进行评价、传播与沟通的最大自由空间。无论是与高层管理人员面谈、员工意见调查、直言不讳通道，还是申诉政策，都体现出企业真正对员工工作与生活的关心，并想尽办法为企业与员工实现共同发展，在观点、思想领域取得一致看法而创造切实的途径。这些举措真正促进了企业文化的形成、推广与完善，并且大大提高了员工对企业的归属感，真正将员工的智力资源引为己用。

IBM公司的薪酬政策有意识地关注了维持薪酬体系的适应性，并及时进行调整。比如，IBM公司专门委托咨询公司对整个人力市场的待遇进行非常详细的了解，并会根据市场的情况对公司员工的工资涨幅进行调整，以保持公司工资的外部公平性。此外，IBM公司的人力资源部门会真诚地挽留因工资问题提出辞职申请的员工，并与其进行谈心，让员工的烦恼有表达的机会，确保每个离职的员工以良好的心态离开。这样不仅可以通过离职员工扩大公司在市场的良好声誉，也为公司了解薪酬政策的功能与其局限性，并根据所了解的信息进一步来调整薪酬体系，使它能适应公司环境的变化和促进企业文化的发展。

当然，对于IBM公司而言，它是一个发展成熟和有着独特企业文化的大型知名企业，公司的员工素质与技术水平都是劳动力市场上的佼佼者，公司在招聘期间就能筛选到与公司文化价值观相一致的候选者；此外，它有雄厚的资金实力来支持其薪酬体系对企业文化的引导，这是因为人性化的薪酬政策虽然不一定要增加员工的现金收入，但往往会增大企业的总体货币支出。这些特殊的条件也限制了不具备这些条件的企业必须从自身条件和实际情况出发，以薪酬政策的文化功能为导向建立适合自身的薪酬体系。

知识链接

一、绩效薪酬的设计与管理

(一)绩效薪酬的内涵界定

绩效薪酬作为近些年来比较流行的一种员工薪酬形式，含义非常广泛，被称为"基于绩效的薪酬(pay for performance)""与绩效相关的薪酬(performance related pay)"，或简称为"绩效薪酬方案(performance pay planning)"。绩效薪酬有广义和狭义之分。与绩效相关的薪酬即为绩效薪酬，它是由一系列与绩效相关的报酬形式组成的。广义绩效薪酬的内涵界定较为模糊，例如，基本薪酬与员工的绩效密切相关，职位越高、年资越长、能力越强的员工对组织绩效的贡献越大，其基本薪酬也会越高，但基本薪酬与绩效薪酬之间有本质的区别。因此，需要对绩效薪酬的内涵进行更为准确的界定。狭义地讲，绩效薪酬就是与绩效管理相关的薪酬形式；或者说，只有与员工绩效评价结果相关的薪酬形式才是绩效薪酬。

为了加深对绩效薪酬及其体系的理解，需要综合考察员工绩效的内涵、评价方法和运作机制(见图6-14)。从图6-14中可以看出：个人的知识、技能和能力是员工绩效的"原材料"，它们需要将员工的具体行为转化为成果形式的、可观察的绩效。比如，一个培训师必须具备语言学知识和沟通能力，而这些"原材料"需要通过培训师的行为转化为客观结果，即通过实际授课的过程实现对受训人员的知识传授，而受训人员的反应和收获又是培训师客观绩效结果的表现形式。

图 6-14　员工个人绩效的产生机制

员工的绩效被分为任务绩效和周边绩效,它们都对组织绩效提升有很大影响,但作用方式不同。现实中,对员工的绩效评价比较侧重于对个人知识、技能和能力以及个人行为和客观结果的评价,相应地产生了多种评价方法,包括员工特征法、绩效比较法、行为比较法和结果绩效法等。但对员工的特殊绩效——周边绩效的评估较为困难,这样就会影响到全面和真实地反映员工对企业的实际贡献。因此,任务绩效和周边绩效都需要纳入绩效评估和绩效薪酬的分类,并构成与绩效相关的薪酬体系。

(二)绩效薪酬的分类

出于不同的需要,对绩效薪酬的类别划分不尽统一,例如,按照绩效评估的方法,可以将绩效薪酬分为个人特征薪酬、成就薪酬、激励薪酬、特殊绩效薪酬等,它们的区别如表6-14所示。

表 6-14　绩效薪酬的主要形式及类别划分

绩效薪酬形式	对应的绩效形式	对应的评价方法	典型的薪酬种类
个人特征薪酬	员工个人特征	员工特征法	技能薪酬、知识薪酬、能力薪酬
成就薪酬	员工个人行为	绩效排序法 行为比较法	成就工资 成就奖金
激励薪酬	员工工作实际结果	结果绩效法	个人层激励、群体层激励、公司层激励,包括收益分享、利润分享、股票期权、部门与团队激励、经营者激励等
特殊绩效薪酬	周边薪酬	行为评定法	特殊绩效认可计划(包括货币形式和非货币形式)

1.个人特征薪酬

个人特征薪酬包括技能薪酬、知识薪酬和能力薪酬等形式。员工个人特征薪酬是指根据员工特征法确定的员工个人薪酬,这里所指的个人特征是一种绩效行为特征,即能够产生提高客观绩效结果的员工行为特征。因为员工个人特征具有潜在性、相对稳定性、持续性及对员工短期绩效反映的间接性和不完全性等特点,所以,现实中一般依据对员工能力和个人特征的评价结果来支付薪酬,即使用技能薪酬、知识薪酬和能力薪酬等形式。

2.成就薪酬

成就薪酬(merit pay)是根据员工绩效排序法和行为比较法确定的绩效薪酬。成就薪酬有两种形式:一种是将绩效评价结果(如上级或主管评价)应用到基本薪酬的增加上,被称为成就工资;另一种是根据评价结果支付员工的奖金(比如月度奖、季度奖和年终奖),被称为成就奖金。

3.激励薪酬

激励薪酬(incentive pay)是指根据绩效评价结果支付的、旨在激励员工绩效的组合薪酬形式,具有规范性、系统性和全面性等特征。鉴于绩效评价结果包括个人绩效、群体绩效和公司绩效三个层次,因此也可以将激励薪酬分为个人激励薪酬(individual incentive pay)、群体激励薪酬(group incentive pay)和公司激励薪酬(company incentive pay)三种形式。

(1)个人激励薪酬是对员工个人绩效的奖励,是从早期的计时与计件工资发展而来的,以后逐步发展成为以个体绩效激励为基础的付薪形式。

(2)群体激励薪酬是对部分员工群体进行的薪酬激励,包括收益分享、部门激励、团队或小组激励等薪酬形式。

(3)公司激励薪酬是基于对企业全体员工绩效的奖励,包括利润分享、股票期权等薪酬形式。

同时,按照时间维度也可以将激励薪酬划分为短期激励薪酬和长期激励薪酬两种形式,短期和长期的界定通常以1年为期。

4.特殊绩效薪酬

特殊绩效薪酬又称为特殊绩效认可计划(special performance recognized plan),是指对员工超过正常绩效标准却无法在激励薪酬中得到反映而采取的一种奖励形式,主要包括货币奖励或非货币奖励两种形式。特殊绩效薪酬被认为是对员工的超常绩效的奖励,有较强的激励作用。

(三)绩效薪酬的优缺点及其发展演变

1.绩效薪酬的优点

绩效薪酬本身激励性较强,其激励作用不仅表现在个人层面,还体现在组织层面。

(1)个人层面:绩效薪酬将奖励与员工绩效紧密连接起来,使得企业的薪酬支付更具客观性和公正性。

(2)组织层面:将绩效与薪酬相结合能够有效提高生产率,并使得薪酬更具市场竞争性;同时,由于它将人工成本区分为可变成本和固定成本两部分,所以有利于减轻组织的成本压力。

图6-15为国际期权市场协会(IOMA)对企业采用绩效薪酬原因的调查,从调查结果中可以看出企业对绩效薪酬认可的主要原因。

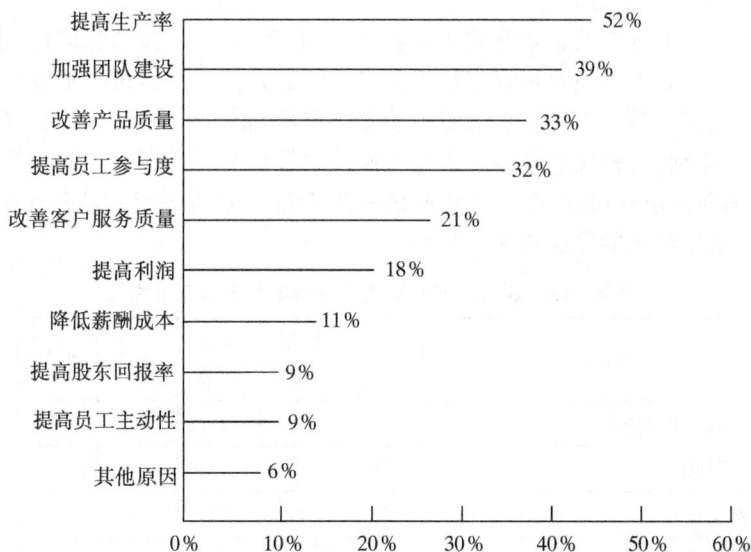

图6-15　采用绩效薪酬的主要原因

由图 6-15 可知,绩效薪酬的优点体现在提高生产率、加强团队建设、保持薪酬灵活性、改善产品质量、提高员工参与度、改善客户服务质量、提高利润、降低薪酬成本、提高股东回报率、提高员工主动性等方面。

2.绩效薪酬的缺点

绩效薪酬在使用中也有其不可避免的缺点,主要体现在:

(1)在绩效标准不公正的情况下,绩效薪酬可能流于形式。

(2)过分强调个人绩效回报会对企业的团队合作精神产生不利的影响。

(3)刺激高绩效员工与其实际收入相背离的现象,难以确定提高绩效所需要的薪酬水平。

(4)绩效薪酬对组织的人力资源管理非常敏感,如果没有相关的管理支持,其效果很难发挥。

3.绩效薪酬的发展

绩效薪酬最早可追溯至科学管理阶段的泰勒差别工资制,随着技术变革,绩效形式出现多样化表现形式。直至当今,绩效实际上总与薪酬管理紧密结合在一起。因此,绩效薪酬的发展经历了三个阶段。

(1)早期发展。科学管理理论与激励理论是绩效薪酬的两大理论基础。泰勒在 20 世纪初已经提出金钱是对员工的一种主要刺激因素。他主张为了实现经营和产出的最大化,应从组织的角度建立一种报酬体系,使员工的收入随个人产出的不同而有所差异。他建议利用收入机制来激励员工为企业多做贡献。这些思想是早期绩效报酬管理的理论基础,但按照泰勒的观点,员工的贡献只能通过提高劳动强度和延长工作时间来实现。随着行为科学被引入企业薪酬管理实践,激励理论开始引起人们的关注。从那时起,绩效薪酬开始朝着更加人性化的方向发展。

早期的绩效薪酬只是简单地将绩效与员工的工作效率相结合,采用单纯的个人激励薪酬形式。这是因为在当时工厂制的生产条件下,只要工人多生产质量好的产品,企业绩效就会提高。但是这种方式越来越不适合现代的企业环境。

(2)前期发展。促进绩效与薪酬结合的主要因素是技术创新。而科技的广泛应用、组织的快速变革以及知识在提高组织绩效中的显著作用,使得绩效与薪酬的结合呈现出多种形式,包括利润分享、收益分享、股权激励等。

(3)当前发展。越来越多的企业管理实践表明:一方面,员工工作的积极性、主动性和创造性可以提高企业绩效,即其工作绩效可以直接提升组织绩效;另一方面,员工绩效的各种形式,如团队合作和"组织公民行为"等,也可以影响组织绩效。因此,企业要通过相应的薪酬形式对员工的所有绩效维度给予激励,这种发展在本质上是全面绩效管理与总薪酬管理的有机结合。

表 6-15 国际期权市场协会在 2003 年所做的关于各绩效薪酬形式的使用率和有效率的调查,从中可以看出绩效薪酬的发展规律与趋势。

表 6-15　绩效薪酬的形式及使用率和有效率分布

绩效薪酬	形式	使用	计划使用	非常有效	有效	无效	以后再说	未回答
个人特征薪酬	技能与知识薪酬	17	1	39	48	—	3	9
	能力薪酬	28	2	13	71	2	11	4
成就薪酬	成就工资	26	3	21	46	13	8	12
	成就奖金(月度、季度)	34	4	25	49	9	4	13
	年度奖金	72	5	17	62	12	2	6

绩效薪酬	形式	使用	计划使用	非常有效	有效	无效	以后再说	未回答
个人激励薪酬	个人激励薪酬	38	2	20	59	1	7	13
	长期激励薪酬(普通员工)	13	1	31	35	12	4	19
	长期激励薪酬(经营者)	23	2	41	41	7	2	9
群体激励薪酬	收益分享计划	11	1	9	64	9	5	14
	团队奖励计划	8	3	13	56	6	—	25
	部门激励薪酬	12	2	22	48	13	17	—
公司激励薪酬	利润分享(作为退休计划一部分)	22	1	19	49	14	—	19
	利润分享(与退休计划相分离)	18	2	25	39	25	6	6
	股票期权计划	17	1	29	50	6	9	6
特殊绩效薪酬	特别绩效认可计划	9	1	22	39	—	6	33
	建议/提议奖	12	2	4	39	26	9	22

从表6-16可以看出,绩效薪酬使用频率形式由高到低依次是年度奖金、个人激励薪酬、成就奖金、能力薪酬、成就工资、长期激励薪酬(经营者)和利润分享(作为退休计划一部分)等。而在使用的公司中认为非常有效的绩效薪酬形式依次为长期激励薪酬(经营者)、技能与知识薪酬、长期激励薪酬(普通员工)、股票期权计划、成就奖金和与退休计划相分离的利润分享计划。

(四)绩效薪酬的设计与实施

绩效薪酬的设计与实施应与企业的全面绩效管理紧密联系在一起,为此,建立健全企业绩效评价体系是首要任务,同时在企业内部从薪酬管理、人力资源管理和企业管理三方面创设良好的实施条件。

1.绩效薪酬设计的基本要点

在绩效薪酬设计之初,应对员工绩效水平进行合理、客观公正的评定,为此,从企业不同发展阶段来看,选用有效的绩效评价方法,明确绩效的周期(短期与长期)与评价的层次显得尤为重要。

(1)绩效评价方法的有效性。对于企业而言,不同工作的绩效表现形式是不一样的,因此需要采用最合适的绩效评价方法,这就决定了不同工作最适合的绩效形式的产生。只有在健全的绩效评价体系下,绩效薪酬管理才能有效地实施。

(2)绩效发生的时间性。绩效发生的时间性说明了绩效的长期和短期选择。不同时期的绩效应当有不同的薪酬形式与之结合。比如,有将终生的业绩与薪酬相结合的年功薪酬,也有按单位时间计算的计件工资制等。在设计绩效薪酬时,必须充分考虑长期与短期的绩效激励特征。换言之,只奖励短期绩效可能不利于企业的长期发展,只奖励长期绩效也会影响员工当前的积极性。

(3)绩效评价的层次性。绩效评价的层次性,即员工的薪酬支付是以个人绩效、团队绩效为基础还是以公司绩效为基础。在设计员工绩效薪酬时,需要综合反映个人、团队和公司的绩效,并通过三者的分配比例体现不同员工群体的特征。比如,高层管理人员的绩效薪酬中反映公司绩效的部分较多,而基层工作人员的绩效薪酬中反映个人绩效的部分较多。

(4)组织的选择性。绩效薪酬并非适合所有的组织、处于所有发展阶段的组织或所有的员工群体。例如,如果中小企业的销售员与处于成熟阶段的大型企业的销售员使用同样的绩效薪酬形式,就可能产生完全不同的效果。因此,在设计绩效薪酬时,要充分考察企业特征、企业战略要求等因素,以实现绩效薪酬效用的最大化。

2.绩效薪酬成功实施的前提

一个好的绩效薪酬计划还需要更好的实施条件,这些条件是绩效薪酬成功的前提,主要包括薪酬管理、人力资源管理与企业管理三个方面,它们构成绩效薪酬实施的内部、横向和纵向配合条件。

(1)内部配合条件。绩效薪酬计划只是总薪酬计划的一部分,与其他薪酬形式相辅相成,共同属于薪酬管理子系统。绩效薪酬与基本薪酬、福利薪酬分别承担着不同的薪酬功能,它们之间是一种互补的关系,而且在薪酬形式上呈现出一种相互融合的趋势。尽管与其他薪酬形式相比,绩效薪酬的激励功能相对强一些,但只有在其他薪酬形式行使无效的前提下,绩效薪酬的激励功能才有充分发挥的空间。

(2)横向配合条件。绩效薪酬的成功实施必须有良好的绩效管理制度与人力资源开发制度。例如,如果绩效考核标准、考核过程和绩效沟通不到位,那么再好的绩效薪酬方案也只能流于形式;如果员工职务晋升机会少,工作设计不合理,培训力度不够,没有充分发挥能力的条件,那么即使绩效评价再严格,也很难体现薪酬管理的公平性。国内外一些企业的经验也证明,成功实施绩效薪酬的企业大多是人力资源管理制度较为健全的企业。

(3)纵向配合条件。绩效薪酬计划要与企业战略目标相一致。如果绩效指标与企业战略目标之间联系不紧密,员工不理解企业的价值观和战略方向,绩效薪酬的功能就只能局限在支付功能上,而没有战略导向意义。此外,绩效薪酬计划还应与企业战略、内外部环境保持动态的一致性。

二、成就薪酬的设计与管理

(一)成就工资

1.成就工资概述

(1)成就工资的内涵界定。成就工资也称功劳工资或业绩工资,是员工成就薪酬的一种形式,指员工的基本薪酬可以根据其工作绩效而得到永久性增加。与传统的奖金制度(成就奖金)不同,它是当某些员工或员工群体的工作业绩显著时,或其为企业做出了突出贡献以后,企业以增加基本工资的形式付给员工物质报酬的一种薪酬管理制度。

(2)成就工资的特征。成就的含义是值得称赞或奖励的品质、价值、长处或优点,它并非仅指单纯的绩效,还指能够带来绩效的行为表现或个人品质。因此,成就具有个人特征绩效和个人行为绩效的特征,并且这些特征通过绩效评价对比法和行为比较法来确定。

成就工资奖励那些能够为企业带来长期利益的员工绩效特征与行为,并通过永久性增加基本薪酬来确认,一旦增加部分纳入基本薪酬之中,就具有固定和永久的性质。一般情况下,只要员工不离开企业,成就工资就不会消失。由此显示了成就工资的两个最基本特征:一是对员工以往所获成就的"确认",这种成就反映了员工有价值的绩效行为,因此,成就工资一般是企业对员工综合绩效评价结果的反映,而不像激励薪酬那样是具体的结果绩效指标;二是这种以"确认"增加基本薪酬的方式具有永久性特征,而成就奖金是一次性支付给员工的,因此两者是不同的。

(3)成就工资的作用。成就工资是绩效工资的早期形式,它的主要作用是确定一种员工薪酬增长的机制,根据以往的绩效来决定是否增加员工的工资等级,以及增加多大幅度。与传统的普遍增资的做法相比,成就工资的作用体现在以下几个方面:①具有对员工较长时期绩效的激励作用,不会给员工和企业带来风险;②具有稳定绩效优秀员工的作用,提高员工对企业的忠诚度;③对绩效不突出或不佳者,有一定的"自我筛选"作用。

(4)成就工资的发展与现状。成就工资发展较早,在美国和日本的企业较为常用,但各有侧重:美国企业的成就工资侧重于通过个人成就来增加基本薪酬;而日本企业的成就工资从严格意义上说是年功薪酬,假设员工为企业服务的年限越长,他就具备了为企业做出更多贡献的能力,因此基本薪酬增加得就越多。成就工资在我国传统的国有企业中的使用情况与日本企业具有一定的相似性。目前在营利和非营利组织中,尤其是大学和其他科研部门成就工资应用都较为广泛。

2. 成就工资的设计与实施要点

成就工资在设计与实施的过程中需注意以下几点:

(1)考虑员工的实际购买力。成就工资的发放必须考虑通货膨胀对基本工资的负面影响,否则将使得对员工绩效的奖励毫无意义,因为员工没有通过成就工资的增长获得实际的好处。因此,在成就工资支付之前,企业必须根据当期生活费用的上涨或通货膨胀状况来调节基本工资。

(2)考虑最低限度的有意义加薪。成就工资的加薪幅度有上限和下限之分。上限取决于企业薪酬的预算与支付能力;下限取决于员工认可的最低加薪限度,被称为"最低限度的有意义加薪"。因为在考虑了生活费用增加的情况下,如果薪酬增加的量很少,不足以对员工绩效进行确认,那么员工满意度就会降低,进而影响今后的绩效。有意义加薪的最低限度主要取决于员工的生活状况与个人期望:对于薪酬主要满足基本生活需要的员工而言,最低限度的有意义加薪量取决于生活成本;而对于把薪酬当作实现个人价值手段的员工而言,最低限度的有意义加薪量取决于员工对加薪的期望值。

(3)有充足的资金来源。如果没有充足的资金预算,再好的成就工资方案也会失败。因此,大多数公司都仔细进行成就工资增加预算,并以占员工基本薪酬的百分比作为计算基础。比如,某公司批准了4%的成就加薪预算,而前一年的基本薪酬总额是5000万元,那么4%的成就加薪预算相当于再增加200万元的工资成本。显然,成就加薪预算越高,就越能反映企业较高的支付能力和较好的经营业绩,并使成就工资的功能有望得到更有效的发挥。

(4)选择恰当的加薪时机。成就工资的加薪时机需要进行选择,基本原则是在员工为企业做出一段时间贡献后及时给予承认,并以加薪的形式确认员工的贡献。员工短时间内绩效的起落并不能完全反映其实际绩效和能力,因此要注意消除影响短期绩效波动的因素,并对员工的业绩做出客观的评价和加薪决定。企业可建立例行加薪日或例行加薪期制度,后者因为观察期长,对员工绩效的评价可能更为科学。

3. 成就工资的运作方法

成就工资的运作方法有直接基准法、绩效奖励方格图法和综合绩效加薪矩阵法。

(1)直接基准法。直接基准法是指根据员工绩效等级来直接确定成就工资增长比率的方法(见表6-16)。

表 6-16   运用直接基准法确定成就工资

绩效(评分)等级	成就工资增长
5	8%～10%
4	5%～7%
3	2%～4%
2	—
1	—

　　根据表 6-16,企业经过对员工的绩效评价之后,评出了 1～5 个绩效等级,对不同绩效等级的员工,分别施以不同的工资增长政策。其中 1 级和 2 级不增加基本薪酬,因为没有被企业认可的突出成就或"功劳";3～5 级员工"论功行赏",按照大功大奖、小功小奖原则,成就加薪的幅度不等。

　　(2)绩效奖励方格图法。绩效奖励方格图法是考虑不同基本薪酬水平的员工将获得不同的加薪幅度,对薪酬水平越低的员工,实施激励力度越大的一种管理机制。绩效奖励方格图主要有两种形式:一是根据企业内部薪酬水平的分布情况(内部薪酬等级)确定加薪比率(见表 6-17);二是根据企业外部薪酬水平的分布状况(外部薪酬比较率)确定加薪比率(见表 6-18)。

表 6-17   基于内部薪酬等级的绩效奖励方格图

薪酬等级		绩效等级/%				
		优秀	较好	一般	较差	差
薪酬	Q1 级	7	5	3	0	0
	Q2 级	9	7	6	2	0
	Q3 级	12	10	8	4	0

表 6-18   基于外部薪酬水平的绩效奖励方格图

市场薪酬定位	薪酬额/元	绩效等级/%				
		优秀	较好	一般	较差	差
四分位	8000	4	3	2	0	0
	7600					
	7200					
三分位	6800	6	5	4	1	0
	6400					
	6000					

续表

市场薪酬定位	薪酬额/元	绩效等级/%				
		优秀	较好	一般	较差	差
二分位	5600	8	7	6	2	0
	5200					
	4800					
一分位	4400	11	10	9	4	0
	4000					
	3600					

根据表 6-17，可将员工的基本薪酬分为三个等级层次：Q_1、Q_2、Q_3，Q_1 的薪酬等级高于 Q_2 和 Q_3，其相应的加薪比率比较低。

根据表 6-18，如果员工原有的薪酬水平在市场的定位较高，其成就工资的增加额就较小，这样做的目的是控制薪酬成本，维护薪酬结构的完整性。否则，如果加薪比例相同，由于基数的不同会使原本较小的薪酬差距加大，并增加企业的薪酬成本。

（3）综合绩效加薪矩阵法。综合绩效加薪矩阵法是以绩效奖励方格图法为基础，引入时间变量而构建的加薪矩阵（见表 6-19）。表 6-19 中的数据说明，员工绩效水平越高，所获得的加薪幅度越大，频率也越高；而员工绩效水平越低，加薪幅度越低，等待加薪的时间也越长。

表 6-19 综合绩效加薪矩阵

市场薪酬定位	薪酬额/元	绩效等级				
		优秀	较好	一般	较差	差
四分位	8000	4% 10~12 个月	3% 12~14 个月	2% 14~16 个月	0	0
	7600					
	7200					
三分位	6800	6% 8~10 个月	5% 10~12 个月	4% 12~14 个月	1% 14~16 个月	0
	6400					
	6000					
二分位	5600	8% 6~8 个月	7% 8~10 个月	6% 10~12 个月	2% 12~14 个月	0
	5200					
	4800					
一分位	4400	11% 4~6 个月	10% 6~8 个月	9% 8~10 个月	4% 10~12 个月	0
	4000					
	3600					

相对而言，综合绩效加薪矩阵法能够将企业绩效与成就工资较好地结合，进而更有利于发挥成就工资的功能。

4.成就工资制度的缺陷与转化

(1)成就工资制度的缺陷。成就工资有一些较为明显的制度性缺陷,在实施中需要注意防范以下问题:

①一些绩效评价制度如果给予考核者过高的操纵性,就会导致绩效评价不客观,缺乏公平性,打击员工的积极性;如果部门主管想留住某些员工,就会故意降低或提高其绩效评价结果。因此,绩效评价的主观性是限制成就工资激励效果的主要因素。

②绩效等级与成就工资增长比例确定的不科学或不公平,也会降低员工的努力程度。有研究显示,如果员工基本薪酬增加额小于10%,则很难实现较强的激励效果。

③成就工资的变动一般需要1~2年的时间,从而使员工的绩效距离增资的间隔时间过长,有可能导致激励效益随时间延长而递减的现象。

④随着成就工资的使用,基本工资累计增加,薪酬成本将逐渐增加。

⑤在很多场合,成就工资更多导致的是竞争行为,而不是合作行为。在需要合作的岗位上,应该注意成就工资的负面作用。

(2)成就工资制度的转化。正因为成就工资有上述弊端,所以从20世纪80年代初开始,一些企业开始变革传统的成就工资,变革的途径有两条:一条是将成就工资转变为成就奖金;另一条是推行激励工资制度。前者是对绩效优秀者奖励形式的短期化;后者是在一定程度上改变了基本薪酬的支付基础和形式。

(二)成就奖金

1.成就奖金概述

(1)成就奖金的内涵。成就奖金是一种非常普及的绩效薪酬形式,属于绩效加薪的范畴。但它不像成就工资那样对基本工资进行累积性增加,而是一次性支付一定数量的货币薪酬,所以,成就奖金也称为一次性奖金。我国很多企业设置的月度奖、季度奖和年度奖都是成就奖金的典型形式,它们都是根据员工绩效评价结果发放给员工的绩效薪酬。

(2)成就奖金的特征。成就奖金是对员工个人特征绩效和行为绩效的一种确认,它与成就工资相比,有以下特征:

①灵活性。与成就工资相比,成就奖金在发放和管理上的弹性更大,它可以根据需要,灵活地决定奖励的范围和奖励的周期等。

②及时性。成就奖金不一定与绩效加薪结合起来支付,它可以根据企业的实际情况进行调整和决定发放期,以达到及时反映员工成就的目的。

(3)成就奖金的作用。成就奖金的设计在一定程度上弥补了成就工资的缺陷,并对企业而言能有效降低薪酬成本、淡化员工持续加薪意识。

①有效降低薪酬成本。降低成本已经成为企业采用成就奖金的主要目的,表6-20中M公司成就工资与成就奖金的成本比较说明了成就奖金在控制薪酬成本方面的有效性。

表6-20 M公司成就工资与成就奖金的成本比较

年份	增长比例/%	增量工资成本/元		增产后的工资成本/元		
		成就工资	成就奖金	成就工资	成就奖金	差额
2002	3	600	600	20600	20600	0
2003	5	1630	1000	21630	21000	630

年份	增长比例/%	增量工资成本/元		增产后的工资成本/元		
		成就工资	成就奖金	成就工资	成就奖金	差额
2004	4	2496	800	22496	20800	1696
2005	7	4070	1400	24070	21400	2670
2006	6	5514	1200	25514	21200	4314
2006	5	6790	1000	26790	21000	5790
2008	3	7594	600	27594	20600	6994
2009	6	9250	1200	29250	21200	8050
2010	8	11590	1600	31590	21600	9990
2011	7	13801	1400	33801	21400	12401
合计	—	63335	10800	—	—	52535

根据表6-20,在同样的增长比例下,如果实行成就工资,10年间一个员工工资成本的增量将为63335元;而如果实行成就奖金制度的话,工资成本的增量部分仅为10800元,差额为52535元。对员工而言,10年累计工资数额相差19.95%。显然,工资成本的降低是推动企业将成就工资转变为短期报酬激励项目的最大动力。

②弥补成就工资的缺陷。成就工资不能解决在一个薪酬等级中处于最高位置的员工的绩效加薪问题,因为如果员工处于这种位置,企业再向其支付成就工资,他就将处于正常薪酬等级之外,这样就会与基本薪酬整体一致性的管理原则相违背。而成就奖金的形式可以提供解决上述问题的途径。

③淡薄员工的持续加薪意识。尽管成就工资基于对员工贡献的一种承认,但是任何制度在实施中都会产生一种"惯性"或"依赖",成就工资也是如此。在成就工资制度下,基本薪酬的累积增长会促使员工认为加薪是他们的一种权利,工作到一定时间之后,基本薪酬就应该自然增加。这是一种员工权利文化在薪酬方面的表现。成就奖金替代成就工资能够在一定程度上消除员工的这种认知及其负面影响。

2.成就奖金设计与实施的要点

成就奖金的设计与实施主要是运用计分法和系数法计算成就资金,并选择合适的支付时机与支付形式。

(1)支付时机的选择。成就奖金的支付时机往往根据企业绩效周期而定,依据在一个绩效周期内对员工的绩效评价结果来支付。成就奖金的支付时机通常选择在绩效考核期后或企业财务结算日,即以一年或半年为周期。但当前许多企业为了及时确认员工的成就,也以月度和季度为周期支付成就奖金。

(2)成就奖金的计算方法。成就奖金的计算方法包括计分法和系数法,前者是根据绩效评价得分计算出来的,后者是根据岗位系数计算出来的。

①计分法。计分法是规定各项奖励条件的最高分数,有定额员工按照超额完成情况给予评分,无定额员工按照任务完成情况给予评分,最后根据奖金总额得出每位员工的奖金额。

$$个人奖金额 = \frac{企业奖金总额}{\sum 个人考核得分} \times 个人考核得分$$

简单地说,计分法就是先计算出每个超额分的单位奖金值,然后确定每个员工的分数,再用单位奖金值乘以分数即为奖金数额。

②系数法。系数法是在依据岗位进行劳动评价的基础上,根据岗位贡献大小确定岗位计奖系数,然后根据个人完成任务情况,按系数计算应分配的奖金数额。

$$个人奖金额 = \frac{企业奖金总额}{\sum(岗位人数 \times 岗位系数)} \times 个人岗位计奖系数$$

例如,一个企业有7个等级的岗位,可以将中间位置岗位的奖金系数作为基准奖金系数1,中间位置以上的岗位按照由低到高的顺序系数依次上升;中间位置以下的岗位按照由高自低的顺序系数依次下降。假设某月该企业按照岗位奖金等级预计发放2万元的奖金,分配结果如表6-21所示。

表6-21 系数奖金分配法

岗位等级	人数	奖金系数	单位奖金额/元	岗位奖金总额/元
1	1	1.3	486.0	486
2	3	1.2	448.6	1346
3	8	1.1	411.2	3290
4	10	1.0	373.8	3738
5	12	0.9	336.4	4037
6	15	0.8	299.0	4485
7	10	0.7	261.7	2617

相对而言,计分法适用于业务人员和生产操作人员,系数法适用于管理人员。也可将两种方法结合起来,月度奖采取系数法,季度奖和年度奖采取计分法。但是无论哪种方法,确定客观的评价指标以及避免人为因素的干扰是关键。在无考核的情况下,进行所谓的"自评"和主管单方评定,容易出现分配不公或平均分配的现象,因此应当避免。此外,还应注意奖金是与基本工资性质不同的劳动报酬,要充分发挥它的激励作用,避免奖金分配中的平均主义倾向。在分配方式和分配比例上,要体现三个倾斜:其一,向绩效倾斜;其二,向核心员工倾斜;其三,向企业关键岗位倾斜。

(3)成就奖金的支付形式。成就奖金不仅可以以现金方式支付,而且可以以福利方式支付。比如,某员工可以获得4000元的奖金,也可由企业为员工购买等值保险。这样做有利于降低成本,合理避税。

成就奖金还可以以交通卡、手机充值卡、美容健身卡、俱乐部卡等各种消费卡的形式支付,还可创造更有新意的形式。例如,将一部分奖金直接邮递给员工的父母或家人,并附上一封热情洋溢的表扬信,这种形式也可起到比单纯支付货币更好的激励效果。

3.成就奖金的主要形式及其运作

成就奖金按其支付周期不同,分为年度奖金、月度奖金与季度奖金等形式。

(1)年度奖金。年度奖金又称为年终奖,是在年底一次性支付给员工的成就奖金,主要采取现金的形式。在我国企业中,年终奖使用的差异很大,褒贬不一。随着企业间人才竞争的加剧,年终奖已经成为重要的激励工具。但是,由于其过度的灵活性,一些企业的运作方式引起了一些争议:其一,混淆与基本工资的性质区别。例如,一些企业为了留住员工,将员工每个月的薪酬都扣除一部分作为年终奖发放给员工。这种做法违背了年终奖的激励性特征,因为年终奖是以年度为周期的,它是在对员工或企业绩效进行评价之后给予的物质奖励,与基本薪酬的性质不同。其二,发放"红包"的负面影响。很多企业的年终奖采取保密的方式,即所谓的年终"红包"。随着员工对年终奖期待的升高,其公平性与激励效果之间的矛盾开始突显。一些专业人士认为,如果年终奖的发放欠公平或管理过程不公开,有可能助长年末员工的"跳槽"行为。

(2)月度和季度奖金。月度和季度奖金与年度奖金的原理是一致的,比如,36000元的年度奖金可以每个月支付3000元,或按每个季度支付9000元,如何支付取决于员工的偏好以及企业绩效周期的变动。

月度和季度奖金的发放有几个特点:一是与基本薪酬的联系较为紧密,有的企业按照基本薪酬标准(如岗位等级、技能等级)来支付;二是适用于那些业绩受季节影响的企业,因为它既能保证激励的及时性(年度奖金缺乏激励及时性效果),又能使企业成本控制在合理的范围内。下面以某企业采用的季度奖金实施办法为例说明季度奖金的运作。

①部门间季度奖金平均单价的计算:

$$部门间季度奖金平均单价 = \frac{公司季度奖金基准额}{\sum 部门季度奖金基准额 \times 部门季度绩效评价系数}$$

②各部门应得季度奖金总额的计算:

$$部门应得季度奖金总额 = 部门季度绩效奖金基准额 \times 本部门季度绩效评价系数 \times 部门间季度奖金平均单价$$

③部门内季度奖金平均单价的计算:

$$部门内季度奖金平均单价 = \frac{本部门应得季度奖金总额}{\sum (员工个人季度奖金基准额 \times 个人季度绩效评价系数)}$$

④员工实际应得季度奖金的计算:

$$员工实得季度奖金总额 = 员工季度绩效奖金基准额 \times 个人季度绩效评价系数 \times 部门内季度奖金平均单价$$

三、特殊绩效薪酬的设计与管理

(一)特殊绩效薪酬的概念与设计原理

特殊绩效薪酬是指为那些做出超额贡献和特殊贡献的员工提供额外货币或非货币奖励的薪酬制度。它是绩效薪酬的主要类型之一,一般采取专项计划或方案的形式。因为特殊绩效薪酬侧重于对员工超额绩效和周边绩效的奖励,所以也称为特殊绩效认可计划。

绩效薪酬是绩效评价的报酬形式。传统的绩效评价是从实际的任务出发,通过成熟的职位分析技术对职位的任务和行为要求做出详细的描述,再根据职位标准对员工绩效进行评价。不同职务的任务描述、工作绩效和评价标准不同,员工的绩效薪酬按照既定标准和评价结果进行支付。在实践中,传统绩效薪酬这种管理模式一般会出现以下弊端:

首先,不能反映员工做出的超出绩效标准范围的贡献,这种贡献对企业有重要的意义,但却不能在制度上得到认可和激励。比如,某员工开发出一种非常有前景的新产品,提高了企业的品牌效应和知名度等,但因为员工所做的贡献并非岗位对他的要求,超出了企业绩效评价范围,所以不能通过绩效薪酬来体现。

其次,不能激励员工的"组织公民行为",如为企业发展献计献策、促进团队合作等。这些行为带有周边绩效的性质,形式多样,难以量化和比较,不容易反映在企业以岗位为基础的绩效评价体系中。

特殊绩效薪酬克服了传统绩效薪酬的这两个弊端,其设计的主要目的在于兼顾对员工任务绩效和周边绩效的综合评价,承认和鼓励员工一切有利于企业生产率提高和业绩增长的行为。

(二)特殊绩效薪酬的作用

特殊绩效薪酬的作用主要体现在以下几个方面:

(1)确保激励机制的完整性。利用特殊绩效薪酬认可员工的全面绩效,持续激励那些做出特殊贡献的员工。

(2)提高企业的战略柔性。让员工发挥更大的自主性与创造性是保持企业动态竞争优势的关键所在。在以岗位为基础的传统薪酬制度对商业契机、员工能力和特殊绩效表现不敏感的情况下,引入特殊绩效薪酬能够很好地解决这些问题。

(3)体现以人为本的管理理念。特殊绩效薪酬体现了以人为本的管理理念,增加了员工的参与机会,提供了符合员工主观意愿的薪酬形式,这往往是其他薪酬形式所无法实现的。

(4)具有成本控制的灵活性。由于特殊绩效薪酬的形式多样,它可以和更多的薪酬形式进行结合,从而使得薪酬成本的控制更具灵活性。

(5)对员工行为的鼓励具有针对性。在企业需要及时对员工的某些特殊行为进行鼓励的情况下,靠正规的绩效薪酬制度往往很难实现,利用特殊绩效薪酬则能收到较好的效果。

(三)特殊绩效薪酬的基本特征

特殊绩效薪酬在管理和运作中具有以下三方面的特征:

(1)独自运作。特殊绩效薪酬在功能上与基本薪酬、成就工资与奖金、激励薪酬等有所区别,因此可以单独设计与实施。

(2)形式多样。企业可以根据管理需要灵活选择特殊绩效薪酬的支付形式,如货币的与非货币的、直接的与间接的、有形的与无形的等各种形式。

(3)定制化与个性化。特殊绩效薪酬可以根据员工需要和企业的文化特质进行设计,定制化和个性化是主要特征之一。

(四)特殊绩效薪酬设计与实施的要点

特殊绩效薪酬是对员工的超额贡献给予货币或非货币的奖励,因此在奖励对象明确的基础上,还应考虑奖励的形式与时机。

1. 奖励对象

特殊绩效薪酬的奖励对象可概括为超额绩效与周边绩效两类。

(1)超额绩效,是指员工远远超出工作要求和正常岗位范围之外的优秀业绩或特殊的绩效行为。超额绩效往往属于短期的异常绩效表现。

(2)周边绩效,是与任务绩效相区别的一种绩效。任务绩效一般与特定职位相对应,包括可考察的数量和标准化的结果绩效,例如产量、单位时间内生产件数、合格率、企业业绩、市场份额等一些硬指标;而周边绩效多指那些只能在工作过程中体现出来的绩效行为,很难以成果形式进行独立的评价,如个人自律行为、同事之间的勉励等。周边绩效一般包括以下几种形式:

①反映人际关系的公民绩效,即有利于组织中个体的行为,包括助人、合作、社会参与等。

②组织公民绩效,即有利于组织的行为,包括遵守规章、认同组织价值观等。

③工作(任务)贡献感,即有利于工作或任务的行为,包括对工作的持久热情和额外努力、对非正式任务活动的自觉执行等。

超额绩效本质上也是周边绩效的一种特殊形式,它们都对企业生产率有着显著的提高作用,都是对正常结果绩效的补充。表6-22为特殊绩效薪酬下奖励对象的分类与具体内容。

表6-22　特殊绩效薪酬下的奖励对象及其内容

奖励对象	奖励对象特征	主要类型
周边绩效	工作投入	能力开发 缩减劳动时间 强化安全与卫生意识 出勤的稳定性 为企业服务的长期性
	工作媒介	新技术的开发与引进 提案与建议计划 节约经费 节约原料、能源与改善设施 为组织文化所做出的贡献
超额绩效	工作产品	显著增加生产量与销售量 新市场与新产品开发 长期较好的业绩表现

2. 奖励形式

特殊绩效薪酬的奖励主要包括货币薪酬与非货币薪酬两种形式,并与一些具体的奖励手段相结合。常见的奖励形式有以下几种:

(1)货币奖励,包括现金、股票期权和股票转让权等。比如,企业设立超额贡献的员工实施货币奖励。

(2)口头与书面奖励,如领导表扬、颁发奖状、新闻报道和事迹宣传等一些精神嘉奖。

(3)与工作相关的奖励,如提供晋升、培训机会和带薪休假等。

(4)社交活动奖励,如为普通员工提供与首席执行官共同进餐的机会,为普通员工举办有高层管理者参加的晚会等。

(5)其他物质性奖励,如赠送门票、礼券、旅行、餐券等。

特殊绩效薪酬的支付形式取决于公司的管理风格、企业文化及奖励对象的特点等;奖励的规模应与员工的绩效成就成正比,并考虑企业期望通过奖励产生的示范效应。

3. 奖励时机

与一般绩效薪酬类似,特殊绩效奖励的时机也要体现及时性和强激励性等特征,一般有以下三类可供选择。

(1)固定的时间,如在年末或新年期间。

(2)不规则的时间,如选择创造特殊绩效与周边绩效的时间。

(3)特定时间,如重大项目完成之际,对企业有重大纪念意义或影响的时刻等。

企业应关注和定期评估特殊绩效薪酬计划的时效性,防止其过时或流于形式。例如,企业如果长期定时评选"本月或本年度最佳员工"活动,可能会使员工感到平庸,没有新意。在这种情况下,需要管理部门及时设计有新意的奖励项目。

(五)特殊绩效薪酬的种类

特殊绩效薪酬有多种形式,在当前的企业薪酬管理实践中,应用最为广泛的有以下几种形式。

1.出勤奖

出勤奖是为鼓励员工连续出勤行为所设立的奖项。员工缺勤会影响企业生产的连续性,造成成本和质量问题。例如,一些汽车制造厂因为高缺勤率不得不使用大量的临时工,不仅成本上升,产品质量也得不到保证。因此,提高出勤率已成为很多汽车制造商努力的目标,设立出勤奖被看作实现这个目标的重要工具。

2.工作年限奖

工作年限奖是对那些为企业长期服务的员工的奖励。一些企业利用工作年限奖来留住核心员工,防止有价值员工的流失,提高员工对企业的忠诚度。工作年限奖的设计应特别关注时间因素。例如,某网络企业发现工作的第三个年头是技术员工离职高峰期,为此,公司设计了为有三年以上工龄员工增加假期和持有股票的特殊绩效薪酬计划,取得了良好的效果。

3.伯乐奖

伯乐奖是给那些推荐优秀员工加入企业或培养出优秀员工的管理者提供的奖励。一些研究表明,员工推荐已经成为企业招聘的重要手段之一,一些企业专门奖励推荐优秀人才的行为;同时,随着人力资源开发的新技术——教练技术被越来越多地使用,企业对那些热衷为企业推荐、发现并培养优秀人才的管理者,也会给予特殊奖励。

4.员工建议奖

员工建议奖是对员工提出的降低成本、提高效益等合理化建议的奖励。员工建议奖已经成为企业重要的绩效薪酬之一,也是激励员工参与的重要手段。企业在设置员工建议奖时需要注意一些问题。例如,高层是否有足够的兴趣支持这一计划,薪酬管理人员能否有足够的时间监督和指导计划的实施,一线经理对员工建议的认可和支持程度如何,以及员工的创意是否能够有效地表达等。换言之,员工建议奖的有效实施,需要组织建设、沟通平台以及人力资源开发手段的完善等多种条件的配合。

思考与讨论

1.绩效薪酬的管理特点是什么?

2.如何设计和实施一个高效的特殊绩效薪酬计划?

3.成就工资与成就奖金的区别是什么?

实训题

选取一个企业为对象,根据绩效评价为该企业建立起基于绩效的薪酬体系。

学习情境七 制定薪酬等级结构

A 城投公司薪酬结构优化设计研究

一、A 城投公司薪酬结构现状概述

A 城投公司是当地政府财政局出资控股的国有独资公司,旗下控股、参股 9 家子公司,属于中等规模水平的企业集团。据调研得知:

(1)A 城投公司在内部薪酬方面表现出薪酬不公平、薪酬过度平均化、薪酬升降困难、薪酬与绩效管理脱钩等现象;此外,A 城投公司内部薪酬管理方面还存在着薪酬制定依据不科学、薪酬监管与控制不力、薪酬辅导沟通不到位等问题。

(2)在薪酬结构方面,A 城投公司薪级薪档表纵向等级为 6,薪档为 5,薪酬等级和薪档都略低于行业实际情况;薪级薪档表同一薪级薪酬变动区间为 160～310 元,薪酬变动幅度或范围较小;同一岗位层级内部薪酬水平差异小,缺乏对岗位价值的认同。

(3)其薪酬构成主要由基本薪酬、绩效薪酬、津贴福利三个部分组成,其中,基本薪酬与绩效薪酬的比重为 6:4,不同岗位层级的员工薪酬构成比例没有区别,缺乏针对性。在薪酬构成中,亦缺乏对特殊贡献员工的奖励政策,技能补贴因标准缺失表现出明显的随意性。

(4)A 城投公司子公司薪酬,直接按照集团总部相同或相似岗位薪酬的 80% 标准执行,缺乏岗位价值评估和薪酬调查环节,薪酬制定的科学性受到严峻挑战和质疑。

二、A 城投公司薪酬结构优化建议

1. 进行岗位系列划分和岗位价值评估,有效保障薪酬的内部公平性

经过科学分析,A 城投公司相同岗位层级薪酬内部不公平、薪酬均等化,很大程度上是其没有对现有岗位进行岗位系列划分和岗位价值评估造成的。基于这一基本判断,提出以下建议:

(1)按照岗位性质和工作内容的不同,将 A 城投公司各层级、不同部门岗位划分为高层管理、职能、投融资、技术等岗位系列。在岗位系列划分过程中,有些岗位的划分很难确定,比如营销策划岗位,是应该划分到职能管理系列,还是应该划分到营销岗位系列,这需要根据该岗位的性质和离生产的远近来具体确定。一般而言,职能管理系列对企业价值的创造起到辅助和支持的作用,离生产较远;而其他一些岗位系列对企业价值的创造往往会起到拉动作用,离生产较近。

(2)经过岗位系列划分之后,在 21 因素法的基础上设计了岗位价值评估模式,对 A 城投公司所有岗位进行了岗位价值评估,并依据岗位价值评估的结果制定了薪酬标准,为薪酬水平的确定和薪酬等级的划分提供了科学的依据。

(3)通过岗位系列划分和岗位价值评估活动,基本克服了 A 城投公司薪酬均等化等不良现象,有效保障了其薪酬结构设计内部公平性的实现。

2. 进行薪酬调查,增强薪酬结构的外部公平性与竞争性

进行薪酬调查的主要目的是便于企业内部薪酬模式的选择,确保薪酬的外部公平性和竞争力。在进行薪酬调查过程中,需要在对企业内部岗位系列划分的基础上,对同行业企业相同或相似岗位

进行薪酬水平数据的搜集。由于薪酬调查内容比较多、周期长等原因,薪酬调查的实施比较困难。

薪酬调查需要注意以下事项:

(1)薪酬调查之前需要获得被调查企业或单位的支持;

(2)薪酬调查也需要有针对性、有重点地实施,像驾驶员、清洁人员、保安等市场薪酬相对透明的岗位,则不需要实施薪酬调查;

(3)薪酬调查之后,需要采取一定的方法对薪酬进行适度的处理。

A城投公司薪酬水平是根据当地公务员工资标准乘以一定的系数确定的,没有经过外部数据的调研,薪酬水平的确定依据缺乏科学性。

因此,在剔除驾驶员、清洁工、保安等有明显薪酬参照标准的工勤系列之后,分别针对不同岗位层级、不同岗位系列的不同岗位进行了有针对性的薪酬调查(包括外部公共信息查询、其他同类平台公司薪酬数据调研等方式),并对获取的薪酬数据在岗位职责匹配、区域匹配、行业匹配及任职资格匹配分析的基础上进行修正。不同岗位采取科学的方法,选取了不同分位水平的薪酬数据,为薪酬水平的确定、薪酬策略的选择和薪级薪档表的设计提供了可靠的数据支撑。

3.通过内外部因素分析,选择合适的薪酬策略

薪酬策略主要分为市场领先型、市场跟随型和市场滞后型三种。对薪酬策略的选择,直接影响企业的薪酬水平高低和员工工作积极性的发挥,进而影响到对企业薪酬等级、薪酬幅度、薪酬带宽、薪酬重叠度的设计。一般情况下,企业会选择市场领先型和市场跟随型的薪酬策略,杜绝选择市场滞后型的薪酬策略。

从总体来说,A城投公司作为当地重点支持的国有企业,处于战略扩张的企业成长阶段,作为集团指挥控制大脑,经营性要求较高,需要一批相对优秀的人才,结合其目前支付能力,选取了市场领先型薪酬策略。

需要指出的是,A城投公司薪酬策略是基于A城投公司战略、企业发展阶段、企业文化、企业规模、人才发展策略等内部影响因素和当地薪酬法律规范、行业薪酬水平等外部影响因素整体来分析的,对于重点人才有所区别。与此同时,A城投公司的薪酬策略也不是一成不变的,随着A城投公司的发展及外部环境的变化,A城投公司的薪酬策略也需要做出及时调整。

4.合理设计薪级薪档表,建立宽带薪酬管理体系

合理确定薪酬等级,明确薪酬变动范围,有效规定不同薪酬等级之间的薪酬交叉与重叠程度,是企业宽带薪酬体系设计的重要内容。通过设计薪级薪档表,能够确保企业岗位等级分明,员工薪酬升降有序,并为实现员工薪酬与企业绩效挂钩提供了一条明确的路径,对激发员工工作积极性具有显著的作用。

在设计过程中,还需要结合企业规模、企业发展阶段、企业薪酬策略等因素,保持对薪酬等级、薪酬档位、薪酬带宽、薪酬级差等方面的控制,并通过不断的数据拟合,确保企业薪酬符合企业实际情况和发展需要。

在A城投公司原有薪级薪档表的基础上,依据A城投公司的实际情况,为A城投公司及子公司设计了宽带薪酬体系:

(1)将所有岗位划分为四个层级(子公司内部三个层级),根据岗位价值评估结果,将其职级定为4,职档定为9,并将职档上下浮动2级,在选取了参考岗位价值的基础上,为其制定了岗位价值系数表。

(2)结合岗位价值系数表,并根据薪酬调查的结果,确定了薪酬K值,为不同职级的职档确定了薪酬标准,并将岗位价值系数与标准薪酬联系起来,制定了标准薪酬表。

（3）在制定完标准薪酬表之后，将薪档确定为 7，经过拟合分析，合理确定了薪酬变动幅度，使不同岗位层级的薪酬浮动范围也呈现出显著的差异性，更好地体现了依据岗位价值付薪的原则。

调整后的薪级薪档表更加符合 A 城投公司实际情况，适应 A 城投公司不同岗位层级和不同岗位，真正帮助 A 城投公司建立了适合企业实际情况的宽带薪酬体系，满足了 A 城投公司的现实发展需要。

5.完善薪酬构成，提高薪酬适用的针对性

薪酬构成主要分为固定部分和浮动部分，而浮动薪酬部分是薪酬自我公平性设计的重要内容，薪酬构成的设计结果直接影响员工工作积极性，进而影响到员工对组织的承诺和贡献度。

在薪酬构成设计中，对不同的岗位和岗位层级，需要保持一定的针对性和区别性。一般而言，越高的岗位层级，其薪酬的浮动部分越高；职能系列、技术系列、生产操作系列的固定薪酬部分比例保持较高水平，营销系列的浮动薪酬部分则保持较高水平。此外，在薪酬构成设计过程中，还需要考虑到企业发展阶段、企业文化等因素对薪酬构成设计的影响。

A 城投公司原有薪酬构成中，所有不同层级、不同岗位的基本薪酬和绩效薪酬的构成比例均为 6∶4，对不同岗位显然缺乏针对性，对较底层岗位和部分职能岗位的保障性功能不足，同时对较高层岗位的激励性也不足。

在岗位系列划分、岗位价值评估和薪酬调查的基础上，将 A 城投公司及子公司高、中、基层岗位的薪酬构成比例分别调整为 6∶4、7∶3、8∶2，更好地适应了不同岗位层级实际状况。同时，为鼓励企业特殊贡献和创新，在薪酬构成部分增加了技术津贴、特殊贡献奖的内容，进一步完善了 A 城投公司的薪酬结构。

依据对薪酬结构的认知，并结合对 A 城投公司薪酬结构现状的调查与诊断，未来区域或区域性平台公司的薪酬结构需从以下几个方面进行改进和优化：

（1）科学进行岗位系列划分和岗位价值评估，确保薪酬结构内部公平性实现。

（2）有针对性地进行薪酬调查，保证薪酬结构的外部公平性和竞争性，为薪酬策略、薪酬水平等方面的确定和选择提供数据支撑。

（3）选择合适的薪酬策略，适应企业发展的现实需要。

（4）科学设计或调整薪级薪档表，明确薪酬等级、同一薪级薪酬变动范围、不同薪级之间的薪酬交叉与重叠程度、薪酬带宽、薪档等内容，契合企业实际情况，帮助企业建立适当的宽带薪酬体系。

（5）修正现有薪酬构成内容和比重，使企业薪酬与员工工作绩效相挂钩，有效激发员工工作积极性，满足企业发展需要。

资料来源：鸿日咨询.薪酬结构设计：城投公司薪酬结构优化设计研究与案例解析[EB/OL].（2019 - 03 - 19)[2022 - 04 - 28].https://weibo.com/ttarticle/p/show? id=2313501000014351593997818212.

任务一 确定薪酬水平并绘制薪酬政策线

知识目标

★掌握薪酬水平及薪酬水平外部竞争性的概念

★掌握薪酬水平决策的类型及影响因素

★掌握薪酬政策线的绘制内容

技能目标

★能根据行业市场薪酬水平来调整企业薪酬水平

任务导入

加薪的权衡

G 现在的月薪是 4710 元,人力资源部小王认为此人的工作只是勉强过得去而已。可是在小王征询别人的意见时,却意外发现大家对他的评价甚高。小王知道他不久前刚离了婚,一个人带两个孩子还要养活年迈的父亲、母亲,生活艰难,急需加薪。

H 现在的月薪是 4750 元,小王私下了解到,H 是个花钱能手,有些随意挥霍。分配给他的工作是比较轻松容易的,可是小王的印象是他干得并不特别好,所以在听见有几个人认为他是本部门最优秀的工作者时,小王颇感惊讶。

任务1:看完以上情景,请分别做出加薪决策:加还是不加? 若加,能加多少?

任务2:影响小王做出加薪决策的因素有哪些?

任务3:以以上因素作为基础来进行加薪决策,会对这两名员工的行为造成什么影响?

任务4:把薪金作为一种有效的激励手段,相对于所投入的成本来说,是否值得呢?

任务分析

企业目前在薪酬管理方面显然遇到了瓶颈:两个工作人员 G 和 H,由于小王对二人的了解和部门对二人的评价发生偏差,导致不知道最终该给谁加薪,谁最需要加薪,到底该加多少,由此引发出要分析影响加薪决策的因素。关键问题在于:如何根据企业业务发展特点和企业目前的管理状况,选择一种合适的调薪策略,然后制定与之相匹配的薪酬制度。

知识链接

一、薪酬水平

(一)薪酬水平的概念

薪酬水平是指企业为员工提供的包括工资、奖金、福利以及企业文化价值在内的报酬总水平,也是企业可以在行业内、地区内、企业间进行比较的企业报酬总水平。企业薪酬水平的高低直接影响着企业在劳动力市场上获取劳动力能力的强弱,决定着企业在劳动力市场上竞争力的大小,所以必须考虑其外部竞争性。

(二)薪酬水平外部竞争性

薪酬水平是指企业之间的薪酬关系,薪酬水平的高低决定了企业相对于其竞争对手在劳动力市场上的竞争能力。

1.薪酬水平外部竞争性的概念

薪酬水平外部竞争性是一个具体的概念。它实际上是指一家企业的薪酬水平高低以及由此产生的企业在人才市场上的竞争能力大小。薪酬水平外部竞争力的大小不再是两家企业间所有员工的平均薪酬水平与另外一家企业的全体员工平均薪酬水平相比较,而是更多地在不同企业中的类似职位或者类似职位族之间的比较。这是因为,也许甲企业的平均薪酬水平确实很高,但是该企业的内部薪酬水平差距很小,重要职位和不重要职位之间的薪酬没有太大差异;而在乙企业中,尽管其平均薪酬水平低于甲企业,但是该企业对于重要职位所支付的薪酬水平远远高于甲企业,而对不重要职位所支付的薪酬水平则低于甲企业。这就说明,薪酬外部竞争力应当落实到职位或职位族上,而不能简单地停留在企业层面上。

这种情况在我国国有企业中非常普遍。比如在电力、金融等行业中,尽管企业的整体薪酬水平很高,但是往往会存在内部薪酬差距过小、对高技能者的报酬不足而对低技能者的报酬又过高的现象,结果在市场化程度越来越高、外部竞争压力越来越大的大背景下,导致精英人才的流失。

2.薪酬水平外部竞争性的作用

(1)吸引、保留和激励员工。美国某调查机构对累积了 20 年的数据进行分析之后得出结论,管理人员、事务类人员以及小时工人都将薪酬看成是第一位的就业要素,只有技术人员将薪酬看成是第二位的就业要素,而将技能提高看成是第一位的就业要素。在我国,薪酬对于普通劳动者的重要性更是不言而喻的。因此,如果企业支付的薪酬水平过低,企业在招募新人时将很难招募到合适的员工;不仅如此,过低的薪酬水平还有可能导致企业中原有员工的忠诚度下降,另谋高就的可能性上升。相反,如果企业的薪酬水平比较高,一方面企业在招募人员时可以很容易地招募到自己所需要的员工,另一方面也可以减少员工流失,这对于企业保持自己在产品和服务市场上的竞争优势非常重要。

(2)控制劳动力成本。薪酬水平的高低和企业的总成本密切相关,尤其是在一些劳动力密集型的行业和以低成本作为竞争手段的企业中。显然,在其他条件一定的情况下,薪酬水平越高,企业的劳动力成本就会越高;而企业相对于竞争对手的薪酬水平越高,则提供相同或类似产品、服务的相对成本也就越高。较高的产品成本会导致较高的产品定价,在产品差异不大的情况下,消费者自然会选择较为便宜一些的产品。随着市场竞争的日益激烈,当今绝大多数产品是处于供过于求状态,消费者对于产品的价格是比较敏感的,在这样的情况下,劳动力成本控制对于企业来说就显得非常重要。

(3)塑造企业形象。企业较强的薪酬支付能力会增强消费者对于企业以及企业所提供的产品和服务的信心,起到鼓励消费者购买的作用。此外,在大多数市场经济国家中,政府在最低薪酬水平方面都做了明文规定,为了确保自身经营的规范性和合法性,企业在确定薪酬水平的时候对这些规定也是绝对不可以忽视的。一旦在这些方面出现对企业形象不利的问题,则对企业在劳动力市场和产品市场上的影响都将会是极为恶劣的。

(三)薪酬水平决策

1.薪酬水平决策的概念

薪酬水平决策是企业为了增强其竞争力、吸引人才而确定薪酬水平高低的战略手段。它主要体现了企业对员工薪酬所采取的竞争策略,有助于配合组织的经营战略,促成组织和个人目标的实现。

2.薪酬水平决策的类型

企业在确定薪酬水平时面临着两难的选择:如果工资率过低,企业薪酬缺乏竞争优势,不仅无法吸引到高质量的人才,而且会导致现有人才的流失;如果工资率过高,企业薪酬虽然具备了竞争优势,但是会面临加大成本预算、价格上涨,以及工资冻结、延期支付等问题。因此企业在确定薪酬水平的时候会受到外部劳动力市场和产品市场的双重压力,但是它仍然有一定的选择余地。在选择余地较大的情况下,企业要做出的一个重要战略决策就是到底是将薪酬水平定在高于市场平均薪酬水平之上,还是将其定在与市场平均薪酬水平恰好相等或稍低的水平上。前者能够吸引和留住一流的高素质人才,进而确保企业拥有一支高效率和高生产率的劳动力队伍,而后者则降低了企业的产品成本,增加了产品竞争力,那么企业到底如何选择呢?下面我们对几种常见的市场薪酬水平决策进行进一步的分析。

(1)领先型薪酬政策。领先型薪酬政策又被称为领袖型薪酬政策,是采取本企业的薪酬水平高于竞争对手或市场的薪酬水平的政策。这种薪酬政策以高薪为代价,在吸引和留住员工方面都具有明显优势,并且将员工对薪酬的不满降到一个相当低的程度。

在实践中,像惠普、摩托罗拉这样的大型跨国企业充当薪酬领袖的做法已经是众所周知了。在我国,许多企业也开始向这方面发展,其中较早采用这种薪酬领袖战略的企业之一是华为公司。这家以电话程控交换机及其相关产品的研发、生产以及营销为支柱的民营企业,在发展初期以及之后的相当长一段时间内,就明确提出让公司员工拿到与在外企甚至国外工作的同类员工等值的收入。实践证明,高薪政策帮助公司获得了大量的创造性人才,从而为公司在产品市场上与同类外资企业抗衡起到了重要作用。

(2)跟随型薪酬政策。跟随型薪酬政策是力图使本企业的薪酬成本接近竞争对手的薪酬成本,使本企业吸纳员工的能力接近竞争对手吸纳员工能力的一种政策。事实上,这是一种最为通用的薪酬政策,也是中小型企业普遍采用的政策。

一般来说,在竞争性的劳动力市场上,实施市场跟随政策的企业由于没有独特的优势,它们在招聘员工时往往会去参加那些大型的招聘会,以通过多花时间、广泛搜寻、精挑细选的方式来招募和雇佣优秀的员工。此外,采用这种薪酬政策的企业还要注意随时根据外部市场的变化调整薪酬水平,以使之与市场薪酬水平保持一致。然而,这种调整在很多情况下是存在时滞的,企业可能是在一些优秀的员工离职后才发现自己的薪酬水平已经落后于市场。因此,这种力图确保本企业薪酬水平与市场薪酬水平保持一致的企业必须坚持做好市场薪酬调查工作,以便确切地掌握市场薪酬水平。

(3)滞后型薪酬政策。滞后型薪酬政策是采取本企业的薪酬水平低于竞争对手或市场薪酬水平的政策。采用滞后型薪酬政策的企业,大多处于竞争性的产品市场上,边际利润率比较低,成本承受能力很弱。受产品市场上较低利润率的限制,企业没有能力为员工提供高水平的薪酬,是其实施滞后型薪酬政策的一个主要原因。当然,有些时候,滞后型薪酬政策的实施者并非真的没有支付能力,而是没有支付的意愿。

显然,滞后型薪酬政策对于企业吸引高质量员工来说是非常不利的,而且在实施这种政策的企业中,员工的流失率往往也比较高。尽管滞后于竞争性水平的薪酬政策会削弱企业吸引和保留潜在员工的能力,但是如果这种做法是以提高员工未来收益作为补偿的,则这种做法反而有助于提高员工对企业的组织承诺度,培养他们的团队意识,进而改善绩效。此外,这种薪酬政策还可以通过与富有挑战性的工作、理想的工作地点、良好的同事关系等其他因素相结合而得到适当的弥补。

(4)混合型薪酬政策。混合型薪酬政策是指企业在确定薪酬水平时,根据职位的类型或者员工的类型来分别制定不同的薪酬水平,而不是对所有的职位和员工均采用相同的薪酬水平定位。比如,有些公司针对不同的职位族使用不同的薪酬政策,对核心职位族采取领先型薪酬政策,而在其他职位族中实行跟随型或相对滞后型的基本薪酬政策。

混合型薪酬政策最大的优点就是具有灵活性和针对性,对于劳动力市场上的稀缺人才以及企业希望长期保留的关键职位上的人采取领先型薪酬政策;对于劳动力市场上的富余劳动力以及鼓励流动的低级职位上的员工采取跟随型政策,甚至是滞后型政策。这种做法既有利于公司保持自己在劳动力市场上的竞争力,又有利于合理控制公司的薪酬成本开支。此外,通过对企业薪酬结构中的不同组成部分采取不同的市场定位战略,还有利于公司传递自己的价值观以及实现自己的经营目标。

总之,企业可以根据自身情况,对不同的员工采取与其相应的薪酬政策。一般来说,对企业里的关键人员,例如高级管理人员、技术人员,提供高于市场水平的薪酬;对普通员工实施匹配型的薪酬政策;对那些在劳动力市场上随时可以找到替代者的员工提供低于市场价格的薪酬。此外,有些公司还在不同的薪酬构成部分之间实行不同的薪酬政策。比如在总薪酬的市场价值方面使企业处于市场的竞争性地位,在基本薪酬方面则处于稍微低一点的滞后地位,同时在激励性薪酬方面则处于比平均水平高很多的领先地位。

3. 影响薪酬水平决策的主要因素

(1)企业经济效益。在市场经济条件下,企业经济效益是决定微观薪酬水平及其变动的最重要因素。企业经济效益对薪酬水平的影响归根到底是企业对雇员薪酬支付能力的影响。如果企业生产的产品能适销对路、质量上乘,且能根据市场变化,及时开发、试制新产品,那么企业经济效益便能在激烈的市场竞争中稳定提高,薪酬水平的提高也就有了稳定、可靠的资金来源,否则,薪酬水平的提高便是无源之水。

(2)劳动力供求状况。劳动力供给与薪酬水平之间的关系是当劳动力供给大于需求量时,薪酬水平下降;反之,则薪酬水平上升。劳动力需求与薪酬水平之间的关系是当市场对企业产品需求增加时,企业的生产规模扩大,对劳动力的需求增加,企业为了获得足够的所需劳动力,将提高薪酬水平;反之,则会降低薪酬水平,促使所雇佣劳动者离开企业。

(3)生产要素的边际生产率。根据劳动边际生产率理论,在劳动力投入与其他要素投入达到最合理的配置时,企业总产出最大。如果继续投入劳动力,就会使劳动力与既定数量的其他生产要素失衡,从而导致人均产出的下降。这时以追求利润最大化为目标的企业必然要将劳动者的边际生产率作为其决策薪酬水平的依据,因为吸收一个劳动边际生产率高于其所得薪酬的劳动者会增加企业盈利。此外,根据生产函数原理,在劳动与资本这两个要素中,可以用不同的组合来生产相同的产量。那么怎样选择这两种要素的组合呢?显然应选择资本与劳动成本最低的组合。这是在比较两种要素边际生产率的基础上进行的。如果投入一定量的资本所获得的产出比投入同量的劳动所获得的产出高,那么企业便会用资本代替劳动,在这种情况下薪酬水平不会提高;反之,薪酬水平则会相应提高。

(4)心理因素。由于薪酬是与人的行为和人的活动紧密联系在一起的,因此,心理因素在微观薪酬水平决策中也占有重要地位。这些心理因素主要包括:人们对提高薪酬水平的心理期望及其程度,其他行业同类企业薪酬水平的示范效应和攀比效应,消费方式的变化对薪酬结构与薪酬水平的影响,等等。

(5)产品市场。如果企业产品在市场上处于垄断地位,那么企业就能获得超出市场平均利润水平的垄断利润。利润的增加既可以为企业在劳动力市场的薪酬决策提供强有力的保障,又可以为员工提供高出市场水平的薪酬。当企业垄断地位丧失时,企业支付高薪酬的基础就不复存在了。当企业处于完全竞争或类似完全竞争的环境中时,企业所支付的薪酬水平往往接近于市场平均水平。

(6)行业因素。行业特征对薪酬水平的最主要影响因素就是不同行业所具有的不同技术经济的特点。一般情况下,在规模大、人均占有资本投资比例高的行业,比如软件开发、生物医药、

遗传工程、电信技术等,人均薪酬水平会比较高。这主要有以下三个方面的原因:

其一,越是资本密集型的产业,对资本投资的要求就越高,而这会对新企业的进入造成限制,从而易于形成卖方垄断的结构。

其二,高资本投入的行业往往要求从业者具有较高水平的人力资本投资,这是因为存在一种所谓的资本-技能互补假设,即资本越昂贵,则企业越需要雇佣具有高水平的人力资本以使具有较高知识技能的人来运用这些资本,唯有如此,才能保证这些资本产出最大的效益。

其三,资本对劳动力的比例越高,意味着劳动报酬在企业总成本支出中所占的比例相对较小,资本的利润较高,从而有能力支付较高的薪酬。相反,那些对资本投资的要求低、新企业易于进入和以竞争性市场结构为特征的行业,其人工成本占总成本比例较高,所以一般属于低工资产业部门,如服装加工业以及纺织品、皮革制品生产行业等。

(7)企业规模因素。很多研究表明,大企业支付的薪酬水平往往要比中小企业支付的薪酬水平高。在具有相同人力资本特征的情况下,在大企业工作的员工所获得的薪酬不仅比小企业的员工薪酬要高,而且他们的薪酬随着工作经验上升的速度也更快。大企业所支付的薪酬水平较高的原因主要在于以下几个方面:

其一,在大企业中采用长期雇佣的做法往往比在中小企业中更有优势,也更有必要。这是因为,大企业采用的生产技术通常相互依赖性较高,如果在大企业中出现了一项没有人做的工作或者出现了预料之外的辞职现象,那么必然会影响到整个企业的生产过程,甚至造成大量资本的闲置浪费。

其二,由于大企业有更大的动力维持与员工之间的长期雇佣关系,因而大企业员工的稳定性也更强。因此,大企业在培训自己的员工方面会有更大的动力,而员工的人力资本投资增加必然会强化他们的收入能力。

其三,企业规模越大,监督员工的工作就越困难,因而企业就越希望能够找到其他的方式来激励员工。在这种情况下,效率工资理论所揭示的原理很容易导致大企业采用高于市场水平的薪酬,以激励员工使其在没有严密直接监督的情况下也能努力工作。

(8)企业经营战略与价值观。如果企业选择实施低成本战略,那么它必然会尽一切可能降低成本,其中也包括薪酬成本。这样的企业大多身处劳动力密集行业,边际利润偏低,盈利能力和支付能力都比较差,因而它们的总体薪酬水平不会太高。相反,实施创新战略的企业为了吸引有创造力、敢于冒风险的员工,必然不会太在意薪酬水平的高低,它们更关注薪酬成本可能会给自己带来的收益,只要较高的薪酬能够吸引来优秀的员工,从而创造出高水平的收益就行。从企业的薪酬战略来看,采用高工资战略的企业无疑会比采用广泛搜寻战略和培训战略的企业有支付更高工资的倾向。

此外,企业的薪酬支付意愿对于企业的薪酬水平决策也有很大的影响。如果企业仅仅将员工看成是为自己创造价值的不可或缺的一种生产要素,那么它通常不会主动提高员工的薪酬待遇;但是如果企业将员工看成是自己真正的合作伙伴,那么在企业经营比较好的时候,企业会主动在能力承受范围内,适当提高员工的薪酬待遇,以体现共享企业经营成功的思想。

二、薪酬政策线的绘制

(一)薪酬政策线的内涵

薪酬政策线是企业薪酬结构形态的集中体现,它是由每个薪酬等级的中值所构成的一条曲线,可以根据职位评价的结果来确定。在特定情况下,薪酬政策线也可以看作公司认可的市场基准水平线。

对大多数企业而言,基准职位定价法是常用的薪酬结构设计法,它在薪酬结构设计中同时考虑了内部一致性和外部竞争性原则。在利用基准职位定价法绘制薪酬政策线时,薪酬设计人员需要将每个职位的内部等级或评价分数(点数)与该职位的市场薪酬水平画在一个坐标图上,通过分析来平衡它们之间的差异,这样绘制成的曲线即为薪酬政策线。

(二)薪酬政策线的绘制步骤

下面根据公司薪酬调查及工作评价的部分结果(见表7-1)来说明薪酬政策线的绘制步骤。

表 7 - 1　某公司市场薪酬调查与工作评价结果对照表

职位名称	工作评价点数	市场薪酬值/元
司机	124	2858
出纳	147	3414
设备采购员	168	3750
供应主管	185	3859
薪酬专员	199	4375
公共关系专员	221	4657
秘书	242	4871
人事专员	269	5214
初级法律顾问	297	5936
市场专员	344	6352
系统分析员	359	7158
物流管理人员	408	8157
会计主管	419	8975
项目经理	449	9879
总经办主任	526	10611
人事经理	587	11732
财务经理	619	12997
市场经理	694	13998

1.确定基准职位市场薪酬水平与内部评价结果之间的关系

如图7-1所示,纵轴代表的是基准职位的市场薪酬值,而横轴代表工作评价点数(等级形式或分数形式)。

2.利用确定的绘制方法绘制薪酬政策线

薪酬政策线的绘制方法主要有徒手线绘制法、最小二乘法和曲线拟合法。

(1)徒手线绘制法。徒手线绘制法最为简便,适用于规模较小、对薪酬数据要求不很精准的企业。徒手线分为线形徒手线、代数线性徒手线和设定值徒手线三种类型。

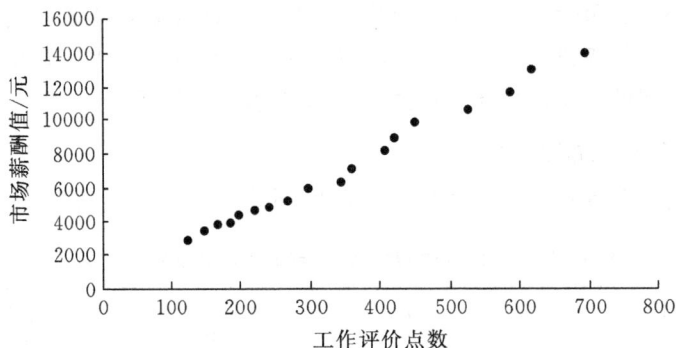

图 7-1　工作评价点数与市场薪酬值组成的散点图

　　线形徒手线的绘制方法就是凭借视觉直接绘制一条直线,它能较好地反映和对照薪酬散点图上的各个点。线形徒手线需要从图表中的分散点中间穿过,而且这条线的纵向离差最小,即离各点垂直距离平方和最小。

　　代数线形徒手线的绘制方法为画一条直线连接两个典型职位在薪酬散点图的位置点并以薪酬水平为因变量、工作评价点数为自变量建立一次线性方程。

　　我们利用表 7-1 中的薪酬专员和项目经理两个职位的薪酬水平与工作评价点数来绘制代数线形徒手线,如图 7-2 所示。具体步骤如下:

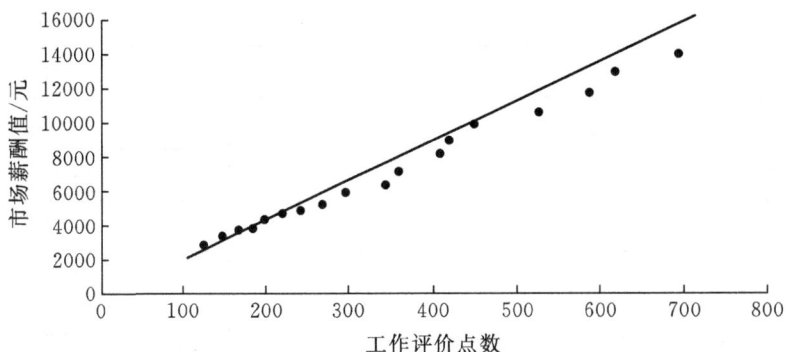

图 7-2　线性徒手线的薪酬政策线绘制

　　第一步,设薪酬水平为 Y,工作评价点数为 X,二者之间的关系为

$$Y = aX + b$$

　　第二步,将薪酬专员和项目经理两个职位的薪酬水平与工作评价点数分别带入上面的方程,即将 $X_1 = 199, Y_1 = 4375, X_2 = 449, Y_2 = 9879$ 代入上述方程,求得 $a = 22.016, b = -6.184$,连接这两个职位点所得到的即为线形徒手线的薪酬政策线,而方程式为

$$Y = 22.016X - 6.184$$

　　一般情况下,在不需要市场薪酬市场调查数据的情况下,企业通过高层领导设定企业的最高薪酬值和最低薪酬值而绘制的徒手线叫设定值徒手线。设定值徒手线比较适用于自行设定薪酬水平的企业。

　　(2)最小二乘法。薪酬政策线最常用的绘制方法是最小二乘法,最小二乘法能够保证所绘制

的薪酬政策线与各点值的离散度最小,拟合优度较高。仍设薪酬水平为 Y,工作评价点数为 X,二者之间的关系为

$$Y = a + bX$$

$$\sum Y = na + b\sum X$$

$$\sum XY = a\sum X + b\sum X^2$$

根据上述两个联立方程计算得

$$a = \frac{\sum X^2 \sum Y - \sum X \sum XY}{n\sum X^2 - \left(\sum X\right)^2}$$

$$b = \frac{n\sum XY - \sum X \sum Y}{n\sum X^2 - \left(\sum X\right)^2}$$

应用最小二乘法计算得到薪酬水平与工作评价点数之间的关系为

$$Y = 200.560 + 20.007X$$

根据该方程计算得到每个职位的薪酬如表 7-2 所示。利用此结果绘制的最小二乘法薪酬政策线如图 7-3 所示。

表 7-2　最小二乘法薪酬回归值与市场值比较

职位名称	工作评价点数	市场薪酬值/元	回归薪酬水平/元
司机	124	2858	2681
出纳	147	3414	3142
设备采购员	168	3750	3562
供应主管	185	3859	3902
薪酬专员	199	4375	4182
公共关系专员	221	4657	4622
秘书	242	4871	5042
人事专员	269	5214	5582
初级法律顾问	297	5936	6143
市场专员	344	6352	7083
系统分析员	359	7158	7383
物流管理人员	408	8157	8363
会计主管	419	8975	8583
项目经理	449	9879	9184
总经办主任	526	10611	10724
人事经理	587	11732	11945
财务经理	619	12997	12585
市场经理	694	13998	14085

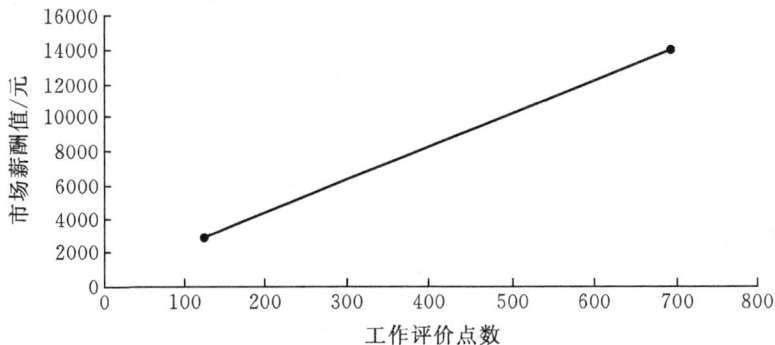

图 7 - 3　最小二乘法的薪酬政策线绘制

从表 7-2 可以看出,同一职位在不同企业之间价值差距较大。回归薪酬水平正是为了实现外部薪酬水平与内部薪酬结构之间的均衡与协调。由表 7-2 可知,该企业市场经理的外部薪酬水平每月 13998 元,而回归值是每月 14085 元,略高于市场值,这表明该企业市场经理的工作职责与市场薪酬水平相比更为重大,企业需要提高其薪酬水平来体现这种高价值性。随着计算机技术的普及,最小二乘法可以在 Excel、SPSS 等统计分析软件中自动完成。

(3)曲线拟合法。企业薪酬政策线通常被认为是由薪酬水平与工作评价点数构成的直线关系。随着工作评价点数的上升,等级间的薪酬水平增加额可呈递增或递减变化。一种观点认为,薪酬水平增加额的小幅递增有利于对员工的持续激励,小幅递减有利于对薪酬成本的控制。

据此,可以利用曲线拟合法来绘制薪酬政策线,使薪酬水平与工作评价结果之间呈非线性关系。而曲线拟合的薪酬政策线设计可以通过 SPSS 自动实现。仍以上述公司为例,通过曲线拟合的结果可知,三次函数的拟合优度更高,最符合市场薪酬水平与上述评价结果之间的函数关系,即

$$Y = 2103.84 + 2.5348X + 0.0455X^2 - 0.00004X^3$$

需要注意的是,采用曲线拟合法绘制薪酬政策线的过程较复杂,技术要求较高,并非在所有企业中都有较好的使用效果,这是因为管理的简易性也是薪酬管理的目标之一,过于复杂的薪酬结构有可能达不到理想的实施效果。

3. 薪酬政策线的调整

薪酬政策线制定之后,还需要根据薪酬水平政策或管理需要,对薪酬政策线进行上、下、左、右的位置移动。企业有领先型、跟随型和滞后型等几种薪酬水平政策。假如某企业采取领先型政策,它在绘制薪酬政策线时需要将相应职位的薪酬水平定位在第 50 个百分位以上;如果采取滞后型薪酬政策,则应将市场水平定位在第 50 百分位以下;跟随型薪酬政策则保持在第 50 个百分位位值不变。

上述薪酬政策线调整思路显然不可忽视时间因素。在一段时间内,不同职位的市场薪酬水平会有一定程度的浮动,因此,薪酬政策线的调整是在薪酬政策执行过程中实现的。例如,假设所有职位的薪酬水平政策都将发生变化,并且预期平均薪酬水平在下一年度将提高 5%,那么不同企业需要根据其薪酬水平政策进行如下调整。

(1)领先型政策的调整。采取领先型政策的企业,在年初可以将薪酬政策线定位在高于市场线 5% 的位置上,这样在年末,企业的薪酬水平就可以与市场水平持平,如图 7-4(a)所示。

（2）跟随型政策的调整。采取跟随型政策的企业，在年初可以将薪酬政策线定位在高于市场线5%的位置上，在随后一年的时间里逐步降低，到年末企业的薪酬政策线已经低于市场线的5%，而整个年度企业薪酬水平是与市场水平持平的，如图7-4(b)所示。

（3）滞后型政策的调整。采取滞后型政策的企业，在年初可以将薪酬政策线定位于与市场线持平，这样在年末，企业的薪酬政策线已经低于市场线的5%，如图7-4(c)所示。

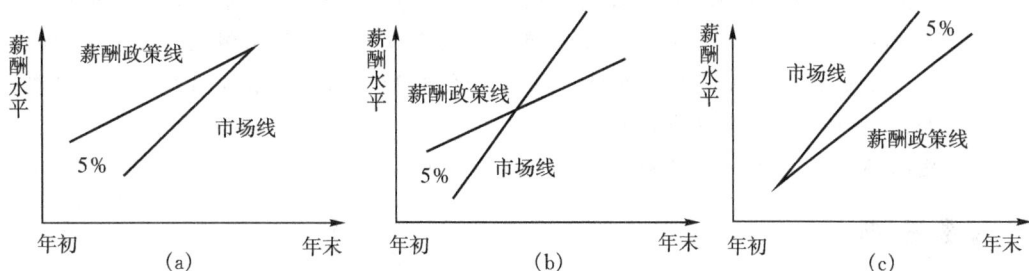

图7-4 薪酬政策线的调整

思考与讨论

1. 什么是薪酬水平？如何理解薪酬水平的外部竞争力？
2. 薪酬水平外部竞争性决策包括哪几种类型？分别具有什么特点？
3. 薪酬策略的调整包含哪些内容？

实训题

选取一个企业为对象，分析其薪酬水平和行业市场薪酬水平的差距并拟订调整策略。

任务二　设计薪酬等级结构

知识目标

★掌握薪酬结构的含义与构成
★掌握薪酬结构的类型
★掌握薪酬结构设计的步骤

技能目标

★能为组织设计合理的薪酬等级结构

任务导入

A公司是一家国有高科技企业，公司两年前就开始了一项研发项目，然而由于骨干研发人员不断流失，研究断断续续，原定的项目完成日期一推再推，特别是外流的部分研发人员把成果带到了竞争对手那里，使竞争对手先于A公司推出了新产品。虽然A公司暂时拥有市场份额的优势，但未来前景不甚乐观。

咨询公司根据薪酬调查结果和对 A 公司研发人员薪酬的比较提出薪酬方案,核心研发人员以领先市场中位水平为基础,一般研发人员以市场中值为基础。

新的薪酬系统中,等级越高薪资幅度越宽,最低等级月薪差异 10 元,最高差异几百元。三档累计的薪酬范围,最低与最高的幅度相差 100%～150%。在激励优秀研发人员方面具有更好的灵活性。

除基本薪酬外,还有一部分是业绩薪酬。根据研发特点,激励以项目团队为主、个人为辅。对公司希望留住的核心研发人员,采用长期激励和 3～5 年期的福利计划。新产品转化为商品后,按实现利润第一年 40%、第二年 30%、第三年 20%、第四年 10% 的比例提成奖励课题组。为了刺激新产品的销售,在奖励新产品提成时不应该只考虑研发部门,其余部门同样应该提取。

任务 1:帮助 A 公司设计合理的薪酬结构。

任务 2:根据 A 公司的实际情况确定合理的提成比例。

任务分析

A 公司原有的薪酬等级设计不合理导致员工的付出没有得到相应的回报,由此引发人员外流、技术成果外泄等问题。企业薪酬结构的设计合理与否直接影响到企业的薪酬是否具有竞争性与公平性,因此应通过薪酬等级结构的设计,确立公平公正的薪酬体系。

知识链接

一、薪酬结构的基本内容

薪酬结构设计概述

(一)薪酬结构的内涵

狭义的薪酬结构是指在同一组织内部不同职位或不同技能之间的薪酬水平的排列形式,主要是一种纵向的等级关系,包括薪酬等级的数目、薪酬级差、等级区间以及级差决定标准等。广义的薪酬结构还包括不同薪酬形式之间的比例关系,如基本薪酬、可变薪酬与福利薪酬之间的比例关系等,人们一般将这种关系称为薪酬组合。

薪酬结构主要反映职位与员工之间基本薪酬的对比关系,尽管其他的薪酬形式,如可变薪酬、福利薪酬内部也具有等级结构的形态,但没有基本薪酬那样典型。

(二)薪酬结构的作用

薪酬结构是企业薪酬体系的重要组成部分,它类似于一个企业薪酬体系的骨骼构架。一个完善的薪酬结构的作用体现在以下三个方面。

1.员工薪酬支付的客观标准

无论是以职位为基础的薪酬还是以人为基础的薪酬,都体现了价值差异与薪酬差异的对等关系,即薪酬结构最终反映的是职位与员工价值的大小。

2.为其他薪酬形式建立平台

基本薪酬的结构和比例在一定程度上决定了其他薪酬形式的结构与比例,进而决定了员工间总体薪酬分配的结构与比例。

3.组织结构与管理模式的具体体现

特定组织的文化、经营和管理类型都需要薪酬结构来支持,例如,高科技公司或 IT 企业更适合采用宽带薪酬结构,而成熟的制造企业则比较适合采用严格的等级薪酬结构。

（三）薪酬结构的构成

一个典型的薪酬内部等级结构如图7-5所示。薪酬结构的基本构成部分包括：薪酬的等级数量、薪酬趋势线（最高薪酬线、中位薪酬线、最低薪酬线）、薪酬等级内部范围（薪酬幅度、薪酬中值、最高值、最低值），以及相邻薪酬等级的交叉或重叠程度。

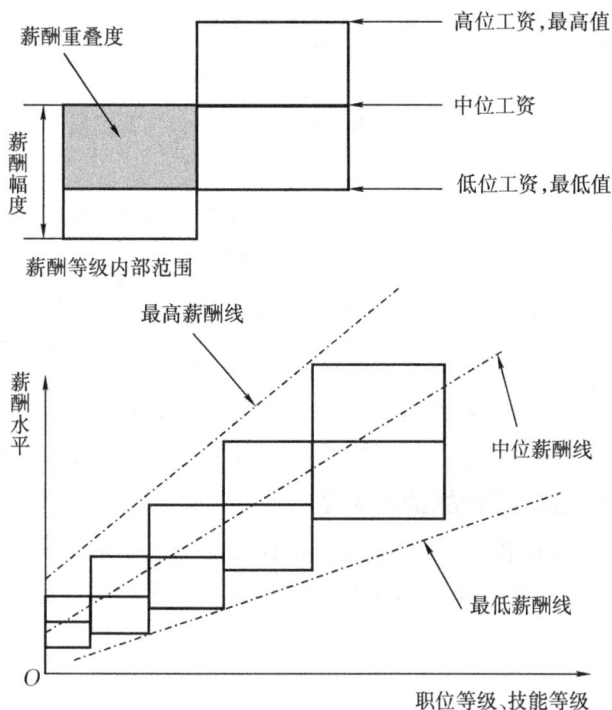

图7-5 企业薪酬结构的基本构成要素

二、薪酬结构的基本政策

企业薪酬结构政策是企业薪酬战略的重要组成部分，薪酬结构类型有多种划分方式，包括与组织结构相匹配的薪酬结构类型、与职位体系相匹配的薪酬结构类型和与薪酬支付标准相匹配的薪酬结构类型三种。

薪酬结构的横向设计

（一）与组织结构相匹配的薪酬结构类型

与组织结构相匹配的薪酬结构有以下三种基本类型。

1.平等式薪酬结构

平等式薪酬结构的主要特征为薪酬等级数目较少，相邻等级之间以及最高与最低薪酬之间的差距较小。平等式薪酬结构有利于提高大部分员工的满意度，促进团队合作，但是员工薪酬之间的差距过小也会削弱员工的竞争意识，在一定程度上阻碍了个人绩效的提高。

2.等级式薪酬结构

等级式薪酬结构的主要特征为薪酬等级数目较多，相邻等级之间以及最高与最低薪酬之间的差距较大。等级式薪酬结构通常需要一些管理制度的配合，例如，每个等级的职位或工作需要有详细的界定和描述，每个人的职责分工必须明确，需要频繁的职位晋升，以及注意从薪酬和晋升两个方面激励员工等，但它往往不适合团队工作形式。

3.网络式薪酬结构

网络式薪酬结构的主要特征为薪酬等级结构和薪酬等级标准多以市场变动为依据,同时比较关注跨组织之间的人员和能力组合。表7-3显示的是不同组织结构下薪酬结构类型的选择。

表7-3 组织结构与薪酬结构类型选择

组织结构类型	薪酬结构类型
成熟的等级型组织结构	多种职位等级,且经常相互重叠;设定薪酬额度,上下波动范围一般为35%~50%
不稳定的平行型组织结构	职位等级少,重视市场薪酬水平,参考个人技术与竞争潜能;薪酬浮动额度在200%左右;互相重叠少
网络型组织结构	薪酬水平由市场决定;个人能力、贡献与业绩是重要的参考指标

一般而言,与成熟的等级型组织结构相匹配的多是等级式薪酬结构,与不稳定的平行型组织结构相匹配的多是平等式薪酬结构,与网络型组织结构匹配的多是网络式薪酬结构。

(二)与职位体系相匹配的薪酬结构类型

规模较大或者员工组成比较复杂的企业,一般不采纳单一的薪酬结构,而采取多元化的薪酬结构,并形成一个大的结构体系。从薪酬管理的实践看,薪酬结构类型的选择通常有以下四个依据。

1.职位族划分

职位族对于企业薪酬结构的影响较为直接,不同职位受不同劳动力市场影响,其对企业价值的贡献方式也不同。因此,企业通常会按照职位族来设计薪酬结构。我国一些国有大中型企业的职位族划分通常包括管理人员、专业人员、技术人员、操作人员和劳务人员等。

2.地理区域之间的差异

有些公司的地理位置很分散,例如,市场销售部、制造厂、服务中心和公司办公室都不在同一个地方。在这种情况下,地方的劳动力市场、税收政策、生活水准等因素都会影响薪酬的分配。因此,企业也考虑使不同地域的机构拥有不同的薪酬结构,以保持对当地环境的适应。

3.分支机构的协调

比如,有些公司拥有多个子公司,子公司之间在经营业务上有较大差异,如高科技子公司和制造子公司就需要截然不同的薪酬结构。在这种情况下,不同的分支机构可以根据职位族特征设计更多类型的薪酬结构。

(三)与薪酬支付标准相匹配的薪酬结构类型

薪酬结构类型也需与薪酬支付标准相匹配。薪酬支付标准是指确定员工间薪酬差异的依据。据此,薪酬结构可分为两类:以职位为基础和以技能为基础。前者是指根据职位价值或在企业中的地位来确定不同职位的薪酬等级标准;后者是指将员工的技能、资历或能力作为薪酬等级的划分标准。

选择以职位为基础或以技能为基础的薪酬结构要根据企业类型、发展阶段、员工特征等因素来进行综合考虑,两者的区别如表7-4所示。

表7-4　以职位为基础和以技能为基础的薪酬结构比较

特征	以职位为基础	以技能为基础
薪酬水平的决定因素	考核工作绩效的市场标准	考核技术的市场标准
基本薪酬的决定因素	职位的不同薪酬要素价值	员工的知识或技术
基本薪酬的增加依据	工作目标或工作资历	员工获得的知识或技术
基本薪酬的升级依据	工作绩效标准	员工过去工作的技术和熟练程度
对雇员的主要好处	完成相应工作就可以得到工资	工作的多样性和丰富性
对雇主的主要好处	简便的薪酬管理	工作安排的灵活性

表7-4说明,以职位和以技能为基础的薪酬结构之间的差异可以从薪酬水平的决定因素、基本薪酬的决定因素、增加依据、升级依据,以及对雇员和雇主的好处等方面考察。当前企业实践证明,能否将二者有机结合将成为薪酬结构设计与创新的重要领域。

三、薪酬结构设计的基本原则、方法与步骤

(一)薪酬结构设计的基本原则

1.贯彻内部一致性原则

内部一致性,也称为内部公平性,包括薪酬结构与组织层次、职位设计之间形成的对等、协调关系。具体而言,在职位薪酬结构设计中,需要贯彻与职位价值相一致的原则;在技能薪酬结构设计中,需要贯彻与职位价值相一致的原则。

2.兼顾外部竞争性的原则

在薪酬管理中,市场工资的变化直接影响企业的薪酬水平,进而影响企业薪酬结构的变化。传统的薪酬结构主要体现内部一致性,但随着企业间人才争夺日益激烈,外部竞争性原则成为薪酬结构设计所遵循的主要原则之一。

3.动态调整性的原则

薪酬结构只是反映特定时期的一种薪酬关系,这种关系不是一成不变的。受企业外部环境和内部条件变化的影响,不同职位或技能对创造企业价值的贡献会发生相应的变化。因此,需要定期诊断和调整企业的薪酬结构。调整的依据是职位价值和员工能力对企业贡献的大小。

4.按工作流程支付的原则

当工作任务和流程强调团队合作时,团队中所有成员的薪酬应该尽量缩小差距,以避免破坏合作以及因薪酬不公平而产生的矛盾;当工作流程允许围绕个人任务来组织时,可适度拉大个人间的薪酬差距,并以此作为激励员工绩效的方式。

5.与组织目标相符的原则

薪酬结构的设计要有助于员工清楚地了解他们的工作与组织之间的关系,促使员工的行为与企业目标相一致。例如,如果企业面临的挑战性让雇员重视客户、愿意做产生附加值的事情、提高工作效率、加快市场反应能力等,那么薪酬结构就应该对这些要素进行倾斜。

(二)薪酬结构设计的基本方法

简单地说,薪酬结构设计就是对建立起来的职位等级和技能等级进行定价的过程。因此,一个规范的企业薪酬结构设计需要从两个维度进行考察;一是如何形成职位等级(是否采用工作评价法);二是如何确定薪酬水平(是否采用市场薪酬调查)。据此,可以将薪酬结构设计的基本方法分为四类,如表 7 - 5 所示。

表 7 - 5　薪酬结构设计的基本方法

薪酬水平确定	职位等级的确定	
	工作评价方法	非工作评价方法
市场薪酬调查	基准职位定价法	直接定价法
非市场薪酬调查	设定工资调整法	当前工资调整法

1.基准职位定价法

基准职位定价法,即利用基准职位的市场薪酬水平和基准职位的工作评价结果建立薪酬政策线,进而确定薪酬结构。基准职位定价法能够较好地兼顾薪酬的外部竞争性和内部一致性原则,在比较规范和与市场相关性强的企业的薪酬结构中应用比较广泛。

2.直接定价法

直接定价法,即企业内所有职位的薪酬完全由外部市场决定,根据外部市场各职位的薪酬水平直接建立企业内部的薪酬结构。这是一种完全市场导向型薪酬结构的设计方法,体现了外部竞争性,但忽略了内部一致性,比较适合市场驱动型企业,其雇员的获取及薪酬水平的确定直接与市场挂钩。

3.设定工资调整法

设定工资调整法,即企业根据经营状况自行设定基准职位的薪酬标准,然后根据工作评价结果设计薪酬结构。企业设定薪酬水平的典型做法是先设定最高与最低两端的薪酬水平,然后以此为标杆,酌情设定其他职位的薪酬水平。这种薪酬结构的设计比较重视一致性原则,但忽略了外部竞争性,比较适合与劳动力市场接轨程度较低的组织。

4.当前工资调整法

当前工资调整法,即在当前工资的基础上对原企业薪酬结构进行调整或再设计。薪酬结构调整的本质是对员工利益的再分配,这种调整将服从于企业内部管理的需要。

(三)薪酬结构设计的基本步骤

1.薪酬政策线的制定

薪酬政策线是薪酬中值点所形成的趋势线,它的主要作用是确定企业薪酬的总体趋势。

2.薪酬等级的确定

薪酬等级的确定包括一个薪酬结构内部划分多少等级、最高等级与最低等级之间的薪酬差、相邻薪酬等级的级差等。

3.薪酬等级范围的确定

薪酬等级范围的确定是依照每个薪酬中值确定最高值、最低值和不同等级的薪酬标准交叉或重叠度。

4.薪酬结构的调整

薪酬结构的调整是指根据企业管理的其他特殊要求对薪酬结构进行局部和定期的调整。

在薪酬结构设计的过程中,具体操作可以按照以下六个步骤来完成。

第一步,通观被评价职位的点值状况,根据职位评价点数对职位进行排序(见表7-6)。

第二步,按照职位点数对职位进行初步分组(见表7-7)。

第三步,根据职位的评价点数确定职位等级的数量及其点数变动范围(见表7-8)。

表7-6 根据职位评价点数对职位进行排序

顺序	职位名称	点数
1	出纳	140
2	离退休事务主办	210
3	行政事务主办	260
4	工会财务主管	335
5	总经理秘书	345
6	行政事务主管	355
7	报销会计	355
8	招聘主管	405
9	会计主管	425
10	项目经理	470
11	总经办主任	545
12	财务部经理	550
13	市场部经理	565

表7-7 按照职位点数对职位进行初步分组

顺序	职位名称	点数
1	出纳	140
2	离退休事务主办	210
	行政事务主办	260
3	工会财务主管	335
	总经理秘书	345
	行政事务主管	355
	报销会计	355
4	招聘主管	405
	会计主管	425
	项目经理	470
5	总经办主任	545
	财务部经理	550
	市场部经理	565

表 7 - 8　根据职位的评价点数确定职位等级的数量及其点数变动范围

职位点值等级	点数跨度
11	≥527
10	488~526
9	449~487
8	410~448
7	371~409
6	332~370
5	293~331
4	254~292
3	215~253
2	176~214
1	137~175

第四步,将职位等级划分、职位评价点数与市场薪酬调查数据结合起来(见表 7 - 9)。

表 7 - 9　将职位等级划分、职位评价点数与市场薪酬调查数据进行结合

顺序	职位名称	点数	市场薪酬水平/元	薪酬区间的中值/元
1	出纳	140	1530	1530
2	离退休事务主办	210	1800	1732
3	无	—	—	1962
4	行政事务主办	260	2030	2221
5	无	—	—	2515
6	工会财务主管	335	2300	2848
	总经理秘书	345	2300	
	行政事务主管	355	2430	
	报销会计	355	2560	
7	招聘主管	405	2920	3224
8	会计主管	425	3160	3651
9	项目经理	470	3600	4134
10	无	—	—	4681
11	总经办主任	545	4900	5300
	财务部经理	550	5300	
	市场部经理	565	5700	

第五步,考察薪酬区间中值与市场水平的比较比率,对问题职位的区间中值进行调整(见表 7 - 10)。

表 7-10　按照比较比率对问题职位的区间中值进行调整

等级	所在区间 点值跨度	职位名称	点数	市场薪酬 水平/元	薪酬区间 的中值/元	比较比率 （区间中值/市场薪酬水平）
11	≥527	市场部经理	565	5700		93%
		财务部经理	550	5300	5300	100%
		总经办主任	545	4900		108%
10	488～526	无	—	—	4681	—
9	449～487	项目经理	470	3600	4134	115%
8	410～448	会计主管	425	3160	3651	116%
7	371～409	招聘主管	405	2920	3224	110%
6	332～370	报销会计	355	2560		111%
		行政事务主管	355	2430	2848	117%
		总经理秘书	345	2300		124%
		工会财务主管	335	2300		124%
5	293～331	无	—	—	2515	—
4	254～292	行政事务主办	260	2030	2221	109%
3	215～253	无	—	—	1962	—
2	176～214	离退休事务主办	210	1800	1732	96%
1	137～175	出纳	140	1530	1530	100%

第六步，根据确定的各职位等级或薪酬等级的区间中值建立薪资结构（见图 7-6）。

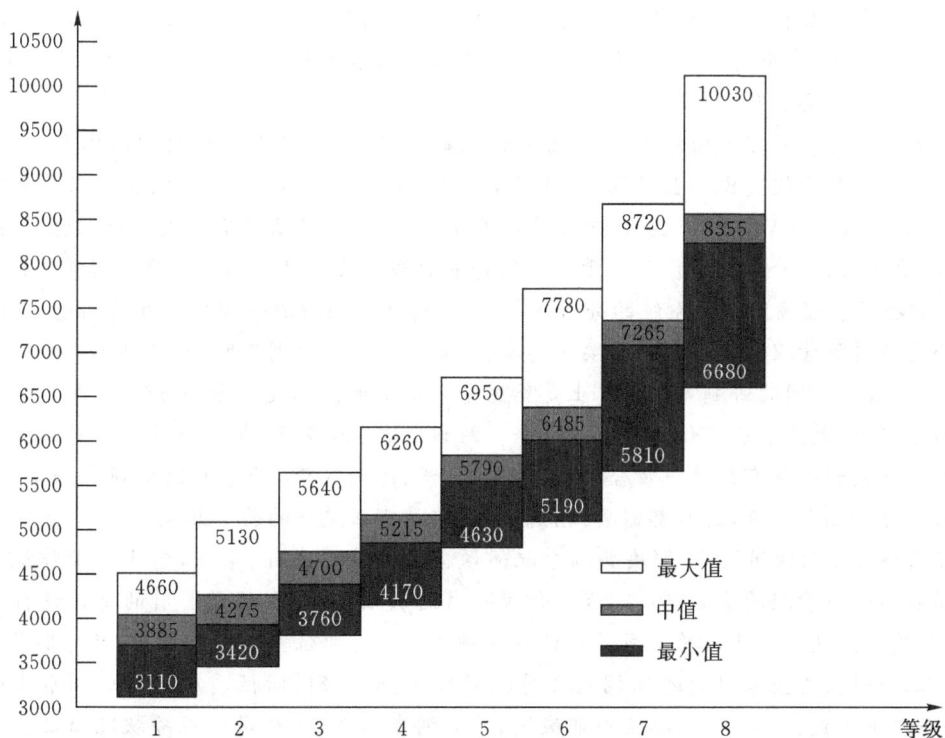

图 7-6　根据薪酬等级的区间中值建立的薪资结构

思考与讨论

1. 薪酬结构的内涵是什么？它有哪些类型？
2. 薪酬结构设计的内容、步骤和主要方法有哪些？

实训题

选取一个企业为对象，分析其薪酬结构的构成。

任务三　制定薪酬等级序列和等级范围

知识目标

★掌握薪酬等级序列设计的方法和影响因素
★掌握薪酬等级范围设计的方法

技能目标

★能为组织设计合理薪酬等级序列和等级范围

任务导入

S制冷公司的薪酬设计

S制冷公司成立于1995年，是中国最重要的中央空调和机房空调产品生产销售厂商之一。现有员工300余人，在全国有17个办事处，随着销售额的不断上升和人员规模的不断扩大，企业整体管理水平也需要提升。

公司在人力资源管理方面起步较晚，原有的基础比较薄弱，尚未形成科学的体系，尤其是薪酬福利方面的问题比较突出。在早期，人员较少，单凭领导一双眼、一支笔倒还可以分清楚给谁多少工资，但人员激增后，只靠过去的老办法显然不灵，这样的做法带有很大的个人色彩，更谈不上公平性、公正性、对外的竞争性了。于是他们聘请P咨询公司就其薪酬体系进行系统设计。

P咨询公司管理顾问经过系统的分析诊断，就公司现在的薪酬管理所存在的问题进行整理，认为该公司在薪酬管理方面存在的主要问题有：一是薪酬分配原则不明晰，内部不公平。不同职位之间、不同员工之间的薪酬差别基本上是凭感觉来确定的。二是不能准确了解外部特别是同行业的薪酬水平，无法准确定位薪酬整体水平。给谁加薪、加多少，老板和员工心里都没底。三是薪酬结构和福利项目有待进一步合理化。固定工资、浮动工资、奖金的比例到底如何，如何有效地设立保险和福利项目，这些都需要细化。四是需要建立统一的薪酬政策。

P咨询公司管理顾问认为，解决薪酬分配问题需要一系列步骤：第一，需要有工作说明书以作为公司人力资源管理的基础；第二，在工作说明书的基础上，对职位所具有的特性进行重要性评价，依据国际上被广泛使用的权威的评估方法对该公司的职位等级进行评定，最终形成公司职级图；第三，公司应委托专门的薪酬调查公司就同行业、同类别、同性质公司的薪酬水平进行调查，获得薪酬市场数据；第四，依据公司职级图、薪资调查的数据、公司的业务状况以及实际支付能力，对公司的薪酬体系进行设计，此项工作内容包括制定薪酬结构、制定不同人员的薪酬分配办法和薪酬调整办法、测算人力成本等；第五，形成公司可执行、公布的薪酬政策。

经过双方的紧密配合,S制冷公司领导对最终形成的方案十分满意,因为他们再也不用为每月发工资这件事头疼了,薪酬分配政策的公平性也消除了员工之间的猜疑,增强了员工的工作热情。

任务1:请根据薪酬管理的相关理论为S制冷公司做一份薪酬设计。

任务2:试分析设计一个完整的薪酬结构要完成哪些主要任务。

任务分析

S制冷公司在薪酬管理方面存在了瓶颈:一是薪酬分配原则不明晰,内部不公平;二是不能准确了解外部特别是同行业的薪酬水平,无法准确定位薪酬整体水平;三是薪酬结构和福利项目有待进一步合理化;四是需要建立统一的薪酬政策。由此引发出如何根据企业业务发展特点和企业目前的管理状况,设计出一种合适的薪酬等级,然后制定与之相匹配的薪酬政策。

知识链接

一、薪酬等级序列设计

薪酬结构的纵向设计(上)

薪酬等级是在工作分析和职位评价的基础上建立起来的,它将岗位价值相近的岗位归入同一个薪酬等级,并采取一致的管理方法处理该等级内的薪酬管理问题。薪酬等级划分要考虑企业文化、企业所属行业、企业员工人数、企业发展阶段、企业组织架构等要素。

企业薪酬等级序列是指每个薪酬等级的中值所形成的序列关系,它的四个设计要点分别为最高与最低等级薪酬差、薪酬等级数目、薪酬等级级差和薪酬等级中值。

(一)最高与最低等级薪酬差的确定

企业薪酬等级数目的多少取决于最高与最低等级薪酬的差值,同时也有赖于企业岗位数量和劳动复杂程度,所以,确定最高和最低等级薪酬差是首要任务。

1.影响因素

在建立企业的薪酬政策线之后,需要确定最高薪酬等级与最低薪酬等级的比率,在确定这一比率时要综合考虑的因素包括以下几个方面:①最高与最低等级上复杂程度的差别;②政府规定的最低工资率;③市场可比的薪酬率;④企业薪酬的支付能力和薪酬结构。

需要注意的是,最低薪酬通常要根据外部劳动力市场、相关劳动立法,尤其是最低工资率来确定,同时它也是被定期调整的工资标准。

2.设计要点

企业的总经理或首席执行官通常被认为是企业最高薪酬的拥有者,但总经理对企业的价值往往难以衡量,也不便同其他职位的基本薪酬进行对比。因此,在实行年薪制的企业中,以总经理为代表的高级职位的薪酬通常不纳入企业的整体薪酬结构中。

在薪酬结构设计中,薪酬的最高值是指一个价值范围,并非最高点,所以通常使用最高中值与最低中值来体现薪酬政策线的作用。反映二者比率的r_{h-l}的计算公式为

$$r_{h-l} = \frac{最高薪酬中值}{最低薪酬中值}$$

(二)薪酬等级数目的设定

薪酬等级数目是指企业的薪酬结构由多少等级构成。

1.影响因素

(1)企业的规模、性质及组织结构。薪酬等级决定于岗位和职位等级。规模大、性质复杂及纵向等级结构鲜明的企业,薪酬等级多;反之,规模小、性质简单、扁平型的企业,薪酬等级少。

(2)工作的复杂程度。薪酬等级结构要能覆盖企业内的全部职位和工种。在确定薪酬等级数目时,要考虑同一职位族内或不同职位间工作复杂程度的差别,例如,劳动复杂程度高、差别大的职位族,设置的薪酬等级数目多;反之,则少。

(3)薪酬级差。在一定的薪酬总额下,薪酬等级数目与薪酬级差呈反向关系。级差大,薪酬等级数目则少;级差小,薪酬等级数目则多。

2.设计要点

在薪酬等级数目的设计上,需注意以下几点:

(1)一般企业的薪酬等级多在7~10级之间,同一岗位等级中多使用多薪酬率,即由多薪阶构成。

(2)不同薪酬等级的薪酬浮动范围有部分交叉,即下一等级的高位薪酬可以超过上一等级的低位薪酬。

(3)目前的趋势主要是薪酬等级数目减少,每个等级之间的薪酬幅度拉宽,同一薪酬等级内的薪酬差距拉大,即出现薪酬等级结构的宽带化趋势。这种变革最初是为了缓解员工的资历与晋升之间的矛盾,后来主要是为了适应组织扁平化和打破职位等级观念,使薪酬管理与员工的非物质激励更加密切地结合起来。

(三)薪酬等级级差的设计

薪酬等级级差是指薪酬等级中相邻两个等级薪酬中值之间的比率,它反映了不同等级职位由于价值差异、工作复杂程度差异等对应的不同薪酬。薪酬等级级差可以用绝对额、级差百分比或薪酬等级系数等指标来表示。

1.影响因素

设计薪酬等级级差时,需要综合考虑的因素如下:

(1)薪酬等级级差越小,某个职位被赋予特定薪酬率的可能性就越大。因为薪酬等级范围将工作评价结果相近的工作划分为一个等级,通常3%的级差率会划分出50个等级数目,而20%的级差率只有5~6个等级数目。50个等级的薪酬结构会使每个职位在其对应的等级内部仅有很小的调整空间,而6个等级的结构则赋予每个职位在其对应的等级内部以较大的调整空间。

(2)薪酬等级级差越大,需要企业拥有更多数目的薪酬结构,以适应不同职位群体或技能群体的要求。

(3)薪酬等级级差越大,越有利于衡量员工在不同工作之间的薪酬差别,从而有利于其自身的职业路径选择。

2.设计要点

薪酬等级级差设计的重要指标级差百分比,其值等于相邻两个等级薪酬中值差额除以下一等级的薪酬中值,并用百分比表示。

$$极差百分比 = \frac{相邻等级薪酬中值差额}{下一等级薪酬中值} \times 100\%$$

例如,第三个薪酬等级的薪酬中值为 4000 元,第四个薪酬等级的薪酬中值为 5000 元,那么第四等级与第三等级之间的级差百分比为 25%。

一般情况下,企业在设计薪酬等级级差时为了鼓励工人向高一等级努力,贯彻按劳分配的原则,很少采用等级级差百分比递减的方式,即薪酬级差应当都是逐步递增的。因为越是高层的员工,为企业创造价值的能力差距越大。薪酬等级之间的级差百分比可按照等比级差、累进级差、累退级差以及不规则级差四种方式递增。其区别如表 7-11 所示。

表 7-11　薪酬的不同级差变化的对比

等比级差			累进级差			累退级差			不规则级差		
薪酬等级	薪酬等级系数	级差百分比/%	薪酬等级	薪酬等级系数	级差百分比/%	薪酬等级	薪酬等级系数	级差百分比/%	薪酬等级	薪酬等级系数	级差百分比/%
1	1.000	—	1	1.000	—	1	1.000	—	1	1.000	—
2	1.181	18.1	2	1.130	13	2	1.270	27	2	1.120	12
3	1.395	18.1	3	1.290	14.2	3	1.541	21.3	3	1.288	15
4	1.647	18.1	4	1.484	15	4	1.812	17.6	4	1.543	20
5	1.945	18.1	5	1.721	16	5	2.082	17.9	5	1.855	20
6	2.297	18.1	6	2.022	17.5	6	2.353	13	6	2.189	18
7	2.713	18.1	7	2.390	18.2	7	2.624	11.5	7	2.539	16
8	3.200	18.1	8	2.844	19	8	2.894	10.3	8	2.894	14

(1)等比级差。等比级差即各薪酬等级之间以相同的级差百分比逐级递增,公式为

$$D = \sqrt[n-1]{A} - 1$$

式中　D——等比级差;

　　　n——薪酬等级数目;

　　　A——薪酬等级表的倍数。

等比级差有两个优点:第一,薪酬数额以相同的百分比递增,级差随绝对额逐级扩大,但等级之间的差距并不悬殊;第二,便于进行人工成本预算和制订企业薪酬计划。

(2)累进级差。累进级差即各级薪酬之间以累进的百分比逐级递增。按照累进方式确定的薪酬级差,等级之间的绝对额悬殊明显,收入差距大。与等比级差相比,这种级差对员工的激励作用强,对一些需要突出能力的工作比较适用。

(3)累退级差。累退级差即各薪酬等级之间以累退的比例逐级递增。累退级差适用于劳动强度大、技术差别小,又需要对雇员定期升级的工作。

(4)不规则级差。不规则级差即各等级薪酬之间按照"分段式"来确定级差百分比和级差绝对额的变化。各段分别采取等比、累进或累退等形式。例如,一些企业采用"两头小、中间大"或"两头大、中间小"的级差。不规则级差在等级确定上比其他方式更为灵活,也比较符合薪酬分布的一般规律,在企业薪酬等级级差的确定中应用比较广泛。

(四)薪酬等级中值位置的确定

薪酬等级中值,也称薪酬范围中值或薪酬区间中值。它通常代表该等级职位在外部劳动力市场上的平均薪酬水平。

在薪酬结构的设计中,除了考虑每个职位等级本身的价值之外,还需要考虑任职者的素质因

素。一般的处理原则是,职位的价值可通过其对应的薪酬等级的中值点来确定,而任职者的个人能力的价值则体现在每个等级内部的薪阶中。这样形成以"级"来体现职位价值、以"阶"来体现个人价值的薪酬结构。薪酬结构就像一座高楼,每一层是一个"等级",简称"级",而每层的每一个台阶就是一个"阶",员工如果想越级,则需通过职位变动;如果想越阶,则需要提高职位胜任力。

薪酬中值与其相对应的薪酬等级形成了薪酬政策线上的点。与薪酬中值相对应的另一个概念是"相对比率",它通常是指某一职位任职者实际获得的基本薪酬与相应薪酬等级中值之间的比例。形象地说,相对比率表明了该任职者的基本薪酬在特定等级中的哪个台阶上。薪酬等级相对比率是企业薪酬管理诊断经常使用的一个指标。

二、薪酬等级范围设计

(一)薪酬区间的设计

在确定了每个薪酬等级的中值之后,就要确定该等级变动范围中的最高值和最低值。等级最高值与最低值之间形成该等级的薪酬变动范围,也称为薪酬区间、薪酬等级幅度等,它实际上是指在某一薪酬等级内部允许变化的最大幅度,如图7-7所示。

薪酬结构的纵向设计(下)

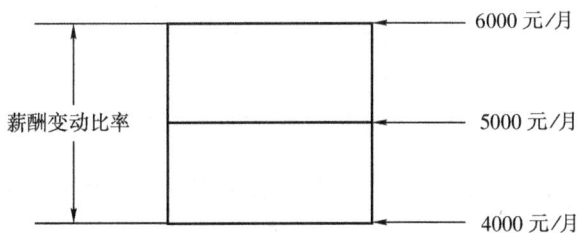

图7-7 薪酬变动范围及其变动比率

1.薪酬变动比率的基本概念

衡量薪酬区间的指标是薪酬变动比率,又称为区间变动比率,它是指同一薪酬等级内部的最高值与最低值之差与最低值的比率,即

$$薪酬变动比率=\frac{最高薪酬值-最低薪酬值}{最低薪酬值}\times100\%$$

在图7-7的例子中,最高薪酬值为6000元/月,最低薪酬值为4000元/月,薪酬变动比率为50%。

通常,一个等级内部的最高薪酬值与最低薪酬值是根据薪酬中值来确定的,这样就需使用一种方法来计算薪酬区间变动比率,即以中值为基础来计算,计算公式为

$$薪酬变动比率=\frac{最高薪酬值-最低薪酬值}{薪酬中值}\times100\%$$

$$上半部分薪酬变动比率=\frac{最高薪酬值-薪酬中值}{薪酬中值}\times100\%$$

$$下半部分薪酬变动比率=\frac{薪酬中值-最低薪酬值}{薪酬中值}\times100\%$$

在图7-7的例子中,按照以中值为基础的薪酬变动比率计算值为40%,上下部分薪酬变动比率均为20%。通常,薪酬变动比率保持在20%~50%,上下部分的薪酬变动比率在10%~25%。随着宽带薪酬结构的引入,上下部分的比率在30%~50%已经成为很普及的做法。

2. 薪酬变动比率的设计

在设计薪酬等级区间时,各等级的薪酬变动比率不同。一般而言,薪酬等级越高,对特定职位的任职资格要求就越高,薪酬变动比率也会随着增加。薪酬等级之间薪酬变动比率存在差异的原因有:较低的职位所要求的任职者的技能、经验、承担的责任以及对企业的价值贡献等相对有限,相对稳定的薪酬变动比率有利于管理和人工成本控制,而且给予较低职位的员工更多的发展空间;而对于较高职位而言,因为其任职资格要求高,普通员工很难达到要求,所以企业需要通过较大的薪酬变动来认可他的进步,而且职位越高,晋升难度越大,对一些缺乏晋升机会的员工只能按照资历或绩效的标准在薪酬区间内提高其薪酬水平。表7-12列举了不同职位的薪酬变动比率的差异。

表7-12 不同职位对薪酬变动比率的影响

主要职位类型	薪酬变动比率
生产工人、维修员、交易员	10%～30%
办公室文员、技术人员、专家助理	25%～40%
一线管理人员、行政管理人员、专业人员	40%～60%
中高层管理人员、专家	50%～100%

(二)薪酬区间内部结构的设计

薪酬区间内部结构设计应充分考虑员工的业绩、技能和资历的分布与变动状况,在同一薪酬区间和不同薪酬区间确定合理的薪阶以求合理反映员工的工作投入和工作结果。

1. 不同薪酬区间的内部结构特征

薪酬区间内部结构也可以分为两种设计类型。

(1)开放的薪酬范围。开放的薪酬范围主要限定薪酬等级范围的最低值、中值和最高值,使员工的薪酬水平可以处在等级范围中的任何位置。开放的薪酬范围与成就工资相联系,目的是奖励员工取得更高的业绩,因此其设计的原理与成就工资相类似。

(2)阶梯的薪酬范围。阶梯的薪酬范围限定了一系列的薪阶(step),薪阶之间相隔一个具体的距离,距离的设计与薪酬等级中值设计的原理相仿,不再详述。图7-8显示的是一个特定薪酬等级内部薪阶的分布与变动比率。

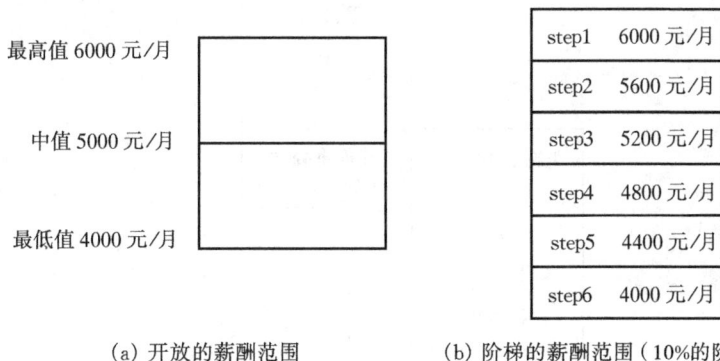

最高值6000元/月

中值5000元/月

最低值4000元/月

step1	6000元/月
step2	5600元/月
step3	5200元/月
step4	4800元/月
step5	4400元/月
step6	4000元/月

(a) 开放的薪酬范围　　　(b) 阶梯的薪酬范围(10%的阶差比率)

图7-8 薪酬内部等级结构的设计举例

阶差比率是指从step1到step2、step3等的变动比率,用百分数表示。在图7-8(b)的例子中,各阶差比率是常数10%,被称为均匀型阶梯薪酬范围。还有一种是非均匀型阶梯薪酬范围,其阶差比率呈递增形式,比如,下半部分的递增比率为10％,上半部分为15％,原理与等级级差设计相近,表明越往上走,员工晋阶的可能性就越小,根据锦标赛理论,相应的薪酬增加额应该设计得越大。

2.升阶的标准设计

如果员工的职位没有发生变动,那么员工的薪酬水平将在一个薪酬等级内部由最低值沿着薪阶升到最高值。晋阶的依据和标准通常有三个,它们分别是业绩、技能、资历。

(1)成就工资下,员工的薪酬水平随着年度绩效考核的结果逐步提高,或者企业直接根据绩效考核结构计算薪酬范围允许的员工薪酬水平。

(2)技能或资历工资下,随着员工技能水平的提高或工作时间的延长,企业认为员工越来越胜任该项工作,因此,其薪酬水平也会逐步得到提高。

(3)综合考虑下,在中值以下的部分体现了员工能否胜任该工作,通常以技能和资历作为晋阶的标准;中值点以上的部分体现了员工在该职位上的超常表现和能力,多以绩效形式作为晋阶的标准,图7-9表明了这个原理。

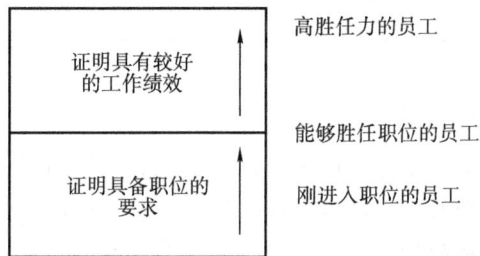

图7-9 综合考虑的升阶原理

(三)薪酬等级重叠度的设计

薪酬等级重叠度是指在两个相邻的工资等级之间,工作量之间的交叉或重叠程度,如图7-10所示。许多企业倾向于在相邻等级的工资率之间有部分重叠。这种设计不仅考虑员工资历因素,也为了增大薪酬的弹性,体现差别。

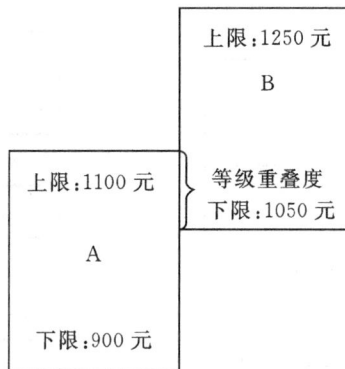

图7-10 薪酬等级重叠度

薪酬等级重叠度的设计应明晰薪酬结构区间交叉与重叠度,由此确定薪酬等级的重叠度,并结合岗位特征和管理需要来控制人工成本和激励员工的作用。

1.薪酬区间关系的基本类型

在同一薪酬结构体系中,相邻薪酬等级之间的薪酬区间可以设计成有交叉无重叠(接式)、有交叉有重叠(重叠式)以及无交叉无重叠(非接式)三种。有交叉有重叠的设计通常是上一薪酬等级的薪酬区间下限与下一薪酬等级的薪酬区间上限持平;有交叉有重叠的设计是指上一薪酬等级的薪酬区间下限低于下一等级薪酬区间的上限;无交叉无重叠是指上一薪酬等级的薪酬区间下限高于下一薪酬等级区间上限。具体见图7-11。

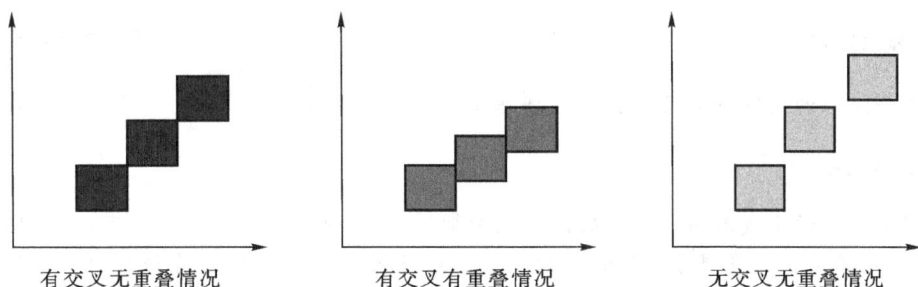

有交叉无重叠情况　　　　　　有交叉有重叠情况　　　　　　无交叉无重叠情况

图7-11　薪酬区间关系的基本类型

企业薪酬结构的设计通常会使薪酬等级有交叉重叠,即除了最高薪酬等级区间的最高值和最低薪酬等级区间的最低值之外,其余各相邻薪酬等级的最高值和最低值之间往往有部分交叉。薪酬等级之间的薪酬区间交叉与重叠度取决于两个因素:一是薪酬等级内部的区间变动比率;二是薪酬等级的区间中值之间的级差。

薪酬等级的重叠度的计算公式为

$$薪酬重叠度 = \frac{下一级高位薪酬-上一级低位薪酬}{下一级高位薪酬-下一级低位薪酬} \times 100\%$$

2.薪酬区间重叠度的设计

企业之所以会倾向于将薪酬结构设计成有交叉重叠,主要为了给那些没有晋升机会但表现卓越的员工以更高的薪酬。其设计原理是:在下一个薪酬等级上技能较强的、绩效较高的员工对企业价值的贡献比在上一个等级上新晋级员工的贡献更大。而且,薪酬区间的重叠还有利于人工成本的控制。

然而,如果薪酬区间重叠度过大,也会出现薪酬压缩现象,即不同职位或技能之间的薪酬差异太小,不足以反映它们之间的价值差别。具体表现在:当在某一等级上已获得最高薪酬值的员工晋升到上一薪酬等级之后,发现薪酬水平没有提高多少,甚至降低,这样做的结果会导致晋升效能减弱。因此,一些专家认为薪酬区间的重叠度一般不宜超过50%,即较低薪酬等级的薪酬范围的最高值低于相邻最高薪酬等级范围的中值。

思考与讨论

1.薪酬等级中值是怎么确定的? 在确定的过程中应该注意哪些问题?

2.薪酬等级级差越大越有激励性,这种说法对吗? 为什么?

实训题

选取一个企业为对象,分析其薪酬中值和薪酬重叠度。

任务四　设计宽带薪酬结构

知识目标

★掌握宽带薪酬的含义及特点
★掌握宽带薪酬结构设计的流程

宽带薪酬结构

技能目标

★能根据组织的实际情况设计宽带薪酬结构

任务导入

　　某公司是一家位于我国西部地区的国有大型烟草企业,员工500余人。长期以来,公司在人力资源管理,尤其是在以薪酬为核心的激励体系方面问题突出。"分配多少讲平均""岗位轻重凭感觉""薪酬绩效不挂钩""业绩考核形式化"等日益成为企业发展的严重障碍。为此,该公司自20××年底推行宽带薪酬,创建并形成了极具特色的国企激励体系。为了改变传统国企业人事现状,使广大员工在思想上对宽带薪酬有个清楚的认识,以减少公司"三项"制度改革中的人为阻力,该烟草公司高管层在工作步骤上做出了明智的安排。

　　任务1:传统薪酬结构与宽带薪酬相比,有什么弊端? 如何改进?

　　任务2:如何为该公司设计一个比较合理的宽带薪酬结构。

任务分析

　　该国有大型烟草公司在以薪酬为核心的激励体系方面出现了瓶颈,但公司自20××年底推行宽带薪酬,创建并形成了极具特色的国企激励体系,改变了传统国企人事现状,使广大员工在思想上对宽带薪酬有了清楚的认识。

知识链接

一、宽带薪酬的内涵

　　宽带薪酬始于20世纪80年代末到90年代初,当时美国和世界经济的衰退非常严重,美国的传统企业面临着转型的压力。在这种情况下,宽带薪酬作为一种与企业组织扁平化、流程再造、团队导向、能力导向等新的管理战略相配合的新型薪酬设计方式应运而生。

(一)宽带薪酬的基本概念

　　按照美国薪酬管理学会的定义,宽带薪酬结构是指对多个薪酬等级以及薪酬变动范围进行重新组合,从而变成只有少数的薪酬等级以及相应较宽的薪酬变动范围。一般来说,一种典型的宽带薪酬结构可能只有不超过四个等级的薪酬级别,每个薪酬等级的最高值与最低值之间的区间变动比率要达到100%或以上,甚至可能达到200%~300%,而在传统薪酬结构中,薪酬区间的变动比率通常只有20%~50%。宽带薪酬是伴随着企业组织扁平化、流程再造、团队导向、能力导向等新的管理模式而产生的一种新型薪酬管理模式。如图7-12所示,它对传统薪酬结构有所创新,宽带薪酬更像是对传统薪酬结构中的各个等级进行的合并。

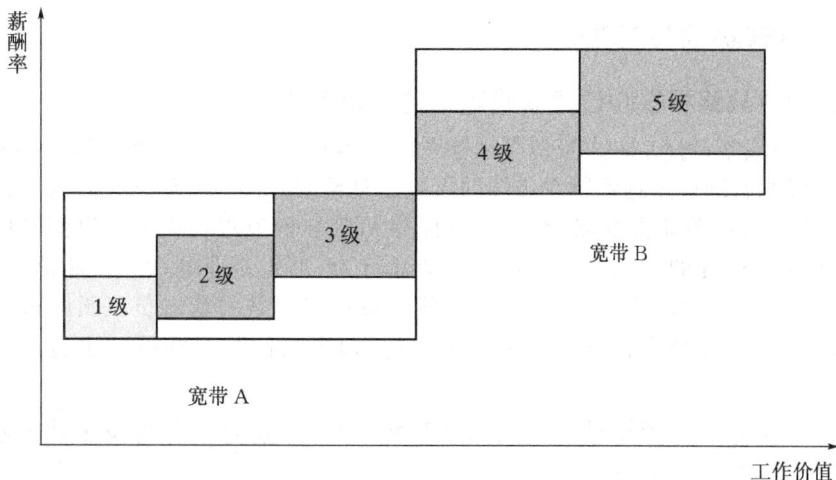

图 7-12　宽带薪酬的基本原理

(二)宽带薪酬的优点

图 7-13 显示的是美国对企业采用宽带薪酬主要原因的调查,从中可以看出宽带薪酬的优点。

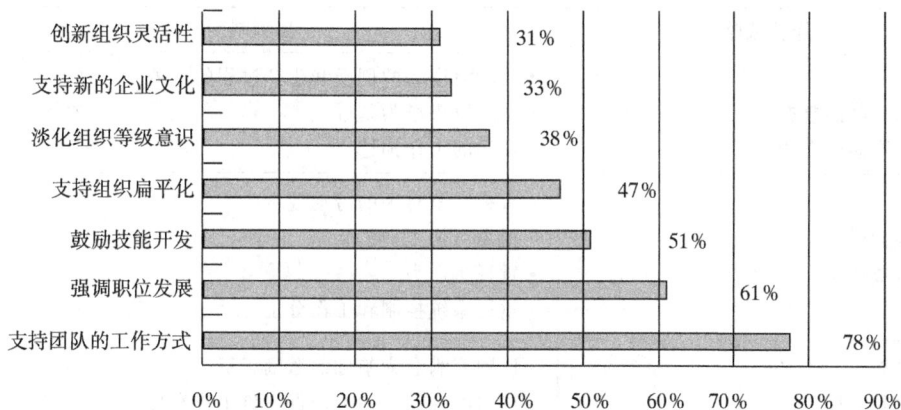

图 7-13　美国企业采取宽带薪酬的原因

宽带薪酬的优点可以依次概括为:支持团队工作方式,鼓励技能开发,强调职业发展,支持组织扁平化,淡化组织等级意识,支持新的企业文化,提高组织灵活性。

(三)宽带薪酬的局限

宽带薪酬结构同样存在自身的局限,因此,并不是每个企业都适合采用宽带薪酬结构。其局限性主要体现在以下几个方面:

(1)要求管理者更加注重员工的个人发展和培训,对沟通管理要求较高。

(2)结构形式过于宽泛,没有明确的职位界定,因此很难把握确切的薪酬水平。市场薪酬调查技术很难得到应用。

(3)难以满足某些员工职位晋升或事业发展的需求。

(4)要求宽松的管理,赋予直线经理更大的薪酬决策和管理权限,这样有可能造成人工成本难以控制,上升幅度较大。

(5)加大了绩效管理的难度。

二、宽带薪酬等级的设计流程

(一)根据企业战略和核心价值观确定人力资源战略

支持企业实现战略目标是人力资源管理体系的根本目标,也是企业薪酬管理体系的根本目标。否则,人力资源管理就永远停留在传统的人事管理阶段,无法成为企业的战略伙伴。企业通过建立人力资源战略将企业战略、核心竞争优势和核心价值观转化为可以测量的行动计划和指标,并借助于激励性的薪酬体系强化员工绩效行为,增强企业的战略实施能力,有力地促进企业战略目标的实现。在这里,人力资源管理体系不仅仅是一套对员工贡献进行评价并予以肯定激励的方案,它还是将企业战略及文化转化为具体行动、支持员工实施这些行动的管理流程。

(二)根据企业的人力资源战略、外部的法律环境、行业竞争态势及企业的发展特点制定适合企业的薪酬战略

如果薪酬战略的一个基本前提是把薪酬体系和企业的经营战略联系起来,那么不同的经营战略就会具体化为不同的薪酬战略及方案。表7-13列举了几种根据不同的企业战略设计的薪酬战略及制度。

表7-13 企业经营战略与薪酬制度

经营战略	薪酬制度
创新者 　提高产品的复杂性 　缩短产品生命周期	• 奖励对产品的创新和生产过程的改革 • 薪酬以市场为基础 • 灵活的工作描述
成本控制者 　注重效率	• 重视竞争对手的劳动成本 • 提高可变工资 • 重视生产力 • 重视系统控制和工作分工
关注顾客 　提高顾客期望	• 以顾客满意为基础的激励工资 • 以与顾客的交往为依据评价工作和技能

在进行薪酬体系设计时,策略的选择、计划的制订、方案的设计、薪酬发放及沟通,要体现企业战略、核心竞争优势和价值导向对人力资源尤其是激励机制的要求。对符合企业战略和价值趋向的行为和有助于提高企业核心竞争优势的行动在薪酬上予以倾斜,可以强化员工的绩效行为。

企业的薪酬体系一方面体现了企业战略和核心价值观对人力资源尤其是激励机制的要求,但另一方面又不能脱离企业所在行业的特点和企业的生命周期。

首先,企业所在行业的特点主要体现为企业所在行业的技术特点和竞争态势。技术是用来使组织的投入转变为组织产出的工具、技能和行动。组织的水平技术有两种形态,即制造和服务,这两种形态对企业的薪酬体系的要求是不同的。企业竞争对手所提供的薪酬情况在很大程度上影响企业所选择的薪酬模式和结构。

其次,企业就像生命体经历从出生、成长、成熟直至死亡等不同阶段。处于不同生命周期的企业具有不同的特点,需要不同的薪酬体系适应其战略条件。表7-14是L集团的例子。

表 7 - 14　L 集团的薪酬模式的变化

发展阶段	特点	薪酬模式
发展初期	完全倚重个人的能力开展业务,希望借此迅速扩大规模	低保障高激励阶段
公司发展到一定规模	逐渐产生品牌拉力,此时不仅看眼前销量,同时注重基础工作的质量,以保障持续稳定发展	保障与激励并重阶段
规模大、稳定发展的成熟企业	品牌拉力大,专业分工更细,更强调团队内的协作	高保障低激励的成熟阶段

(三)根据企业的组织结构特点及工作性质选择适合于运用宽带技术的职位或层级系列

在传统的金字塔型组织结构、强调个人贡献的文化氛围中,往往采用等级制的薪酬模式,但随着组织的等级逐渐趋于平坦,强调团队协作而非个人贡献,在组织中开始用较少且工资范围跨度很大的工资类别代替以前较多的工资级别。在这种情况下,宽带薪酬模式应运而生,减少了工作之间的等级差别。

工作的性质对薪酬模式的选择具有重大影响。例如,与较独立、环境较为轻松的工作相比,如果工作技术要求和工作的性质需要较强的协作和团队精神,则平等型的宽带薪酬模式更有利于提高员工的满意度和绩效。

(四)运用宽带技术建立并完善企业的薪酬体系

其具体包括以下内容:

(1)确定宽带的数量。首先企业要确定使用宽带数量,宽带之间通常有分界点,每一宽带对员工技能的要求不同。

通用电气零售商学院服务某财务企业使用了 5 个宽带,替代了 24 个级别,并对每个宽带的目标、能力和培训要求做了明确的要求。表 7 - 15 是该企业宽带 I 的相关内容。

表 7 - 15　通用电气零售商学院财务服务企业宽带举例

宽带 I	
目标	• 开发有效地管理工作任务和成功地作为团队成员所需的自我管理/人际沟通和技术技巧 • 拓展其他职能领域和其所需的业务知识面,以及广泛了解客户的知识
主要能力	• 工作的计划/组织和执行能力 • 有效地开发合作者顾客和客户关系的能力 • 能有效地成为团队成员 • 通过创新观念增加价值
建议的培训和教育	• 优质服务/100%满意 • 礼貌待客/回电 • 技术和程序培训以及法律培训 • 数字技术/人体工程学 • RFS 系统培训 • 人际沟通技巧 • 不同文化意识培训 • 团队意识和技术构建

（2）根据不同工作性质及不同层级员工需求的多样性建立不同的薪酬结构，以有效地激励不同层次员工的积极性和主动性。

（3）确定宽带内的薪酬浮动范围。根据薪酬调查的数据及职位评价结果确定每一个宽带的浮动范围以及级差，同时在每一个宽带中，每个职能部门根据市场薪酬情况和职位评价结果确定不同的薪酬等级和水平。

（4）宽带内横向职位轮换。同一宽带中薪酬的增加与不同等级薪酬增加相似，在同一宽带中，鼓励不同职能部门的员工跨部门流动以增强组织的适应性，提高多角度思考问题的能力。因此，职业的变化更可能跨职能部门，从低宽带向高宽带的流动则会很少。

（5）做好任职资格及工资评级工作。宽带虽然有很多优点，但由于经理在决定员工工资时有更大的自由，因此人力成本有可能大幅度上升。在宽带结构下薪酬成本上升的速度比传统工资结构快。为了有效地控制人力成本，在建立宽带薪酬体系的同时，还必须构建相应的任职资格体系，明确工资评级标准及办法，营造以绩效和能力为导向的企业文化氛围。

根据以上论述，企业在设计薪酬制度时必须体现个性化特征，以整体战略和核心价值观为基础，根据组织结构及不同层次人员需求的多样化设计符合企业特点的薪酬方案，而不能简单地用宽带或窄带作为企业的薪酬制度。同时，还应在整体薪酬分配结构中考虑各项分配制度的独特作用和相互关系，从技术层面上有效设计各项分配制度及配套措施，使制度能够有效运用。

三、宽带薪酬设计应注意的几个关键问题

（一）宽带薪酬的适用性

一般而言，技术型、创新型、服务型的企业比较适合实施宽带薪酬，而劳动密集型企业不适合采用这种薪酬管理结构。例如，IBM 在向服务型企业转型前，薪酬等级有 24 级，转型后压缩为 10 级，实施效果明显。对于准备引入宽带薪酬体系的企业来说，应该处理好以下问题：

（1）与企业发展战略之间的关系。应该客观估计引入宽带薪酬对薪酬结构的影响以及对企业现在及将来所产生的影响。

（2）宽带薪酬结构与组织结构、公司的发展以及员工发展的有机协调。

（3）公司治理结构是否很完善。宽带薪酬更需要一个规范的现代企业制度和治理结构。

（4）内部管理环境和管理技术是否完善。只有在适合的组织环境和文化环境中，宽带薪酬才能发挥其应有的作用和优势。

（二）薪酬宽带数量的确定

一个企业的薪酬结构到底设计几个宽带合适，目前还没有统一的标准。不过，薪酬宽带数量的决策依据应是组织中不同员工的贡献差别。宽带之间的界限往往是在工作或技能要求存在较大差异的地方，如可将某公司的薪酬宽带划分为事务助理类、专业技术类、职能管理类和领导类。

（三）宽带的定价

在薪酬宽带的设计中，很可能会在每一个宽带中都含有财务、采购、软件开发及市场营销等各类工作，但是在不同的宽带中要求的技能或能力层次会存在差异，同时同一宽带内的各不同职能工作之间还会存在薪酬水平的差异。如何向处于同一宽带但职能不同的员工支付薪酬，现行的主要方法是参照市场薪酬水平和薪酬变动区间，在存在外部市场差异的情况下，同一宽带之中的不同职能或职位族的薪酬要分别定价，如图 7-14 所示。

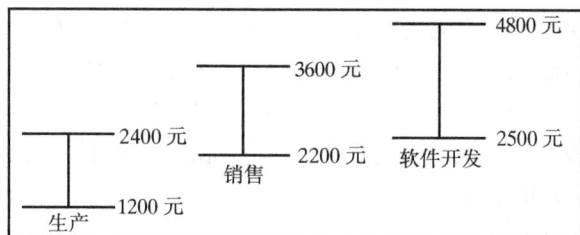

图7-14 宽带的定价

(四)确定员工在宽带中的特定位置

薪酬宽带设计完成后,可采用不同方法将员工放入薪酬宽带中的不同位置上。对强调绩效的企业来说,根据员工的个人绩效将其进行定位是一种较合适的方法;而对强调新技能的企业来说,则可严格按照员工新技能的获得情况进行定位,员工是否具备企业要求的新技能,则由培训、资格证书或员工在工作中的表现来决定。

四、宽带薪酬管理

宽带薪酬的管理主要是在薪酬宽带设计基础上确定员工在宽带中的位置,并依据员工能力和业绩变动给予薪酬级别的调整。

(一)员工定位

在薪酬宽带设计好之后,需要将员工放入薪酬宽带中的不同位置上,可以采取以下三种方法。

(1)对那些希望着重强调绩效的企业来说,可能会采用绩效曲线法,即根据员工个人的绩效来将员工放入薪酬宽带的某个位置上。

(2)对那些需要强调员工技能的企业来说,可严格按照员工的新技能获取情况来确定员工在薪酬宽带中的定位。员工是否具备企业所要求的这些新技能,可由培训、资格证书或者员工在工作中的表现来决定。

(3)对那些希望强调员工能力的企业来说,可根据能力(胜任力)开发情况来确定员工在宽带中的位置。首先,确定某一确定的市场薪酬水平;其次,将同一薪酬宽带内部分为两部分,对于低于该市场薪酬水平的部分,根据员工的知识和绩效来确定其在薪酬宽带中的定位,对于高于该市场薪酬水平的部分,则根据员工的关键能力开发情况来确定他们在薪酬宽带中的定位。

(二)级别间和级别内的薪酬调整

在实施宽带薪酬的情况下,员工大多数时候是在同一级别的宽带内部流动的,但是也会存在员工在不同薪酬宽带之间流动的问题,因此需要处理员工的薪酬变动标准问题,而在薪酬宽带内部的薪酬变动与同一薪酬区间内的薪酬变动的原理基本上是相同的。

宽带薪酬的显著特点是强调员工的能力和业绩而非僵化的职位等级,所以无论员工是在同一薪酬宽带内部,还是在不同薪酬宽带之间流动,企业都必须设计三个相应的评价体系:技能评价体系、能力评价体系及绩效评价体系。唯有这样,才能确定客观、公平的薪酬变动依据,换言之,这三个评价体系是企业实施宽带薪酬的前提条件。

(三)宽带薪酬实施中的管理者素质与能力要求

宽带薪酬结构的一个重要特点就是赋予一线经理人员更大的薪酬决策权和管理的空间,这就要求一线经理人员具备较高的人力资源管理素质和能力。这是因为在宽带薪酬的管理过程中,一线经理人员需要与人力资源部门一起做出对员工的行为、态度及工作业绩可能产生直接影响的关键性决策。如果没有一支成熟的管理人员队伍,在宽带薪酬结构的推行过程中就会遇到很多困难,甚至无法实施宽带薪酬。

(四)实施中的员工参与和沟通

宽带薪酬是对传统职位等级薪酬结构的一种否定与创新,它不仅需要管理对象的认同和支持,而且需要其他管理环节如培训开发、绩效管理、团队合作和企业文化的有效配合。因此,与等级制的薪酬结构相比,宽带薪酬结构更需要员工的参与,特别是在宽带薪酬的导入和实施阶段。此外,应更注意与管理者和员工进行有效、充分的沟通。

思考与讨论

1.宽带薪酬结构的内涵是什么? 它有什么特点?
2.宽带薪酬结构设计的流程是什么?

实训题

选取一个企业为对象,分析其对宽带薪酬结构的适应性并进行宽带薪酬结构设计。

学习情境八　设计薪酬激励计划

开篇案例

万科的股权激励

在我国,股权激励这种形式于 20 世纪 90 年代开始在企业中推行。其中,万科就属于"第一批吃螃蟹"的企业之一,它于 1993 年首先推出现代股权期权方面的预案,后面经过多年的发展、更替。万科主要经历了三次股权激励计划,可谓是起起伏伏,一波三折。

1. 第一次股权激励计划(1993—2001 年)

早在 1993 年万科发行 B 股的时候,第一次股权激励计划项目就已经开始实施,计划从 1993 年到 2001 年,以三年为单位分成三个阶段,以约定的价格全员持股,三年后交钱拿股票可以上市交易。计划在当时得到了主管部门的批准,但却在第一期发完之后,由于政策生变,被证监会命令叫停。至此,万科的第一次股权激励计划不了了之。

2. 第二次股权激励计划(2006—2008 年)

2005 年 9 月,中国证监会颁布了《上市公司股权激励管理办法(试行)》,该办法自 2006 年 1 月 1 日起施行。这使得万科公司再次推出中长期激励制度的时机终于成熟。根据中国的制度环境和万科的现实情况,万科最终决定采用国际上日益成为主流的限制性股票激励计划。

万科召开年度股东大会通过了股权激励计划,依照该计划,公司每年都将在符合限制性条件的情况下,从净利润增长中提取一定比例的资金,用于从二级市场买入公司 A 股股票,以奖励包括董事长在内的公司高管。也就是说,万科的长期激励计划作用的工具为限制性股票,激励对象为在万科受薪的董事会和监事会成员、高级管理人员、中层管理人员、由总经理提名的业务骨干和卓越贡献人员。

该计划由三个独立年度计划构成,即 2006—2008 年每年一个计划,每个计划期限通常为两年,最长不超过三年。按照计划,在满足净资产收益率高于 12% 的前提下,以净利润增长率 15% 为最低要求,每年从净利润的增长部分中提取激励基金,并委托信托公司买入万科 A 股,如果满足相关条件,经过第一年储备期、第二年等待期后,第三年可交到激励对象手上。激励对象拿到这些股票后,每年最多可以卖出 25%。

但是第二次股权激励计划还是以"二次终止"来宣告结束。2006 年股票激励计划开始实施以后,万科 2006 年度的激励计划得以在 2008 年 9 月完成实施,而 2007 年度和 2008 年度的激励计划均夭折。2008 年度因为业绩欠佳不达标,激励被迫终止;2007 年度尽管业绩表现很"努力",但由于股价不"争气",该年度的激励计划在"搁置"两年后还是无奈中止。

作为房地产企业的标杆,万科的股权激励计划在众多上市公司中也是把参考的标尺。在业绩考核和股价考核的"双重把关"下,万科的股权激励方案最终实施率仅为 1/3。激励对象想要拿股并不容易。

3. 第三次股权激励计划(2010 年)

2006 年轰轰烈烈推出股权激励计划以失败告终后,万科董事会于 2010 年 10 月 24 日再次启动新一轮的股权激励计划。2010年10月21日,公司第十五届董事会第十二会议审议通过与激励计划相关的议案,并于四天后对外公布《万科企业股份有限公司2010年A股股票期权激励计划(草案)》。

草案的颁布并没有一次性通过中国证监会的批准。万科在中国证监会等相关部门的指导下,对激励计划进行了相应修改,将实施期由四年变为五年,并调整了部分激励对象的名单。

2011年4月8日,公司2011年第一次临时股东大会审议通过了《万科企业股份有限公司A股股票期权激励计划(草案修订稿)》,标志着万科第三次股权激励正式启动。

该方案公布不久之后,公司就有4位执行副总裁、3位副总裁陆续离职,上演了万科的"人事大地震"。

2012年、2013年、2014年的净资产收益率、净利润增长率都达到了行权条件,万科实行了股权激励计划。

我们对万科前两次股权激励计划进行分析。

1.合理选择激励对象

通过对前两次股权激励计划的比较不难发现,第一次股权激励计划的对象为万科全体工作人员,而第二次则进行了较大的缩减,将激励对象定为企业的高管与业务骨干等。

成就需要理论告诉我们,个体在工作情境中有三种重要的需要:成就需要、权力需要及归属需要。具有强烈成就需要的人渴望将事情做得更为完美,他们所追求的不是成功带来的物质奖励,而是在争取成功过程中的乐趣和成功后的成就感。全员持股会降低这种成就感的实现,从这个角度来说,万科公司的第二次股权激励计划相较于第一次有很大的进步。

2.基于绩效的股权激励计划

激励的最终结果一般分为外在报酬和内在报酬两种类型。万科的股权激励计划实行的初衷很好地考虑了这两种类型的报酬。对于外在报酬,显而易见,万科两次股权激励计划的激励对象只需要完成公司制定的绩效目标,就可以获得一定的股权奖励。这种方式不仅奖励了绩效卓著的员工,而且在一定程度上使得经营者与股东的目标趋于一致,有利于公司的长期发展。对于内在报酬,万科的第二次股权激励计划相对于第一次有了很大的进步,由于制定了较为明确的绩效目标,可以使得激励对象从行为中获得积极的情绪体验,例如,得知一项新任务的兴奋感、完成一项工作的成就感等,这种积极的情绪体验能够促进员工完成绩效目标,实现个人与企业的"双赢"。

公司经营过程中,管理者为了提高公司经营的绩效而实施一定的激励手段是十分必要的。激励方式的选择需要考虑到许多因素,目标绩效的确定、奖励方式的选择、激励对象的选取等都会影响到激励的最终效果。只有在经营过程中,结合企业自身特点,合理制定目标绩效,在充分考虑企业整体发展的同时不忽略员工的个性因素,根据企业所处的市场环境及时应变,才有可能完成一次真正成功的激励。

资料来源:HR案例网.HR案例网国内外名企人力资源管理案例精选集(2017—2020)[R].2021.

任务一　制订薪酬激励计划

知识目标

★掌握薪酬激励的分类与设计原则

★掌握与薪酬相关的激励原理

★了解薪酬激励的发展趋势

技能目标

★能根据企业的实际情况制定适合企业实际的薪酬激励方法

任务导入

春节你拿什么激励了你的员工

中国人是一个喜欢过节日的民族,这样就给了企业老板与员工之间沟通的机会,但借用节假日去激励员工也要讲究科学。

李某是一家企业的老板,他经常讲,在一个企业里,好比在一个大家庭,每个人都是你的亲人,你要关心他们,但也要允许他们有自己的思想。

他在今年给职工发福利的时候动了一番心思,因为效益不错,他一改往年只发奖金或实物的做法,增加了一些变化。往年他一般给每个员工计划 500~2000 元的奖金或实物。

现在他分了两步走,先给员工发了价值 500 元的实物福利,按照往年的经验,实物发过后,奖金就没有了,他却在春节前的 2 天,召开了一次表彰座谈会,对辛勤工作了一年的员工进行表彰感谢。通过民主评议以及公司领导考核,评选出优秀员工,进行 500~2000 元不等的奖励。他在这里面也很好地掌握了技巧,就是奖项名目众多,覆盖面达到 80%,即使是新员工也有最佳新人进步奖,并颁发奖金、荣誉证书。没有被评选上的人也给了 200 元的红包,以示鼓励,员工情绪空前高涨。利用这次座谈会,他大做思想工作,对各个员工一年的工作,都做了轻松的点评,对做得好的重点鼓励,即使平时没有好好做的也没有批评,只是一带而过。

在轻松的气氛中,员工如何改善现有的工作模式以提高效率这个难题就解决了。经过这些事,他与员工的距离拉近了,得到了许多他想得到而以前没有得到的东西,也使员工得到了充分的尊重,很好地保护了员工积极向上的心态。年终的福利发放,变成了一件形成团队凝聚力的活动,起到了只是发个奖金所得不到的效果。

其实工作和生活是一样的,创意可以使原本平淡的事情产生神奇的效果。李老板很好地把握了员工的心里情绪,在员工得到实物福利的时候,对奖金的期望值就有所下降,甚至会产生"多少发点也行"的想法。意外的惊喜会使他们非常满足,这种满足更主要的是精神上的。

任务1:你对李某的做法赞成吗? 为什么?

任务2:假如你是企业老板,你会用什么样的方法来激励你的员工,形成一个有凝聚力、有战斗力的团队呢?

任务分析

员工的需要会影响员工的行为,因此,能够满足员工不同需要的薪酬体系才会真正具有激励性。在员工的需要多样化的情况下,单一的薪酬体系或者薪酬构成可能无法为员工带来满足感,弹性的薪酬体系或者多样化的薪酬体系对员工绩效的诱导作用可能是最强的。因此设计有针对性的薪酬奖励计划可能会比笼统的、单一的、意图不明的奖励计划更有效。

知识链接

薪酬激励概述

一、薪酬激励相关概念

(一)薪酬激励的含义

在缺乏科学、有效激励的情况下,人只能发挥出 20%～30% 的潜能,科学有效的激励机制能够让员工把另外 70%～80% 的潜能发挥出来。能否建立完善的激励机制,将直接影响企业的生存与发展。激励是管理的核心,薪酬激励又是企业激励机制中最重要的激励手段,也是目前企业普遍采用的有效激励手段。管理者比较容易控制薪酬激励并衡量其效果。如果能够发挥好企业薪酬的激励作用,企业与员工就能双赢。

薪酬激励是指通过合理的薪酬制度设计和薪酬结构分配,激发组织成员工作积极性、主动性和创造性,为组织创造更多经济效益和社会效益。它是收入分配制度中的一项重要功能。

(二)薪酬激励计划的分类

有效的薪酬激励一般建立在三个假设基础之上:首先,个人和工作团队对公司贡献的差别不仅在于他们做什么,还在于做得好不好;其次,公司经营的最终结果很大程度上取决于公司员工和团队的工作表现;最后,为了吸引、保留和鼓励表现好的员工,并公平对待所有员工,公司需要根据员工的工作表现予以奖励。

员工的工作绩效主要取决于他们的工作能力和对他们的激励程度。也就是说,科学有效的激励机制能让员工发挥出更大的潜能,创造更大的价值。尽管薪酬不是激励员工的唯一手段,却是非常重要、最容易被管理者运用的激励方法。薪酬激励计划的划分方式一般有以下三种。

1. 按照激励的对象划分

按照激励的对象划分,薪酬激励计划可分为个人奖励计划、团队奖励计划与全公司奖励计划,针对每个对象的层次都可以有长、短期激励的安排。

(1)个人奖励计划。这类计划奖励独立工作的员工,比如有些公司采用计件制度,通常针对生产人员。根据计件制,员工的薪酬取决于他们在一段给定的时间内生产的产品数量。

(2)团队奖励计划。这类计划鼓励员工互相支持和协作,适用于制造业和提供服务的环境中相互依靠的工作班组。在收益分享计划中,团队成员分享团队提高生产力、生产质量及节约成本的成果。

(3)全公司奖励计划。这类计划把员工薪酬和公司短期业绩联系在一起。

2. 按照激励的周期划分

按照激励的周期划分,薪酬激励计划可分为短期激励计划和长期激励计划。

(1)短期激励计划。短期激励计划可以针对广大员工和特定群体(如销售人员),只要他们的绩效目标易于设定且在短期内可以见效。一般采用数量化的绩效标准,按月度、季度支付,比如某公司的短期激励计划为每个季度的资本回报率超过 8%,员工就可以得到相当于一天工资额的奖金。

(2)长期激励计划。长期激励计划以年度为支付周期,往往与授予股票、股权等有关,一般针对高层管理人员或专业技术人员,但目前有的企业对普通员工也进行股权奖励。

3. 按照激励的形式划分

按照激励的形式划分,薪酬激励计划可分为外在激励计划和内在激励计划。前者的表现形式一般以经济性激励为主导,后者一般以非经济性激励为主导。

(三)薪酬激励计划的设计原则

具有激励作用的薪酬可以保证薪酬在劳动力市场上具有竞争性,不仅能够吸引优秀的、符合企业所需的人才,而且可以留住员工,提高员工士气。还可以通过薪酬激励,将短、中、长期经济利益相结合,促进企业利益和员工利益、企业的发展目标与员工的发展目标相一致,促进员工与企业结成利益共同体关系,最终达到双赢。因此,管理者可以运用先进合理的、具有激励作用的薪酬制度有效激发员工的积极性。

在设计薪酬激励计划之前,要了解激励员工努力工作的因素,如金钱是否能够使员工产生付出更多努力的倾向或意图。激励措施有很大风险,在制定和实施时要谨慎。

1.激励要因人而异

不同员工的需求不同,相同的激励措施的激励效果也不尽相同。即便是同一位员工在不同的时间或环境下,需求也会不同。由于激励取决于内因,即员工的主观感受,故激励要因人而异。在制定和实施薪酬激励措施时,企业要根据不同类型员工的特性设计不同的薪酬激励方案。

2.激励要奖惩适度

奖励和惩罚会直接影响薪酬激励效果,激励的时候要把握合适的尺度。奖励过重会使员工产生骄傲自满的情绪,失去提高薪酬的欲望;奖励过轻又起不到激励效果,或者让员工产生不被重视的感觉。有的企业通过扣发奖金的形式对员工进行惩罚,惩罚过重会让员工失去对公司的认同,甚至产生怠工或破坏的情绪;惩罚过轻会让员工轻视错误的严重性,从而可能还会犯同样的错误。

3.激励要公平对待

公平性是薪酬管理中一个很重要的原则,任何不公平待遇都会影响员工的工作效率和工作情绪,进而影响激励效果。取得同等成绩的员工,一定要获得同等层次的奖励;同理,犯同等错误的员工,也应受到同等层次的处罚。否则,管理者宁可不奖励或不处罚。企业在制定薪酬体系时一定要以公平原则为核心,既考虑内部公平,又兼顾外部公平和个体公平。

在一个设计良好的薪酬体系中,员工会感觉到相对于同一组织中从事相同、类似或不相同工作的人而言,自己的工作获得了适当的薪酬。

比如,一个文员将自己的薪资与同一组织中行政助理、会计的薪资进行比较,如果他认为相对于组织中的其他工作,自己的工作获得了公平的薪酬(即对组织越重要的工作获得的报酬也越多,组织需要越少、越不重要的工作获得的报酬也越少),他就感到了内部公平性。他也可能将自己的薪酬与其他组织中的文员相比较,相对于其他组织中的类似工作而言,如果他认为自己的薪酬也是公平的话,他就感到了外部公平性。他还有可能将自己的薪酬与同一组织中的其他文员进行比较。如果他认为相对于组织中的其他文员,自己的薪酬也是合理的,那么他就感到了个体公平性。

一个组织越是能够建立起面向员工的内部公平、外部公平和个体公平的条件,它就越能够有效地吸引、激励和保留所需要的员工,来实现目标。

二、薪酬激励的相关理论

现代激励理论是在管理实践中逐步发展完善起来的。在 20 世纪四五十年代著名的需要层次理论被提出之后,基于不同人性假设和经济社会背景的激励理论不断涌现,形成了今天众多科学的、比较成熟的激励理论体系。

(一)马斯洛的需要层次理论

马斯洛的需要层次理论是研究组织激励应用最广泛的理论。他认为,人类有五大类基本需要,即生理需要、安全需要、社交需要、尊重需要和自我实现需要,按其优先次序可以排列成等级层次,如图8-1所示。

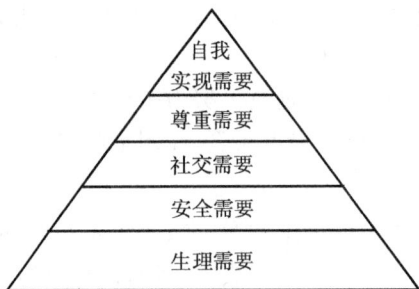

```
        /\
       /自我\
      /实现需要\
     /————————\
    / 尊重需要  \
   /—————————————\
  /  社交需要      \
 /——————————————————\
/   安全需要          \
/——————————————————————\
/    生理需要             \
```

图8-1 需要层次

生理需要是人类维护自身生存的、最基本的、各种非习得的原始需要,包括衣、食、住、行等。安全需要包括对人身安全、生活稳定以及免遭痛苦、威胁或疾病的需要。社交需要包括对友谊、爱、归属与接纳的需要。尊重需要既包括对成就或自我价值的个人感觉,也包括他人对自己的认可和尊重。自我实现需要是一种追求个人能力极限的内驱力,包括成长、发挥自己的潜能和自我实现。

马斯洛在其理论中还指出:第一,人们受到激励去做那些能满足但尚未得到满足的需要的事情;第二,一旦人们在最低层次上得到满足,他们将在一个较高层次上追求新的满足;第三,如果人们在低层次上的需要没有得到满足,他们就不可能被高层次上的因素所激励。

马斯洛的需要层次理论是最著名的需求激励理论,对企业激励系统的建立具有重要的指导意义。现代企业的薪酬系统作为企业激励系统最重要的组成部分需要其他激励制度补充,特别是非物质报酬的激励手段,如建立包括保健计划、非工作时间的支付、较宽裕的午餐时间、特定的停车位,还包括参与决策、承担较大的责任、个人成长的机会、较大的工作自由及活动的多元化、丰富化等。

(二)赫茨伯格的双因素理论

赫茨伯格认为,组织中存在两种不同类型的激发因素:一类是能促使人们产生工作满意感的因素,称为激励因素;另一类是促使人们产生不满的因素,称为保健因素。激励因素是指和工作内容紧紧联系在一起的因素,如工作本身的兴趣和挑战性、工作上的成就感等。这类因素的改善,能给员工很大的激励,产生工作的满意感,有助于充分、有效、持久地调动员工积极性。保健因素是指和工作环境或条件有关的因素,如企业政策和管理、人际关系、薪水等。这些因素处理不当,或者说得不到基本的满足,会导致员工的不满,甚至严重挫伤其积极性;而满足这些需要只能防止员工产生不满情绪,并不能带来满意感。

根据赫茨伯格的观点,带来工作满意的因素和导致工作不满意的因素是不相关和截然不同的。因此,管理者若努力消除带来工作不满意的因素,可能会带来平静,却不一定有激励作用。他们能安抚员工,却不能给予激励。如果要在工作中激励员工,就要注重和强调成就、认可、工作本身、责任和晋升等激励因素。

(三)弗隆姆的期望理论

弗隆姆认为,一种行为倾向的强度取决于个体对于这种行为可能带来的结果的期望强度以及这种结果对行为者的吸引力。期望理论可以用以下公式表示:

$$激励力量＝效价×期望值$$

也就是说,激励力量是个人对一个目标的预期价值与他认为实现目标的可能性的乘积。期望理论解释了激励员工的三组关系,如图8-2所示。

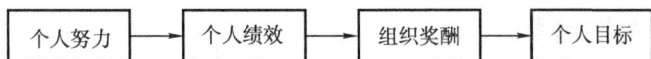

```
┌────────┐    ┌────────┐    ┌────────┐    ┌────────┐
│ 个人努力 │ →  │ 个人绩效 │ →  │ 组织奖酬 │ →  │ 个人目标 │
└────────┘    └────────┘    └────────┘    └────────┘
```

图8-2　期望理论的期望-激励模式

(1)努力-绩效关系:人们总是通过一定的努力来实现一定目标。

(2)绩效-奖酬关系:在达到一定绩效后,人们总是希望得到与之相应的报酬和奖励。

(3)奖酬-个人目标关系:人们之所以希望得到报酬和奖励,是为了满足一定需要、实现一定目标。

期望理论表明,激励是一个从员工需要出发到员工需要得以满足为止的过程。这一过程包含了员工对工作绩效、企业奖酬是否满足需要的预期,它为企业实施奖酬与绩效挂钩提供了理论依据。

(四)亚当斯的公平理论

亚当斯认为,激励中的一个重要因素是个人对自己所获报酬是否感到公平。通常,员工会进行两种对比。首先,他们把自己对工作的投入和产出进行对比;其次,把自己的投入产出比与同事的投入产出比进行对比。可以用公式表示如下:

$$\frac{个人的产出(所得报酬等)}{个人的投入} = \frac{同事的产出(所得报酬等)}{同事的投入}$$

投入可能包括努力程度、教育背景和经验,产出主要包括报酬、福利、被认可程度等。一个人和用来同他比较的另一个人的投入产出比应该是平衡的。如果他们觉得所获报酬不适当,就可能产生不满,降低产出的数量或质量,或离开企业。如果他们觉得报酬是公平的,则可能继续在同样的产出水平上工作。如果他们认为所获报酬要比公平的报酬偏高,他们可能会工作得更加努力。

报酬的公平与否是影响员工激励水平的一大因素。通常,员工喜欢不断地与同事相比较。由于这种比较带有很强的主观色彩,员工常常会抱怨不公平,从而影响其努力水平,甚至离开企业。亚当斯的公平理论虽然没有告诉我们如何做到员工感觉上的公平,但它给我们以警示:如果忽视员工心理上的不平衡,势必影响员工的绩效从而影响企业目标的实现。要正视这种公平比较的存在,通过公正的待遇设计、目标设置、绩效考评消除员工的不平衡感。

(五)洛克的目标设置理论

埃德温·洛克提出,指向某目标的工作意向是工作激励的主要源泉。该理论认为以下因素有助于提高工作绩效。

(1)明确的目标。与"尽最大的努力"这类空洞的目标相比,明确的、具体的目标效果更好。目标的具体性本身就是一种内部激励因素。

(2)困难的目标。若努力与目标的可接受性是一定的,那么困难的、富有挑战性的目标会带来更好的绩效。

(3)反馈。在人们努力过程中,如果能及时得到反馈,就能提高绩效。

目标设置理论试图从员工需要以外的因素考察激励产生的原因。事实证明,目标确实具有激励作用。该理论突出了企业设置目标在企业实施激励过程的作用,这一点是以上所述理论所欠缺的。

统观各种激励理论,都可以归纳为心理学在管理领域的渗透和发展,都是建立在"需要—动机—行为—满足"心理模式之上的归纳模型和合理的经验公式。由于这些理论以人类的一般心理特点和普遍心理规律为基础或起点,因此原则上这些理论是普适的和通用的。

三、薪酬激励的发展趋势

薪酬制度是一把"双刃剑"。建立全新的、科学的、系统的薪酬管理系统,对于企业在知识经济时代获得生存和竞争优势具有重要意义;而改革和完善薪酬制度,是企业面临的一项紧迫任务。

与传统薪酬激励相比,现代薪酬激励的发展趋势具体表现为如下几个方面。

(一)薪酬激励的绩效化

高薪只有与绩效紧密结合才能充分调动员工积极性。从薪酬结构上看,绩效工资的出现丰富了薪酬的内涵,单一的僵死的薪酬制度已经越来越少,代之的是与个人绩效和团队绩效紧密挂钩的灵活的薪酬体系。增加薪酬中的激励成分,常用的方法有:①加大绩效工资(奖金)和福利的比例;②加大涨幅工资(浮动工资)的比例;③灵活的弹性工时制度;④把员工作为企业经营的合作者;⑤以技能和绩效作为计酬的基础而不是工作量。

(二)薪酬结构的宽带化

宽带型薪酬结构工资的等级减少,而各种职位等级的工资之间可以交叉。宽带的薪酬结构是为配合组织扁平化量身定做的,它打破了传统薪酬结构所维护的等级制度,有利于企业引导员工将注意力从职位晋升或薪酬等级的晋升转移到个人发展和能力的提高上,给予绩效优秀者比较大的薪酬上升空间。

(三)薪酬激励的长期化

薪酬股权化是为了留住关键人才和技术,稳定员工队伍。方式主要有员工持股计划(ESOP)、股票增值权、虚拟股票计划、股票期权等。

重视薪酬与团队的关系、以团队为基础开展项目、强调团队协作的工作方式日益流行,与之相应的是设计专门的激励方案和薪酬计划,比简单的个人激励效果好。团队奖励计划尤其适合人数较少、强调协作的组织。薪酬的细化首先是薪酬构成的细化,计划经济时代单一的、僵死的薪酬构成已不适应现代企业的需要,取而代之的是多元化、多层次、灵活的薪酬构成。

(四)激励形式的多样化

随着员工地位的提升和薪酬的提高,经济性报酬为主导的外在激励的比重不断减小,以非经济性报酬为主导的内在激励的比例不断提升。内在激励的表现形式主要有以下几种。

1.职位消费激励

职位消费是指担任一定职位的员工在任期内为行使经营管理职能所消耗的费用,主要包括办公费(办公用品、电话费等)、交通费(乘车费、汽车油耗等)、招待费(宴请、公关、联谊等)、培训费(培训、参加学习班、参观、考察费等)、信息费(为获得各种信息参加订货会、信息发布会所耗费用等)及以公干名义进行的其他消费。

职位消费标准往往是员工身份和地位的象征,又是对员工成就的承认和补偿,也是一种重要的激励手段。为此可采取以下措施：①实行职位消费定额，超出定额的部分由员工自己承担，节约的部分归员工所有，同时起到激励和约束作用；②职位消费货币化，即核定员工的准许职位消费指标，将现金直接打入员工账户，取消这些费用的公款列支，既节约成本，又提高员工的货币收入；③将企业销售收入等代表公司经营规模的指标按一定比例确定员工的职务消费标准定额，使职务消费总量处于受控的状态。一旦经营管理不善，职位消费应相应降低以制约员工。

2.荣誉感激励

荣誉是成就和贡献的象征，是自身价值的体现。对员工的荣誉感激励主要包括正面表扬、嘉奖、鼓励、授予荣誉称号等。企业在荣誉感激励设计上应注意三个原则：明确奖励标准，多种奖项的设计要合理、等级分明；针对员工关心的方面给予表扬，特别要表扬他们通过额外努力取得的绩效；对知识员工不仅表扬其行动，还应侧重于职业道德和素质修养。

3.参与激励

现代人力资源管理的研究和实践表明，员工有参与管理、当家作主的要求和愿望，因此创造和提供机会让员工参与管理是调动积极性的有效方法。员工通过参与，可以形成对企业的归属感、认同感和成就感，进一步满足自尊和自我实现的需要。参与可以通过倾听员工的意见和建议的方式，还可以通过轮岗，让员工到喜欢的岗位上工作，发挥其特长，调动其积极性、创造性，通过进入自己陌生的领域，增加压力感和挑战性。

4.个体成长和职业生涯激励

员工更注重个体的成长而非组织目标的需要。基于此，首先注重对员工的人力资本投资，健全人才培养机制，为员工提供受教育和不断提高技能的机会，使员工人力资本价值不断增值，使其具备终身就业的能力。其次，充分了解员工的个人需求和职业发展意愿，为其提供富有挑战性的发展机会，让员工随企业成长获得职位升迁或事业契机。

通过个体成长和职业生涯激励既可以带动员工职业技能的提高从而提升组织整体人力资源的水平，又可使同组织目标方向一致的员工脱颖而出，为培养高层经营管理或技术人员提供人才储备。

5.创新授权激励

围绕员工对工作自主性的要求，现代企业更加重视发挥员工在工作中自主和创新方面的授权。以自我管理式团队（SMT）为代表的创新授权机制，通过战略单位的自由组合，挑选成员、领导，确定操作系统和工具，利用信息技术制定他们认为最好的工作方法，并日益成为国际知名企业的基本组织单位，如惠普、施乐、通用汽车等。其基本特征是：工作团队做出大部分决策，选拔团队领导人，团队领导人是"负责人"而非"老板"；人与人之间直接进行信息沟通，无中间环节；团队自主确定并承担相应的责任；团队确定并贯彻工作计划的大部分内容。它使组织内部的相互依赖降到最低程度，员工既可充分发挥自身潜能和创造性，又与其他成员相互合作，发挥知识的协同效应。该激励形式对员工知识能力与协作能力具有极大的挑战性，迎合了员工的高层次需要，具有很好的激励作用。

思考与讨论

1. 什么是薪酬激励？薪酬激励的方式有哪些？
2. 进行薪酬激励时应遵循什么样的原则？
3. 薪酬激励相关理论有哪些？

✓ **实训题**

调研几家公司,说明它们是如何实施薪酬激励计划的。

任务二　制订个人激励计划与群体激励计划

👓 **知识目标**

★掌握个人激励薪酬的基本内涵与激励计划

★掌握群体激励薪酬的基本内涵与激励计划

📚 **技能目标**

个人激励计划与
群体激励计划

★能根据企业的实际情况制订适合企业实际的薪酬激励计划

🅩 **任务导入**

IT 企业的薪酬制度改革

某软件开发公司,从一个仅有十几人的小作坊式的不知名企业,经过十年的打拼,发展到业内屈指可数的全国知名软件公司,人员规模也迅速扩大到了近 1000 人。

在创业初期,公司就十来个人,谁技术过硬、贡献大,工资、奖金就高,全凭老板一支笔。即便是这样,大家觉得老板的判断是公平的,个个干得都开心,也没有人有怨言。然而随着公司的规模逐渐扩大,人员增多,老板的判断也不是那么准确了,底下员工就开始议论,人心也开始浮动。倒不是因为个人工资拿得少,而是觉得内部不公平。于是老板要求人力资源部去了解市场薪酬情况,但苦于没有可靠信息来源,只好通过同行之间非正式沟通获得零碎信息,不过总算有了进步,公司内部建立起一个初步的薪酬体系,员工的议论似乎也少了。

新制度经过一段时间的运作后,人力资源部招聘主管开始报告工作,由于公司提供的工资水平在市场没有竞争力,导致人力资源部开展招聘工作时遇到困难。经过了解,倒不是公司提供的待遇低,是因为公司的工资结构是基本工资＋奖金,初次应聘者只认基本工资,对奖金他们没有把握的部分,认为有可能是公司画的空饼,不愿意到公司来工作。这样,在招聘时就很难吸引到技术水平高的人才。公司高层就这个问题进行了讨论,由于公司的业务处于快速扩展的关键时期,正需要大量引进高素质人才,在这个节骨眼上,应该就工资结构进行调整,于是工资结构就变成了基本工资＋浮动工资,员工的工资总额调上去,但是取消原有的奖金。在月度考核时,绩效优秀的员工除可以拿到全额工资外,还可以拿到超过他个人工资标准的超额浮动工资;绩效差的员工浮动工资就要被部分扣除或全部扣除。但是为了有效控制公司的工资成本,全公司的工资总额是不能突破公司的月工资标准的,即有人被奖励多少钱,就有人要被扣除多少钱。

对浮动工资制,一开始部门经理还挺配合人力资源部工作,认为这个制度对促进部门管理也有帮助。但是不久,新的问题出现了。当有员工被扣浮动工资后,就觉得公司的这个制度就是变着法子克扣员工的工资,本来一个人的工资标准是固定的,可是现在变得没有保障了,部门经理掌握着"生杀大权"。尽管通过一再的沟通与解释,员工仍然无法接受现实。而那些绩效优秀的员工,即便是拿着超额工资,也觉得不自在,因为他们多拿的钱,就是和他们同一个部门的员工被扣工资的部分,同事之间总是抬头不见低头见,钱拿得多也不好意思。部门经理在实施过程中,也感受到来自员工的压力,如果浮动工资扣得过严,员工流动性增大,如果放松标准,优秀员工又得不到激励。所以部门经理最终放弃了这种与考核挂钩的浮动工资,部门所有员工都属于合格,即没有特别差,也没有特别突出的员工。整个公司的浮动工资体系就这样失去了效应。虽然发牢骚的员工少了,但是优秀员工的不满却在心里开始滋生。根据二八原则,最大的产能是来自前20%的员工。工资制度到底该何去何从呢?

经历了这么一个过程,总结了经验和教训,公司领导认为,当时制定出基本工资+浮动工资的工资制度,正是在公司大量引进人才阶段,那个工资制度在特定时期也充分发挥了它的作用。但是随着公司逐渐步入正轨,大多数员工是需要正向激励的,于是仍然希望改为原有的奖金激励方式。但是任何好的激励制度都要建立在公司盈利的基础上,不然不利于公司的长期发展。如果从公司的利润中额外出一部分资金作为奖金来源的话,无疑会减少公司的利润。如果公司不拿出额外资金作为奖金的来源,可能奖金方案根本无法实行,但是原有的工资结构中浮动工资部分完全变为员工的基本工资,无疑是无条件地给全体员工变相涨工资,也不行;如果将原有工资中的浮动工资全部拿出来作为奖金的来源,肯定会影响员工的士气,他们会理解为公司普降工资,这是个敏感的焦点,可不能轻易动。一个尖锐的问题摆在了人力资源部经理的面前。

任务1:你如何评价该公司原来实行的奖金激励方式?

任务2:如果你是该公司的人力资源部经理,你如何制定新的薪酬制度?如何才能让大部分员工支持新的薪酬制度?

任务分析

案例中公司原有的奖金激励方式是不公平、不科学的,随着企业经营规模的扩大越显其不足之处。企业可以根据自己的经营战略、经济状况、人员情况以及企业想要达到的目标制定科学的薪酬体制。在客户需求多元化和复杂化的今天,团队工作对组织的成功扮演着越来越重要的角色。与此相适应的群体激励也越来越受到各类组织的重视。为使群体激励计划能够被员工接受并顺利实施,在设计时应该注意以下几个主要问题:第一,为成功创造环境,在设计之初,组织应为群体激励计划做好准备,让员工了解激励计划对员工的要求;第二,确定群体激励计划的目的;第三,清楚地确定计划所针对的员工;第四,设立适当的业绩衡量标准;第五,决定支付员工工资的基本方式。

知识链接

一、个人激励计划

员工的绩效成果中相当一部分取决于个人的工作努力程度,为此,对员工个人激励薪酬的设计显得尤为重要。

(一)个人激励计划概述

个人激励计划主要是对员工工作绩效的短期奖励,而绩效是以效率为基准的。

1. 个人激励计划的界定

个人激励计划(individual incentive plan)又称个人奖励,是激励员工个人工作绩效的一种短期奖励方式。它的主要特征有以下几点:

(1)个人激励计划是对员工个人客观的、可衡量的业绩进行的薪酬激励,只要员工通过个人努力提高了工作成果,就会相应得到物质回报。

（2）个人激励计划是以效率为基准的奖励。个人激励计划的工作绩效直接体现在员工个人的工作效率上，即在单位投入下所提高的产出，因此个人激励计划通常也被称为效率薪酬，而且这种效率往往是可以直接衡量的结果性指标。

（3）个人激励计划具有事前的激励特征。个人激励计划一般通过将绩效与事前制定的绩效标准相比较来确定其奖励额度，因此它具有个人目标的导向功能。

2. 激励维度与类型划分

个人激励计划是以效率为基准，对员工个人所进行的绩效激励，因此，围绕着效率可以从两个维度——效率衡量的标准和激励的强度来划分个人激励薪酬的类别。

其一，效率是指投入与产出比，它可用单位时间的产量来表示，也可用单位产量的时耗来表示。其二，通过确定激励强度来控制和调整员工的产出，可以设定薪酬增长率随产量的变化而不变、递增或递减。

计件工资的效率标准是单位时间的产量，计时工资的效率标准是单位产量的时耗，根据激励强度的大小，可以将个人激励薪酬划分为四种类型（见表 8-1）。

表 8-1　个人激励计划的分类

维度		效率衡量的标准	
		单位时间的产量	单位产量的时耗
激励强度	薪酬增长随产量变化	直接计件工资	标准小时工资
	薪酬增长率随产量增加而增加	差别计件制 梅里克计件工资计划	哈尔西计划 罗恩计划 甘特计划

资料来源：米尔科维奇，纽曼. 薪酬管理[M]. 董克用，等译. 北京：中国人民大学出版社，2002.

（二）以计件工资为基础的激励计划

以计件工资为基础的激励计划主要是依据员工单位时间的产量为标准计发薪酬，此激励计划的典型代表是梅里克计件工资计划。

1. 激励特征

计件工资是根据员工单位时间的产量为标准计发的报酬，其特征主要有以下三点：其一，将薪酬和个人业绩直接联系在一起，能够直接、准确地反映员工实际付出的劳动量以及员工之间的劳动差别。其二，对个人业绩的计算和分配的程序简化、透明度高，易于管理。其三，刺激员工从物质利益出发关心自己的工作业绩，能够提高工作效率和工作质量。

2. 梅里克计件工资计划

梅里克计件工资计划将计件工资率划分为三个层次，如图 8-3 所示。在图 8-3 中，没有达到标准产量的 83% 的员工将得到最低的工资率；产量介于标准产量 83%～100% 的员工将获得中间的工资率；产量大于标准产量的员工将获得最高的工资率，这个工资率将是最低工资率的 1.2～1.5 倍。

梅里克计件工资的基本计算方法如下。

$$W = \begin{cases} r_1 \cdot P \,(P \leqslant 83\% \cdot S) \\ r_2 \cdot P \,(83\% \cdot S < P < 100\% \cdot S) \\ r_3 \cdot P \,(P \geqslant 100\% \cdot S) \end{cases}$$

式中，W 为工资额；P 为员工单位时间的产量；r 为每多生产一单位产品所增加的薪酬；S 为标准单位产量。

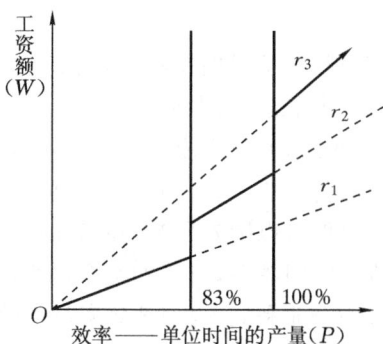

图 8-3　梅里克计件工资计划

按照上述原理,计件工资的设计要点是单位产量工资率的灵活性和计件方式的多样性。

(三)以计时工资为基础的激励计划

以计时工资为基础的激励计划主要有贝多计划、哈尔西计划和罗恩奖金制三种形式。

1.激励特征

狭义的计时工资是根据单位产量的时耗而计发的薪酬形式,广义的计时工资是按照员工工作时间支付的基本薪酬。在规范的薪酬管理中,作为基本薪酬的计时工资不被认为具有激励作用,特别是与计件工资相比,它主要具有保障和补充功能。但作为个人激励计划组成部分的狭义的计时工资,因为将时间和单位产量结合在一起,因而也具有以下激励特征:

(1)在对工作时间约束的同时,增加对员工的努力程度和低绩效的惩罚力度。

(2)生产标准以单位产量的标准时间来确定,激励员工节省单位产量的劳动时间。

(3)与计件工资相比,对员工的工作质量有一定的促进作用。

2.贝多计划

标准计时计划的缺陷在于不利于激励高效率的员工,因此,企业在实践中又推出了贝多计划,即直接计件工资和标准计时工资的一种组合形式。它的基本特征是将一项工作细分成若干简单的动作,然后按照中等技术熟练工人的标准来确定标准工时定额。同时,贝多计划对高绩效员工实施高激励,即如果员工完成一项工作的实际工作时间小于标准工时,他就能得到相当于实际工时与标准工时差额的一个正比例函数的报酬,计算公式如下。

$$W = \begin{cases} r \cdot S & (T > S) \\ r \cdot S + q \cdot (S - T) & (T \leqslant S) \end{cases}$$

式中,W 为工资额;r 为标准小时工资;q 为激励的强度;S 为标准单位产量时耗;T 为实际单位产量时耗。

3.哈尔西 50/50 奖金制

哈尔西 50/50 奖金制的特点在于通过使员工和雇主共同、平均地分摊成本节省的余额来激励员工更有效率地工作。它同样需要首先通过时间研究确定完成一项工作任务的时间限额,作为标准工时,比如完成一项工作的标准时间为 T 小时,每小时的工时工资为 p 元,那么可以预算出一个员工完成这项工作的人工成本为 $p \cdot T = P$;如果员工因技术水平的提高而低于限额时间完成了工作,假设仅用小时 $t(t < T)$,使得人工成本得到节省,这部分省下来的成本($\Delta = P - t \cdot p$)就按 50/50 的比例在员工和企业之间分摊,从而使员工由于自身生产率的提高而获得奖励。

4.罗恩奖金制

罗恩奖金制类似于哈尔西奖金制,也是提倡在雇主和员工之间分享由于工作时间缩减而带来的成本节余,不同的是它在分享成本节余时,在分享比例上有一定的差别,而不是简单地对半开。比如某员工的工资率为 20 元/小时,预计完成某项工作的标准时间是 8 小时,但该员工在 6 小时内就完成了,那么该员工的收入就是 $P=20\times6+(8-6)\div8\times20=125$(元)。

根据这种方法计算的奖金,其比例可以随着所节约时间的增加而提高,但平均每超额完成一个标准工时的奖金额会递减,即节省时间越多,员工的奖金水平越低于工作超额的幅度,这一方面避免了过度高额奖金的发放,影响企业利润,也使低效率员工的收入得到保障。

二、群体激励计划

随着企业生产分工越来越专业化,工作中的协作关系越来越紧密,团队作业方式已成为企业经营运作的一种趋势,对团队群体的激励也同样不可忽视。

(一)群体激励计划概述

1.特征与实施条件

群体激励计划(group incentive plan)是指主要通过物质报酬等手段来激励员工创造集体绩效,而不是激励其个人绩效。当把激励的对象从员工个体转移到协同工作的员工群体时,激励薪酬的重心就由个体激励转向群体激励。

群体激励计划源于团队工作,团队的优势主要体现在对外能快速响应客户与市场的需求;对内能够凝聚智慧,实现团队成员的信息交流与知识、经验的共享,充分发挥群体的创造性,积极寻求问题的解决方案。因此,当团队工作形式越普遍、个人绩效的衡量越困难时,采用群体激励计划更合时宜。相关研究显示,与个体激励计划相比,群体激励计划在激励员工方面的作用更为明显。

2.基本类别与设计标准

(1)基本类别。群体激励计划按照群体规模分为三种类型:①规模较小的群体激励,主要指团队激励计划(team-based incentive);②适中规模的团队激励,主要指增益分享计划(gain sharing plan);③较大规模的群体激励,即企业群体激励,主要包括利润分享计划(profit sharing plan)和成功分享计划等。

(2)设计标准。个人激励计划的本质特征是提高个体效率,相比而言,群体激励计划的本质特征则是提高生产率,即提高群体效率或群体在一定投入下的产出量。因此,群体激励计划的设计标准应当从生产率的构成入手,图 8-4 给出了一般形式的企业投入产出及其分配关系的构成。

图 8-4　企业的投入产出与分配关系

图8-4为企业生产率的构成图,它体现了衡量群体绩效的基本指标的生成和作用机制。鉴于个人激励计划只能以生产量、销售量等作为基准进行设计,以个体为单位生产的产品不足以转化成利润实现形式,因此,在群体激励计划的设计中,往往将经济附加价值(EVA)作为基准进行设计。产品或劳务的附加价值的计算过程为

附加价值＝销售额－外部购入价值(原材料费、服务费等)＝销售额×附加价值率

因此,可以将附加价值看成是企业的纯收益。从分配过程看

附加价值＝薪酬＋利润

附加价值的分配有很多形式,图8-5为附加价值与利润的基本构成。依据附加值原理,设计群体激励计划有三个基本标准:附加价值、利润和人工成本。为了突破财务指标单一性的局限,以平衡计分卡为代表的综合绩效指标逐渐得到应用,这使得群体激励计划又出现了更为综合的形式。

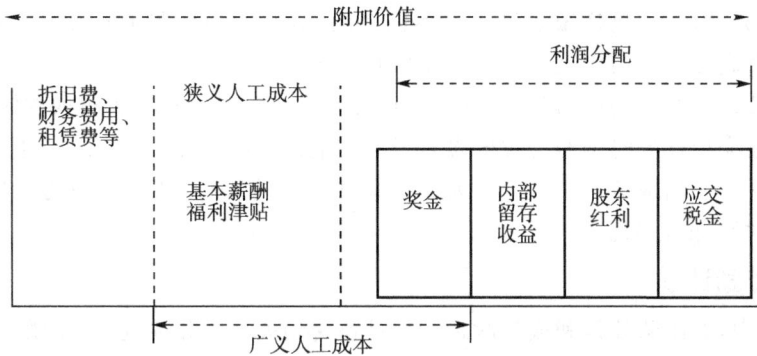

图8-5 附加价值与利润的基本构成

(3)群体激励计划的基本形式。按照衡量标准,群体激励计划共分为四种基本形式,各形式又由多个细分指标构成(见图8-6)。依据对各种类别的群体激励薪酬计划的特征分析,可以得到以下启示。

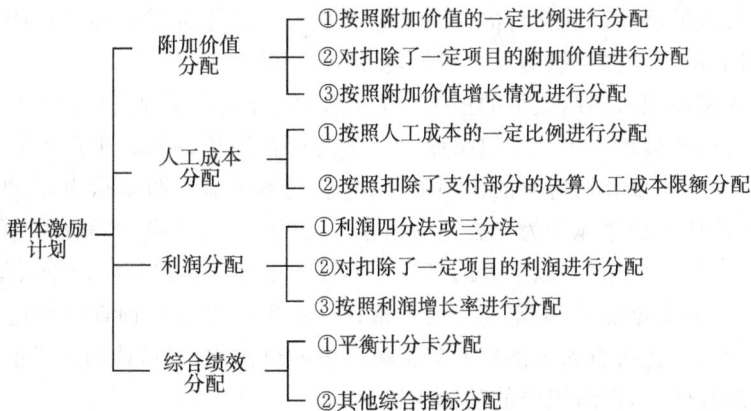

图8-6 群体激励计划的划分标准与基本形式

第一,附加价值分配与人工成本分配比较用于具有一定规模的群体,并具有增益分享特征。例如,较为经典的团队激励薪酬形式——斯坎伦计划(Scanlon plan)属于人工成本分配的第一种形式,而拉克计划(Rucker plan)则属于附加价值分配的第一种形式。

第二,利润分配适用于较大规模的企业员工群体,只有利润分享的特征,目前已经被众多企业设计为形式多样、短期或长期的利润分享计划,如股票期权或经营者持股计划等。

第二,综合绩效分配的应用范围广泛,既适用于小规模群体,又适用于整个企业,如一些企业设计的风险薪酬或成功分享计划等。

3.应用局限

群体激励计划的内在局限主要体现在计划设计不当或实施不力可能导致员工出现四种减少工作投入的行为。

(1)偷懒行为。群体激励计划不像个人激励计划那样有管理人员的持续监督与考核,员工很可能在缺乏监督的情况下降低自己的努力程度——偷懒。减少偷懒行为的途径包括树立团队精神、进行团队内部监督等。但实际效果并不理想。

(2)"搭便车"行为。当针对群体支付薪酬时,有些人可能会采取怠工行为。付出很少的努力但可获取他人努力的成果,这样做不仅使群体创造的利润减少,既没有产生 $1+1>2$ 的协同效应,而且会使绩效高的员工由于丧失公平感而离开团队。

(3)社会惰性。当个人的产出与他人的产出相混合时,员工存在减少投入的倾向。很多研究都发现,员工单独完成任务时的努力程度要多于跟其他人一起工作时的努力程度。

(4)活塞效应。当高绩效员工认为别人在分享自己的成果时,随着时间的推移,他们可能出现自动减少自身投入的行为。

(二)团队激励计划

在企业管理中,对团队建设和成员激励问题日益受到关注。相应地,团队激励计划也是企业薪酬管理中一个十分热门的领域。

1.团队激励机制的产生

四十多年前丰田、通用食品、沃尔沃公司将工作团队引入生产过程。随着信息技术革命的冲击,在美国很少企业不采用工作团队的方式。

所谓工作团队,就是小部分拥有互补技术的人为了共同的目标,相互交流合作,共同承担责任以实现目标而形成的群体。其盛行的原因是完成某种工作任务需要多种技能、经验。团队效果比个人好,并且有助于增强组织的民主气氛,提高员工积极性。

将大部分集体奖励记入团队成员的报酬中的时候,联合纳入绩效衡量的单位越多,评价的绩效越可靠。人们可以准确地说出一个组织或一个子公司在销售、利润、生产率等方面的情况,但确定各自承担生产率、质量和销售额的比例很困难,甚至不可能。西蒙指出,组织中的人是相互依赖的,因此组织的成果是集体行为和表现的结果。若能轻易、准确、可靠地度量和奖励个人贡献,就不需要组织,因为每个人会以个人的身份独立进入市场。在典型的以个人绩效为基础的薪酬制度下,经营管理者决定加薪,确定薪资增长预算在本单位总薪资预算中的比例,必然是一个"零—总和"的过程。在让所有人为固定的奖金额竞争的单位中,都可能出现类似的动机,这种竞争阻止人们分享最佳经验,向组织中的其他成员学习。

综上所述,工作团队中成员独立工作,创造出共同产出。每个成员对产出的边际贡献不仅取决于自己的工作状况,还依赖于其他成员的努力,还不能独立观测,在这种情况下,以个人绩效为主的评价制度不再适用。

2.团队激励薪酬的模式

成员的努力和其他成员的帮助如在战略上是互补的,来自别人的帮助越多,自己的工作越努力,工作团队的产出越大,通过激励机制可诱使"团队互助"为最优。诱使团队高度协作的激励机制可使每个成员的收益主要依赖于工作团队的产出。结合团队激励机制可总结出两种工资制度模式。

第一种模式:

$$W = f(T) + g(R)$$

式中,W 表示工作团队中每个成员的工资;T 表示该成员的技能;R 表示该工作团队的绩效;$f(T)$、$g(R)$分别是关于 T 或 R 的增函数。

该公式表明,工作团队中每个成员的工资是该成员技能的函数与工作团队绩效的函数之和。工作团队成员的技能越高,工作团队的绩效越好,成员的工资也就越高。

第二种模式:

$$W = f(T) + g(R) + h(N)$$

式中:W 表示工作团队中每个成员的工资;T 表示该成员的技能;R 表示该工作团队的绩效;N 表示该工作团队所属公司的绩效;$f(T)$、$g(R)$、$h(N)$是分别是关于 T、R、N 的增函数。

该公式表明工作团队中每个成员的工资是该成员技能的函数与工作团队绩效的函数以及工作团队所属公司绩效的函数之和。工作团队成员的技能越高,工作团队的绩效越好,公司的效益越好,成员的工资也就越高。

在第一种模式中,以工作团队成员的技能代替其绩效作为评价工资数量的标准之一,是因为不仅成员的贡献得到承认,而且使他们专注于个人能力的提高和对工作团队的贡献。工作团队成员要想拿到基本工资,必须积累职业技能。当他在工作中显示出更多技能时,还可以在职业道路上得到晋升。此外,在工作团队中要想明确从团队绩效中划分出每个成员的绩效很困难,甚至不可能。因此,$f(T)$表示加薪的关键在于知识、经验的增加和职业技能的提高;$g(R)$表示团队成员的工资按以工作团队为基础的绩效浮动,工作团队绩效越好,成员工资就越高。第二种模式中的 $h(N)$表示成员工资的考评标准与公司的总体效益挂钩,形成了将个人的目标、工作团队的目标和公司的目标相统一的方法。

只有达到上面那些条件,团队成员能在一起愉快合作时才能开始改革工资制度。每个成员将拿到基本工资,但他们的绩效加薪不是根据个人的成绩,而是根据工作团队的绩效和自身技能的提高。每位成员的部分工资是浮动的。

3. 团队激励计划的内容与设计

团队激励的基本内容是确定标准生产率,并划分激励等级,根据团队成员贡献大小计算分配额度。因此,其基本内容及分配方法如下。

(1)基本内容。团队激励计划是一种基于群体绩效激励的奖励薪酬项目,规定只有当团队成员完成团队目标后,才能获得事先确定的奖励。团队激励计划一般用于奖励小的团队,适合团队成员间具有高度依赖性的环境。比如,某公司成立一个工作分析小组,负责为公司编写工作说明书。在小组中,有专职做沟通、访谈工作的,有专职做记录与管理文件工作的,有专职编写工作说明书的,也有专职负责与各部门进行沟通协调的。只有该项目小组齐心协力才能编写出符合要求的工作说明书来,并根据项目结果获得报酬和奖金。

(2)设计步骤和分配方法。团队激励计划的设计与个人激励薪酬的设计较为类似,分为三个步骤:首先,确定标准生产率,包括客户满意度、安全记录、质量要素;其次,确定激励等级,即根据实际生产率与标准生产率的对比来确定支付给该团队的总奖励额度;最后,确定在团队成员内分配的总薪酬额度。

分配的方法包括三种:团队成员平均分配奖金,该方法可加强成员间的团队合作,在不能明显区分个人绩效的情况下适合采用这种方法;团队成员根据贡献大小分配奖金,有时可以将一部分奖金平摊,而另一部分奖金则按照贡献大小分别支付;按照团队成员基本工资的百分比支付奖金,这种方法应用较多。

4. 不同团队类型的激励计划

根据组织形式和任务目标,目前企业中一般有三种形式的团队,即平行团队、流程团队和项目团队。每种类型的团队都具有一定的特点,需要采取与之匹配的薪酬激励计划。

(1)平行团队的薪酬计划。平行团队通常是为解决某一特殊的问题或承担一项特殊的任务而组建的。这种团队可以是暂时性的,也可以是长期的,但成员基本上是"兼职"的。兼职人员除了特殊需要之外,往往会将大部分时间和精力投入常规的、正式的工作中,而不是临时团队中。对平行团队一般不主张实行标准的、长期的激励薪酬形式,可实行一次性认可的货币奖励或一些非货币性奖励。

(2)流程团队的薪酬计划。流程团队是通过其成员的共同合作来承担某项工作或某个工作流程,一般具有全职性、长期性的特点。成员接受过正规训练,工作能力相当或技能互补,工作目标明确。流程团队的薪酬支付有别于平行团队。企业通常向流程团队支付基本工资,但支付的等级不宜过细,标准之间的差距也不宜过大,可以兼顾市场工资率和工作评价的结果。同时,适当增薪、被认可的绩效奖励薪酬等对于流程团队都是必要的。

(3)项目团队的薪酬计划。项目团队是为了开发一种新的产品或服务而组成的工作团队,其成员的来源、等级、能力和专长都有所不同,在项目期内,要求团队成员"全职"工作。根据这些特点,在支付项目团队成员的报酬时可以考虑根据任务、职责和能力区分不同的基本薪酬等级和增薪幅度。支付绩效薪酬时可采用两种办法:为了强化合作意识,奖励薪酬的等级按比例支付;为了强化竞争意识,可按照成员个人的贡献大小支付薪酬。一般而言,后者的管理难度相对大一些。

此外,对项目团队支付薪酬还要考虑项目期的特点,例如,在初创期,慎用激励力度大的报酬形式,以免影响合作;在震荡期可适当加大激励力度,以稳定中坚力量;在稳定期可以采用规范的、标准的薪酬方案。

(三)增益分享计划

增益分享计划主要有斯坎伦计划、拉克计划和分享生产率计划三种。

1. 增益分享计划概述

(1)概念与特征。增益分享也称收益分享,是企业与员工分享生产率收益的一种手段。基本含义是企业与一个特定的生产经营部门或者员工群体事先设定生产率目标,目标的确定可采用图8-6的附加价值与人工成本的五种计算方法。

(2)功能与适用范围。增益分享计划主要有两方面的功能:一是有利于增强员工的团队意识和集体意识;二是在一定程度上抑制了员工之间的恶性竞争。该计划一般以薪酬方案的形式实施,比较适合在班组、小团体以及从事间接服务的团队中推行。这是因为在这些组织形式中,难以单独考察员工的个人绩效,只能考察集体绩效。因此,增益分享计划是一个整体的、有计划的管理过程,其有效实施必须有企业经营者、员工素质、企业文化等各方面的支持,或者说,增益分享计划更适合于具备以下条件的企业:第一,规模小的部门和单位,小团队或工作组的形式比较好。第二,企业的财务状况良好,没有大的资本投资计划;产品的市场需求旺盛,产品具有相对的稳定性。第三,企业生产的季节性波动不强,员工能够控制产品成本和服务成本。第四,企业中不盛行加班加点。第五,生产部门管理人员的能力强,可以保证增益分享计划的有效实施。第六,员工的工龄较长,绩效标准可以根据以往的情况进行估计;员工的技术水年较高,参与意识强,有一种开放和高度信任的组织氛围。第七,可以得到高层领导的支持,管理者能够信任员工并与之进行有效的沟通。

2.斯坎伦计划

(1)起源与主旨。斯坎伦计划最初由约瑟夫·斯坎伦(Joseph Scanlon)设计。斯坎伦曾是美国俄亥俄州钢铁厂的工会主席。20 世纪 30 年代,他提出了一个劳资合作计划,其要点是如果雇主能够使大萧条时期倒闭的工厂重新开工,工会就同意与公司一起组成生产委员会,努力降低生产成本。最初的斯坎伦计划没有包括薪酬因素,后来演变为专项激励薪酬方案。

作为最初的群体激励计划,斯坎伦计划的意义在于强调参与式的管理模式。将员工和企业的关系建立在合作的基础上,强调通过团队工作降低人工成本,提倡员工配合企业的生产管理模式;同时,为现代的奖金分配制度和增益分享制度奠定了理论基础和运作思路。

(2)构成要素。斯坎伦计划的构成要素有四个:斯坎伦比、奖金数额以及两个运作委员会。这两个运作委员会分别是:①生产委员会,由管理人员和员工代表参加,负责审查有关成本节约的建议,并在实际成本低于某一货币成本的情况下按这些建议采取行动,如果建议被采纳并实施,就给予奖励;②审查委员会,其任务是促进管理者和员工之间的沟通,监督公司的绩效等。

斯坎伦比是斯坎伦计划的核心要素,用公式表示为

斯坎伦比=人工成本/产品销售价值(销售收益和盘存货品的价值之和)

例如,某公司每年劳动力的成本是 4400 万元,同期的产品销售价值是 8300 万元(其中,销售收益为 6500 万元,盘存货品的价值为 1800 万元),则斯坎伦比为 0.53。实际上,斯坎伦比提供的是一个增益分配基线,如果员工经过努力使人工成本与产品销售价值的比低于这个比例,员工就可以与企业分享增益。

(3)计划实施的前提。斯坎伦比的计算属于图 8-6 中人工成本分配的第一种方法,即生产率的计算值是人工成本与产品销售价值的比。但在计划实施中需要注意以下问题:销售价值会因为附加价值率低而减少企业的价值,故斯坎伦计划中的奖金计算方式存在一定风险。因此,斯坎伦计划的成功有赖于两个前提:其一,附加价值率一定,并且长期保持稳定。只有如此,销售额与附加价值的变化才能够一致。其二,在员工与管理层之间建立相互信任与协作的劳资关系。

(4)运作步骤及实例。一个典型的斯坎伦计划需要六个实施步骤。

第一步,确定增益的来源。劳动成本的节约表示生产率的提高,次品率的降低表示产品质量的提高和生产成本的节约等。

第二步,将各种收益增加额相加得到增益总额。

第三步,增益提留或弥补上期亏空,提留比例一般是现期增益的 1/4 左右。

第四步,确定员工利润分享的比例,根据该比例计算员工增益分享总额。

第五步,计算增益分享系数,增益分享系数为员工分配的增益总额与员工当期工资总额之比。

第六步,用增益分享系数乘以各员工的工资,所得结果为该员工应分享的增益数额。

表8-2是根据斯坎伦原则制订的收益分享计划的应用示例(除百分号以外,数值单位为美元)。

表8-2　斯坎伦计划应用示例

序号	项目	对应值
1	销售额	1100000
2	减:销售退回、补贴、折扣	-25000
3	净销售额	1075000
4	加:库存增加(根据成本价或销售价)	+125000
5	产品价值	1200000
6	限定的斯坎伦比	20%
7	允许的人工成本	240000
8	实际工资成本	210000
9	奖金总额	30000
10	公司分享份额(按50%分享)	15000
11	成本节约	15000
12	为赤字月份留存(比例约为1/4)	3750
13	雇员分享	11250

资料来源:MARTOCCHIO J J. Strategic compensation:a human resource management approach[M]. Vpper Saddle River:Prentice Hall,1998:118-119.

如表8-2所示,按照劳资双方的契约规定,如果工资成本占销售价值的比例低于某一特定标准,员工将获得货币奖励。在上例中,标准工资成本为24万美元,实际工资成本是21万美元,节约了3万美元。该增益分享计划的分配比例为:企业和员工团体各获得50%的增加收益,扣除留存后,员工实际获得的增加收益为11250美元。

(5)发展与变化。当前,经典意义的斯坎伦计划已经转变,逐渐成为整体组织开发的重要手段之一。尽管如此,它的历史作用和实践价值还应得到肯定。正是由于斯坎伦计划的推行,才使得激励薪酬由过去激励员工"正确地做事"转变为"做正确的事",即激发一般员工也去思考如何使企业成功这样的问题,而并不仅仅是被动地生产与工作。

此外,斯坎伦计划为群体激励计划的设计提供了很好的思路,即从人工成本中分配群体激励奖金,并在其基础上演变为更多的其他增益分享形式,比如:①人工成本占附加价值的比率限额法。该方法是将斯坎伦计划中的销售价值转变为附加价值,这种方法比较复杂,实际运用的难度大,而且很少有员工真正了解附加价值的含义。②实际与预算人工成本差异法。该方法为企业规定本年度人工成本的预算额,如果实际人工成本(扣除各种劳费用)超过预算额,则没有增益奖金;如果实际人工成本低于预算额,那么低于预算额的将作为增益分享。

3.拉克计划

拉克计划是20世纪30年代在斯坎伦计划的基础上修订而成的。两个计划的性质基本相同,都强调通过物质报酬激励员工参与企业的生产和管理,而主要区别在于拉克计划不是激励员工节约成本,而是激励他们提高生产率。如下例所示,拉克计划的生产率衡量标准是附加价值分配方式中的第一种形式,即以经济附加价值的一定比例作为增益奖金的来源。

(1)构成要素。拉克计划中计算生产率的公式变成了拉克比。

$$拉克比＝经济附加价值/人工成本$$

拉克计划的资金来源主要是从经济附加价值的增长中获得的,因此,经济附加价值在拉克比中是作为分子出现的。

(2)拉克计划应用举例。

劳动分配率＝人工成本/经济附加价值＝0.45

拉克比＝经济附加价值/人工成本＝2.222

本月该企业人工成本为10万元(工资单上的总价值为10万元)

预期的经济附加价值为22.22万元(10×2.222)

实际生产所得的经济附加价值为26万元

经济附加价值增加额为3.78万元(26－22.22)

员工增益分享份额＝经济附加价值增加额×劳动分配率＝3.78×0.45＝1.701(万元)

企业在月末将75%的增益分享份额直接支付给员工,而25%留作紧急资金,用于不景气的月份,年终时紧急资金的任何节余均分给员工。

在上例中,20万元作为协议的增益分享线,即如果员工团队的实际生产所得的经济附加价值为20万元或以下,员工将得不到增益分享份额。

(3)发展与变化。由于引入了经济附加价值这一衡量企业生产率的指标,拉克计划得到了空前的发展,并且被广泛采用。但拉克计划只是经济附加价值分配的一种形式,它需要其他形式予以补充。

第一,直接以经济附加价值的一定比例作为增益分享份额,比如,某企业规定企业年终的增益分享份额为附加价值的2.3%,但这种直接的比例通常小于拉克计划中的劳动分配率。

第二,直接以经济附加价值扣除其他费用作为增益分享来源,各种扣除方法参照图8－6所列项目。

第三,以经济附加价值的增长比例作为增益分享来源,比如,某个企业规定附加价值增长比例大于5%的部分作为增益分享奖金。

4.分享生产率计划

促进分享计划或称分享生产率计划(improved productivity through sharing)也是一种增益分享形式,该计划的原理与计件工资的原理基本相似,区别在于它强调集体创造价值,即当集体生产量增加与集体生产时间减少时,参与的员工将按照计划获得奖金。

分享生产率计划的成功实施也需要一定的前提。员工的产量或销售量的改善,以销售价格与附加价值率的稳定为前提。由于设定的指标较为贴近员工,所以该计划的实施效果比较好。但那些与竞争对受打价格战、原材料成本不稳定的企业不适合使用分享生产率计划。

(四)利润分享计划

现代人本主义的兴起,促使人们重新反省劳动者在企业中的地位和作用,试图寻找新的劳资合作方式,采取一种对雇佣者和被雇佣者双方都有利的双赢策略。

1.利润分享计划的概念

利润分享计划是指企业在为员工支付了劳动工资之后,再拿出一部分利润和超额利润分配给员工的制度,如图8－6中的利润分配形式。利润分享不具有直接劳动报酬的性质,因为它与劳动数量和质量没有直接的关系,只与企业的经营收益有关,是劳动者以资本(人力资本)所有者的身份参与的分配,但因为它也进入员工收入,所以也属于员工收入总额的一个组成部分。

2.利润分享计划的形式

利润分享计划的形式多样,从支付特点看主要有两种。

(1)现金支付方案(current profit sharing)。现金支付方案是指将当年的一部分利润直接在年末以现金方式向员工支付。这种方式简单明了,员工当年就可以兑现收入。现金利润分享的计算分为两个步骤。

步骤一,从公司总利润中提取利润分享基金,基金按照以下三种方法提取。

第一种方法:按一个固定的比例提取利润分享金额,如按7%的比例(利润三分法或四分法)提取。

第二种方法:分成不同的利润提取阶段,例如,达到利润目标部分先提取8%,超目标部分再提取6%。

第三种方法:只有在超过了一定的最低水平之前,方可提取利润,否则没有分享的利润。

步骤二,将利润分享基金在员工之间进行分配,可按照以下两种方法分配。

第一种方法:按照员工年收入的比例进行分配,或按照薪酬等级的比例进行分配,等级越高,提取的比例越大。

第二种方法:按照员工在实际分配期内的贡献进行分配,贡献越大,提取的比例越高。

与第一种方法相比,第二种方法更能体现公平,但实施难度较大,因为一般员工的工作与企业利润之间的联系比较远,无法进行精确衡量。

(2)延期支付方案(deferred profit sharing)。延期支付方案不以现金的方式支付当年的利润收益,而是保留在员工个人名下,待若干年后或在员工离开企业时再一次性或分几次支付给员工。

延期支付方案是一种比较流行的利润分享形式,具体做法是企业推迟发放员工的分红或其他现金收入。例如,将员工收入的10%作为延期薪金,预计5年后支付。如果员工达到企业的要求,他就可以在5年后得到相当于半年的工资和增值部分。这种办法可以较长时间地留住员工,如果员工在规定时间内离开企业,就会失去延期薪金。股票期权是典型的延期支付形式,这种方法可以挽留住对企业有价值的员工,使他们对预期收入抱有希望。

因为延期薪金是一种预期收入,所以管理起来有一定的难度,员工必须对此有充分的信任才能使其发挥效用。所以,西方企业都由专门的管理机构或者员工参与管理这笔基金,并把它投资在收益大、风险小的项目上。

3.利润分享计划的缺陷

尽管人们大多认可利润分享计划与公司利润创造之间的关联性,但对两者之间的因果关系也有不少质疑。利润分享制度的一个明显缺陷是它与员工之间的利益纽带比较长,支付期限长,对一般员工的激励效用低。工人的努力程度与高层管理者从企业分享的利润的差距也会很大。

利润分享计划如果预期不佳,就有可能产生一些负面的反应。因此,对于经营效益预期不好的企业,应该慎用延期支付方式的利润分享计划。

思考与讨论

1. 个人激励计划一般包括哪些类型？它们的主要特征是什么？
2. 群体激励计划一般包括哪些类型？企业应当如何对其进行设计和实施？

实训题

如果想创造一种员工积极对新产品开发提供建议的工作氛围,你会推荐何种薪酬激励方案?哪些问题需要预先考虑到?

任务三　制订短期激励计划和长期激励计划

知识目标

★掌握短期激励的设计方法
★掌握长期激励的设计方法
★掌握股票所有权计划的特征及其实施要点

短期激励计划
与长期激励计划

技能目标

★能根据企业的实际情况,将长期激励计划运用到企业薪酬设计中

任务导入

西安山脉科技的股权激励

山脉科技股份有限公司(以下简称"山脉科技")创始于 1992 年,总部位于西安高新技术产业开发区,主要从事水利信息化行业的规划设计、软硬件研发、系统集成、运营服务等,年收入上亿元。公司是高新技术企业和双软企业,也是西安市科技局认定的西安市水利物联网工程技术研究中心。公司誓做"地球环境的守护者,高效政府的助力者,美丽中国的赋能者"。为了践行这一誓言,公司全心全意为客户提供一流的产品及服务、千方百计地帮助客户挖掘需求并且提供高质量的技术解决方案。

山脉科技从事水利信息化行业二十多年,积累了一批高效的、具有水利信息行业丰富经验的研发团队,获得了五十多项软件著作登记证书、软件产品登记证书和专利证书。公司多次承担国家科技部科技型中小企业技术创新基金项目和陕西省重大科技创新专项资金项目。到 2019 年为止,山脉科技的年利润达到 1200 万元,取得了"水利行业最高荣誉大禹特等奖""国家火炬计划软件产业基地骨干企业""中国水利工程协会信用 AAA 企业""中国软件行业协会信用 AAA 企业""2018 年度中国水利行业信息化最具影响力企业奖"等一系列殊荣。但是,谁能想到,山脉科技在 12 年前曾经历过三个月之内离职 12 人,公司几乎达到无法正常运营的地步?山脉科技的在职员工 192 人,其中中高级管理人员 9 人,技术骨干 93 人,营销骨干 44 人。

山脉科技有今天的成就,是如何做到的呢?这就要从山脉科技的股权激励说起。

山脉科技在公司发展早期,资金比较紧张,而资金不足带来最大的一个问题,就是人员流失,尤其是团队的高级管理人员、核心员工,他们的流失会为创业公司造成不可估量的影响。山脉科技为提高团队凝聚力、用有限的薪资留住管理层及核心员工,步履维艰,慢慢研究出了以公司股权为标的,向公司的高级管理人员及核心员工在内的其他成员进行长期激励的制度,也就是股权激励。山脉科技通过股权架构顶层设计、股权融资和股权激励三大块内容结合,给我们诠释了怎么通过股权设计由外部引入资源以及如何解决内部激励员工问题。

山脉科技在初创期和发展期,由于股权激励制度在国内处于试行阶段,与市场预期有着相当大的差距。山脉科技在推行股权激励方案时,选择的是渐进演变的方式,从创始股东的不断变更,到快速发展期的增资扩股,不但聚集了大量技术人才和管理人才,拓宽了销售渠道,还能保持公司业绩的稳定、持续增长。这与山脉科技公司本身定位和科技行业的特点密切相关。公司2018年度营业收入比2017年度增加了21.38%,主要原因是公司在新疆大力开拓业务以及来自南水北调工程的业务增加,集成业务收入增加较大。

山脉科技实施股权激励的目标就是要以企业未来发展战略为核心,谋求股东、高管、员工的多方共赢格局,而不是简单地为了激励而激励,更不是为了谋取少数内部人的利益而侵占股东利益。公司在选择激励对象时明显向研发技术人员倾斜,激励对象超过60%是以研发为主的技术人员;此外公司还制定了相应的绩效考核目标,也就是说,公司在实施股权激励的同时,没有忽略责任和约束。

股权激励计划提升了山脉科技的技术实力和经营绩效。不仅帮助企业留住了核心技术骨干和管理骨干,让企业在新技术和新产品研发上取得了丰硕的成果,更重要的是促成了企业产品和服务的销售,最终促进企业经营绩效的大幅度提升。

资料来源:2020年全国百篇优秀管理案例"同天下之利者,所以得天下:西安山脉科技股权激励之路".

任务分析

股权激励是一项复杂的、多变量的制度创新,其有效性取决于能否根据企业的具体条件进行科学的方案设计,以及是否具备完整的环境条件和文化基础。不存在通用的股权激励模式和框架可以借鉴,股权激励的成败取决于对企业战略和现有特点的综合把握和运用,细节决定成败。尤其对于中小企业来说,自身规模相对较小,员工是企业的基石,员工的作用体现更为明显,中小企业要取得更好更快的发展,不但要注重高管的激励,还应照顾到企业技术和营销骨干,"论功行赏"更容易构筑利益共同体,减少代理成本,充分有效发挥这些员工的积极性和创造性,从而实现公司的经营绩效。以虚拟股份为例,它不同于虚拟股票,它实质上是一种享有企业分红权的凭证,持有者不再享有其他权利,具有很好的内在激励作用,不断激励持有员工通过自身努力做好本职工作,促进企业不断盈利,从而获取更多的分红收益。

知识链接

一、短期激励计划

短期激励指的是组织以小于或等于一年为时间单位,对员工提供的金钱激励形式。常见的短期激励形式有绩效工资、提成奖金和年终奖金三种。

(一)绩效工资

绩效工资是和绩效评估结果挂钩的工资形式,随员工绩效的变化而变化。绩效工资是对员工行为的一种激励,员工只有达到预期的绩效目标,才能得到预期的绩效工资。绩效工资的设计有利于组织控制经营成本,让员工的努力和组织的目标达成一致,在提高员工满意度的同时,提高总体的绩效水平。

绩效工资一般与固定工资之间存在一定的联系。有的公司是从固定工资中分出来一部分做绩效工资;有的公司是在固定工资的基础上额外增加一部分做绩效工资。绩效工资总额一般为固定工资总额的10%～50%。

例如,某公司员工张三每月的基本工资为4000元,绩效工资为1000元,除此之外再无其他收入。该公司规定员工每月的绩效评定结果与绩效工资发放比例如表8-3所示。

表8-3　某公司绩效评定结果与绩效工资发放比例示意

绩效评定结果	绩效工资发放比例
A	100%
B	80%
C	50%
D	0

张三在近五个月绩效评定结果如表8-4所示。

表8-4　张三在近五个月绩效评定结果及绩效工资

月份	绩效评定结果	绩效工资/元	月应发工资/元
1月	B	800	4800
2月	A	1000	5000
3月	B	800	4800
4月	C	500	4500
5月	A	1000	5000

绩效工资也不是一用就灵,实施不好有可能对团队合作产生不利的影响,可能会增加管理层和员工之间的摩擦,反而产生负面效果。想让绩效工资发挥作用,需要组织具备以下几个基本条件:①员工要具备达成绩效的基本能力;②员工相信通过他的努力能够达成绩效;③员工绩效的差异能够在一定程度上受自己努力程度控制;④具备严密精准的绩效评价系统,员工的绩效能够被准确、量化地测量;⑤员工相信绩效评判的过程是公平公正的;⑥金钱能够激励员工,能够给员工带来满足感;⑦员工能够意识到他的业绩和金钱回报之间的关系,相信业绩出色就能得到高回报。

(二)提成奖金

提成奖金通常指的是与公司某项业绩直接相关的奖金,它是为了鼓励员工达成某项业绩目标而设立的奖金形式。所有提成奖金的计算都可以简单地归纳成如下公式:

$$提成奖金＝提成基数×提成比例$$

提成的基数根据需要可以是销售额、毛利额、成本额、利润额等指标。

常见的提成奖金可以分成两类,一类是固定提成奖金,另一类是浮动提成奖金。

1. 固定提成奖金

固定提成奖金指的是提成奖金额与业绩增长呈二元线性关系的提成形式。业绩每增加 X

个单位,销售提成增加1%。

例如,某房地产销售公司规定房产经纪人每月的提成奖金为房屋成交价的1%。房产经纪人张三今年连续五个月的房屋成交额和提成奖金额如表8-5所示。

表8-5 房屋成交额和提成奖金额对应关系举例

月份	房屋成交额/万元	月提成奖金额/万元
1月	150	1.5
2月	50	0.5
3月	80	0.8
4月	300	3
5月	70	0.7

2. 浮动提成奖金

浮动提成奖金指的是提成奖金额与业绩增长呈阶梯型或指数型增长关系的提成形式。当业绩落在某个范围内时,销售提成的比例为 A,提成奖金额为提成基数×A;当业绩达到另一个水平时,提成比例为 B,提成奖金额为提成基数×B。

例如,某汽车销售公司为了鼓励业务员销售,制定了阶梯式的提成奖金政策,如表8-6所示。

表8-6 某汽车销售公司提成比例举例

每月汽车销售量/台	每台车的销售提成/元
$X<10$	100
$10 \leqslant X<20$	200
$20 \leqslant X<30$	300
$30 \leqslant X<40$	400
$40 \leqslant X<50$	500
$X \geqslant 50$	600

该公司销售人员张三今年连续五个月的汽车销售量和提成奖金额如表8-7所示。

表8-7 张三今年连续五个月的汽车销售量和提成奖金额

月份	汽车销售量/台	月提成奖金额/元
1月	35	14000
2月	8	800
3月	22	6600
4月	28	8400
5月	41	20500

(三)年终奖

年终奖是指每年度末企业给予员工不封顶的奖励,是对一年来的工作业绩的肯定。

年终奖的发放额度和形式一般由企业自己根据情况调整。好的年终奖办法要有较好的考评指标、评价方法、发放规则等相应的各项制度,可以有效激励员工,增加企业凝聚力。

二、长期激励计划

长期激励计划是指绩效衡量周期在一年以上的对既定绩效目标的实现提供奖励的计划。之所以将长期界定为一年以上,是因为组织的许多重要战略目标都不是在一年之内能够完成的。事实上,长期激励计划的奖励支付通常是以三到五年为一个周期。长期激励计划强调长期规划和对组织的未来可能产生影响的那些决策,它能够创造一种所有者意识,有助于企业招募、保留和激励高绩效的员工,从而为企业的长期资本积累打下良好的基础。对于那些新兴的风险型高科技企业来说,长期激励计划的作用是非常明显的。此外,长期激励计划对员工也有好处,它不仅为员工提供了一种增加收入的机会,而且为员工提供了一种方便的投资工具。

大多数长期激励计划以经济目标为导向,但越来越多的计划也开始向涵盖其他绩效要素扩展,比如客户满意度及质量改善。这与员工绩效评价的改进有密切关系。组织对员工绩效进行评价的指标已经不仅仅局限于短期的经济收益了。

传统的长期激励计划多集中于组织的高层管理人员,以促进他们关注长期经营结果。但在组织中的较低层次上,这种计划通常采取员工持股计划的形式可能也是有效的,它同样能够使员工更为关注组织的长期绩效和经营结果。就长期激励计划的内容而言,尽管大多数长期激励计划是围绕股票计划来设计的,但是其他一些经济奖励也同样可以成功运用。参与长期项目或者风险计划的员工有时会有资格参与一种非常类似短期群体奖励计划的长期激励计划,他们以现金的形式或者股权的形式得到奖励。比如,石油勘探公司的地质专家有时可以从成功发掘出来的一口油井中得到一定百分比的产量;软件设计师有时可以从自己所设计的软件的销售中获得一定的版税。这种长期激励计划非常适用于奖励基金有限的情况,或者团队或个人的贡献对于项目的成功起着至关重要作用的情况。

长期激励模式包括股票期权、虚拟股票、股票增值权、限制性股票、储蓄-股票参与计划、股票奖励、内部人收购等。其中,有一些模式只能应用于高层管理人员,有一些模式应用于高层管理人员和业务、技术骨干,还有一些模式则应用于全体员工。从理论上讲,除管理层收购外,其他模式都可以应用于企业内各个层面的人员;但从实践看,应用于全体员工的模式主要包括股票期权、储蓄-股票参与计划、员工收购和间接模式。

1. 股票期权

股票期权是一种选择权,即按某一约定价格获得未来某一时间买进(或卖出)一定数量的股票的权利。该权利在未来可以行使也可以放弃,从而降低当前直接拥有股票可能造成的市场风险。权利的价值在于约定价格与实施期权时的市场价之差,即股票期权到期日的价值为 $V=\max(S-X,0)$,其中,S 为期权到期日的股票市场价格,X 为购买期权时的股票协议价格。

经理人股票期权是指企业资产所有者对经营者实行的一项长期报酬制度。它授予经理人权利,使之能在今后一定时期(如五年)内可以按原授予权时的市场价格(执行价格)购买本公司的股票。当股票期权行使期内股票价格上涨,市场价格超过授权时的执行价格时,拥有此权的经理人通过行使这一权利而取得股票,从而获得该股票市场价格与执行价格的差额;反之,股票价格下跌,行使股票期权不能获利,持有人可暂不行使这一权利。

2.储蓄-股票参与计划

该模式是指公司允许激励对象预先将一定比例的工资存入专门为员工开设的储蓄账户,并将此资金按照期初和期末股票市场价的较低者的一定折扣折算成一定数量的股票,在期末按照当时的股票市场价格计算此部分股票的价值,激励对象可以借此获得储蓄资金和期末市场价值之间的差价收益。一般而言,无论公司估价是否上升,参与者都能获得收益,估价上升时获益更多,下跌时没有损失。

适用范围:不限于高层管理人员,公司的正式员工都可以参加。

目的:吸引和留住高素质的人才并向所有的员工提供分享公司潜在收益的机会。

优点:为企业吸引和留住不同层次的高素质人才并向优秀员工提供分享潜在收益创造了条件,也在一定程度上满足了公司高管人员和一般员工之间的利益均衡。

缺点:由于其激励范围较广,激励基金分配给每一位激励对象后激励力度可能不够,无法达到激励员工努力工作的目的。另外,该模式有平均化和福利化的倾向。

3.员工收购

员工收购与管理层收购类似,只不过收购的主体是企业的全体员工。员工收购可以将员工的利益与企业的利益紧密结合,激励力度较大。

缺点:目标收购企业的价值较难准确评估;收购资金来源缺乏;若处理不当,收购成本将激增;有可能形成新的内部人操纵。

适用范围:国有资本退出的企业、集体性质企业、反收购时期的公司以及拟剥离业务或资产的公司。

4.间接模式

间接模式是指在企业的控股股东或控股子公司中进行长期激励安排,解决核心人才的长期激励问题,同时避免实施股权激励可能招致的问题。

(1)有些公司实施股权激励的根本目的是进行产权的重新界定,如在上市公司产权难以界定时,采用该模式可以转而选择对上市公司的控股公司进行产权改革,控股公司作为非上市公司在产权改革中可享受多种政策优惠。

(2)有些上市公司的净资产太大或估价太高,通过控股公司进行股权激励更有效,或者说通过控股公司进行内部控制人收购成本更低。

(3)上市公司股东大会对实施股权激励不支持,因此经营者转而谋求在有良好前景的子公司中进行制度创新,但是易导致企业过多地关注实施激励制度的子公司的业绩而忽视其他。

三、股票期权

股票期权制度产生以后,直到 20 世纪 70 年代才引起关注,以美国为代表的发达国家开始对公司治理结构进行改革,内容之一是通过广泛的持股和股票期权制度密切管理人员与公司长期利益的关系。

(一)股票期权的特点

1.股票期权是一种权利,而非义务

股票期权是公司无偿给予高层管理人员的一种权利,在行权期内,无论公司盈亏、股票升值还是贬值,经理人与核心技术人员买卖完全自由。只要认为有利可图,经营者可在任意时间出售行权所得股票。

2.股票期权的实现,必须支付一定费用

虽然股票期权的授予是无偿的,但经营者要实现股票期权必须按规定支付行权价。这个价格一般为股票期权计划实施时,公司每股净资产价或股票的市场价。因此,股票期权不同于送"干股","干股"是无偿赠送的,"期权"则是用现价购买未来的股票增长。

3.股票期权是一种未来概念

股票期权在行使以前,持有人没有现金收益;行使后,其收益为约定价与市场价间的差价利润。当股票期权约定价一定时,持有人收益与股票价格成正比,股票价格是股票价值的体现,股票价值体现了公司未来收益。只有经营者经过努力使企业得到发展、股票市值上涨,期权的价值才能体现出来。否则,股票期权可能一文不值。

4.股票期权激励的无限性

股票期权的理想状态符合螺旋上升式的良性循环:企业向经营者进行股票期权激励→经营者努力工作→企业经营业绩提高→股价上升→企业与经营者受益→企业又向经营者进行股票期权激励。

一次股票期权计划将要结束,另一次又会适时地开始。这样循环不断,只要经营者经营得当,其收益就会不断增加,收益的无限性必然产生激励的无限性。

(二)股票期权的形式

1.股票升值权(SAR)

股票升值权是基本股票期权的变种,它授予高层经理一种权利:获得在规定时间内规定数量的股票价格上升的收益,但不拥有所有权。即在有利的条件下,高层经理行权时不需支付现金,公司用现金支付高层经理拥有的期权股份的增值部分。该权利的持有者可获得该权利被授予时股票的市场价格与使用时股票价格之间的价差。SAR的持有者并没有被给予接受股票或分红的权利,也没有被要求按照SAR启动时的价格支付相应数量的现金。SAR计划不要求公司扩充资本发行实际股票,只要求公司在经理人行权时支付现金,奖励其中的差额。

2.虚拟股票

公司通常对管理层直接赠送虚拟股份,作为激励其成为公司员工或继续在公司服务的手段。虚拟股票的发放不影响公司的总股本和所有权结构,持有者享受分红权和股票价格上涨带来的价差收益,无所有权、配股权和表决权,不能转让和出售,不需要对这种股票奖励进行支付,除非该奖励是以名义价格(例如票面价格)出售的形式进行的。

3.延期股票发行

延期股票发行计划与虚拟股票奖励相似,只有等到规定期限或者经营目标达到时,真正的股份才会发行。延期发行奖励有时以现金代替股票,或现金、股票两者都有。

4.指数期权

指数期权的施权价不固定,根据证券市场指数行情进行调整。一般来说,行权价随着股票市场或同类上市公司的股价波动而波动。

5.限制性股票期权

限制性股票期权就是对期权的行权条件加以限制。比如溢价股票期权,即股票期权的行权价要高于授予时的市场价,亦即股票期权要到股价达到一定水平时才能行使。再如业绩期权,受益人能否获得这种期权,视公司财务业绩目标而定。

6.换新期权

换新期权与常规期权的主要区别是:第一,常规期权由董事会定期授予,在规定期限已满时兑现;而换新期权由董事会授予后,受益人可在规定期限内选择合适的时机兑现。第二,常规期权只能兑现一次;而换新期权受益人如果在原定期限未满时先行用原来持有的股票按当时市场价格换算为"现金"实施购权,则自动授予他与用去的原有股票等额的新期权,施权价为当时的股票市价,到原定期限时期满。

7.股份期权

股份期权是非上市公司运用股票期权的一种模式,管理人员经业绩考核和资格审查后可获得一种权利:在将来特定时期,以目前评估的每股净资产价格购买一定数量的公司股份。届时若每股净资产已升值,则股份期权持有者获得潜在收益,反之以风险抵押金补入差价。购买公司股份后在正常离退休时由公司根据当时的评估价格回购。购买公司股份后如果非正常离开公司,则所持股份由公司以购买价格和现时评估价格中价低者回购。

(三)股票期权的功能

作为一种激励机制,股票期权能够改变公司管理机制,改善公司人力资源状况,最终推动公司业绩上升,增加股东财富。其主要功能体现在以下几方面。

1.协调企业所有者与经营者之间的矛盾

在现代企业制度下,企业所有权和经营权相分离,所有者和经营者作为两个独立的经济主体,目标往往存在分歧。所有者希望企业资产保值增值,以最少的资本投入获取最大的经济利益,实现企业利润最大化。而经营者不具有产权,不参与企业利润分配,关心的是报酬、闲暇及如何避免风险。企业的决策要么损害所有者的利益,要么挫伤经理人员的积极性。股票期权使经理人员成为准资产所有者,公司经济效益的好坏直接关系到经营者能否行使公司股票期权,从而获得股票市场价格与执行价格之间的差额。因此,企业效益最大化成为经理人员个人效用最大化的前提,所有者和经营者的目标达到最大程度的一致。

2.有利于降低委托代理成本

企业所有权和经营权相分离,实质上形成了一种委托代理关系:所有者作为财产的委托人,必须支付给代理人(经营者)一定的代理成本。代理成本包括传统的薪酬,还包括由于经营者过失造成的企业发展损失以及所有者监督、控制经理人的费用。由于信息的不对称,经理人在经营过程中有可能损害所有者的利益,因此,代理存在着道德风险和逆向选择,经理人可以利用信息优势逃避监督。所以,所有者为了知道经理人是否将资金用于有益的投资,为实现股东收益最大化而努力工作,就必须付出高昂的代价,增加代理成本。实行股票期权制度,可以将经营者的薪酬与公司的业绩及未来收益联系起来,使经理人不遗余力地寻找创造利润的空间与机会,努力避免因决策失误而造成的损失,而且经理人只有努力工作,才能从不断上涨的公司价值中分享到应有的期权收益。这样,所有者就无须密切注意经营者的行为,这就大大减少了委托代理成本。

3.有利于选择、吸引和稳定优秀人才

优秀人才是稀缺资源,是决定企业兴衰成败的关键因素。在知识经济时代,优秀人才的地位和作用更加突出。为了吸引、留住优秀人才,公司必须向经理人提供较为优厚的待遇,但是高额的工资和奖金会引起公众的注意和反感,更会受到税收等政策的控制。而股票期权则不同,它把未来的预期财富以隐蔽的期权方式转移到经理人手中,经理人可以享有税收优惠;即使经理人在

实施期权后离开了企业,也仍可以通过股权来分享企业成长的收益。同时,股票期权把经理人的所得与他们的贡献紧紧地联系在一起,使经理人有一种事业上的成就感。因此,股票期权比现金报酬对优秀人才的吸引力大。

股票期权制度促使公司建立比较完善的业绩评价体系,使得股票期权在发挥激励作用时对人才进行筛选,淘汰不合格人员。在以工作业绩决定个人收益的评价体系中,会形成适者生存的局面,最终将公司发展需要的人才留下来。

此外,许多公司对股票期权附加限制条件。国外通行的做法是规定股票期权授予一年之后方可行使,并且在未来期权持续期内,按匀速或非匀速分期分批行使。经理人若在期权持续期内离开公司,将丧失部分尚未行使的剩余期权,加大了经理人离职的机会成本,避免了优秀人才流失,成为稳定与约束经理人的有效手段。

4. 有效地抑制经理人的短视行为

经理人的短视行为指在有限任期内和传统薪酬不足以反映其贡献的情况下,经理人追求个人利益最大化而损害企业长期发展的行为。传统的薪酬制是以经营者为公司创造的效益为基础逐年进行考核的,而一些有利于公司长期发展的计划,诸如公司并购、重组及长期投资等,带来的影响往往是长期的,效果要在三五年甚至十年后才会体现在财务报表上,而计划执行当年的财务指标记录仅为执行费用,常常表现为收益很少,甚至为零、为负,会出现业绩考核不能真正反映经理人努力程度的现象,导致报酬不公。出于对个人收益率的考虑,高级管理人员可能急功近利,采取短期化的决策行为或经营行为,忽视企业可持续发展和核心竞争力的培育。

股票期权的实施要求根据公司业绩进行综合考评,这就要求考核要关注企业本年度实现的财务指标和企业将来的价值体现。由于股票期权的实施,经理人的传统薪酬收入可能下降,从而使经理人的短视行为带来的短期经济增长不会给他们带来实质性的收益。这就在一定程度上弱化了经理人的短视行为。另外,股票期权作为长期动态的激励制度,它将部分奖励延期兑现,管理人员即使卸任,仍拥有企业的股票期权,继续享受企业发展、股价上升带来的收益。

5. 有利于提高管理层的决策水平

股票期权使管理层和企业利益相关,当一项决策直接影响公司的利益或间接影响个人利益时,管理层在决策时就会慎重很多。如果对决策后果无十分把握,管理层的决策过程可能很自然地趋向民主化,接受其他员工或专家的意见。为了增大公司的利益,同时也使其个人利益最大化,管理层往往会反复斟酌、权衡以选择最佳和最实际可行的决策,在某种程度上有利于减少轻率的、盲目的或武断的决策,避免了错误决策给企业带来的损失。

6. 有利于节约企业经营成本

企业通过授予经理人股票期权,减少薪酬支出,减轻日常支付现金的负担,有利于财务运作。而且股票期权是不确定的预期收入,其价值只有在经理人经过若干年的奋斗,公司经营业绩上升和股票市价上涨后才能得以体现。这种收入是在资本市场中实现的,在实施过程中公司始终没有大规模的现金流出。同时若以增发新股的形式实施股票期权制度,公司的资金还会增加。

7. 有利于激发经营者的才能,鼓励其勇于承担风险

研究表明:若没有激励,一个人只能发挥 $20\% \sim 30\%$ 的能力;若施以激励,其能力可发挥到

80％～90％。传统薪酬制度下,经理人的大部分收入按合同固定支付,与公司的未来业绩相关不大,经理人没有承担风险的压力。股票期权将经理人的收入与企业未来市值紧密相连,经理人的高额报酬只是对未来的良好预期。若公司经营得好,经理人行使股票期权获得高收入;否则,经理人一无所得还要承受名誉损失。这就要求经理人勇于承担风险,加强自我约束,全身心投入企业的经营管理活动中去。

思考与讨论

1.什么是短期激励计划? 短期激励计划有哪些种类?

2.长期激励计划有什么作用? 针对不同类型员工的长期激励计划是否应该有差异? 为什么?

3.简述股票所有权计划的基本类型。

4.分析中国企业采取股票所有权计划激励管理者和员工可能会遇到的问题。

实训题

如果你想让员工们觉得自己的薪酬体系是安全的,那么薪酬将会包含哪些部分,同时会避免哪些部分?

宝洁(中国区)员工福利

始创于 1837 年的宝洁公司,是世界最大的日用消费品公司之一。宝洁公司全球雇员超过 10 万人,在全球 80 多个国家设有工厂及分公司,所经营的 300 多个品牌的产品畅销 160 多个国家和地区,其中包括织物及家居护理、美发美容、婴儿及家庭护理、健康护理、食品及饮料等。

为了吸引和留住最优秀的人才,宝洁提供的福利薪酬待遇,在同行业中属于佼佼者。公司每年都会做工资市场调查,以确保宝洁的工资和福利是具有绝对竞争力的。宝洁除了为员工购买各种品类齐全的保险外,更在中国推出"宝洁奖励股"及其他项目,以创造一种鼓励担风险、提倡主人翁精神、激发创造性思维的宝洁新文化氛围。这会使员工及时关注公司的动态,拥有机会分享公司的成功。

公司主要的一些福利项目包括住房福利、医疗福利、福利保险、假期、奖励福利。

1. 住房福利

(1)住宿安排。考虑到新员工在适应崭新的工作和环境的同时未必能马上找到合适的住所,因此,在上岗培训结束之后,公司会为新员工安排暂时住所,期限为三至六个月,员工可选择入住并且不需要支付房租。

(2)房租补贴。根据当地住房市场的情况,公司给所有未曾享受公司任何一项住房福利的员工发放房租补贴,以提供一定程度上的财力资助。

(3)住房公积金。根据当地政府保障职工住房基本需要的要求,公司为每位员工缴纳了相同于或多于其本人所需缴纳数额的住房公积金,为员工将来购房、建房、修房积累下一定的资金。此外,为奖励、保留优秀的员工,公司还制定了资助员工购买私人住房的政策。公司为优秀员工提供无息购房贷款,员工只需分期偿还其中的部分贷款。

2. 医疗福利

公司为员工提供医疗福利,员工只需支付小部分的门诊费用和极少部分的住院费用。

3. 福利保险

(1)人寿保险和人身意外伤害保险。员工自正式加入公司起享受人寿保险和人身意外伤害保险两项人身保险。保险费全部由公司负担。此保险是在员工发生人身意外或伤残的情况下,向员工的亲人或员工本人提供经济上的资助以渡过难关,恢复经济来源。

(2)宝洁全球差旅意外保险。公司为所有因公务出差的员工提供此项保险。在发生人身意外死亡情况下,公司将赔偿员工的直系亲属三倍的年薪。

(3)社会保险(国家统筹安排的社会福利项目)。

①养老保险。根据国家和当地政府的规定,养老保险金由公司和员工共同分担,公司承担大部分。

②公司会按当地政府的规定为员工购买工伤、生育、失业等社会保险项目。

4.假期

(1)员工假/探亲假。

①工会根据其服务年限,每年享受一定工作日的员工假。

②探亲假按照国家有关规定执行。

(2)病假/婚假/丧假/产假等。

①根据公司有关政策及工龄情况,员工享受全薪及部分薪酬病假。

②对于员工的特别需求,如结婚、丧葬等情况,公司给予员工一定时期的全薪假期。

(3)公共假期。员工每年除享受国家法定的公共假期外,还享受2天圣诞全薪假日。

5.奖励福利

(1)一股奖励计划。为了让员工有机会分享公司的成功,在公司工作满六个月的正式员工,在五年后将收到一股宝洁普通股的全部价值(包括股价的所有增值部分)以及分配到的全部股息作为奖励。

(2)宝洁周年服务纪念计划。此计划是对员工在宝洁公司(即中国的各合资公司及独资公司)任职周年的承认和庆贺。公司借此计划表达对员工忠诚的服务态度及贡献的万分感谢。

(3)股票选择计划。为了让员工有更全面分享公司成功的机会,在公司工作的正式员工,可获准选择在参加该项计划的第六年到第十年间得到价值为一定数量的宝洁普通股的增值部分。

任务一　制定员工的福利制度

知识目标

★了解员工福利的含义和基本特征

★了解弹性福利制

★掌握企业制定员工福利的方法

技能目标

★能根据企业的经营战略制定企业的员工福利体系

任务导入

从弹性福利的动态博弈中挖掘激励因素

A企业是华东地区的一家大型船用柴油机制造企业。随着近几年国际市场对船用柴油机需求量的大幅增长,公司的效益也呈现出稳步上升的趋势。为了稳定和吸引内外部人才,提高企业竞争力,公司先后出台了一系列有关福利政策的改革方案和措施,如增加福利项目的种类、提高福利项目的额度等。然而,在随后的民意调查中,许多员工却仍然反映对新的福利政策有着诸多的不满,主要表现在以下两个方面。

首先,不同年龄、不同岗位的员工群体对于福利的需求不尽相同,总有部分福利项目对某些员工群体而言没有太大需要,比如正处于适婚阶段的年轻员工,迫切需要解决住房问题,对补充养老则没有兴趣;而临近退休的老员工则关注养老生活,多数对住房补贴不太关注,但如果员工不使用这些福利内容,则多半会作废。这种福利项目变成了让员工食之无味、弃之可惜的鸡肋。

其次,有些福利项目,比如住房补贴,员工现在很需要,可是公司在这方面给予的福利额度太低,如果员工现在享受的话,自身的负担又会很大。这类福利项目对改善员工环境所起的作用总会让人产生隔靴搔痒之感。

同样,面对基层员工的不满,公司领导也有诸多的难处和困惑:过去,在福利方面的大额投入,并没有在核心员工的使用和保留方面起到预想的激励与约束作用,尽管福利额度很高,员工该走的还是要走。现在,外部市场竞争愈发激烈,企业投在员工福利方面的钱比以前也花的更多了,可大家还是会有这样那样的牢骚与不满。公司领导陷入了沉思中。

任务1:怎样才能把投向福利方面的资金用在刀刃上?

任务2:怎样才能更好地满足不同类型员工的需求,有计划、有步骤地调动他们的积极性?

任务分析

企业目前在福利制度管理上很显然遇到了突出问题:怎么样才能满足不同员工的需求,调动员工的积极性。在新的环境下,员工福利制度将表现出新的特点。因此,此时进行员工福利制度管理的变革正当其时。关键要解决的问题就是如何根据企业的经营战略和企业目前的管理状况,制定合适的员工福利制度,并设计与之相匹配的福利结构。

知识链接

一、员工福利制度的含义

员工福利是薪酬体系的重要组成部分,是企业或组织以福利的形式提供给员工的报酬。福利是组织为员工提供的除工资与奖金之外的一切物质待遇,是劳动的间接回报。福利从构成上可分成法定福利和企业福利两类。前者是指国家或地方政府为保障员工利益而强制各类组织执行的报酬部分,包括基本养老保险、医疗保险、失业保险、生育保险、工伤保险和住房公积金等;后者则建立在企业自愿基础之上,项目的多少和支付方式均由企业自行决定。企业福利常见的有免费工作餐、交通服务或交通补贴、住房福利、购车福利、补充养老保险、带薪假期、卫生设施及医疗保健、文娱体育设施、休闲旅游等。

员工福利制度是指用人单位为员工提供非工资收入福利的"一揽子"计划和安排,主要包括员工福利项目的构成、员工福利的成本和收益、员工福利资金使用的规划和安排。对于员工福利制度的概念可以从以下几方面理解。

1. 员工福利制度目标是员工福利制度的首要问题

员工福利制度的目标可以来自政府,由国家法律、法规强制确定;也可以来自用人单位的动机,由用人单位自愿确定。例如,如果用人单位提供员工福利制度的目标是保障员工基本生活需要,则可以按照国家法律、法规的规定,参加社会保险计划。如果用人单位提供员工福利制度的目标是提高员工的生活水平、增强用人单位的吸引力,那么用人单位提供的员工福利水平就要依据当地生活水平,参考其他用人单位提供员工福利制度的情况。

2. 员工福利制度是长期的规划

员工福利给付的长期性,需要用人单位在规划员工福利时,必须审慎地考虑员工福利的成本,审慎地考虑用人单位的业务收入及利润的状况、员工的年龄和工作年限、用人单位能够承担员工福利的限度,这样才能有计划地实施和运营员工福利。一般来说,用人单位利润的提取,可以采取固定比例制和累进比例制。固定比例制通常应用于税前利润,也可以以税后利润为基数。

累进比例制下,利润越高,员工福利制度提取资金的比例就越高。

3.员工福利制度是动态的计划

员工福利制度是伴随着用人单位的成长、发展、生存环境和竞争力的变化而变化的福利计划。一般来说,员工福利制度的制定需要依据用人单位的发展战略,并随着用人单位发展战略的变化进行相应的调整。

4.不同的员工福利制度产生不同的结果

一般来说,物质激励性的员工福利制度主要强调员工福利制度产生的激励作用,以激发员工努力工作。风险保障性的员工福利制度主要强调计划的规避风险和经济补偿的功能,为员工提供规避风险的保障,可以促使员工安心地工作,解除员工的后顾之忧。成本利用性的员工福利制度主要强调员工福利制度的避税作用,以降低用人单位的成本,用减少的成本使用人单位和员工获得更大的收益。员工福利制度的内容,直接影响员工福利制度实施的效果,直接影响员工对福利的满意度。

5.员工福利制度是工资待遇的补充计划

员工对福利的满意程度与对工作的满意程度是直接相关的,如果员工对工作的满意度比较差,对员工福利的满意度也就不会很高;如果员工对工作的满意度比较高,对员工福利的满意度也会很高。员工对工作的满意度直接影响其对员工福利的满意度。只有在用人单位工资支付制度比较合理的情况下设计的员工福利制度,才能得到员工的普遍认同,员工福利制度才是工资待遇的补充计划。

二、弹性福利制

弹性福利制又称自助餐式福利,或弹性福利计划,是一种有别于传统固定式福利的新员工福利制度。员工可以从企业所提供的一份列有各种福利项目的"菜单"中自由选择其所需要的福利。弹性福利制强调让员工依照自己的需求从企业所提供的福利项目中来选择组合属于自己的一套福利"套餐"。每一个员工都有自己"专属的"福利组合。另外,弹性福利制强调员工参与的过程,希望从别人的角度来了解他人的需要。但事实上,实施弹性福利制的企业,并不会让员工毫无限制地挑选福利措施,通常公司都会根据员工的薪水、工龄或家属等因素来设定每一个员工所拥有的福利限额。而在福利清单上所列出的福利项目都会附一个金额,员工只能在自己的限额内购买喜欢的福利。

1.弹性福利制的类型

(1)附加型弹性福利计划。这是最普及的一种形式,是在现有的福利计划之外,再提供其他不同的福利措施或扩大原有福利项目的水准,让员工去选择。

(2)核心加选择型。这由"核心福利"和"弹性选择福利"所组成。前者是每个员工都可以享有的基本福利,不能自由选择;后者可以随意选择,并附有价格。

(3)弹性支用账户。这是比较特殊的一种,员工每一年可从其税前总收入中拨取一定数额的款项作为自己的"支用账户",并以此账户去选择购买企业所提供的各种福利项目。拨入支用账户的金额不须扣缴所得税,不过账户中的金额如未能于年度内用完,余额就归公司所有;既不可在下一个年度中并用,亦不能够以现金的方式发放。

(4)福利套餐型。这是由企业同时推出不同的福利组合,每一个组合所包含的福利项目或优惠水准都不一样,员工只能选择其中的一个。

（5）选高择低型。企业一般会提供几种项目不等、程度不一的福利组合供员工选择，以组织现有的固定福利计划为基础，再以此规划数种不同的福利组合。这些组合的价值和原有的固定福利相比，有的高，有的低。如果员工看中了一个价值较原有福利项目还高的福利组合，那么他就需要从薪水中扣除一定的金额来支付其间的差价；如果他挑选了一个价值较低的福利组合，他就可以要求企业发给其间的差额。

2.弹性福利制的优点

弹性福利制的实施具有显著的优点。

首先，由于每个员工个人的情况是不同的，因此他们的需求可能也是不同的。弹性福利制充分考虑了员工个人的需求，使他们可以根据自己的需求来选择福利项目，这样就满足了员工不同的需求，从而提高了福利计划的适应性，这是它最大的优点。

其次，由员工自行选择所需要的福利项目，企业就可以不再提供那些员工不需要的福利，这有助于节约福利成本。

最后，这种模式的实施通常会给出每个员工的福利限额和每项福利的金额，这样就会促使员工更加注意自己的选择，从而有助于进行福利成本控制，同时还会使员工真实地感觉到企业给自己提供了福利。

所以，弹性福利制既有效控制了企业福利成本又照顾到了员工对福利项目的个性化需求，可以说是一个双赢的管理模式。弹性福利制正在被越来越多的企业关注和采纳。

3.弹性福利制现存的问题

首先，部分员工在选择福利项目时未仔细考虑或只看眼前，以至于选择了不实用的福利项目；其次，实施弹性福利制，通常会伴随着繁杂的行政作业，尤其在登录员工的福利资料或重新选择福利项目时，会造成承办人员的极大负担；最后，在实施弹性福利制初期，行政费用会增加，成本往往不减反增。

三、员工福利制度设计的原则

用人单位在规划员工福利制度的过程中，一般应该遵循以下几个方面的原则。

1.合理性原则

在规划员工福利的过程中，用人单位应该提取与筹集一定比例的资金，用于员工福利的发放和员工福利设施的建设。但是，这一比例的提取应该有一定的限度，应该控制在用人单位具有支付能力的限度内。除了在用人单位支付能力以内，还应该满足用人单位增强竞争力的需要。随着人民生活水平的不断提高，随着居民消费结构和方式的变化，用人单位应该合理地设计、调整员工福利方案，争取以较低的成本获得最大的福利效用。

2.统筹规划原则

员工福利设施的建设和员工福利制度的设计，应该从用人单位长远发展的角度进行规划，认真地做好员工福利的预算和决算工作，要讲求经济效益，避免福利设施的重复建设，避免各种形式的资源浪费。

3.公平性原则

员工福利的设计应该遵循公平性原则，使员工产生公平的感觉，增强员工对用人单位的忠诚度，激发员工工作的积极性。另外，对于绩效好的员工，也可以通过员工福利设计方案的差别，体现员工的劳动贡献，以达到公平性的原则。例如，采取股权激励计划的方式，奖励具有突出贡献的员工等。

4.合法性原则

用人单位在设计员工福利制度时,必须参照国家的各项法律、法规,使员工福利制度具有合法性。

四、员工福利制度规划的步骤

规划员工福利制度需要遵循一定的步骤,具体如下。

1.调查员工福利的需求

不同层次、不同收入的员工,会有不同的福利需求和期望;不同的员工福利制度,对于不同层次、不同收入员工的满足也是不同的。因此,用人单位在规划员工福利制度时,首要的步骤是调查员工的福利需求。对于员工需求比较普遍、比较迫切的福利项目,可以优先考虑;对于员工需求比较少、不感兴趣的福利项目,可以暂不考虑。

2.设计员工福利制度

在调查员工福利需求的基础上,员工福利制度的管理者需要花费较多的时间和精力进行员工福利制度的成本核算。其成本核算的过程是:首先,通过销售量或者利润计算出用人单位可供支配的福利费用。其次,在充分考虑行业、用人单位竞争对手提供福利和法律法规的基础上,进行主要福利项目的成本核算,确定每种员工福利项目的成本,确定每名员工可以获得的满足。最后,在此基础上,制订相应的员工福利项目成本计划,争取在满足员工福利目标的前提下降低成本。

3.论证员工福利制度的可行性

员工福利制度确定以后,需要论证员工福利项目的可行性,尤其是长期性给付的员工福利制度,需要在充分论证其可行性的基础上才能实施。这是因为,一些国家的法律、法规要求员工福利制度一旦实施,不能随意终止。例如,美国政府规定,建立企业年金计划的单位,不得随意终止计划的实施。如果要终止企业年金计划,必须证明用人单位的财务状况确实比较差,必须经过政府监管部门的审批。只有在充分论证福利项目可行、用人单位具备充分财力的情况下,才能实施长期性员工福利制度;否则,不仅不能够享受税收优惠,而且还要接受惩罚性税收。

4.实施员工福利制度

员工福利制度在论证可行的情况下,就可以组织实施。在员工福利制度实施的过程中,应该根据员工福利的目标去实施,要落实预算,要按照各个福利项目的计划有步骤地实施,要定期检查员工福利的实施情况。员工福利方案在执行的过程中,要具有一定的灵活性,防止损害员工的积极性,防止漏洞的产生。例如,高成本的福利项目覆盖范围不宜过大,否则,就会引起较大的负效应。

5.反馈对员工福利制度的意见

员工福利制度实施以后,其实施效果如何,需要进行员工福利制度实施效果的反馈调查。这是员工福利制度最大限度地满足员工需要的过程。反馈对员工福利制度的意见,需要调查员工对某一福利项目的满意程度,来决定是否需要取消某些福利项目,是否需要进一步改进某些福利项目。反馈员工意见的方式有以下几种:①向全体员工介绍有关的福利项目;②与一些员工谈话,了解某一层次或者某一类型员工的福利需求;③公布一些福利项目让员工自己挑选;④利用各种内部刊物或其他场合介绍有关福利项目;⑤搜集员工对各种福利项目的反馈意见;⑥让员工填写有关福利项目的调查表。

五、影响员工福利制度的因素

规划员工福利需要考虑影响福利待遇水平的因素。一般来说,规划员工福利需要综合考虑影响用人单位发展的内部因素和外部因素,需要考虑员工的特点和人数,这样才能保证员工福利制度的持续性和有效性。

1.影响员工福利制度的外部因素

(1)国家法律、法规的规定。国家法律、法规要求用人单位为员工的健康和安全提供保障,同时还要提供各种各样的福利以弥补员工生病、工伤、失业、退休的收入损失。对于国家立法要求用人单位必须办理的员工福利,无论用人单位是否愿意提供,无论员工是否迫切需要,用人单位都必须提供。一般来说,国家法律、法规的规定影响着员工福利的保障水平和福利待遇的内容。

(2)消费物价指数。用人单位以货币的形式向员工提供福利待遇时,实际福利等于名义福利(货币福利)与消费物价指数的比率。由此可知,消费物价指数越高,实际福利待遇水平则越低;反之,实际福利待遇水平则越高。在消费物价指数不断上涨的过程中,用人单位为了保持原有的福利水平,需要不断地增加福利费用开支,否则就会影响到员工的福利待遇水平。

(3)劳动力市场状况。员工福利同工资一样,属于员工的薪酬。员工的薪酬即劳动力获得的劳动报酬,是受劳动力市场供求关系影响的。在其他条件不变的情况下,当劳动力的供给大于需求时,劳动者在较低的劳动报酬下依然愿意就业,员工福利水平就会降低;反之,员工福利水平就会提高。

(4)竞争对手的员工福利水平。用人单位要吸引、留住员工,保持在劳动力市场的竞争力,就必须考虑同行业其他用人单位提供的员工福利水平,这是员工进行横向比较的重要参照依据。如果竞争对手的福利水平提高,用人单位也要进行必要的调整;否则,就会影响员工工作的情绪,就会造成人才的流失。

(5)工会的态度和力量。一般来说,工会对员工福利的态度和力量决定着员工福利待遇的水平。工会的态度越强硬、力量越强大,工会在推动员工福利待遇水平提高方面的作用就越强;相反,工会在推动员工福利待遇水平提高方面的作用就越弱。

2.影响员工福利制度的内部因素

(1)用人单位的支付能力。用人单位处于不同的发展阶段,其经营的目标不同,提供的员工福利待遇也是不同的。一般来说,支付能力强的用人单位,员工福利待遇水平也比较高;支付能力差的用人单位,员工福利待遇水平也就比较低。

(2)员工工资水平。员工的工资水平,决定着员工对福利待遇的认可程度和对福利待遇的接受程度。一般来说,员工的工资水平越高,对福利待遇认可的程度就越低;相反,员工的工资水平越低,对福利待遇认可的程度就越高。因此,用人单位在设计福利计划时,必须注意不同收入的员工对福利待遇的需求,用人单位提供的福利待遇,应该同员工的收入水平相匹配。

(3)员工的年龄和受教育程度构成。员工的年龄和受教育程度的不同,也会导致员工福利需求的差异。一般来说,年轻员工比较偏好高工资、低福利的组合,中老年员工对福利的接受程度相对较高;有家庭的员工对员工福利的需求更多。例如,年龄较大的员工更加注重稳定的生活,倾向于获得更高的福利。因此,用人单位在设计员工福利时,应该考虑员工的年龄和受教育程度的构成。

六、员工福利制度的成本和收益

员工福利制度的成本可以由用人单位全部承担，也可以由用人单位和员工共同承担。如果员工承担部分资金，则要考虑员工对于缴费的承担能力。如果员工承担过重的负担，就会影响员工福利制度的吸引力。员工福利的实施，会增加用人单位的成本，用人单位应考虑其经营的边际收益及竞争条件等因素。

1.员工福利制度的成本

员工福利规划的成本核算主要包括以下几个方面的内容：

（1）员工福利支出的总费用。制定员工福利，需要考虑用人单位可能支付的资金。一般来说，通过分析销售额或者利润，可以计算出用人单位可能支出的最高福利费用。例如，我国政府规定，允许企业税前扣除工资、薪金总额14%的资金，发展职工福利制度；允许税前扣除工资、薪金总额2%的工会经费；允许税前扣除工资、薪金总额8%的职工教育经费。这也就是说，用人单位可以税前扣除的福利经费为税前利润的24%。如果用人单位发展企业年金计划，允许占员工工资总额5%的费用计入成本。根据用人单位上一年的利润或销售额，就可以计算出用人单位员工福利制度可以支出的总预算费用。

（2）做出员工福利项目支出预算。用人单位的员工福利制度到底需要多少资金，需要做出员工福利项目支出的预算。员工福利项目支出的预算规划大致需要经过以下几个步骤：确定每一个员工福利项目的平均成本；确定享受福利待遇员工的数量；确定该福利项目费用的预算，即确定相应的员工福利制度的成本；在计算每一个员工福利项目的成本预算以后，需要确定所有员工福利项目的总成本。

（3）在满足福利目标的前提下，尽可能地降低成本。为了降低员工福利制度的成本，用人单位不必向所有员工都提供一样的福利，可以根据具体情况区别对待。

2.员工福利规划的收益

一般来说，员工福利规划的收益是比较难衡量的，因为员工福利带给人的满足和安全是一种感觉，这种感觉很难具体地体现出来，因此，要使员工福利项目最大限度地满足员工的需要，福利沟通十分重要。要了解员工对福利的满意程度，可以采取发放问卷的办法，通过分析员工对问卷的回答，可以得出员工对已经实施的员工福利制度的满足程度，以获得有关员工福利规划收益方面的信息。

思考与讨论

1.如何制定适合公司各类员工需求的福利制度？

2.谈谈你对我国员工福利制度改革的思考。

实训题

调研你所熟悉的某制造企业的员工福利制度，并进行员工满意度分析。

任务二　制定员工的社会保险制度

知识目标

★了解员工保险制度的含义和基本特征
★了解员工保险制度的内容

社会保险制度(上)　　社会保险制度(下)

技能目标

★能根据相关法律法规制定企业的员工社会保险制度

任务导入

事先约好,就可以不缴纳社会保险吗?

A公司是某国外公司在中国投资设立的一家独资公司。2001年,A公司聘请刘先生担任开发部经理。A公司总裁亲自和刘先生商谈他的工资和相关待遇,给刘先生确定月工资为1.2万元,但是提出公司不负责提供社会保险。刘先生觉得工资定得这么高,自己身体健康,一般不会有什么大病,至于养老问题,现在考虑为时过早,不如多挣钱,只要买点商业保险就没问题了,便同意了A公司的提议。

随后A公司与刘先生签订了一份协议书,说明公司已将社会保险费用同工资一起支付给了刘先生,如果刘先生要交社会保险,所需的费用由刘先生承担。

2006年10月,刘先生由于工作上的失误,被公司解除了合同。刘先生当时非常想不通,毕竟自己在公司工作了5年,公司不应该因为一点点失误就解除和他的合同。

同时,刘先生经咨询后得知,自己到退休时,由于交费年限不够,还不能按月领取养老保险金。于是刘先生向公司提出,由公司补上他在公司期间的各项社会保险费。

但公司指出按照双方当初的约定,公司应当为其缴纳社会保险的这部分费用已折合成现金作为工资发放,而且公司有言在先,要求其购买商业保险来解决医疗和养老的问题,所以公司不应再负责他的社会保险。

刘先生认为公司的做法侵犯了他的合法权益,而公司则认为不缴纳社会保险,是事先约定好的,况且已为员工在保险公司投了商业保险,公司没有任何过错。

任务1:有商业保险是不是就可以不办理社会保险? 公司与个人签订不办理社会保险的协议是否有效?

任务2:公司是否应该为刘先生补交社会保险费? 公司如果替刘先生补交社会保险费,公司能向刘先生要回折合成现金作为工资发放的社会保险费吗?

任务分析

已经参加商业保险的企业或职工也必须按规定参加社会保险。因为社会保险是依据法律、法规强制实行的法定保险制度,参加社会保险既是每个企业和职工应有的权利,也是其应尽的义务。而商业保险作为社会保险的补充形式,由企业和职工自愿选择参加,但不能取代社会保险。公司与个人签订不办理社会保险的协议是无效的,公司应该为刘先生补交社会保险费。刘先生工资中的相应部分,应该退还给公司。

📖 **知识链接**

一、社会保险的含义

社会保险是国家通过立法,使劳动者在年老、患病、工伤、失业、生育等情况下可以从社会上获得物质帮助和补偿,防止收入的中断、减少和丧失,以保障其基本生活需求的一种社会保障制度。社会保险计划由政府举办,强制某一群体将其收入的一部分作为社会保险税(费)形成社会保险基金,在满足一定条件的情况下,被保险人可从基金中获得固定的收入或损失的补偿。它是一种再分配制度,它的目标是保证物质及劳动力的再生产和社会的稳定。

《中华人民共和国劳动法》规定,用人单位和劳动者必须依法参加社会保险,缴纳社会保险费。因此,劳动者享受社会保险的权利,是以其对社会履行了缴费义务为前提的。国家兴办社会保险事业,是国家对劳动者履行的一种社会责任,也是劳动者应该享受的基本权利之一。《中华人民共和国劳动合同法》《社会保险费征缴暂行条例》《失业保险条例》《工伤保险条例》等法律法规都做了明确规定,用人单位及其职工必须依法参加社会保险。

二、社会保险的特性

(1)保障性。实施社会保险的根本目的,就是保障劳动者在其失去劳动能力之后的基本生活,从而维护社会稳定。

(2)法定性。法定性体现在国家立法强制实施方面。保险待遇的享受者及其所在单位,双方都必须按照规定参加并依法缴纳社会保险费,不能自愿。

(3)互济性。互济性是指社会保险按照社会共担风险原则进行组织。社会保险费由国家、企业、个人三方负担,建立社会保险基金。

(4)福利性。社会保险不以营利为目的,它以最少的花费,解决最大的社会保障问题,属于社会福利性质。

(5)普遍性。社会保险实施范围广,所有的用人单位都必须为所有员工缴纳社会保险。

三、社会保险的作用

社会保险是现代社会经济生活的重要方面,是一项重要的社会政策,它既是劳动者享有的维持基本生活的权利,也是政府应承担的义务,对保障人民基本生活、维护社会稳定、促进经济发展起着重要作用。社会保险的作用具体体现在以下几方面:

(1)社会保险能发挥社会稳定器的作用。社会成员的老、弱、病、残、孕以及丧失劳动能力是在任何时代和任何社会制度下都无法避免的客观现象。社会保险就是当社会成员遇到这种情况时给予适当的补偿以保障其基本生活水平,从而防止不安定因素的出现。

(2)社会保险有利于保证社会劳动力再生产顺利进行。劳动者在劳动过程中必然会遇到各种意外事件,造成劳动力再生产过程的停顿。而社会保险就是在劳动者遇到上述风险事故时给予其必要的经济补偿和生活保障,使劳动力得以恢复。

(3)社会保险有利于实现社会公平。人们在文化水平、劳动能力等方面的差异,会造成收入上的差距。社会保险可以通过强制征收保险费,聚集成保险基金,对收入较低或失去收入来源的劳动者给予补助,提高其生活水平,在一定程度上实现社会的公平分配。

（4）社会保险有利于推动社会进步。保险具有互助性的特点，社会保险更能体现出互助合作、同舟共济的精神。

四、社会保险制度的发展

社会保险制度起源于德国。德国于 1883—1889 年间先后颁布的有关工人的疾病医疗保险、工伤保险、老年残障保险等法律，不仅为当时较为落后的德国建立完整的社会保险制度奠定了基础，也为世界上其他国家建立自己的社会保险制度提供了示范。它的产生不仅被看成是现代社会保障制度得以确立的标志，而且是资本主义社会摆脱野蛮而逐渐进入文明发展阶段的分界线。自社会保险制度创立以来，世界上 170 多个国家或地区先后建立了自己的社会保险制度。纵观当代世界，可以发现这样一种现象，即凡是社会保险制度健全的国家或地区，劳动者的诸多后顾之忧得到了有效解除，劳资关系也必定由相互对立走向妥协与合作，社会因此而步入和谐。凡是想获得健康、持续、文明发展的国家或地区，都必定高度重视社会保险制度的建设。因此，社会保险制度的健全与否，客观上代表着一个国家或地区的社会文明进步水准与社会和谐程度。

我国社会保险制度发展的历程可以概括为三个阶段。

（一）1949—1978 年传统社会保险制度的建立

中华人民共和国成立后，社会保障成为国家重点关注的民生问题，社会保障制度最初以社会救助的形式出现。1951 年，《中华人民共和国劳动保险条例》颁布，开始建立覆盖机关事业单位职工和企业职工的城镇职工劳动保险制度，各项经费均由企业行政或资方负担。该制度为职工提供了生、老、病、死、伤、残的保障。1966 年至 1977 年间，城镇传统的"国家-单位保障模式"蜕化为"企业保险"，职工的保障完全转变为企业内部事务，从全国统筹演变为企业自保。

计划经济时期中国社会保险制度的基本特征，主要表现在三个方面：第一，具有公有制和计划经济的鲜明烙印；第二，强调国家的"计划"职能，平均主义成为社会保险制度安排的指导思想；第三，是一个条块分割的、封闭的体系。城市职工的单位保险，以本单位职工为服务对象。

（二）1978—2016 年现代社会保险制度的建立与发展

1978 年以前我国社会保障制度的典型特征是"企业保险"，而 1978—1991 年这一阶段主要是维持、巩固和完善这种制度模式，因此这一阶段的主要目的还是解决历史遗留问题和恢复养老保障制度。与此同时，这一阶段的一些改革措施也积极促进了"企业保险"向"社会保险"的转变。

（1）第一阶段是 1978—1990 年的"企业保险"与"社会保险"并举的改革探索期。这一阶段一方面是维持、巩固和完善原有"企业保险"制度模式；另一方面，自 1986 年 10 月 1 日起，国营企业在新招收工人中普遍推行劳动合同制，同时为合同制工人建立社会保险制度，以解决其退休养老和失业保险（当时叫待业保险）问题。这即所谓的"新人新制度，老人老制度"，试图依靠"新人"规模不断扩大，让留在旧制度的"老人"随时间推移逐年减少，最终用新制度取代旧制度。

（2）第二阶段是 1991—2000 年的全面建立社会保险制度阶段。这一阶段全面开启了由"企业保险"向"社会保险"制度模式转变的改革。1991 年 6 月，国务院发布《关于企业职工养老保险制度改革的决定》，开始尝试社会养老保险结构的改革实践。1993 年，中共中央十四届三中全会通过的《中共中央关于建立社会主义市场经济体制若干问题的决定》正式决定实行社会统筹和个人账户相结合的社会保险制度。1995 年,国务院发布《关于深化企业职工养老保险制度改革的通知》,具体确定"社会统筹与个人账户相结合"的实施方案。1997 年,国务院又颁布了《关于建立统一的企业职工基本养老保险制度的决定》,从统一企业和个人缴费比例、统一个人账户规模和统一养老金计发办法等三个方面强调实行统一制度。至此,我国的社会保险制度的基本框架已经建立。

(3)第三阶段是 2001—2016 年的社会保险体系完善阶段。2000 年国务院颁布了《关于印发完善城镇社会保障体系试点方案的通知》,决定从 2001 年 7 月开始在辽宁省进行完善城镇社会保障体系试点工作,目标是建立独立于企业事业单位之外、资金来源多元化、保障制度规范化、管理服务社会化的社会保障体系。

2010 年 10 月,我国公布了《中华人民共和国社会保险法》,并于 2011 年 7 月 1 日起施行。这是新中国成立以来第一部社会保险制度的综合性法律,确立了中国社会保险体系的基本框架。2012 年 8 月,国家发改委等六部委下发《关于开展城乡居民大病保险工作的指导意见》,探索建立重特大疾病保险制度。2014 年,国务院颁发《关于建立统一的城乡居民基本养老保险制度的意见》,提出建立统一的城乡居民基本养老保险制度。2015 年,国务院发布《关于机关事业单位工作人员养老保险制度改革的决定》,标志着城镇养老保险"双轨制"正式退出历史舞台,建立了覆盖全体城镇职工的统一养老保险制度。2016 年,我国将新型农村合作医疗保险制度与城镇居民医疗保险制度整合为城乡居民医疗保险制度,社会保险制度覆盖面进一步扩大。

(三)2017 年至今的新时代社会保险制度的进一步发展

党的十九大提出了健全覆盖全民、统筹城乡、公平统一、可持续的多层次的社会保障体系建设目标任务,党的十九届五中全会描绘了"十四五"时期乃至 2035 年我国经济社会发展的宏伟蓝图,做出了新的部署。《中共中央关于制定国民经济和社会发展第十四个五年规划和二〇三五年远景目标的建议》提出:"实现基本养老保险全国统筹,实施渐进式延迟法定退休年龄。发展多层次、多支柱养老保险体系。"

截至 2020 年底,职工基本养老保险、职工基本医疗保险、城乡居民基本养老保险、城乡居民基本医疗保险、失业保险、工伤保险参保人数分别达到 45638 万人、34123 万人、54244 万人、101576 万人、21689 万人、26770 万人,社会保险制度基本成型,覆盖面不断扩展。

目前,我国建成世界上规模最大的社会保障体系,基本养老保险覆盖 10.4 亿人,基本医疗保险参保率稳定在 95%。

党的二十大报告提出:"健全覆盖全民、统筹城乡、公平统一、安全规范、可持续的多层次社会保障体系。完善基本养老保险全国统筹制度,发展多层次、多支柱养老保险体系。实施渐进式延迟法定退休年龄。扩大社会保险覆盖面,健全基本养老、基本医疗保险筹资和待遇调整机制,推动基本医疗保险、失业保险、工伤保险省级统筹。"

五、社会保险制度的结构

从各国社会保险制度安排的发展实践来看,社会保险制度的结构如图 9-1 所示。

1.养老保险

养老保险是劳动者在达到法定退休年龄退休后,从政府和社会得到一定的经济补偿、物质帮助和服务的一项社会保险制度。国有企业、城镇集体企业、外商投资企业、城镇私营企业和其他城镇企业及其职工,实行企业化管理的事业单位及其职工必须参加基本养老保险。

```
                    ┌──────────┐        ┌──────────────┐
              ┌─────│ 养老保险 │───────▶│ 给付养老待遇 │
              │     └──────────┘        └──────────────┘
              │     ┌──────────┐        ┌──────────────┐
              ├─────│ 医疗保险 │───────▶│ 给付医疗待遇 │
              │     └──────────┘        └──────────────┘
              │                         ┌──────────────┐
              │     ┌──────────┐        │ 死亡给付     │
              ├─────│ 工伤保险 │────────│ 伤残给付     │
              │     └──────────┘        │ 工伤医疗     │
              │                         │ 工伤康复     │
┌──────┐      │                         └──────────────┘
│社会  │      │     ┌──────────┐        ┌──────────────┐
│保险  │──────┤     │ 失业保险 │────────│ 失业救济     │
│制度  │      ├─────└──────────┘        │ 促进就业     │
└──────┘      │                         │ 预防失业     │
              │                         └──────────────┘
              │     ┌──────────┐        ┌──────────────┐
              ├─────│ 生育保险 │────────│ 孕产保健     │
              │     └──────────┘        │ 产假津贴     │
              │                         │ 其他         │
              │                         └──────────────┘
              │     ┌──────────┐        ┌──────────────┐
              ├─────│ 护理保险 │───────▶│ 护理给付     │
              │     └──────────┘        └──────────────┘
              │     ┌──────────┐        ┌──────────────┐
              └┄┄┄┄┄│ 补充保险 │────────│ 企业年金     │
                    └──────────┘        │ 补充医疗保险 │
                                        │ 其他         │
                                        └──────────────┘
```

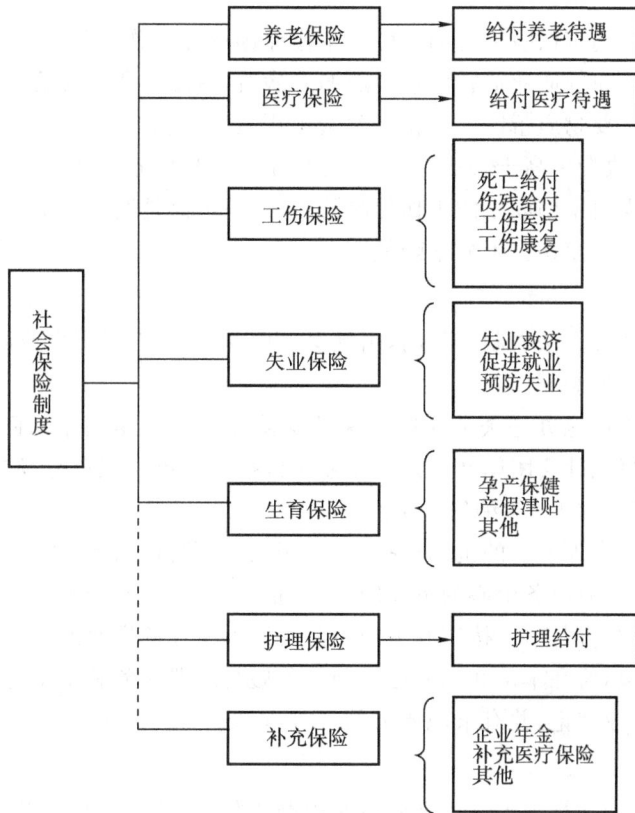

图 9-1 社会保险制度结构图

2022 年 1 月起,全国各地将统一执行国家核准的参保单位和个人缴费比例,调整后,养老保险缴费统一为:单位缴费比例 16%,个人缴费比例 8%。个体工商户及其员工,灵活就业人员及以个人形式参保的其他各类人员,根据缴费年限实行的是差别费率。职工按月领取养老金必须是达到法定退休年龄,并且已经办理退休手续;所在单位和个人依法参加了养老保险并履行了养老保险的缴费义务;个人缴费至少满 15 年。

2.医疗保险

基本医疗保险制度,是根据财政、企业和个人的承受能力所建立的保障职工基本医疗需求的社会保险制度。所有用人单位都要参加基本医疗保险。城镇职工基本医疗保险基金由基本医疗保险社会统筹基金和个人账户构成。基本医疗保险费由用人单位和职工个人共同缴纳。用人单位所缴纳的医疗保险费一部分用于建立基本医疗保险社会统筹基金,这部分基金主要用于支付参保职工住院和特殊慢性病门诊及抢救、急救等费用。发生的基本医疗保险起付标准以上、最高支付限额以下符合规定的医疗费,其中个人也要按规定负担一定比例的费用。个人账户资金主要用于支付参保人员在定点医疗机构和定点零售药店就医购药符合规定的费用,个人账户资金用完或不足部分,由参保人员个人用现金支付。

参加基本医疗保险的单位及个人,必须同时参加大额医疗保险,并按规定按时足额缴纳基本医疗保险费和大额医疗保险费,才能享受医疗保险的相关待遇。

3.工伤保险

工伤保险也称职业伤害保险。劳动者由于工作原因并在工作过程中受意外伤害,或因接触粉尘、放射线、有毒害物质等职业危害因素引起职业病后,由国家和社会给负伤、致残者以及死亡者生前供养亲属提供必要物质帮助。工伤保险费由用人单位缴纳,对于工伤事故发生率较高的行业,工伤保险费的征收费率高于一般标准,一方面是为了保障这些行业的职工发生工伤时,工伤保险基金可以足额支付工伤职工的工伤保险待遇;另一方面是通过高费率征收,使企业有风险意识,加强工伤预防工作,使伤亡事故率降低。

4.失业保险

失业保险是国家通过立法强制实行的,由社会集中建立基金,对因失业而暂时中断生活来源的劳动者提供物质帮助的制度。

各类企业及其职工都应办理失业保险。失业保险基金主要是用于保障失业人员的基本生活。城镇企业、事业单位、社会团体和民办非企业单位按照本单位工资总额的2%缴纳失业保险费,其职工按照本人工资的1%缴纳失业保险费。

当前我国失业保险参保职工的范围包括:在岗职工;停薪留职、请长假、外借、外聘、内退等在册不在岗职工;进入再就业服务中心的下岗职工;其他与本单位建立劳动关系的职工(包括建立劳动关系的临时工和农村用工)。按照有关规定具备以下条件的失业人员可享受失业保险待遇:按照规定参加失业保险,所在单位和本人已按照规定履行缴费义务满1年的;不是因本人意愿中断就业的;已经办理失业登记,并有求职要求的。

5.生育保险

根据法律规定,在职女性因生育子女而暂时中断工作、失去正常收入来源时,由国家或社会提供物质帮助。所有用人单位及其职工都要参加生育保险。生育保险由用人单位统一缴纳,职工个人不缴纳生育保险费。生育保险费的提取比例最高不得超过工资总额的1%。

2019年3月,国务院办公厅印发《国务院办公厅关于全面推进生育保险和职工基本医疗保险合并实施的意见》,提出生育保险基金并入职工基本医疗保险基金,统一征缴,统筹层次一致。

思考与讨论

1.在确定员工社会保险制度时,企业应如何与国家的相关法律法规一致?
2.谈谈你对我国社会保险制度改革的思考。

实训题

调研你所熟悉的某制造企业的员工社会保险制度,分析它是否与国家相关法律法规一致。

任务三 制定员工职业健康安全管理制度

知识目标

★了解职业健康安全的含义
★了解职业健康安全管理制度的发展状况
★了解制定职业健康安全管理体系的程序

技能目标

★能根据企业的具体情况制定企业的职业健康安全管理制度

任务导入

华天公司职业健康安全管理制度

为了认真贯彻《中华人民共和国职业病防治法》,预防、控制和消除职业病危害,防治职业病,保护本公司职工的健康及其相关权益,改善生产作业环境,做好职业健康安全工作,经职业健康安全工作领导小组讨论,制定本公司职业健康安全管理制度。

一、各部门、各车间在总经理、职业健康安全工作领导小组的领导下,履行各自职责,做好职业病防治工作,建立好职业健康安全管理台账及有关档案,并妥善保存。

二、严格执行职业病危害项目申报的规定。

三、依法履行向劳动者告知职业病危害义务。与劳动者签订劳动合同时,将工作过程中可能产生的职业病危害因素及其后果、职业病防护措施和待遇如实告知劳动者,并在劳动合同中写明,并以标志、公告等形式提高职工对职业病危害的防范意识。

四、依法执行建设项目"三同时"审查制度,按照《中华人民共和国职业病防治法》的规定进行职业病危害的预评价、审查认可、职业病危害控制效果评价、验收认可等程序。

五、对产生职业病危害的工作场所逐步采取技术改造、配备必要的防护设施和防护用品等,落实各项防护措施,积极改善劳动条件。向劳动者提供符合职业病防治要求的职业健康安全防护设施和个人防护用品。

六、定期、不定期组织对各部门、各车间职业病防治措施落实情况的检查,对查出的问题及时处理,或上报领导小组处理,落实部门按期解决。

七、依法组织对劳动者进行上岗前、在岗期间、离岗时的职业健康检查,发现有与从事的职业有关的健康损害的劳动者,及时调离原岗位,并妥善安置。依法组织本公司职业病患者的诊疗。

八、依法组织对劳动者的职业健康安全教育与培训。

九、组织开展对本公司各作业场所的职业病危害因素日常监测,建立好本公司的职业病危害因素监测档案,并妥善保存。

十、定期委托有资质的职业健康安全技术服务机构对作业场所进行职业病危害检测与评价,检测与评价结果及时向卫生行政部门报告,并向劳动者公布。

十一、建立应急救援预案,成立应急救援分队,落实职责,以利急需,严格执行职业病危害事故报告制度。

……

任务1:华天公司为什么要建立职业健康安全管理制度?

任务2:怎样才能制定出一套合理的职业健康安全管理制度?

任务分析

在科技十分发达的今天,从工作环境到日常生活,危害人类健康的因素随处可见,职工会随时受到多种职业病的侵害,因此加强职业健康安全管理显得尤为重要。为保障职工的权益,企业必须建立一套职业健康安全管理体系。职业健康安全管理体系可促进企业积极主动遵守有关的职业健康安全法律法规,提高职业健康安全管理水平,同时可提高员工的职业健康安全意识,有效地预防和控制工伤事故和职业病的发生,促进企业的可持续发展。

📖 **知识链接**

一、职业健康安全的含义

职业健康安全是指对劳动过程中的安全和健康的保护。对于职业健康安全的含义,可以从以下三个方面来理解。

1.受保护者是劳动者,保护者是用人单位和政府

在生产劳动过程中,劳动者是劳动力的提供者,用人单位是劳动力的使用者。由于劳动者的劳动力与劳动者人身密不可分,用人单位在使用劳动力过程中的不当管理可能会给劳动者人身造成损害,因此,用人单位必须依法保护劳动者。根据宪法和有关法律的规定,政府及其有关部门对劳动者的安全和健康在宏观上负有保护职责。

2.职业健康安全的对象是劳动者的安全和健康

由于劳动者的劳动力与劳动者的人身密不可分,保护劳动者的安全和健康也就是保护劳动者的劳动力,其实质是保护劳动者的生命健康权。生命健康权是一项重要的人权,是指公民对于生命安全、身体组织完整和生理机能及心理状态的健康所享有的权利,包括生命权、身体权和健康权。当然,用人单位的财产也是安全生产中的受保护对象。

3.职业健康安全范围一般限于劳动过程即职业条件范围

根据《职业安全和卫生及工作环境公约》之规定,产生职业安全和健康问题的主要领域,包括工作的物质要素(工作场所,工作环境,工具,机器和设备,化学、物理和生物的物质和制剂,工作过程)的设计、测试、选择、替代、安装、安排、使用和维修。

职业健康安全是基于劳动关系产生的,因此,用人单位一般只对劳动者在劳动过程中的安全和健康负有保护义务,而对劳动者在劳动过程之外的安全和健康则无此义务。

二、国内外职业健康安全管理体系(制度)发展概况

职业健康安全管理体系(OSHMS)是 20 世纪 80 年代后期在国际上兴起的现代安全生产管理模式,它与 ISO 9000 和 ISO 14000 等标准化管理体系一样被称为后工业化时代的管理方法。它是组织全部管理体系中专门管理职业健康安全工作的部分,包括为制定、实施、实现、评审和保持职业健康安全方针所需的组织结构、策划活动、职责、惯例、程序过程和资源的管理体系。

1.国际发展概况

20 世纪 80 年代以来,一些发达国家率先开展了实施职业健康安全管理体系的活动。1996 年,英国颁布了 BS 8800《职业健康安全管理体系指南》国家标准,美国工业卫生协会制定了关于职业健康安全管理体系的指导性文件;1997 年,澳大利亚、新西兰提出了《职业健康安全管理体系原则、体系和支持技术通用指南(草案)》,日本工业安全卫生协会提出了《职业健康安全管理体系导则》;1999 年英国标准协会(BSI)、挪威船级社(DNV)等 13 个组织提出了职业健康安全评价系列(OHSAS)标准,即 OHSAS 18001《职业健康安全管理体系——规范》、OHSAS 18002《职业健康安全管理体系——OHSAS 18001 实施指南》。

国际劳工组织专门召开会议并形成了《职业健康安全管理体系导则》,该导则已于 2002 年 6 月经国际劳工组织理事会通过。国际标准化组织于 2018 年 3 月发布了国际标准《职业健康安全管理体系》(ISO 45001:2018)。随着 ISO 45001 在全球的推广和应用,OHSAS 18001 和 OHSAS

18002 已完成其历史使命并将退出历史舞台。

2. 国内发展概况

1996 年初,中国开展了职业健康安全管理体系的初步研究。1998 年,劳动部劳保所和中国劳动保护科学技术学会提出了《职业安全卫生管理体系规范及使用指南》。在此基础上,1999 年10 月,国家经贸委颁布了《职业安全卫生管理体系试行标准》,并下发了在国内开展职业安全卫生管理体系试点工作的通知。

2001 年,我国就发布了国家标准《职业健康安全管理体系 规范》(GB/T 28001—2001),2011年发布了新的国家标准《职业健康安全管理体系 要求》(GB/T 28001—2011)和《职业健康安全管理体系 实施指南》(GB/T 28002—2011)。2020 年 3 月,我国发布了职业健康安全管理体系领域最新的国家标准《职业健康安全管理体系 要求及使用指南》(GB/T 45001—2020)。

三、企业建立与实施职业健康安全管理制度的意义

1. 职业健康安全管理制度会产生直接和间接的经济效益

一方面通过实施职业健康安全管理制度可以明显提高企业安全生产的管理水平和管理效益,而另一方面由于改善作业条件,提高劳动者身心健康,能够明显提高职工的劳动效率。这些都对企业的经济效益和生产发展具有长周期性的积极效应。

2. 以人为本,劳动力是企业和国家的最重要资源

现在越来越多的人已经认识到,劳动力作为必不可少的生产投入,其质量是生产率水平的决定因素。身心都处在良好状态的劳动力是最重要的资源。人力资源对经济发展的近期和远期作用是无可估量的。

3. 职业健康安全管理制度树立企业的品质和形象

从企业的长远发展而言,最根本的是取决于市场,开发市场的最主要条件就是资本、技术创新力、市场服务和企业的综合素质(品质)。而将职业健康安全管理制度和 ISO 9000、ISO 14000建立在一起正成为现代企业的标志,成为企业界的一种风尚。

4. 职业健康安全管理制度促进企业管理现代化

建立职业健康安全管理制度是企业实现现代科学管理的需要,它不仅可以提高安全生产工作的管理质量,也有助于促进企业系统的完善和整体管理水平的提高。

四、建立职业健康安全管理制度的步骤

职业健康安全管理制度与环境、质量管理体系有着共同的管理原则,所以在体系的建立上有许多相似之处。对于不同企业,由于其企业特性和原有基础的差异,建立职业健康安全管理制度的过程不会完全相同。但总体而言,企业建立职业健康安全管理制度应采取如下步骤。

1. 领导决策

企业建立职业健康安全管理制度需要领导者的决策,特别是最高管理者的决策。只有在最高管理者认识到建立职业健康安全管理制度必要性的基础上,企业才有可能在其决策下开展这方面的工作。另外,职业健康安全管理制度的建立,需要资源的投入,这就需要最高管理者对改善企业的职业健康安全行为做出承诺,从而使得职业健康安全管理制度的实施与运行得到充足的资源。

2.成立工作组

当企业的最高管理者决定建立职业健康安全管理制度后,通常需要成立一个工作组。工作组的主要任务是负责建立职业健康安全管理制度。工作组的成员来自企业内部各个部门,工作组的成员将成为企业今后职业健康安全管理制度运行的骨干力量,工作组组长最好是将来的管理者代表,或者是管理者代表之一。根据企业的规模、管理水平及人员素质,工作组的规模可大可小,可专职或兼职,可以是一个独立的机构,也可挂靠在某个部门。

3.人员培训

工作组在开展工作之前,应接受职业健康安全管理制度标准及相关知识的培训。

4.初始状态评审

初始状态评审是建立职业健康安全管理制度的基础。企业应为此建立一个评审组,评审组可由企业的员工组成,也可外请咨询人员,或是两者兼而有之。评审组应对企业过去和现在的职业健康安全信息、状态进行收集、调查与分析,识别和获取现有的适用于企业的职业健康安全法律、法规和其他要求,进行危险源辨识和风险评价。这些结果将作为建立和评审企业的职业健康安全方针,制定职业健康安全目标和职业健康安全管理方案,确定体系的优先项,编制体系文件和建立体系的基础。

5.制度策划与设计

制度策划阶段主要是依据初始状态评审的结论,制定职业健康安全方针,制定企业的职业健康安全目标、指标和相应的职业健康安全管理方案,确定企业机构和职责,筹划各种运行程序等。

6.职业健康安全管理制度文件编制

职业健康安全管理制度具有文件化管理的特征。编制体系文件是企业实施职业健康安全管理制度标准,建立与保持职业健康安全管理制度并保证其有效运行的重要基础工作,也是企业达到预定的职业健康安全目标,评价与改进体系,实现持续改进和风险控制必不可少的依据和见证。制度文件还需要在体系运行过程中定期或不定期地进行评审和修改,以保证它的完善和持续有效。

7.制度试运行

制度试运行与正式运行无本质区别,都是按所建立的职业健康安全管理制度手册、程序文件及作业规程等文件的要求,整体协调地运行。试运行的目的是要在实践中检验制度的充分性、适用性和有效性。企业应加强运作力度,并努力发挥制度本身具有的各项功能,及时发现问题,找出问题的根源,并对体系给予修订,以尽快渡过磨合期。

8.内部审核

职业健康安全管理制度的内部审核是制度运行必不可少的环节。制度经过一段时间的试运行,企业应当具备了检验职业健康安全管理制度是否符合职业健康安全管理制度标准要求的条件,应开展内部审核。职业健康安全管理者代表应亲自进行企业内审。企业内审员应经过专门知识的培训。如果需要,企业可聘请外部专家参与或主持审核。内审员在文件预审时,应重点关注和判断制度文件的完整性、符合性及一致性;在现场审核时,应重点关注制度功能的适用性和有效性,检查是否按制度文件要求去运作。

9.管理评审

管理评审是职业健康安全管理制度整体运行的重要组成部分。管理者代表应收集各方面的信息供最高管理者评审。最高管理者应对试运行阶段的体系整体状态做出全面的评判,对制度的适用性、充分性和有效性做出评价。依据管理评审的结论，可以对是否需要调整、修改体系做出决定，也可以做出是否实施第三方认证的决定。

五、建立职业健康安全管理制度应注意的问题

企业按上述步骤建立职业健康安全管理制度，还需注意以下几个问题。

1.职业健康安全管理制度应结合企业现有的管理基础

一般来说，企业在职业健康安全管理上，都存在着原有的企业机构、管理制度、资源等。而按职业健康安全管理制度标准建立的职业健康安全管理制度，实际上是企业实施职业健康安全管理，改善企业的职业健康安全行为，达到持续改进目的的一种新的运行机制。它不能完全脱离企业的原有管理基础，而是在标准的框架内，充分结合企业的原有管理基础，进而形成一个结构化的管理体系。

2.职业健康安全管理制度是一个动态发展、不断改进和不断完善的过程

职业健康安全管理制度的运行，依据职业健康安全管理制度标准中要素所规定的职业健康安全方针、策划、实施与运行、检查与纠正措施及管理评审等环节实施，并随着科学技术的进步、法律法规的完善、情况的变化以及人们职业健康安全意识的提高，自身会不断地改进、补充和完善并呈螺旋式上升。每经过一个循环过程，就需要制定新的职业健康安全目标和新的实施方案，调整相关要素的功能，使原有的职业健康安全管理制度不断完善，达到一个新的运行状态。

3.职业健康安全管理制度应充分反映企业的特点

企业的职业健康安全管理制度结构的支持及建立和运行所需投入的资源，都会因企业的规模、性质等条件不同而有较大的差异。企业要根据标准所提供的结构框架，结合自身的特点，来建立和运行职业健康安全管理制度。尤其对于中、小型企业，建立职业健康安全管理制度时，更要结合企业的具体情况来实施标准的要求，做到切实可行。注意即使规模、性质相类似的企业在建立职业健康安全管理制度时也不能相互机械照搬。

4.与其他管理体系的结合

现在许多企业按照 ISO 9000 标准建立了质量管理和质量保证体系，按照 ISO 14000 标准建立了环境管理体系。职业健康安全管理制度与质量管理体系、环境管理体系遵循着共同的系统化管理原则，特别是职业健康安全管理制度标准与 ISO 14001 标准具有相同的运行结构模式。所以，已建立质量管理体系和环境管理体系的企业，在建立职业健康安全管理制度时，可以借鉴建立上述两个体系的思路。此外，还要注意三个体系内容的相互结合，特别是环境管理体系和职业健康安全管理制度在内容上有更多交叉，要注意二者的结合。

思考与讨论

1.企业如何才能制定出一套适合自己的职业健康安全管理制度？
2.谈谈你对我国职业健康安全管理体系的认识。

实训题

调研你所熟悉的某制造企业，研究该企业的职业健康安全管理制度是否符合企业实际。若没有，请为该企业设计一套职业健康安全管理制度。

学习情境十 薪酬支付与特殊群体薪酬确定

开篇案例

MAD企业薪酬福利成本预算方案

一、人力资源管理成本的项目构成

从会计核算的角度对人工成本进行统计汇总:

人工成本＝工资总额＋职工福利费＋职工教育经费＋劳动保护费＋工会经费＋公益金

由于以上分类较为复杂,为便于企业管理人员理解和统计计算的便利,本次人力资源预算将人力资源管理成本分为两部分:人力资源薪酬福利成本和人力资源开发管理成本。在进行成本预算时,也将分别对这两部分进行分析,如表10-1所示。

表 10-1　人力资源管理成本构成一览表

项目名称	包含子项目
人力资源薪酬福利成本	员工薪资、社会保险、住房公积金、年终奖金、月度考核奖金、降温取暖费、节假日补贴等
人力资源开发管理成本	招聘成本、培训成本等

二、人力资源薪酬福利成本预算

人力资源薪酬福利成本可以说是在人力资源使用中所支付的直接成本,是组织所承担的人力资源管理成本的主体。

1.人力资源薪酬福利成本预算编制依据

由于企业之间对优秀人才的争夺不断加剧,以及物价上涨和生活水准提高等因素的推进,人力资源薪酬福利成本持续上升的趋势是不可扭转的。因此在进行人力资源薪酬福利成本预算时要关注国家有关部门发布的各种相关政策和法律法规信息。主要包括:①地区与行业的工资指导线;②消费者物价指数变化;③最低工资标准和社会保险等规定标准的变化;④公司收入(利润)水平及对薪资调整的指导思想。

2.20××年人力资源薪酬福利成本情况

截至20××年底,MAD企业共有员工57名,各项薪酬福利成本如表10-2所示。

表 10-2　MAD企业各项薪酬福利成本

人数/人	月工资/元	保险/元	公积金/元	月人力成本/元	节日补贴等/元	年工资成本/元	年终奖金/元	成本总额/元
57	133500	19920	9250	162670	224660	2176700	362000	2538700

20××年人力资源薪酬福利成本总额为2538700元,人均薪酬福利成本约为44539元。

3.人力资源薪酬福利成本影响因素分析

(1)20××年青岛市工资指导线。根据青岛市人民政府关于青岛市20××年企业工资指导线的规定,青岛市20××年企业工资指导线水平是以本企业20××年平均工资为基数,基准线为平均工资增长14%,上线为平均工资增长23%,下线为平均工资增长6%。

(2)居民消费价格指数(CPI)变化。根据国家统计局发布的统计数据显示,20××年全年我国居民消费价格指数上涨了4.8%。20××年青岛市城镇居民消费价格指数增幅计划控制在4.5%,据统计,一季度城镇居民消费价格指数增幅达6.3%。可见,20××年,城镇居民消费价格指数增长幅度较大,是考虑涨薪的一个重要因素。

(3)青岛市最低工资标准和市场工资指导价位。根据青岛市人民政府关于全市最低工资标准的规定,20××年青岛市内七区的用人单位职工每月最低工资标准为760元,较上年的610元,增加24.6%;根据青岛市劳动保障局联合市价格认证中心发布的20××年度劳动力市场工资指导价位,547个工资指导价位高位数的加权平均值为74863元,比上年增加14.7%,低位数的加权平均值为13349元,比上年增加11.6%。

(4)企业收入(利润)水平及对薪资调整的指导思想。企业实现利润是影响员工收入增长的重要因素。根据《青岛市人民政府关于加强企业工资分配调控指导完善职工工资正常增长机制的意见》,20××年,企业在岗职工平均工资达到全市在岗职工平均工资1倍及以上,3倍以下的,企业实现利润每增长1%,职工工资增长不应低于0.3%。由于MAD企业目前对收入非常关注,所以考虑薪酬增幅,收入增长比率应是一个重要因素。

另外,单位于去年开展了薪酬体系设计,薪酬改革主要侧重于对工资增量的再分配。尽可能地避免"挖低补高",既是薪酬改革的重要原则,又是保证薪酬改革顺利进行的重要条件。由于本次薪酬改革有些人员薪酬增幅较大,因此在进行人力资源薪酬福利成本预算时,对薪酬改革的成本增加因素应给予充分考虑(薪酬改革一般要求5%~15%薪酬成本增加的预算),才能保证增薪预算的合理科学性。

4.人力资源薪酬福利成本预算方法与结果

综合分析以上各种因素,在不增加人员数量的前提下,采取四分法的方式对MAD企业人力资源薪酬福利成本增幅进行确定。影响人力资源薪酬福利成本增幅的因素如表10-3所示。

表10-3　影响人力资源薪酬福利成本增幅因素

代码	影响因素	增幅	说明
A	居民消费价格指数	6.3%	影响员工基本生活保障的因素
B	单位收入因素	2%(假设)	影响单位薪酬支付能力的因素
C	工资指导线	14%	影响单位薪酬外部竞争力的因素
D	最低工资标准	24.6%	影响员工基本生活保障的辅助因素

根据优序对比法计算四种因素的权重,如表10-4所示。

表10-4　用优序对比法计算不同因素的权重

因素	A	B	C	D	合计
A	—	3	3	4	10
B	1	—	2	3	6
C	1	2	—	3	6
D	0	1	1	—	2

所以，成本增幅＝6.3％×10/24＋2％×6/24＋14％×6/24＋24.6％×2/24＝8.675％

可见，在以上四种因素的影响下，假设单位收入增加2％的话，在正常的情况下，MAD企业薪酬福利成本增幅应约为8.675％。

但是，考虑到薪酬体系改革导致的成本增加因素，尤其是当年社会保险、住房公积金两个因素的影响。经测算，这两项成本合计导致薪酬福利成本增加约6.5％，应该独立于8.675％的薪酬福利成本的预算之外。综上所述，20××年，MAD企业20××年度人力资源薪酬福利成本增幅应该约为15.175％。

任务一　预算薪酬总额

知识目标

★理解薪酬总额的概念及其影响因素

★掌握薪酬总额的预算及动态调整

技能目标

★能根据某一企业的具体情况预算其薪酬总额

任务导入

房地产公司如何对分子公司薪酬总额进行有效控制

某房地产公司下辖8个分子公司，分别地处二、三线城市，不久的未来有望进军一线城市。公司一直通过编制预算对人工成本进行控制。某年年底，董事长提出要建立一套鼓励分子公司"自主决策、自我约束、自谋发展"的灵活的管控与激励机制，于是公司在先后尝试了将"人均利润产出""人均销售面积"纳入公司考核指标体系，以及启动"总经理基金"补充特殊激励之后，着手酝酿更加授权的人工成本管理模式——薪酬总额控制，但是公司面临着以下现实的困难：

(1)各分子公司仍然沿用5年前老的薪酬体系，无论结构还是薪资水平都严重脱离现实，甚至有的公司在非稀缺性岗位上大面积地使用谈判薪酬，新体系的建立迫在眉睫。

(2)各分子公司人事工作者大多年轻、资历浅，缺乏操作薪酬设计的能力和经验，难以满足现实工作的需要。如果总部一刀切地实施总额控制，分子公司自身缺乏"量入为出、系统规划"的体系建设能力，控制难以达到预期目的。

如果以弹性预算控制(找一个反映业绩的基数进行计提)的形式，会出现以下两大难题：

(1)房地产经济存在明显的地域发展差异，在成熟发展阶段的区域公司可以坐享一部分土地升值带来的超额利润，且旺盛的市场需求使得分子公司几乎不承受销售压力；而在市场培育阶段的区域公司，营建和销售压力都比较大，获得的是精打细算出来的利润。这两类情况如何能用一把尺子进行衡量？

(2)对于战略进驻公司，即当年不产生利润的公司，如何匡算总额？

任务1：如何设计复杂情况下的薪酬总额控制模式？就可行性方案并结合对问题的预见，如何列出框架性的实施计划？

任务2：进行薪酬总额控制时应注意哪些因素？

任务分析

该房地产公司的案例,是一个明显的薪酬总额控制问题。如何对企业薪酬成本进行控制,在一定的薪酬成本之下如何使用适当的薪酬策略以实现对员工激励作用的最大化,都是企业需要斟酌的问题。本案例主要要通过寻求一种合理的薪酬总额控制模式和细分模式,分别解决地处一线、二线和三线城市的薪酬管理问题。

知识链接

一、薪酬总额的概念

薪酬总额是企业在员工方面投入的总体支出。薪酬总额一旦确定,就会对企业在行业中的薪酬总体水平产生影响。受薪酬总额的控制,相应岗位的薪酬水平也会受影响:若一部分岗位薪酬水平高,必有一部分岗位薪酬相对较低。

薪酬总额是企业经营成本的一部分,对企业的经营收益也会产生影响,在产品价格和劳动效率既定的情况下,薪酬总额支付越多,企业利润越少。因此,薪酬总额既对企业吸引、留住和激励员工产生影响,又在很大程度上影响成本水平进而影响收益。

二、影响薪酬总额的因素

在进行薪酬总额决策时,除了要清楚薪酬总额对企业的影响,还必须了解影响薪酬总额的因素和影响方式。

1.影响薪酬总额的外部因素

影响薪酬总额的外部因素主要有以下几个。

(1)经济增长率。经济增长率是国家在过去一年中国民生产总值的增长速度,反映了经济发展状况,是国家宏观经济状况的指向标。宏观经济状况影响企业发展的经济环境,因而影响企业的经营状况,进一步影响企业薪酬支付能力从而影响企业薪酬总额。

(2)通货膨胀率。通货膨胀率是衡量通货膨胀程度的指标,一般可以通过居民消费价格指数来衡量。如果员工的名义收入不变,当年通货膨胀率为正增长,扣除物价上涨因素,意味着员工的实际收入降低。在企业人力资源状况不变和存在通货膨胀的情况下,如果要保证员工的生活质量,企业的薪酬总额通常应该随着通货膨胀的增加而增加。

(3)行业和地区的薪酬水平。行业和地区的薪酬水平在很大程度上影响薪酬总额。若行业的薪酬水平比整个国家或地区的平均水平高,企业的薪酬总额就会比较高。同一行业同样规模的企业,处于偏远地区通常较处于发达地区所支付的薪酬总额要低。

(4)劳动力市场的供求状况。劳动力市场的供求状况影响劳动力市场价格,从而影响企业薪酬总额。例如,信息技术(IT)业高速发展,各 IT 企业为了争夺人才,不惜出高价将所需人才招至麾下,造成 IT 业劳动力市场处于紧张状态,劳动力求大于供。这样的劳动力市场供求态势,直接导致 IT 企业薪酬总额的上升。

2.影响薪酬总额的内部因素

(1)企业经营效益。企业经营效益关系企业的薪酬支付能力,从而影响薪酬总额。

(2)企业往年的薪酬总额。企业新的一年的薪酬总额往往要基于往年的薪酬总额之上结合企业经营状况做出调整。

（3）年度人力资源计划。年度人力资源计划会影响企业人力资源结构和数量,因而对企业薪酬总额形成影响。例如,企业人员增加或高级人才数量增加可能会导致薪酬总额上升。

三、薪酬总额的预算

预算就是特定主体决定实现怎样的目标及以何种成本或代价实现该目标的过程。对经济活动而言,通过预算进行成本控制是必需的环节。由于薪酬问题在经济上的敏感性及其对企业财务状况的重要影响,薪酬总额预算成为企业战略决策过程中的一个关键问题。它要求管理者预算薪酬总额及决策时,必须把企业财务状况、市场竞争压力与薪酬总额预算、薪酬控制等问题综合考虑。

薪酬预算相关概念

(一)薪酬预算的概念和目标

所谓薪酬总额预算,实际上指的是管理者为实现企业的战略目标,在薪酬管理过程中进行的一系列薪酬成本开支方面的权衡和取舍。

在做出薪酬预算之前,对企业所处的内、外部环境和相关信息加以了解是十分必要的。企业主要了解以下信息:经济增长情况、劳动力市场的有关薪酬信息、生活费用变动的有关信息、技术的进步、员工数量增减、员工流动的有关信息以及企业现有的薪酬状况等。

薪酬总额预算的目标主要有:合理控制员工流失率,同时降低企业的劳动成本;有效影响员工的行为。

(二)薪酬预算的环境分析

1.内部环境分析

内部环境分析是指对企业薪酬支付能力、薪酬策略、薪酬结构、人力资源流动情况、招聘计划、晋升计划、薪酬满意度等人力资源政策进行了解。具体内容包括:①企业支付能力,包括劳动分配率、薪酬费用率和薪酬利润率三项指标,一般选用同行业平均水平或标杆企业同指标进行比较。②薪酬策略,一方面是薪酬水平策略,即领先型、跟随型和滞后型;另一方面是薪酬激励策略,即重点激励哪些人群,采用什么样的激励方式。③薪酬结构,即薪酬分几个层级,层级之间的差距是多少,以及薪酬由几部分构成,分别占多少比例。④人力资源流动情况,即预计有多少员工会离开企业。⑤招聘计划,即企业准备吸收多少新员工,是应届毕业生还是有经验者。⑥晋升计划,即企业准备提拔多少员工,提拔到什么等级,给予他们什么样的薪酬待遇。⑦薪酬满意度,即了解员工对薪酬的满意程度,尤其是对薪酬的哪些方面最不满意。

2.外部环境分析

外部环境分析主要是针对市场情况、市场薪酬水平、市场薪酬变化趋势、标杆企业或竞争对手的薪酬支付水平等进行了解。具体内容包括:①市场情况,即企业在未来一年中会快速增长、稳定增长还是萎缩,这决定了企业的战略和对人力资源的需求;②市场薪酬水平,包括基准职位的市场薪酬水平和分布(主要是 25 分位、50 分位、75 分位、90 分位等关键点),该职位的平均薪酬水平、最高水平和最低水平,该职位薪酬水平分布最集中的区域,该职位薪酬的一般构成比例等;③市场薪酬变化趋势,即薪酬是匀速增长、迅速增长还是下降;④标杆企业或竞争对手的薪酬支付水平,即该企业目前薪酬支付水平、薪酬总额、关键岗位的薪酬水平等。

(三)薪酬总额预算的方法

1. 宏观接近法

宏观接近法,又称自上而下法或分配法,是指先由企业的高层主管根据对企业总体业绩指标的预测,决定企业整体的薪酬预算和增薪的数额,再将整个预算数目分配到每一个部门,各部门按照所分配的预算数额,根据本部门内部的实际情况,将数额分配到每一位员工。宏观接近法的特点表现为特定企业中这一流程所需的层级数与组织结构的繁简程度成正比。

薪酬预算方法

(1)根据薪酬费用比率推算合理的薪酬总额。

$$薪酬费用比率 = \frac{薪酬总额}{销售额} = \frac{薪酬总额/员工人数}{销售额/员工人数} = \frac{薪酬水平}{人均销售额}$$

例如,假设某公司根据过去数年的经营业绩,得出本企业的合理薪酬费用比率为12%,公司现有员工100名,每人月平均薪酬水平(含福利)为4000元。

则现有的薪酬总额和销售总额为

年薪酬总额 $= 4000 \times 12 \times 100 = 4800000$(元)

年销售额 $= 4800000 \div 12\% = 40000000$(元)

此时,假设公司预测销售额可以增加10%,即

目标年销售额 $= 40000000 \times (1+10\%) = 44000000$(元)

目标薪酬总额 $= 44000000 \times 12\% = 5280000$(元)

薪酬总额增长率 $= (5280000 - 4800000)/4800000 = 10\%$

(2)根据盈亏平衡点推断适当的薪酬费用比率。盈亏平衡点是指在该点处企业销售产品和服务所获得的收益恰好能够弥补其总成本(含固定成本和可变成本)而没有额外的盈利(这里所说的没有盈利,是指没有经济利润,并不是指没有会计利润,它已经包含了机会成本的概念在里面)。也就是说,企业处于不盈不亏但尚可维持的状态。边际盈利点是指销售商品和服务带来的收益不仅能够弥补全部成本支出,而且可以付给股东适当的股息。安全盈利点是指在确保股息之外,企业还能得到足以应付未来可能发生的风险或危机的一定盈余。成本、收入与销售额关系如图10-1所示。

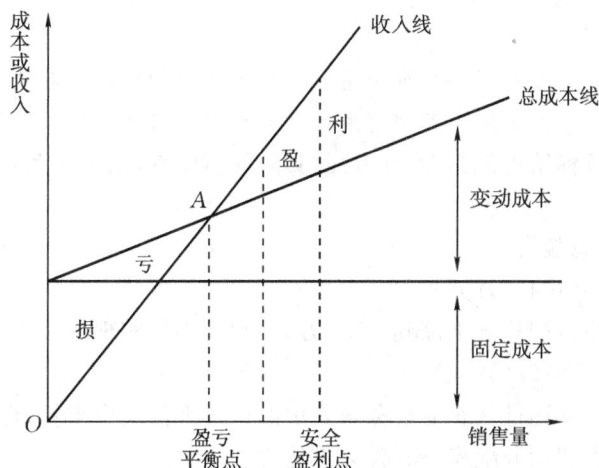

图 10-1　成本、收入与销售额关系图

$$盈亏平衡点＝固定成本/(1-变动成本比率)$$
$$边际盈利点＝(固定成本＋股息分配)/(1-变动成本比率)$$
$$安全盈利点＝(固定成本＋股息分配＋企业盈利保留)/(1-变动成本比率)$$

根据上面三式，可以推断出企业支付薪酬成本的各种比率为

$$薪酬支付的最高比率(最高薪酬成本比率)＝薪酬成本总额/盈亏平衡点$$
$$薪酬支付的可能限度(可变薪酬成本比率)＝薪酬成本总额/边际盈利点$$
$$薪酬支付的安全限度(安全薪酬成本比率)＝薪酬成本总额/安全盈利点$$

假定某公司的固定费用为 2000 万元(含薪酬成本 1200 万元)，变动成本比率为 60％。

则在实现盈亏平衡经营时，

盈亏平衡点＝2000/(1-60％)＝5000(万元)

最高的薪酬费用比率＝1200/5000＝24％

在实现边际盈利时，假设公司欲实现 600 万元的微弱盈利，则

边际盈利点＝(2000＋600)/(1-60％)＝6500(万元)

可能的薪酬费用比率＝1200/6500＝18.5％

假设公司除有适当盈余分配 600 万元之外，还欲为企业的发展保留 1000 万元的盈余，则

安全盈利点＝(2000＋600＋1000)/(1-60％)＝9000(万元)

安全的薪酬费用比率＝1200/9000＝13.3％

(3)根据劳动分配率推算合适的薪酬费用总额。劳动分配率表示企业在一定时期内新创造的价值中有多少比例用于支付人工成本，反映分配关系和人工成本要素的投入产出关系。劳动分配率的计算公式如下：

$$劳动分配率＝薪酬总额/附加价值$$

附加价值是企业创造的，是销售额扣除外部委托购买和委托加工费用之后，附加在企业上的价值。它是劳动和资本之间进行分配的基础，可以作为企业计算薪酬总额的依据之一。

①扣减法，公式如下：

附加价值＝销售额－外购部分＝净销售额－当期进货成本－(直接原材料＋购入零配件＋外包加工费＋间接材料)

②相加法，公式如下：

$$附加价值＝利润＋薪酬费用＋其他形成附加价值的各项费用$$
$$＝利润＋薪酬费用＋财务费用＋租金＋折旧＋税收$$

例如，假定某公司目标销售额为 5800 万元，其附加值比率(附加价值/销售额)为 40％，目标劳动分配率为 45％。

则企业可用的薪酬总额为

5800×40％×45％＝1044(万元)

反之，若此企业欲使薪酬总额上涨到 1570 万元，则其必须实现的销售额为

1570÷45％÷40％＝8722(万元)

另外，企业劳动分配率还可从企业财务报表中的借贷平衡表中推算，即先算出附加价值中资本分配的部分，然后得出劳动分配率。其计算方法为

$$劳动分配率＝1-资本分配率$$

在企业采取的各种薪酬预算方法中，这是最简单、最基本的分析方法之一。在企业的经营业绩稳定且适度的情况下，管理者可根据本企业过去的经营业绩推导出适合本企业的安全的薪酬

费用比率,并以此为依据对未来的薪酬总额进行预算。

2. 微观接近法

微观接近法又称自下而上法,是指由管理者预测出每一位员工在未来一年薪酬的预算估计数字,计算出整个部门所需要的薪酬支出,然后汇集所有部门的预算数字,编排企业整体的薪酬预算。

微观接近法的操作步骤如下:①对管理者就薪酬政策和薪酬技术进行培训;②为管理者提供薪酬预算工具和咨询服务;③审核并批准薪酬预算;④监督预算方案的运行情况,并向管理者进行反馈。

通常,自下而上的方法比较实际且可行性较高。部门主管只需按企业既定的加薪准则,如按绩效加薪,按年资或居民消费价格指数变化情况调整薪酬,分别计算出每个员工的增薪幅度及应得的薪酬。然后人力资源部门计算出每一部门在薪酬方面的预算支出,再呈交给高层的管理人员审核和批准,一经通过,便可以着手编制预算报告。

一般说来,自下而上法不易控制总体的人工成本;自上而下法虽然可以控制住总体的人工成本,却使预算缺乏灵活性,而且确定薪酬总额时主观因素过多,降低了预算的准确性。

由于两种方法各有优劣,通常企业会同时采用这两种方法。比如,首先决定各部门的薪酬预算额,然后预测个别员工的增薪幅度,并确保其能配合部门的薪酬预算额。如果两者之间的差异较大,就要适当调整部门的预算额。

四、薪酬总额的动态调整

企业的薪酬总额随着企业、行业和劳动力市场的变化进行动态的调整。薪酬总额的动态调整包括两种:一种是常规调整,如年度薪酬总额调整;另一种是非常规调整,主要是当企业发生重大变革或市场发生重大变化时所进行的调整。常规的薪酬总额调整在每年年末进行,基于对上一年度的薪酬状况的分析和评估、员工薪酬满意度的调查和对上一年度的薪酬体系在运行过程中存在问题的了解。这种调整通常与薪酬预算一起进行。非常规的薪酬总额调整则是指企业在战略和组织结构、行业内主要竞争对手的薪酬策略或劳动力市场的薪酬水平发生重大变化时所进行的调整。其中企业战略、组织结构的调整会导致薪酬总额预算发生变化,企业内关键岗位的相对价值发生变化时,就应该进行相应的调整。

一般而言,企业的薪酬总额不宜变动频繁,因此企业应该建立薪酬总额及薪酬策略调整的促发机制,确定较高的促发条件,并且应该更加关注企业内部的促发因素。

思考与讨论

1. 什么是薪酬总额?影响薪酬总额的因素有哪些?

2. 什么是薪酬总额预算?薪酬总额预算确定的方法有哪些?

3. 如何对薪酬总额进行调整?

实训题

选取某一企业为对象,对其未来一年薪酬总额进行预算并简单调整。

任务二　确定薪酬支付策略

知识目标

★掌握薪酬的计量形式
★了解薪酬的支付原则和支付艺术
★掌握薪酬支付的策略

技能目标

★能针对具体企业确定薪酬支付策略和支付形式

任务导入

李泉是某部属重点高校信息技术专业的硕士研究生,毕业后几经权衡,最终选择到规模不大但市场前景不错的D电气公司工作,具体负责公司产品设计的三维制作及计算机模拟。公司的薪水与市场薪酬水平差不多,李泉对此也不太在乎,关键是工作有一定的挑战性。因为他工作认真勤奋、技术水平高,很快成为公司的技术骨干,帮助公司攻克了许多技术难题,使公司产品的更新总能保持市场领先,公司的业绩可以说是蒸蒸日上。因其表现出色,李泉在业界逐渐小有名气,不少大公司也邀请其加盟。李泉开始犹豫了,经过再三思考,他把一封辞职信放到了D电气公司人力资源部王经理的桌上。王经理对此百思不得其解,公司经营日益发展,李泉又是业务骨干,公司非常器重他,他为什么要走呢? 带着疑惑,王经理拿着一瓶好酒敲开了李泉的家门。酒过三巡,李泉终于向王经理吐露了心声。他说:"王经理呀,对公司我还是很有感情的,轻易不想离开。我就给你说三件发生在公司的事,你应该能找到我为什么想走的原因。第一件事,去年'五一''十一'长假,因技术攻关的原因,我们部和设计部的人员集体加班没有休息,事后公司只是安排补休了三天。第二件事,去年'五一',为了动员大家以百倍的热情投入公司的攻关项目,公司袁总豪情万丈地表示,如果在规定时间内完成攻关任务将重奖有关人员。可是当我们按期完成任务后,却迟迟未见公司有任何表示。直到春节前,袁总递给我一个信封,说是上次攻关的奖金,我愣了半晌才想起这回事来。第三件事,我是部门的主管,一个偶然的机会让我得知,部门去年新来的张建的月薪比我的12000元月薪还多1500元。"听完李泉的话,王经理若有所思,隐约意识到公司在薪酬管理上存在许多需要改进的地方。

任务1:李泉为什么要辞职? 公司在薪酬支付和调整方面存在什么问题?

任务2:如何对D电气公司的薪酬管理进行调整?

任务分析

企业的薪酬支付不仅直接关系到员工的切身利益是否能够得到保障,还关系到社会的稳定和谐与否。该案例中李泉从一开始刚毕业到后来成为企业的业务骨干,能力提高了,但薪酬基本没有调整,而且业绩调整、法定假日加班的工资问题和补休问题都没有明确的规定,使李泉的积极性受挫以至于要辞职,也暴露出了该公司薪酬支付以及调整方面存在的问题。

📖 **知识链接**

一、薪酬支付管理

薪酬支付首先是从计量员工完成定额任务的实际劳动耗费开始的,后来逐步演化为按预先规定的计件单价计量员工生产的合格产品数量的方式。薪酬支付起初没有制度化,后来日益强调支付形式、支付时间、支付对象和支付数量的制度化,各国还对加班加点和特殊情况下的薪酬支付做了规定。企业起初只是将薪酬支付作为薪酬管理过程中的一个日常事务性工作,目前企业已十分重视整个薪酬支付过程中技巧和方法的应用。

(一)薪酬计量形式

1.定额式

定额式的薪酬支付方式是以员工的劳动熟练程度、工作的复杂程度、责任大小以及劳动强度为基准,按员工完成定额任务(或法定时间)的实际劳动消耗而计付的薪资。

定额式可进一步分成时薪、日薪、周薪、月薪及年薪,它是对一定时间的劳动所支付的薪酬。它主要表现为计时工资。

(1)计时工资制的概念、形式和计算方法。计时工资制是按照职工个人的工资标准和工作时间的长短来支付工资报酬的形式。职工的工资收入是用职工的工作时间乘以它的工资标准得出来的,计算公式为

$$工资收入＝计时工资标准×实际工作时间$$

按照计算的时间单位不同,我国常用的有三种具体形式。

①月工资制。月工资制指的是按月计发工资的制度。它不论大月、小月,一律按工资标准计发工资。实行月工资标准的职工遇有加班或请假需要加发或减发工资时,一般是按日工资标准处理,即以本人工资标准除以平均每月计薪天数(21.75 天)求得。

②日工资制。日工资制指的是根据工人的日工资标准和实际工作日数来计发工资。

③小时工资制。小时工资制指的是根据工人的小时工资标准和实际工作小时数来计付的工资。

(2)计时工资制的特点。计时工资制具有以下特点:

第一,计时工资的基础是按照一定质量(即达到某一劳动等级标准)劳动的直接的持续时间支付工资,工资数额多少取决于职工的工资等级标准的高低和劳动时间的长短。

第二,由于时间是劳动的天然尺度,各种劳动都可以直接用时间来计量,并且计算简便,所以计时工资制简单易行、适应性强、适用范围广。

第三,计时工资制并不鼓励职工把注意力仅仅集中在提高产品的数量上,它更注意产品的质量。

第四,计时工资制容易被广大职工所接受,职工的收入较为稳定;而且职工不至于因追求产量而过于工作紧张,有益于身心健康。

但是,计时工资制在实现按劳分配中也有着明显的局限性:一是计时工资侧重以劳动的外延量计算工资,至于劳动的内含量即劳动强度则不能准确反映;二是就劳动者本人来说,计时工资难以准确反映其实际提供的劳动数量与质量,工资与劳动量之间往往存在着不相当的矛盾;三是就同等级的各个劳动者来说,付出的劳动量有多有少,劳动质量也有高低之别,而计时工资不能反映这种差别。

2.成绩式

成绩式是根据劳动者个人或集体完成的产量或成绩,按照预先规定的单价标准支付的薪酬。它具体表现为计件工资。

(1)计件工资的概念、特点和作用。计件工资是按照工人生产合格产品的数量(或作业量)和预先规定的计件单价来计算劳动报酬的一种工资形式。计件工资的计算公式为

$$工资数量＝合格产品数量×计件单价$$

与计时工资相比,计件工资的特点在于它与计时工资计量劳动的方式不同。在实行计时工资的情况下,劳动由劳动的直接持续时间来计量;在实行计件工资的情况下,则由在一定时间内的劳动所凝结成的数量来计量。因此,计件工资只是计时工资的转化形式。

由于计件工资的数额是由工人生产合格产品的数量直接决定的,这就决定了计件工资制具有以下三个突出的优点和作用:

第一,能够从劳动成果上准确地反映出劳动者实际付出的劳动量,并按体现劳动量的劳动成果计酬,不但激励性强,而且使人们感到公平。

第二,同计时工资相比,它不仅能反映不同等级的工人之间的劳动差别,而且能够反映同等级工人之间的劳动差别。即同等级的工人,由于所生产合格产品的数量、质量不同,所得到的工资收入也不同。

第三,由于产量与工资直接相联,所以能够促进工人经常改进工作方法,提高劳动生产率。

实行计件工资的局限性主要有:容易出现片面追求产品数量而忽视产品质量、消耗定额、安全和不注意爱护机器设备的偏向;因管理或技术改造而使生产效率增加时,提高定额会遇到困难;因追求收入会使工人工作过度紧张,有碍健康;在以企业利润最大化为目标时,容易导致对计件制的滥用,使"计件工资成了延长劳动时间和降低工资的手段";计件工资制本身不能反映物价的变化,在物价上涨时期,如没有其他措施对物价进行补偿,尽管劳动生产率没有提高,也必须调整计件单价。

(2)实行计件工资的条件和范围。第一,必须是计件单位的产品(或作业)数量能够单独准确计量,并且产品数量能准确反映劳动者支出的劳动量的工种。第二,计件工资是按照质量合格的产品数量计酬,因此,必须是产品质量容易检查(而且在产品完成的当时就能够检验)的工种。第三,必须是能够准确制定先进合理的劳动定额,并能准确反映劳动者的劳动消耗量的工种。第四,必须是生产任务饱满、原材料和动力供应正常、成批生产、产供销正常,因而能够鼓励工人争取达到最高产量或达到最多工作量的工种。第五,工人工作性质主要是增加产品数量。

此外,实行计件工资制,还要求企业具有一定的管理水平。但管理水平不是实行计件工资制的决定性条件,只要企业的生产条件适合实行计件工资制,就应积极提高管理水平,创造条件,实行计件工资制。

(3)计件工资制的组成。计件工资制的组成部分包括工作物等级、劳动定额和计件单价。

①工作物等级。工作物等级,又称"工作等级",是根据某项工作的技术复杂程度及劳动繁重程度而划分的等级。它是规定按照技术等级标准从事该项工作的工人技术等级的主要标志,也是确定劳动定额水平和计件单价、合理安排劳动力的一个科学依据。在计件工资制中,工作等级是计算计件单价的基础。

②劳动定额。在计件工资中,劳动定额规定着单位生产时间内完成合格产品数量的标准尺度。它是合理组织劳动和计算单位产品工资的依据之一,是实行计件工资的关键。劳动定额水平的高低,决定了工人超额计件工资或奖金数量的多少,进而又直接影响到计件工资制的经济效

果和工人的劳动积极性,也关系到企业内部分配是相对合理还是高低悬殊,是单纯着眼于工人利益还是个人、企业、国家利益兼顾的问题。

所以,要合理确定定额水平。这就要求,在实行计件工资制过程中,应该按照定额管理制度对劳动定额进行定期检查和修订,使定额水平经常保持在平均先进的基础上,即多数工人经过努力可以完成、少数人可超额完成的水平,以保证超额计件工资不会增加过多。

③计件单价。计件单价是完成某种产品或作业的单位产量的工资支付标准。它是支付计件工资的主要依据之一。在正常条件下,计件单价是根据与工作等级相应的等级工资标准和劳动定额计算出来的。所以,计件单价是否合理,主要取决于工作等级和劳动定额确定得是否正确。

(二)薪酬支付原则

1.法定货币化原则

工资应当以法定货币支付,不得以实物及有价证券替代货币支付。

2.足额支付原则

用人单位每月应足额发放工资,不得无故克扣劳动者工资。"克扣"系指用人单位无正当理由扣减劳动者应得工资(即在劳动者已提供正常劳动前提下,用人单位应当按劳动合同规定的标准支付给劳动者全部劳动报酬),不包括以下减发工资的情况:①国家的法律、法规中有明确规定的;②依法签订的劳动合同中有明确规定的;③用人单位依法制定并经职代会批准的厂规、厂纪中有明确规定的;④企业工资总额与经济效益相联系,经济效益下浮时工资必须下浮的(但支付给劳动者工资不得低于当地的最低工资标准);⑤因劳动者请事假等相应减发工资等。

3.及时支付原则

工资必须在用人单位与劳动者约定的时期支付。如遇节假日或休息日,则应提前在最近的工作日支付。工资至少每月支付一次,实行周、日、小时工资制的可按周、日、小时支付工资。

4.支付给本人原则

用人单位应将工资支付给劳动者本人。劳动者本人因故不能领取工资时,可由其亲属或委托他人代领。

(三)薪酬支付艺术

企业为员工支付的薪酬方式可以分为保密式与公开式两种。

1.保密式

实行保密式的薪酬支付方式,其目的是通过将薪酬资料保密,来减少员工在薪酬分配方面的矛盾,避免员工感到不公平。但是这种做法极易产生一种相反的效果,即越是保密,越是容易引起员工的怀疑。

(1)"神秘的"支付方式增加了员工的好奇心。因为在员工看来,薪酬水平的高低似乎是一种能力水平、业绩优劣的代表。薪酬水平高的,往往能赢得人们的尊敬;否则相反。在这种奇妙心理的支配下,四处探听他人的尤其是同一单位工作同事的薪酬水平便成了一种下意识的行动。

(2)影响工作态度。如果员工了解到自己的薪酬水平低于同级别的同事,但却觉得对方不如自己,会产生一种不满的情绪,而这种情绪往往会表现在工作上,导致消极怠工,影响工作效率,最终结果是进一步降低薪酬水平。这种恶性循环既不利于员工也不利于企业。

(3)掩饰了不公平现象。薪酬保密从某种程度上掩饰了一些不公平的薪酬制度,容许了一些不良习惯的蔓延而不被发觉。

2.公开式

薪酬管理所强调的是薪酬制度必须公平,而员工对薪酬制度感到公平是有赖于管理人员将正确的薪酬讯息传达给员工。这样,员工有机会参与和发表自己的意见,提出自己合理的建议。同时,如果员工对薪酬制度有任何抱怨的话,也可以通过正确的途径向管理者提出申诉,从而保证了薪酬制度的公平合理。因此,应该实行公开化的薪酬支付方式。

(1)有利于薪酬信息传递。如果企业将正确的薪酬信息传达给员工,并向员工解释清楚,可以减少员工做出错误的猜测,并且对公司的薪酬制度有正确的认识,从而直接影响员工的工作态度,并能为公司建立良好而公平的商誉。

(2)公开程度。一般企业做法是公开薪级制度和可以晋升的职级,以及每一个薪级的起薪点、最高的顶薪点以及每职点的薪酬。而个别员工的目前的薪酬数目,可以不公开。

对于薪酬管理人员来说,应该采取较开放的态度,希望员工对公司的薪酬政策发表意见,员工可以将意见投入意见箱,或在公司的刊物上发表看法等,这样就能使公司的管理人员与员工就薪酬问题互相沟通。

(四)支付时机

1.根据员工不同的年龄差异选择不同的支付时机

有关研究表明,人的主观感觉会随着年龄的增长而变快,对于同一个时间单位,年轻人感觉过得慢,而年长的员工感觉过得快。对于支付薪酬来说,对年轻员工必须及时支付,无论是发放奖金,还是给予休假、给予升迁或者提名表扬都必须及时,而对年长的员工则可采取延时支付。

2.根据员工的不同知识水平选择不同的支付时机

对那些自制力较强、工作热情较高、工作积极主动性较高、知识水平较高、职务较高的员工可以采取延时支付,因为短暂而频率过高、强度不大的奖励对他们的激励作用不是太大。而对于那些心理素质较差、性格内向、工作主动性不高的员工,则应该采取及时支付的手段,因为这是他们积极工作的重要动力,及时支付可以迅速调动他们的积极性。

3.根据员工不同的心理反应采取不同的奖励时机

一般来说,当员工情绪低落时宜采取及时奖励的薪酬支付,可以帮助他们摆脱心理困惑,重新赢得自信;对情绪高涨者可采取延时奖励的薪酬支付,有利于他们保持稳定的积极性。

4.根据企业的需要选择不同的奖励时机

奖励时机的选择一定要根据奖励对象、激励的目标而定,有利于企业维持良好的生产状态、提高团队合作精神、促进销售额的达成、留住顶尖人才的奖励时机都是符合企业奖励需要的。

5.根据企业的不同任务的性质选择不同的支付时机

薪酬支付也要因时制宜,对于有计划、有规律的工作定额,可采取规则的薪酬支付,即按照任务完成的阶段,给予及时的奖励;对于临时的工作任务,按任务完成时间的长短确定薪酬支付的时机。

(五)差异化策略

1.不同的员工会有不同的薪酬要求

不同的员工有不同的经历,所以针对不同的员工应采取不同的薪酬支付方法。年轻人与中年人所需要从公司获得的薪酬组合特别是货币性薪酬组合是不一样的。经历不同的人对同一种奖励的反应不同。性格内向的人与性格外向的人对同一份薪酬"大餐"有不同的兴趣。知足常乐者对过高的货币性薪酬的追求并不热烈,那些勇于接受挑战、不断追求人生顶峰的人才对竞争性的薪酬十分痴迷。对同一个员工来说,薪酬支付也应讲究支付的时机、地点、周期、灵活性等技巧。

2.同一行业之内的企业选择

同一行业之内的企业选择差异化的薪酬支付手段有助于吸引人才、树立企业形象、提高企业竞争力。

3.不同的行业薪酬支付的差异化

(1)对于旅馆、餐饮、零售、批发等服务业的独立作业岗位,实行单一的职能薪资即可,因为它主要取决于个人的工作热忱与努力。

(2)对于白领阶层较多的金融或技术革新激烈的企业来讲,实行"基础薪资＋资格薪资"较好,因为其主要依靠个人发挥能力,并且其人事调动较多。

(3)对于那些可以充分进行职务分析的行业,可实行充分的职务标准化薪资,或"职务薪资＋职务加给"。

(六)功能导向艺术

薪酬体系中的不同组成部分有各自不同的功能。以功能为导向的薪酬支付就是明确薪酬的每一个组成部分的功能,有针对性地设计这一部分薪酬,以便使薪酬的效益最大化。在考察薪酬支付时,应有针对性地按照不同的功能来合理地设计薪酬支付的结构,使薪酬支付方式更加灵活。

(1)对于中小企业来说,应该利用它管理灵活、富有弹性的优势,因时制宜地制定以功能为导向的薪酬支付策略。

(2)对于大的企业来说,支付员工高的薪酬和增加福利并不是难事。他们更多考虑让员工有更多的发展机会,激励他们去创新、去发展。

(3)企业的经营理念反映了薪酬文化。在一些企业里,他们敢于提出"让员工坐头等舱,住星级酒店"这样的口号,这本身就让员工信心倍增,自豪感、成就感都得到了提升。

(七)加班加点和特殊情况下的薪酬支付

1.加班加点情况下的薪酬支付

(1)加班加点的条件。《中华人民共和国劳动法》规定:"国家实行劳动者每日工作时间不超过八小时、平均每周工作时间不超过四十四小时的工时制度。"

《中华人民共和国劳动法》规定下述条件或情形下可以加班加点:

其一,用人单位由于生产经营需要,经与工会和劳动者协商后可延长工作时间,一般每日不得超过1小时;因特殊原因需要延长工作时间的,在保障劳动者身体健康的条件下延长工作时间每日不得超过3小时,但是每月不得超过36小时。

其二,有下列情形之一的,延长工作时间不受《中华人民共和国劳动法》第四十一条规定限制:①发生自然灾害、事故或者因其他原因,威胁劳动者生命健康和财产安全,需要紧急处理的;②生产设备、交通运输线路、公共设施发生故障,影响生产和公众利益,必须及时抢修的;③法律、行政法规规定的其他情形。

(2)加班加点工资的支付。《中华人民共和国劳动法》第四十四条规定,有下列情形之一的,用人单位应当按照下列标准支付高于劳动者正常工作时间工资的工资报酬:①安排劳动者延长工作时间的,支付不低于工资的150％的工资报酬;②休息日安排劳动者工作又不能安排补休的,支付不低于工资的200％的工资报酬;③法定休假日安排劳动者工作的,支付不低于工资的300％的工资报酬。

关于加班加点工资的基准,《工资支付暂行规定》为"劳动合同规定的劳动者本人日或小时工资标准"。

实行计件工资的劳动者,在完成计件定额任务后,由用人单位安排延长工作时间的,应根据上述规定的原则,分别按照不低于其本人法定工作时间计件单价的150％、200％、300％支付其工资。

经劳动行政部门批准实行综合计算工时工作制的,其综合计算工作时间超过法定工作时间的部门,应视为延长工作时间,并应按上述加班加点工资的规定支付劳动者延长工作时间的工资。

实行不定时工时制度的劳动者,不执行上述规定。

2.特殊情况下的工资

特殊情况下的工资支付包括两类情况。

(1)各种假期的工资支付。这包括因病、工伤、产假、计划生育假、婚丧假、事假、探亲假、定期休假、停工学习、执行国家或社会义务等原因按计时工资标准或计时工资标准的一定比例支付的工资。

①病假工资或疾病救济费。按《关于贯彻执行〈中华人民共和国劳动法〉若干问题的意见》规定:"职工患病或非因工负伤治疗期间,在规定的医疗期内由企业按有关规定支付其病假工资或疾病救济费,病假工资或疾病救济费可以低于当地最低工资标准支付,但不能低于最低工资标准的80％。"

②工伤停工留薪期内工资福利待遇。《中华人民共和国劳动保险条例》规定,职工因工负伤,"在医疗期间,工资照发"。《工伤保险条例》规定:"职工因工作遭受事故伤害或者患职业病需要暂停工作接受工伤医疗的,在停工留薪期内,原工资福利待遇不变,由所在单位按月支付。停工留薪期一般不超过12个月。"

③产假期间待遇。《女职工劳动保护特别规定》第八条第一款规定:"女职工产假期间的生育津贴,对已经参加生育保险的,按照用人单位上年度职工月平均工资的标准由生育保险基金支付;对未参加生育保险的,按照女职工产假前工资的标准由用人单位支付。"

④婚丧假工资。《中华人民共和国劳动法》第五十一条规定:"劳动者在法定休假日和婚丧假期间以及依法参加社会活动期间,用人单位应当依法支付工资。"

⑤探亲假工资。《国务院关于职工探亲待遇的规定》第五条规定:"职工在规定的探亲假期和路程假期内,按照本人的标准工资发给工资。"

⑥事假工资。对企业工人的一般事假,按照《劳动部关于试行企业单位工人职员在加班加点、事假、病假和停工期间工资待遇几项规定的通知》,由于工人在进行加班加点工作的时候可以享受加班加点工资待遇,因此一律不发给工资。对企业的行政管理人员、工程技术人员,由于他们不享受加班加点工资待遇,因此,他们请事假每一季度在两个工作日以内的,工资照发;超过两个工作日以上的,其超过天数不发给工资。

(2)保留工资。保留工资是指因某种原因形成的职工原工资标准高于按不同时期政策新定工资标准的部分,其高于部分作为保留工资继续支付给职工,以保证不因执行新的工资政策而减少其工资收入。

①新中国成立前享有高薪待遇,新中国成立后继续工作的职工。如1952年第一次工资改革时,对接收来的官僚资本主义企业留用的职工以及1956年公私合营企业中原资方人员和其他职工,按国营企业同类人员的工资标准重新评定了工资级别,原工资高于新定工资标准的部分,给

予了保留。

②转业军人由部队转业到地方后,其部队待遇高于地方同级干部工资标准或新评定工资的部分。如1983年基建工程兵和铁道兵集体转业时,1953年12月31日以前入伍的,按本人1980年3月31日以前军队实行级别工资领取的级别工资,高于地方干部同级工资标准的部分,作为保留工资。

③工人提拔为干部或临时工转为固定工后,原工资高于改定或新定工资标准予以保留的部分。

④外地支援调入的职工,原工资标准高于本地同级职工工资标准的部分。

⑤国家建设征地的农转工,转工前几年平均集体分配收入高于转工后工资收入部分,在高出部分中按一定比例和限额核定的生活补贴部分。

⑥历次工资改革中,按当时的调整工资政策确定的工资标准低于原来工资的部分。如1956年第二次工资改革时,国家机关和事业单位部分职工原工资标准高于新定工资标准的部分,保留了下来。

⑦企业工资分配改革中,原定工资标准高于企业新定工资标准的部分,全部或部分作为保留工资处理。

二、薪酬支付的策略

如何实现薪酬激励的最大化需要管理者在薪酬给付的时机、方式、给付对象、薪酬沟通、途径、频率等方面采取合适的策略。

(一)企业成长周期与薪酬福利结构

低工资、高奖金、低福利是目前很多企业的薪酬理念。现实中,因工资低、福利项目不如意导致员工队伍不稳定、企业凝聚力不强的例子很多。低报酬、高福利的情况同样问题重重。工资、奖金与福利如何搭配才能使薪酬更具有激励作用的问题主要和企业发展阶段有关。

1.创业期

企业在创业期,为了减轻财务负担,总体薪酬刚性应尽量小。根据工资刚性定律,人们对工资的下降非常敏感,工资只涨不跌才能使员工满意。为了使薪酬体系灵活性更强,在创业阶段的企业一般采取低工资、高奖励的薪酬策略。

福利的特点之一是缺乏弹性,一旦提供便难以收回。而且福利是非现金形式的,会随着通货膨胀率上升,使企业负担沉重。因此在创业期,宜采用低福利的薪酬策略,以增加成本控制的灵活性。

2.成长期

成长期企业的主要特征是产品和服务的销售量猛增,市场占有率大幅度提高,企业及产品和服务具有一定知名度。由于市场销售形势良好,资金流速加快,企业可能出现净现金流入的现象,现金存量较为宽裕。这时,企业可适当提高基本工资和福利,以提高员工忠诚度、降低人员流失率;同时,企业正处于积极扩张状态,鼓励个人贡献,因此以个人绩效为基础支付的奖金在薪酬体系中占很大比重。在成长期,企业宜采用高工资、高奖金、高福利的薪酬策略。

3.成熟期

成熟期的企业规模、产品销量和利润、产品市场占有率都达到了最佳状态。企业的营销能力、生产能力以及研发能力也处于鼎盛时期,企业及其产品的社会知名度很高。

由于成熟期企业品牌和影响力有助于巩固企业对人力资源的竞争能力,因此在这个阶段,基本工资可以保持行业一般水平;为了激励员工,鼓励产品创新、管理创新和服务创新,企业应在加大奖金激励力度的基础上,充分利用非经济性报酬的激励作用,把薪酬范畴扩展到包括基本工资、绩效奖金、福利、股权、培训计划、职业生涯开发、员工沟通与参与、员工满意度的提高等方面。

4. 衰退期

衰退并不意味着灭亡,更多时候是企业发展阶段中的一个低谷。在衰退期,由于企业经营状况不佳,会出现员工离职率增加、士气低落、组织承诺度下降、员工不公平感提高等现象。此时企业有两种选择:坐以待毙或采取收缩战略,控制成本,剥离亏损业务,有计划地培育新的增长点,使企业有效地蜕变。但是企业的蜕变需要一个过程,在此阶段企业需要稳定员工队伍,留住核心和关键员工,为企业突破困境、再造生命力提供人力资源保障,因此需要强调薪酬的外部竞争性,向核心和关键员工支付较高的基本工资和较高的福利,同时奖金也应该富有激励性。

(二)员工职业生涯与企业薪酬策略

为了迅速实现人员结构调整,企业制订了一系列的人才引进措施,如在原有工资体系之外增设学历津贴以提高高学历人员的收入水平;建立人才储备制度,大规模招聘大学生等。这些政策增强了企业的吸引力,吸引了大批应届毕业生。但是这些毕业生工作一段时期后大量离职的现象,表明企业虽然对外部人才已具备了一定的吸引力,但对内部人才却缺乏足够的向心力、凝聚力,难以留住人才。

与此同时,学历津贴实行的结果,使企业内的工资差别变得明显不合理。新进入企业的硕士毕业生,虽然还不能独立承担工作,但其工资普遍高于已有多年工作经验但学历较低的大专、本科同岗位其他人员,而这些人员目前仍然是企业各方面工作的骨干力量。

员工职业生涯的不同阶段,其能力不同,对企业的贡献也不同。而企业要吸引和留住高能力、高绩效的员工,就必须考虑员工职业生涯不同阶段的需要。一般认为,人的职业生涯可划分为成长期、成熟期、鼎盛期和衰退期四个阶段。

在成长期,员工的职业能力较低,还不能独立承担工作,但其工作热情很高,职业能力快速提高,积累经验和技能的速度很快,但对企业贡献不大。到了成熟期后,员工具备了从事本专业工作的能力,能独立承担工作并逐步成为所在单位的业务骨干,其职业工作能力继续提高,但速度有所减缓;到了鼎盛期,员工职业工作能力较强,已成为所从事工作的组织者或主要负责人,职业工作能力达到了个人职业生涯的最高水平,继续提高的余地已比较小,处于相对稳定状态;进入衰退期后,员工仍然具有较强的职业工作能力,在工作中发挥重要作用,但其能力逐渐降低,直到职业生涯结束。

与员工职业生涯发展的四个阶段相对应,可以采用两种薪酬策略:

①高起点、低增长的策略。在职业生涯开始,给予高于其他企业的薪酬,在职业生涯发展的前三个阶段,薪酬缓慢、均匀增长。与员工衰退期的稳定或下降阶段相对应,工资水平基本保持不变或略微有所降低。这种策略较少考虑员工职业能力的变化,与员工职业能力差异的关联性比较低,因而对员工的动态激励作用有限。

②低起点、高增长的策略。在职业生涯开始时,给予较低的薪酬,随着员工职业生涯的发展,薪酬加速增长。对应于员工衰退期的稳定或下降阶段,工资水平基本保持不变或略有降低。这种策略由于与员工的职业能力紧密相关,对员工有较强的动态激励作用,缺陷是不利于吸纳新员工和稳定年轻员工队伍。

(三)让薪酬反映绩效

随着知识经济时代的到来,企业间的竞争格局发生了很大的变化,人才在企业竞争中的作用越来越大。让薪酬更好地反映员工的能力和绩效表现是薪酬的一个重要任务。

要让薪酬能够反映绩效,需要管理者在薪酬体系的设计中,遵循以下一些原则。

(1)针对个体制订适当的计划。作为奖金基础的员工绩效必须能够与个体相关,而且这些个体认为他们也能够影响产出。如果奖金以整体绩效为基础,那么奖金对任何一个较小的附属部门的个体工作的影响就很小。

为了使员工能够真正从一个绩效奖金文化中获益,所要达到的目标必须分解为不同部门、单位和个体的绩效目标,才能看到他们个人的投入所带来的差异。

(2)确定与绩效相关的薪酬规模与价值。若管理者期望一种薪酬计划能够影响员工绩效,那么与绩效相联系的薪酬通常要达到一定规模并对员工具有一定价值,薪酬计划才会有意义。薪酬必须使人们以目标导向的方式进行工作,从而创造一定的成效并能够获得确定的奖金回报。一般认为,如果希望个体将个人目标与组织期望目标相结合,就必须在实现这些目标或至少实现目标90%的情况下,将至少相当于薪酬的10%甚至20%的数额作为可能的奖金激励。

(3)考虑计划的合理性,特别是在时间进程上的合理性。对高层管理者来说,需要构建按照时间支付奖金的计划,比如在一个单一的绩效评价周期内,很难评价一个工作小组的绩效。鉴于此,许多企业采用一种累积系统、选择性的评价或者其他方法来衡量在三年内增加的生产率或利润。这样的评价结果是定期支付奖金,每期支付的比率按照个人行为而非整体目标确定,参与的团队成员都能得到奖金回报。

(4)考虑与绩效相关的奖金形式。出于多种原因,许多企业在支付奖金时,往往采用股票或者期权的方式。这些奖金计划多以股票长期选择权、限制性股票、优先认股、股票保留计划或者员工认股计划为主,所有这些方式具有一个共同目标:按照企业股票的形式支付一部分奖金,从而使员工感到自己是组织的一员。

(5)绩效薪酬计划应当涵盖所有员工,避免有所区别。绩效薪酬计划的问题之一,是许多职能部门的员工由于在成本中心而非利润中心工作,被排除在计划安排之外。这通常导致支持性部门或信息部门士气低落。无论为行政管理部门和技术部门的员工确立目标多么困难,将与绩效相关的薪酬计划涵盖所有部门至关重要。若非如此,这些职能部门的士气就会受挫并影响其绩效。

在企业中,采用与绩效相关的薪酬计划日益增多。到目前为止,还很难证实这种薪酬计划效果多大,但事实是多数实施与绩效相关的薪酬计划的企业比不实施这一计划的企业创造了更高水平的绩效,同时这种方法还意味着在经营业绩下滑的时期,企业不必承担很高的固定薪酬成本。

(四)获得员工的信任

无论采用哪种薪酬方式,要想使薪酬制度顺利执行,最关键的就是要让员工满意,因此首先要获得员工的信任。

在制订薪酬支付方案时,管理者与员工代表可以充分交换意见,积极采纳员工提出的合理建议,充分体现员工意见的薪酬支付方案将会很顺利地实施。

方案实施前,要向员工解释清楚企业实施该方案的原因及方案的具体内容,争取员工的理解。

制订薪酬支付方案后,先不要急于否定现有的薪酬支付方案,新的方案应前后衔接。要做的第一件事是召开全体员工大会,由方案的设计者负责对方案的细节问题进行解释,允许员工畅所欲言,争取在员工与企业的管理者之间充分沟通,然后将支付方案印发给各部门并力图做到每个员工人手一份。这样,在民主的氛围里形成的支付方案将获得绝大多数员工的认可与支持。

当员工对将要推行的薪酬支付方案已十分了解,最后的工作就是实施薪酬支付方案,可以规定试行期。另外,在实施过程中,需要做好信息的反馈工作,针对出现的新情况和新问题及时进行解决。

(五)经济性报酬与非经济性报酬的结合

员工具有很好的薪酬福利待遇,但未创出一流业绩的原因是优厚的薪酬、有薪假期甚至加薪只能使员工对任职的企业产生良好感觉,并不能不断提高业绩水平。

1.激发员工的自我激励

要使员工长久地保持高昂的工作热情,需要来自员工的不断的自我激励。而自我激励是不能够通过薪酬手段来实现的,它是一种本能。

要激励员工,首先要去除企业中阻碍员工自我激励能力的负面因素,然后在企业中开发真正的激励因素,引导所有员工受激励。以下是阻碍员工实现自我激励的十大要素:①企业氛围中充满政治把戏;②对员工业绩没有明确期望值;③设立许多不必要的条例让员工遵循;④让员工参加拖沓的会议;⑤在员工中推行内部竞争;⑥没有为员工提供关键数据,以完成工作;⑦提供批评性意见而非建设性的反馈意见;⑧容忍差业绩的存在,使业绩好的员工觉得不公平;⑨对待员工不公正;⑩未能充分发挥员工能力。

要利用员工自我激励的本能,不仅要摒弃以上不利于自我激励的做法,而且要发掘真正的激励因素。以下这些激励因素有助于利用员工自我激励的本能:①如果员工的工作单调,试试给工作添加些乐趣和花样;②对于如何做工作,只给出一些建议,由员工自己选择怎样去做;③在企业中提倡并鼓励责任感和带头精神;④鼓励员工之间的互动与协作;⑤允许在学习中犯错,避免粗暴批评;⑥为所有员工建立目标和挑战;⑦多加鼓励,在日常闲谈中多表示赞赏;⑧设立衡量标准,以反映出绩效和效率的提高。

通过去除非激励因素,增加非经济的激励因素,企业就可以促使员工实现最大的激励度和生产率。需要提醒管理者的是应该努力改变企业的管理方式,减少不利于激励的消极因素,充分调动员工的本能实现自我激励。

2.如何激励知识型员工

企业之间的竞争,知识的创造、利用与增值,资源的合理配置,最终都要靠知识的载体——知识型员工来实现。彼得·德鲁克提出"知识型员工"这个术语时,指的是"那些掌握与运用符号和概念,利用知识或信息工作的人"。在今天,知识型员工已经被扩大到大多数白领。

知识型员工的特点,用一句话概括就是作为追求自主性、个体化、多样化和创新精神的员工群体,激励他们的动力更多来自工作的内在报酬本身。知识管理专家玛汉·坦姆仆(Mahen Tampoe)经大量研究后认为,激励知识型员工的四个主要因素分别是个体成长(约占34%)、工作自主(约占31%)、业务成就(约占28%)、金钱财富(约占7%)。

与其他类型的员工相比,知识型员工更重视能够促进自我发展的、有挑战性的工作,他们对知识、对个体和事业的成长有着持续不断的追求;要求给予自主权,使之能够以自己认为有效的方式进行工作,并完成企业交给他们的任务;获得一份与自己贡献相称的报酬并使得自己能够分享自己创造的财富。

因此,对知识型员工的激励,不能以金钱刺激为主,而应以其发展、成就和成长为主。在激励方式上,现代企业强调的是个人激励、团队激励和组织激励的有机结合;在激励的时间效应上,把对知识型员工的短期激励和长期激励结合起来,强调激励手段对员工的长期正效应;在激励报酬设计上,当今企业已经突破了传统的事后奖酬模式,转变为从价值创造、价值评价、价值分配的事前、事中、事后三个环节出发设计奖酬机制。

面向未来的人力资源投资机制,知识型员工不可能对企业永远忠诚,而企业对他们要求更多的是在服务期内保持忠诚。因此企业向合同期内的知识型员工的投资是获得忠诚的最好手段,只有这样才能实现企业和员工的双赢。

3.善用精神激励

精神激励的确能够鼓舞员工士气、刺激员工取得更好的绩效。从经济的角度而言,精神激励在企业付出很小成本的情况下就能够收到可观的经济效益。有效运用精神激励的措施主要有以下几点。

一是荣誉奖励。不少先进企业对荣誉奖励推崇备至,海尔集团在不断探索各种荣誉激励措施。

二是榜样激励。榜样激励也是精神激励的重要形式。企业通过树立模范人物激励员工,促使他们达到企业所要求的行为。许多国家的企业对树立榜样的人物十分重视。西方企业把榜样人物称为“英雄人物”,但这些“英雄人物”并非可望而不可即,他们认为通过努力人人都可以达到。

三是企业精神鼓励。企业精神指企业群体的共同心理优势和价值取向,是实施精神激励的重要手段,反映了全体员工的共同追求和共同认识。其作用在于提升凝聚力、吸引力、辐射力,能鼓舞、激发员工向既定目标前进。因此,众多企业都积极塑造企业精神,寻找企业发展的动力。

四是情感激励。情感激励是最有效的激励方式。管理者要针对员工的心理需求,进行感情“投资”,多给员工以温暖和关怀,激励员工与企业建立感情,使员工与企业配合默契。

思考与讨论

1.薪酬的计量形式有哪些?

2.薪酬支付要遵循什么原则和艺术?

3.加班加点和特殊情况下的薪酬如何支付?

4.简述薪酬支付的策略。

实训题

选取一个组织为对象,分析其薪酬支付形式和支付策略。

任务三 确定特殊群体的薪酬

知识目标

★理解特殊群体的概念及类型
★掌握经营管理者的薪酬设计
★掌握专业技术人员的薪酬设计
★掌握销售人员的薪酬设计
★了解外派人员的薪酬设计

技能目标

★能为特殊人员设计相应的薪酬方案

任务导入

销售人员薪酬设计

一、背景

1.经营背景

A公司是国内一家以某机械配件产品销售为主的贸易型公司,同时也是一家大型国有机械制造公司的子公司。产品的来源有三种:①母公司;②OEM制造商;③代理的国外品牌制造商。

公司主要面向国内市场销售个性定制化产品,其产品的规格型号多达上万种,属于小批量多订单型业务模式。

客户群分为长期客户和散单客户两类。

2.销售部职能与架构

A公司销售部主要负责客户开发维护和接单工作,接单后的订单处理、采购、仓储、物流等职能均由其他部门分别完成。销售部岗位架构见图10-2。

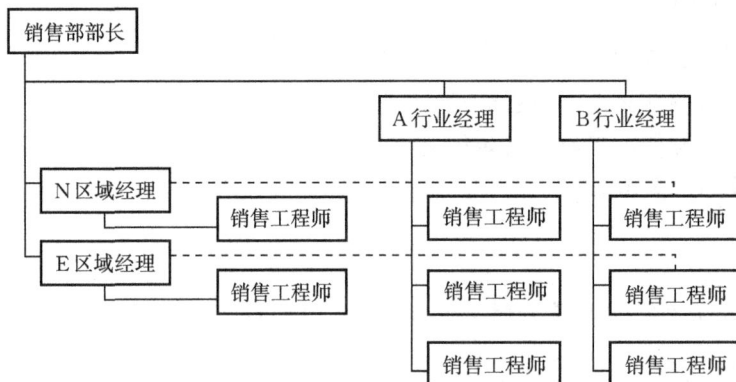

图10-2 销售部岗位架构图

如图10-2所示,行业经理负责全国的某行业的业务,而行业经理们未涉及的其他行业未进行行业细分,分别由各个区域的区域经理负责。行业经理下属的销售工程师,在公司本部的由行业经理直接管理;被派驻其他区域的,由区域经理对其履行一定的日常行政管理工作,并对其业务提供一定的支持,但是在业务上还是对行业经理负责,因此行业经理和区域经理的团队在业务上是不交叉的。

二、总经理的困惑

销售都是公司的"火车头",A公司领导一直非常重视销售部,给予的报酬同市场薪酬相比也比较有竞争力。然而公司总经理近来却感到非常困惑,吐露了他的一些心声。

1.销售经理"吃老本"

各个行业经理、区域经理在公司从事销售工作已有多年,客户资源越积越多,很多已经形成了多年的关系户。在国家整体经济大环境比较好的情况下,客户的快速发展拉动了对公司产品的需求,导致即使不开发新的客户,经理们的业绩也会出现较快的自然增长。当前经理们的主要收入来源之一是按实际销售额乘以一个提成率得出的提成,该提成率已经有多年未变。在这种情况下,经理们不需付出多大努力,收入就可以获得不错的增长,导致其动力不足。

2."蛋糕"切的大小不一

为了专业化和避免内部竞争,公司以行业和区域为依据对市场进行了切分。然而在切分时,未充分考虑各个行业和区域的市场潜力、市场成熟度和开发难度的差异,导致有些经理感到不公平,认为如果自己去另一个行业或区域付出同样的努力可以获得更高的销售额,从而获得更高的收入。

3.片面追求销售额,牺牲了利润

现在的提成计算方法容易导致员工片面追求销售额而忽视利润,我们也看到了这一点,认识到以利润为基数进行提成计算会更科学一点。然而采购价格、利润等数字是公司的商业机密,知道的人越少越好,因此不适宜用来作为计算提成的直接依据。

4.面临出现梯队断层的危机

经理们担心:招收一个新的销售工程师会分散自己的客户资源,降低自己的影响力;而销售工程师一旦成长起来,被提拔成经理后脱离了自己的团队,会带走自己的客户,给自己造成损失。基于这两个方面的原因,经理们带新人的积极性不高,有些甚至宁可单兵作战,这样容易形成人才断层,不利于公司的长远发展。

5.年轻销售人员流失严重

公司销售人员的薪酬模式是最常见的"底薪＋提成"模式,所有经理的底薪都是一样的,所有销售工程师的底薪也是一样的。我们的出发点是完全以业绩为导向来进行激励,这是我们认为的最公平也最简捷的激励方式。然而销售人员尤其是销售工程师对此意见比较大,流失比较严重。

资料来源:代桂旭.激励"火车头":销售人员薪酬设计[J].中外管理,2006(6):77-79.

任务1:出现"总经理的困惑"这一现状的原因有哪些?

任务2:设计一套以薪酬设计为核心的销售人员激励解决方案。

任务分析

A公司是国内一家以某机械配件产品销售为主的贸易型公司,同时也是一家大型国有机械制造公司的子公司。销售都是公司的"火车头",A公司领导一直非常重视销售部,给予的报酬同市场薪酬相比也比较有竞争力。然而公司总经理近来却感到非常困惑,原因在于销售人员的薪酬主要是以结果为导向的。企业在进行销售人员薪酬制度的选择时,一般取决于企业自身所处的行业和绩效。A公司在设计薪酬方案时没有注意到行业的特殊性,导致对销售人员的激励不足。

知识链接

一、特殊群体的界定

在一个组织中,哪些员工属于特殊群体? 是否有一个划分的标准和依据? 实际上,不同的组织有不同的特点,有不同的经营战略与发展目标,构成其竞争优势的因素也各不相同,这就决定了不同组织有不同的特殊群体。在这里我们主要考察的是具有共性的特殊群体的薪酬管理问题。至于具有单个组织特性的特殊群体,我们建议参照具有共性特殊群体的薪酬管理办法,因地制宜地选择管理方法。

然而,具有共性的特殊群体是否有一个划分的标准? 我们很难查阅到有关特殊群体界定的文献资料,但在大多数关于薪酬管理的研究中,我们不难发现研究者们总是将高管人员、董事会成员、专业技术人员、营销人员、外派人员以及团队、临时工的薪酬管理问题作为专门问题加以研究。为什么大多数研究者都特别关注以上群体的薪酬管理问题呢? 将他们划分为特殊群体的依据是什么? 根据米尔科维奇的观点,实际上这些群体都有两个共同特性:①这些群体在组织中处于矛盾冲突的交接位置,而这些矛盾冲突是由于不同派系对群体成员的要求不一致而引起的;②仅仅面对冲突还不够,问题在于,冲突的解决方式对于组织的成功运营具有重要影响。

在米尔科维奇看来,按照以上两个特征来衡量,一线管理人员、高层管理人员、董事会成员、研发人员、工程师、营销人员与临时工都属于特殊群体的范畴。这些群体在组织中面临的冲突各不相同。米尔科维奇对这些冲突类型的总结见表10-5。

表 10-5　特殊群体面临的冲突类型

特殊群体	面临的冲突类型
一线管理人员	上级管理者与普通员工之间发生的矛盾,以及在达到组织目标的需要与帮助普通员工满足个人需要之间取得平衡的矛盾,如果处理失当,组织效益与员工士气都会受到不良影响
高层管理者	股东们希望投资收到良好的回报,政府希望组织遵守法律,总经理必须在二者之间做出取舍,即采取牺牲长期利益来保证短期利益最大化的组织战略,还是注重长期利益的组织战略
董事会成员	面临失意的股东可能控诉企业战略失败的可能
专业人员	专业人员的目标、理想追求、职业道德标准(如即使会影响企业的利润,工程师也应当把产品缺陷透露出去)和图利的老板要求专业人员注重利润之间的矛盾,这会使他们备受折磨
营销人员	经常在几乎无监督的情况下超时工作。在合同很少或者缺乏监督的情况下始终积极工作,坚持拨打销售电话,这对他们是一种挑战
临时工	在企业中扮演着安全阀的角色,企业需求量大时,雇用的临时工就多,需求量下降时,他们最先被裁掉。他们的地位极不稳定,风险性大。如何以成本较低的方式去激励他们,对企业来说是个挑战

二、经营管理者薪酬

企业经营管理者薪酬有广义与狭义之分。以物质形态支付的薪酬是通常意义上、狭义的薪酬。广义薪酬除包括狭义薪酬外，还包含对经营管理者的精神性需要、社会性需要及自我实现性需要中的非物质支付。广义薪酬的结构如图 10-3 所示。

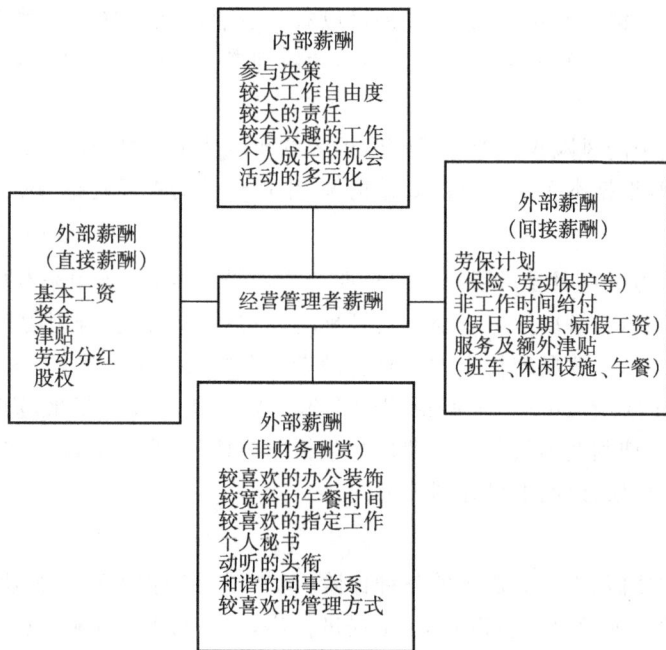

图 10-3　广义薪酬的结构

从图 10-3 可以看出，经营管理者薪酬分为内部薪酬和外部薪酬。前者指个体从自身得到的报酬，多半是个体对自己的工作比较满意的结果。通过工作丰富化或重新设计工作来增强个体在工作中的个人价值感，可能会使工作的内在报酬增强。后者包括直接薪酬、间接薪酬、非财务酬赏。

(一)经营管理者薪酬构成

1.基本工资

基本工资主要根据经营管理者市场的行情和经营管理者自身业绩、经验和知识，考虑拟经营企业的总资产、销售收入规模和企业状况等要素，通过谈判预先确定、按期支付，并在一定时期内保持不变。一般来说，企业总资产越大、销售收入越多、企业规模越大、企业资产经营状况越好，对企业经营管理者支付的基本工资就越高。由于基本工资是经营管理者付出劳动的回报，用于解决经营管理者的基本生活问题，符合按劳分配原则。作为保障经营管理者基本生活的报酬，基本工资不应与其经营成果相联系。

基本工资为经营管理者提供收入方面的"保险服务"，是保健激励因素，因此在确定经营管理者的基本工资时，要考虑经营管理者的工作强度、工作条件和劳动技能，按岗位技能工资确定，参照本地区和本企业职业平均工资水平。基本工资不能过高，否则，即使经营失败，经营管理者的基本收入也很高。另外，需建立对经营管理者的补偿机制，如果董事会方面首先提出解聘尚未到合同规定任期的经营管理人员，公司需支付赔偿费用。

2.奖金

奖金是经营管理者薪酬的重要组成部分,是对经营管理者完成短期(通常是年度)目标的奖励,主要用来刺激经营管理者提高短期业绩。奖金的数额可以变动,主要由董事会根据当期会计利润预先确定并一次性支付。奖金的实施,给经营管理者的收入带来很大的波动,在美国被视为真正具有刺激作用的"可变费用",其等级幅度也相当大。

奖金与企业经营业绩紧密相连,其优点是可以有效克服股票市场中与经营管理者经营业绩无关的非经营因素的影响。缺点是相对会促使经营管理者为获得短期绩效采取不利于企业长远发展的短期行为。

目前我国年薪制中的风险收入即是经营管理者的年度奖金,激励经营管理者勇于承担风险。它以基本工资为基础,根据本企业的经济效益情况、生产经营的责任轻重、风险程度等因素确定。

3.长期报酬

长期报酬主要是为了克服经营管理者的短期行为而设计的,主要用来奖励为企业长期绩效做出贡献的经营管理者,是解决所有者与经营管理者利益一致性的薪酬制度。在国外,长期报酬是长期激励的主要手段,在薪酬结构中占经营管理者年薪收入的很大比重——在英国、法国长期收入占15%,美国则达到29.6%。长期报酬的实施主要反映了股东越来越重视企业的长期利益,甚至不惜以牺牲短期利润为代价。长期报酬包括股票期权、股票赠与、虚拟股票计划、股票增值权、储蓄-股票参与计划、延期支付计划等形式。

4.福利

福利主要有带薪休假、由企业购买的各种保险、免费或有折扣地享受企业提供的服务,如午餐、医疗、班车。经营管理者福利的趋势:一是提供住房,主要为现金津贴、住房贷款、个人储蓄计划、利息补助计划和提供公司公寓、宿舍等;二是提供补充养老计划,既符合社会保险的需要,又提供合理的退休福利保障。

(1)退休金计划。在美国,退休金计划一般包括两部分:①符合美国国内税务法规401条款以及《退休员工收入保障法》的部分,称为法定退休金。可从公司所得税税基中抵扣,每年按月平均发放。有两种发放形式可选:一是自然死亡方式。以该高级管理人员的自然寿命为限,一旦死亡,其退休金停发。二是配偶共享方式。高级管理人员死亡后若其法定配偶尚在,其配偶每月可获得退休金的60%。②不符合美国国内税务法规、从公司所得税税基中扣除的部分,称为非法定退休金计划,又叫"高级管理人员补充退休金计划"。通常只有级别最高的高级管理人员有资格享有。各公司规定的条件不同,但大多数公司要求参加该计划的高级管理人员每月向退休储蓄账户中存入一定现金,数额大小与该高级管理人员的年龄、服务公司的年限及工资水平有关。

(2)金色降落伞计划。所谓金色降落伞是指雇佣合同中的一项保证条款。如果这些经理人员在更高层管理班子换人之后被毫无理由地解雇,或者被新班子降级、免职,这一条款将保证他们得到一笔相当于数年工资的解雇金。

(3)关键经理人的人寿保险。公司为其关键经理人支付人寿保险金,经理人退休时可以一次得到包括保险单价值及其增值在内的全部现金额。如果他在退休前死亡,公司将收回所支付的保险费本金,剩余部分则由死者配偶所得。

5.其他津贴

这实际上是企业给予经营管理者的一种特权,包括图10-3中内部薪酬和非财务酬赏部分。非物质性的激励方式,如精神激励、职位激励同样重要。精神激励主要包括事业发展机会、地位与声誉、权利、受褒奖机会、道德(价值观)与情感(沟通、鼓舞士气)等。职位激励包括就职、升迁与升迁机会等。精神激励、职位激励与薪酬激励(狭义)有机结合,会对激励效果产生乘数效应。

(二)经营管理者薪酬的主要形式

经营管理者薪酬的两种主要形式是年薪制和股票期权计划。

1. 年薪制

(1)年薪制的概念。年薪制是以企业会计年度为时间单位,根据经营者的业绩好坏而计发薪酬的一种薪酬制度。年薪制是一种高风险的薪酬制度,依靠的是约束和激励互相制衡的机制。年薪制将企业经营者的业绩与其薪酬直接联系在一起。

(2)年薪制的五种典型模式。现代公司高层管理人员的报酬结构是多元化的,但从世界上来讲,各国年薪报酬的具体实践方式实际上具有较大差别。而对于我国的年薪制,黄群慧、杨淑君在《企业经营者年薪制的模式比较》一文中,根据我国的具体国情将其划分为五种模式。

第一,准公务员型模式。

报酬结构:基薪＋津贴＋养老金计划。

报酬数量:取决于所管理企业的性质、规模以及高层管理人员的行政级别,一般基薪为职工平均的 2～4 倍,正常退休后的养老金水平为平均养老金水平的 4 倍以上。

考核指标:政策目标是否实现,当年任务是否完成。

适用对象:所有达到一定级别的高层管理人员,包括董事长、总经理、党委书记等,尤其是长期担任国有企业领导、能够完成企业的目标、临近退休年龄的高层管理人员。

适用企业:承担政策目标的大型、特大型国有企业,尤其是对国民经济具有特殊战略意义的大型集团公司、控股公司。

激励作用:这种报酬方案的激励作用机理类似于公务员报酬的激励作用机理,职位升迁机会、较高的社会地位和稳定体面的生活保障是主要的激励力量来源,而退休后更高生活水准保障起到约束短期行为的作用。

第二,一揽子型模式。

报酬结构:单一固定数量年薪。

报酬数量:相对较高,和年度经营目标挂钩。实现经营目标后可得到事先约定好的固定数量的年薪。

考核指标:十分明确具体,如减亏额、实现利润、资产利润率、上缴利税、销售收入等。

适用对象:具体针对经营者一人,总经理或董事长。至于领导班子其他成员的工资可用系数折算,但系数不得超过 1。

适用企业:面临特殊问题亟待解决的企业,如亏损国有企业,为了扭亏为盈可采取这种招标式的办法激励经营者。

激励作用:具有招标承包式的激励作用,激励作用很大,但易引发短期化行为。其激励作用的有效性发挥在很大程度上取决于考核指标的科学选择、准确真实。这种报酬方案的制订,尤其是考核指标的选择,类似于各地政府较为普遍实行的对经营者的奖励。

第三,非持股多元化型模式。

报酬结构:基薪＋津贴＋风险收入(效益收入和奖金)＋养老金计划。

考核指标:确定基薪时要依据企业的资产规模、销售收入、职工人数等指标;确定风险收入时,要考虑净资产增长率、实现利润增长率、销售收入增长率、上缴利税增长率、职工工资增长率等指标,还要参考行业平均效益水平来考核评价经营者的业绩。

适用对象:一般意义的国有企业的经营者——总经理或董事长,其他领导班子成员的报酬按照一定系数进行折算,折算系数小于1。

适用企业:追求企业效益最大化的非股份制企业。现阶段我国国有企业绝大多数都采用这种年薪报酬方案。一般集团公司对下属子公司的经营者实施的年薪报酬方案也多是这种,只是各个企业的具体方案中考核指标、计算方法有一定差异。

激励作用:如果不存在风险收入封顶的限制,考核指标选择科学准确,相对于以前国有企业经营者的报酬制度和上述方案而言,这种多元化结构的报酬方案更具有激励作用。但该方案缺少激励经营者长期行为的项目,有可能影响企业的长期发展。

第四,持股多元化型模式。

报酬结构:基薪+津贴+含股权、股票期权等形式的风险收入+养老金计划。

报酬数量:基薪取决于企业经营难度和责任,含股权、股票期权形式的风险收入取决于其经营业绩、企业的市场价值。一般基薪应该为职工平均工资的2~4倍,但风险收入无法以职工平均工资为参照物,企业市场价值的大幅度升值会使经营者得到巨额财富。只有在确定风险收入的考核指标时才有必要把职工工资的增长率列入。

考核指标:确定基薪时要依据企业的资产规模、销售收入、职工人数等指标;确定风险收入时,要考虑净资产增长率、利润增长率、销售收入增长率、上缴利税增长率、职工工资增长率等指标,还要参考行业平均效益水平来考核评价经营者的业绩。如果资本市场是有效的,有关企业市场价值的信息指标往往更能反映企业经营者的业绩。

适用对象:一般意义的国有企业的经营者——总经理或董事长,其他领导班子成员的报酬按照一定系数进行折算,折算系数小于1。也可以通过给予不同数量的股权、股票期权来体现其差别。

适用企业:股份制企业,尤其是上市公司。这种报酬方案适应规范化的现代企业制度要求。

激励作用:从理论上说,这是一种有效的报酬激励方案,多种形式的、具有不同的激励约束作用的报酬组合保证了经营者行为的规范化、长期化。但该方案的具体操作相对复杂,对企业具备的条件要求相对苛刻。

第五,分配权型模式。

报酬结构:基薪+津贴+以"分配权"和"分配权"期权形式体现的风险收入+养老金计划。

报酬数量:基薪取决于企业经营难度的责任,以"分配权"和"分配权"期权形式体现的风险收入取决于企业利润率之类的经营业绩。一般基薪应该为职工平均工资的2~4倍,但风险收入无法以职工平均工资为参照物,没必要进行封顶。只有在确定风险收入的考核指标时有必要把职工工资的增长率列入。

考核指标:确定基薪时要依据企业的资产规模、销售收入、职工人数等指标;确定风险收入时,要考虑净资产利润率之类的企业业绩指标。

适用对象:一般意义的国有企业的经营者——总经理或董事长,其他领导班子成员的报酬可通过给予不同数量的"分配权"或"分配权"期权来体现。

适用企业:不局限于上市公司和股份制企业,可在各类企业中实行。

激励作用:把股权、股票期权的激励机理引入非上市公司或股份制企业中,扩大其适用范围。

(3)对年薪制的评价。年薪制具有以下优点:首先,在设置上比较灵活,可以根据企业经营者一个年度以及任期内的经营管理业绩,相应确定与其贡献相当的年度和长期薪酬水平及薪酬支付方式。其次,年薪薪酬结构中加大了风险收入的比例,有利于在责任、风险和收入相对的基础上加大激励力度。最后,年薪制可以把年薪收入的一部分直接转化为股权激励形式,从而把经营者薪酬与资产所有者利益及企业发展前景紧密结合。

年薪制具有以下缺点:年薪制确定了经营者的最低业绩目标和封顶奖金,但未完成最低计划指标时经营者不会受到惩罚,而计划指标超额完成也不会有更多的奖励。同时经营者在为企业制定年度目标时往往会将目标定低,使其更易于实现。

2.股票期权计划

(1)股票期权计划的概念。股票期权计划是指企业赋予经营者一种权利,经营者在规定的年限内可以以某个固定的价格购买一定数量的企业股票。

(2)股票期权的特征。股票期权是一种权利而不是义务,受益人可以买也可以不买公司股票;股票期权只有在行权价低于行权时本公司股票的市场价格才有价值;股票期权是公司无偿给予经营者的。

(3)股票期权的评价。股票期权具有以下优点和缺点。

①优点:可以把经营者的利益与股东利益及企业发展结合起来,使企业股东的资产权益首先得到保障。同时对于经营者而言,可以分享企业的预期收益,突破只分享当期收益的局限性,可以在风险较小的前提下得到较大的激励。激励手段比较灵活,便于个案处理。

②缺点:股票期权只适用于上市公司,且是成长性较好、股价呈强势上涨的上市公司;股票期权需要依托规范而有生气的股票市场,需要公司建立规范的法人治理结构;股票期权容易引发弄虚作假和恶意操纵及短期炒作等不良行为;难以准确衡量经营者的表现和企业真实的经营状况。

(4)股票期权计划的内容。

①参与范围。授权人的具体范围由董事会选择,主要对象是企业的经理人或决策层成员。

②行权价。行权价有三种确定方法:第一,低于现价,也称现值有利法;第二,高于现值,也称现值不利法;第三,等于现值,也称现值等利法。

③行使期限。期权的执行期限一般不超过10年,强制持有期为3~5年不等。

④赠与时机。受聘时和晋升时获赠的股票期权数量较多。

⑤赠与数目。第一,利用布莱克-舒尔斯模型(Black-Scholes Model),根据期权的价值推算出期权的份数;第二,根据要达到的目标决定期权的数量;第三,利用经验公式。

⑥期权价值。一般来说,股票期权是无偿赠与的,但也有公司要求经理人在获得股票期权时要付出一定的期权费。

⑦权利变更及丧失。除非通过遗嘱转让给继承人,获受人不得以任何形式出售、交换、记账、抵押、偿还债务,或以利息支付给有关或无关的第三方。

⑧所需要股票来源以及执行方式。执行方式:一是现金行权。个人向企业指定的证券商支付行权费用及相应的税金和费用,证券商收到付款凭证后,以行权价格执行股票期权。二是无现金行权。个人不需要以现金或支票支付行权费用,证券商以出售部分股票获得的收益支付行权费用,并将余下股票存入经理人个人账户。三是无现金行权并出售。个人决定对部分或全部可行权的股票期权行权前,需以书面形式通知企业表示期权行使及行使的股份数量,每次通知单必须附有按行使价计算的相应股份认购汇款单,企业在接到附有审计员确认书的通知单及汇款单28日内,把相应股份全部划拨到获受人账户上。

三、专业技术人员薪酬

(一)专业技术人员的内涵及特征

1.专业技术人员的内涵

专业技术人员一般是指利用既有的知识和经验来解决企业生产和经营活动中的各种技术和管理问题,帮助企业实现经营目标的人员。专业技术人员大致可以分为如下三类:第一类专业技术人员是指在特定领域具有一定造诣的工作人员,例如律师;第二类专业技术人员是指具有创新精神和创造力的人员,如艺术家和设计人员等;第三类专业技术人员是指具备经营知识和市场洞察力的人员,如财务人员等。

国外的研究从两个角度出发对专业技术人员进行分类:一是从企业创新活动的视角出发,依据创新活动或研发活动的不同,将专业技术人员分为基础研发人员、应用研发人员和商业研发人员三类;二是从企业核心能力的视角出发,从员工的战略价值和独特性两个维度,将企业员工分为核心员工、通用员工、辅助员工和独特员工四类,专业技术人员主要属于其中的核心员工、通用员工和独特员工。

越来越多的企业认识到,吸引和留住拥有智力资本的专业技术人员是企业培育核心竞争力、获取竞争优势的关键环节,而薪酬管理作为一种吸引和留住专业技术人员的重要手段,也越来越引起企业管理者的广泛关注。

2.专业技术人员的重要性

企业专业技术人员自身水平的提高,推动着产出附加值的提高和资源耗费的降低;知识产权的存在,加速了企业成功与失败的演化进程。高新技术企业直接经济效益的增长、市场销售能力的提高和产品制造能力的增强在一定程度上都依赖于企业的专业技术人员的研发活动。从事研发活动的专业技术人员是企业的核心资源,是创新的源泉和发展的关键。研发人员的状况反映了企业创新的综合能力,研发人员的数量、素质以及研发活动的组织与激励是一个企业研发规模及研发实力的具体体现,是企业进行创新活动成功的关键。

由于个人的需要、动机和个性是不同的,如果单纯地采用一种薪酬体系对所有人进行激励,很可能会失效。一旦企业不能满足其发挥才能的要求,他们可能会随时离开企业并轻而易举地找到新的工作。通过分析影响专业技术人员行为及其绩效的因素,设计出有效的薪酬机制从而降低、转化风险,对高新技术企业是十分必要的。

3.专业技术人员的特征

(1)人力资本价值突出。人力资本具有非常重要的产权特征。企业研发人员依靠丰富的专业知识研发新产品、新技术,为企业带来利润。但这种知识和能力无法离开研发人员这个载体,必须通过研发人员的研发实践和知识学习才能形成,必须通过研发人员参与知识的贡献与交流才能被企业所利用。所以,企业研发人员人力资本产权的特点就表现为它的不可分割性。研发人员工作的创造性特征,决定了其工作形式永远都不可能被电脑或更先进的技术性物质所替代。由于知识和技术的更新不断加快,研发人员的知识效价面临贬值风险,而异质性技术创新知识的获得更是需要极高的人力资本投资,所以研发人员必须不断地学习,参加培训,以保持其人力资本价值。

(2)集中体现团队精神。现代科技的研究开发是在更大范围和更高层次上的集成探索,需要多个领域专家的合作,要求充分发挥每个研发人员的积极性和创造性。同时,需要越来越多的技术人员形成协作的创新团队进行研发活动。个人知识效价的实现有赖于集体知识市场价值的实现。所以,研发团队内部的合作氛围、成员之间矛盾冲突以及外部的环境支持,都会影响到研发人员积极性和创造性的发挥。

(3)委托代理关系明显。由于所有权和经营权的分离以及企业复杂的层级关系,现代企业不再是单层的委托代理关系,而是各个层级之间都存在着委托代理关系。委托人即管理者,追求的目标是企业利润最大化,而作为代理人的专业技术人员,往往追求的是自身的需要得到满足的成就感及对新知识、新技术的探索。管理者希望专业技术人员为实现组织目标努力工作,专业技术人员则从自己的利益和兴趣出发,投入研发中的精力和方向可能与管理者的期望不完全一致,因而导致代理风险。专业技术人员投入脑力劳动,其工作过程往往是无形的,其阶段性产出体现为难以界定的知识。同时由于企业研发活动多采用团队工作形式,企业的创新成果也是团队全体成员共同的智慧和努力的结晶,所以组织很难监控研发人员的工作,更不可能准确测量出每个成员的努力程度和贡献大小,这种信息不对称会造成研发团队中有人偷懒,出现"搭便车"现象。

(4)工作需要更多的空间和自主权。专业技术人员的研发活动是知识和技术含量高的工作,工作过程以脑力劳动为主,没有具体的工作说明书,也没有固定的工作流程,其生产力指标主要是质量。研发人员的工作最具创新性,对新知识的探索、对新事物的创造过程主要是在独立自主的环境下进行,因此必须给予研发人员更多的空间自主权,这是保证研发活动得以顺利进行的必要条件。

(5)心理需求个性多样。由于研发人员自身的特点,加之工作性质、方法和环境与众不同,他们形成了独特的思维方式、情感表达和需求的特征。研发人员的需求正向着个性化和多元化发展,包括物质需要、专业知识实现与职业发展需要、领导认同需要、合作需要、参与需要、追求事业成功需要等,各种需要的强度并不一样。

(二)专业技术人员的薪酬设计

根据专业技术人员的特征,可以将其分为三个层次,即辅助层、中坚层和核心层。为不同层次的人员设计不同的薪酬,才能起到大的激励作用。

1.辅助层专业技术人员的薪酬设计

辅助层专业技术人员的薪酬大体上可以设计为如下的公式:

$$总体薪酬＝基本工资＋加班工资＋各种补贴＋特殊贡献工资＋晋升机会$$

辅助层专业技术人员在团队中的主要作用是辅助中坚人员,主要目的是学习相关知识和积累经验,所以在这一层级他们并不能为企业创造太多价值,而且学习中有较强的人力资本积累效应。因此,在设计这类人员的薪酬时,可采取水平较低的固定薪金模式,只有对项目有特殊贡献时才能进行特别奖励。

辅助层作为后备选拔层,优秀者才能进入中坚层,成为企业研发的核心力量,不合适者将被淘汰。所以该阶段企业应帮助他们进行职业生涯规划和管理,选择明确的职业通道。这样做往往比薪金更具激励效果。

2.中坚层专业技术人员的薪酬设计

中坚层专业技术人员的薪酬大体上可以设计为如下的公式:

$$总体薪酬＝基本工资＋加班工资＋各种补贴＋项目工资＋特殊贡献工资＋晋升机会＋技术股份$$

中坚层专业技术人员是企业的核心竞争力,他们的工作成果直接影响企业发展和企业产品的市场占有率。所以,企业必须留住中坚层专业技术人员,并不断为其提供学习机会,以保证企业的核心竞争力。

项目工资是体现中坚层专业技术人员业绩的重要方面,并因此与辅助层专业技术人员的薪酬水平拉开距离。技术股份是将研发成果的部分所有权归属研发人员,它不同于普通股份,不可转让。这部分人员在非正常情况下离开企业时,所拥有的这部分所有权将自动转给企业。这种方法不仅能激励这部分人员,而且可以减少这类人员的流失,降低风险。项目工资主要根据项目开发难度、进度等,由企业和专业技术人员共同商议决定。企业在项目研发进行中要对各项指标的达成度进行考核,完成情况不同,计提比例也不同。项目工资等于项目总收益乘以计提比例。

对中坚层专业技术人员采用的这种薪酬模式,一方面体现了业绩,使能力强的技术人员得到可观的现金收入的同时还有晋升、带薪休假等精神奖励;另一方面有利于激励和留住人才,还使技术人员和企业一起分担了项目风险。

3. 核心层专业技术人员的薪酬设计

核心层专业技术人员的薪酬可以设计为如下的公式:

$$总体薪酬＝基本工资＋加班工资＋各种补贴＋项目工资＋特殊贡献工资＋股权$$

核心层专业技术人员的精力主要用于为企业赢得竞争优势,对这类人员的薪酬激励应以股权激励为主,从而构建利益共同体。长期的股权激励是为了稳定核心层人员,加大其对追求项目成功的吸引力,使其能分享研发成果所带来的经济回报。也可让核心层专业技术人员负责项目的开发实施,给他们拓展个人能力、发展事业的机会,这比高的收益更能激励核心层专业技术人员。

三、销售人员薪酬

(一)销售人员及其管理的特点

1. 销售人员的特点

销售人员作为企业员工中相对独立的一个群体,有明显的特点:①工作时间自由,单独行动多;②工作绩效可以用具体成果显示出来;③工作业绩的不稳定性;④对工作的安定性需求不大,销售人员经常想跳槽以改变自己的工作环境,也试图想通过不断的跳槽来找到最适合自己的工作从而使自己对未来的职业生涯有所规划。

2. 销售人员管理的特性

销售人员的管理具有松散管理的特性,工作制度富于弹性,能够给他们较多的自由,以满足其希望得到独立行事的机会来证明自己的需求。销售人员日常工作行为必须用科学有效的业绩考核制度来约束才能得到规范。

销售人员独立开展销售工作,管理人员无法全面监督销售人员的行为,销售人员的工作绩效在很大程度上取决于销售人员愿意怎样付出劳动和钻研销售,我们很难用公式化的硬性规定来约束销售人员的行为,只有用科学有效的绩效考核制度和薪酬福利制度来作为指导销售人员从事销售活动的指挥棒,才能真正规范销售人员的行为,使销售人员全身心地投入销售工作中,提高工作效率。

3. 销售人员的分类

按照所从事的销售工作的内容,销售人员可分为高级销售人员(如销售经理)、一般销售人员(多为客户管理员)、推销人员(包括商场售货员和挖掘客户的推销人员)和兼职销售人员。其中销售经理和客户管理员的薪酬中固定薪酬所占比重往往高于60%,且总体薪酬水平居于中等以上;而对推销人员往往实行"低底薪、高提成"甚至"无底薪"的薪酬政策,导致推销人员的薪酬水平总体较低且很不稳定。

(二)决定销售人员薪酬的权变因素

1.员工付出的劳动

任何国家的任何时期,员工的薪酬水平都要受到他所提供的劳动量的影响。这包含两方面的含义:其一,员工只有为企业劳动才可能得到工资性的收入;其二,员工劳动能力的大小有别,同等条件下所能提供的现实劳动量的多少就不同,这种现实的劳动量的差别是导致薪酬水平高低差别的基本原因。

2.销售人员的职位

职位的高低是以责任为基础的,责任是由判断或决定能力而产生的。通常情况下,职位高的人权力大,责任也较重,因此其薪酬较高。这样就可以说明为什么销售经理的薪酬高于一般销售人员,因为销售经理决定和判断的正误对于公司产品的市场、信誉与盈利等产生重大的影响,必须支付与其责任相称的、适当的薪酬。

3.销售人员受教育程度

销售人员作为联系企业与客户(包括终端客户与经销商)的纽带,代表企业与客户接触,其本身的一言一行表现出企业的文化层次。将销售人员的基本薪资与其受教育程度挂钩,一方面是对销售人员前期投资的回报,另一方面则体现出企业对知识和文化的认可,对于留住高文化层次的销售人员起到了积极作用。

4.销售人员的销售经验

薪酬水平和员工的岗位经验成正比,这有利于促使员工不断地学习产品知识,不断地接受培训,提高销售能力和工作效率。

5.为企业服务的年限(工龄)

工龄长的员工薪酬通常高一些。这主要是为了减少人员流动。连续计算为企业服务的年限并与薪酬挂钩有利于稳定员工队伍,降低流动成本,并能提高员工对企业的忠诚度。但对于销售人员来说,这个权变因素不能占有过高的比重。销售人员的正常流动是必要的,如果工龄所占比重过高,可能造成老员工和新员工的基本工资差异过大,产生内部不公平。

6.企业负担能力,即企业的盈利能力

有的公司盈利能力高,其销售人员的薪资与福利水平也居于同行业前列;有的企业利润空间小,其销售人员的平均薪酬就偏低。

7.地区差异

薪酬水平是同企业当地的经济发展水平成正比的。这也是外派销售人员的薪酬比较难于管理的原因之一。

8.行业间的薪酬水平差异

在诸如医药、IT行业的销售工作中,销售人员薪酬水平高,因为这些行业的销售工作中包含了一定的技术支持,如医药行业的销售人员必须有医药类的教育背景,IT销售人员必须具备一定的科技知识,相比其他的销售人员,其岗位进入壁垒高,薪酬也高。

9.劳动力市场的供求状况

当市场上某些销售人员(如高级销售经理)供给不足时,其薪酬水平会提高;相反,当市场上某些销售人员需求大于供给(如普通销售人员)时,其薪酬水平会下降。

(三)销售人员薪酬模型

销售人员的薪酬主要是以结果为导向的。企业在进行销售人员薪酬制度的选择时,一般取决于企业自身所处的行业和绩效。比如保险行业、饮食行业等对销售人员的薪酬设计大多是"高佣金加低基本薪酬"的薪酬制度,而对于一些技术含量较高、市场较为狭窄、销售周期较长的产品来说,其销售人员的素质及其稳定性要求都很高,因此采取"高基本薪酬加低佣金或奖金"的薪酬制度比较适合。

1.单纯佣金制

对销售人员而言,单纯佣金制是一种风险较大且挑战性极强的制度,计算公式如下:

$$工资＝销售产品数×产品单价×提成比率$$

2.混合佣金制

例如,阿凯在实行单纯佣金制工资的 A 公司推销产品,每个月都推销那么多产品对阿凯来讲太难了,于是他投靠了有 3000 元底薪的 B 公司。B 公司推销员的工资是这样计算的:

$$收入＝销售产品数×产品单价×提成比率＋底薪$$

尽管提成比率仅为 2.5%,但每月能保证 3000 元,同样销售 1800 件单价 100 元的产品,阿凯的收入＝1800×100×2.5%＋3000＝7500(元),比原来的工资还多了。

不久后阿凯发现,尽管都是 100 元的产品,但 B 公司产品销路太差,自己不仅常吃闭门羹,还经常被客户奚落,根本不如在 A 公司干得痛快,但自己又怎能再回 A 公司呢。

3.超额佣金制

C 公司的产品卖得很红火,使阿凯怦然心动,但一看它的报酬,还得仔细算算。C 公司的薪酬是这样计算的:

$$收入＝销出产品数×产品单价×提成比率－定额产品数×产品单价×提成比率$$

即必须完成定额才能开始有收入。按 3 月份销售的平均水平来看,100 元产品平均每人销出 6000 件,定额销售总额为 2000 件,提成比率也是 2.5%,收入＝100×6000×2.5%－100×2000×2.5%＝10000(元)。

做得好的话还会收入更高,于是阿凯下定决心投奔 C 公司。

从以上三种佣金制可以看出,根据产品销售状况不同,应制定不同的员工奖励制度,才能保证在最少奖金支出的比例上实现最大的激励效果。

四、驻外人员薪酬

驻外人员薪酬的基本组成要素包括基本薪酬、激励薪酬和福利。

(1)基本薪酬。基本薪酬一般分为本国薪酬、东道国薪酬、总部薪酬等形式。

(2)激励薪酬。①驻外津贴,即为了鼓励驻外员工接受并完成国际任务的激励薪酬。②困难补助,即补偿驻外员工为海外工作所做出的牺牲。③流动津贴,即对员工变换工作地点的奖励。驻外人员通常一次性获得流动津贴。

(3)福利。驻外人员的福利由标准福利和额外福利组成。标准福利包括保障计划和带薪休假;额外福利包括搬家补助、驻外人员子女教育津贴、探亲假和差旅补助、带薪休假及津贴等。

思考与讨论

1. 什么是特殊群体？在一个组织中存在哪些特殊群体？
2. 经营管理者的薪酬应该怎么设计？
3. 技术人员的薪酬应该怎么设计？
4. 销售人员的薪酬应该怎么设计？

实训题

选取一个组织为对象，分析其薪酬构成。

参 考 文 献

[1]周斌.现代薪酬管理[M].成都:西南财经大学出版社,2006.

[2]李中斌,曹大友,章守明.薪酬管理理论与实务[M].长沙:湖南师范大学出版社,2007.

[3]孙剑平.薪酬体系与机制设计[M].上海:上海交通大学出版社,2006.

[4]王易龙.薪酬设计的五大原则[J].企业管理,2010(6):21-23.

[5]郑文文.国企薪酬管理体系改革实践中的问题及对策[J].企业改革与管理,2018(11):74,76.

[6]李燕荣.薪酬与福利管理[M].天津:天津大学出版社,2008.

[7]陈思明.现代薪酬制度的新特点及其对国企改革的启示[J].华东经济管理,2004(2):63-66.

[8]刘军胜.薪酬管理实务手册[M].北京:机械工业出版社,2005.

[9]索普,霍曼.企业薪酬体系设计与实施[M].姜红玲,等译.北京:电子工业出版社,2003.

[10]米尔科维奇,纽曼.薪酬管理[M].董克用,等译.北京:中国人民大学出版社,2002.

[11]马西斯.人力资源管理[M].孟丁,译.北京:北京大学出版社,2006.

[12]刘昕.薪酬福利管理[M].北京:对外经济贸易大学出版社,2003.

[13]施云,马广奇.浅谈双因素激励理论在薪酬管理中运用[J].人力资源,2019(18):123.

[14]刘银花.薪酬管理[M].大连:东北财经大学出版社,2007.

[15]石伟.薪酬管理[M].北京:对外经济贸易大学出版社,2009.

[16]马尔托奇奥.战略薪酬[M].周眉,译.北京:社会科学文献出版社,2002.

[17]刘洪,钱淼.薪酬管理[M].北京:北京师范大学出版社,2007.

[18]王可欣.基于岗位价值评估的宽带薪酬体系设计[J].石油人力资源,2018(3):18-27.

[19]文跃然.薪酬管理原理[M].上海:复旦大学出版社,2004.

[20]李新建,孟繁强,张立富.企业薪酬管理概论[M].北京:中国人民大学出版社,2004.

[21]陈清泰,吴敬琏.公司薪酬制度概论[M].北京:中国财政经济出版社,2001.

[22]陈凌芹.薪酬管理[M].北京:中国纺织出版社,2004.

[23]李剑.薪酬管理操作实务[M].郑州:河南人民出版社,2002.

[24]伯杰 L A,伯杰 D R.薪酬手册(第4版)[M].北京:中国人民大学出版社,2003.

[25]程开艳.领导者激发核心人才能量的用权艺术[J].领导科学.2019(19):87-89.

[26]王凌峰.薪酬设计与管理策略[M].北京:中国时代经济出版社,2004.

[27]于立宏,邓光汉.基于能力的薪酬方案及其设计[J].软科学,2004(1):89-93.

[28]高艳.工作分析与职位评价[M].西安:西安交通大学出版社,2006.

[29]张正堂,刘宁.薪酬管理[M].北京:北京大学出版社,2007.

[30]胡昌全.薪酬福利管理[M].北京:中国发展出版社,2006.

[31]啸鸣政.工作分析的方法与技术[M].北京:中国人民大学出版社,2002.

[32]韦里克,孔茨.管理学[M].马春光,译.北京:经济科学出版社,2004.

［33］格里芬. 管理学［M］. 刘伟,译. 北京:中国市场出版社,2008.

［34］毛闻之. 基于激励理论导向的企业薪酬设计应用研究［J］. 企业改革与管理,2021(4):70－71.

［35］任浩. 现代组织设计［M］. 北京:清华大学出版社,2005.

［36］赵慧英,林泽炎. 组织设计与人力资源战略管理［M］. 广州:广东经济出版社,2003.

［37］李永杰,李强. 工作分析理论与应用［M］. 北京:中国劳动社会保障出版社,2005.

［38］达芙特. 组织理论与设计(第12版)［M］. 王凤彬,石云鸣,张秀萍,等译. 北京:清华大学出版社,2017.

［39］马国辉,张燕娣. 工作分析与应用［M］. 上海:华东理工大学出版社,2008.

［40］裴敏. 期望值视角下的薪酬管理激励探析［J］. 中国管理信息化,2020(2):104－105.

［41］曲建国. 人力资源管理［M］. 北京:清华大学出版社,2009.

［42］孙静,林朝阳. 企业薪酬管理［M］. 北京:清华大学出版社,2009.

［43］金延平,李浩. 薪酬管理［M］. 大连:东北财经大学出版社,2008.

［44］张雅. 基于委托代理理论视角的我国私人企业薪酬设计问题研究［J］. 企业改革与管理,2021(3):84－85.

［45］李宁忠. 企业薪酬战略与组织结构的匹配［J］. 物流科技,2007(1):151－153.

［46］HAMPTON M, OYSTER C, PENA L, et al. Gender inequality in faculty pay［J］. Compensation and Benefits Review,2000,32(6):54－59.

［47］WERNER S, WARD S W. Recent compensation research:an eclectic review［J］. Human Resource Management Review,2004,14(2):201－207.

［48］HENEMAN R L. Job and work evaluation:a literature review［J］. Public Personnel Management,2003,32(1):47－71.

［49］BALKIN D B, SWIFT M L. Top management team compensation in high-growth technology ventures［J］. Human Resource Management Review,2006,16(1):1－11.

［50］李灵利. 中小企业薪酬管理的常见问题与优化路径分析［J］. 中国市场,2020(34):89－90.

［51］赵慧萍. 发达国家弹性员工福利计划及其启示［J］. 开放导报,2006(2):86－89.

［52］冯惠卿. 以人为本改进企业员工的福利制度［J］. 科技情报开发与经济,2007,17(20):215－216.

［53］于维英,张玮. 职业安全与卫生［M］. 北京:清华大学出版社,2008.